Shanghai Key
Industries
International
Competitiveness
Report

上海重点产业国际竞争力报告
2017—2018

汤蕴懿 等 编著

上海社会科学院新经济与产业国际竞争力研究中心

上海市商务委员会公平贸易公共服务项目资助

上海社会科学院出版社
SHANGHAI ACADEMY OF SOCIAL SCIENCES PRESS

编委会

学术委员：石良平　张幼文　干春晖

主　　编：汤蕴懿

副 主 编：黄烨菁　徐　赟

编委(以姓氏笔画为序)：
　　王洁茹　刘德艳　闫　强　孙　刚　杨传开
　　张福明　陈嘉欢　范　博　林　兰　罗　军
　　赵文斌　施　楠　耿梅娟　徐　赟　徐　旭
　　蒋程虹

版权声明

《上海重点产业国际竞争力报告(2017—2018)》集结上海市商务委员会公平贸易公共项目"上海产业国际竞争力指数报告 2017"中系列报告,由上海社会科学院新经济与产业国际竞争力研究中心研制出品,报告的知识产权属于上海市商务委员会。除法律另有规定外,任何自然人、法人或其他组织如需以任何形式使用报告内容,必须经过上海市商务委员会的书面许可和授权,并注明出处。报告中的所有内容和结果都是由公开数据分析、计算得出,供有关产业从业主体参考。对由于使用或依赖本报告所载的任何内容而直接或间接引致的任何损失,上海市商务委员会和上海社会科学院新经济与产业国际竞争力研究中心不承担任何法律责任。

目 录

2018 年上海产业国际竞争力发展指数报告 / 1
全球城市与"一带一路"沿线重要节点城市营商环境报告 / 1

┃国家战略领域┃

2017 年上海高端装备制造业国际竞争力报告 / 3
2017 年上海新型材料产业国际竞争力报告 / 35
2017 年上海高端船舶与海洋工程装备产业国际竞争力报告 / 68

┃重点领域┃

2017 年上海民用航空装备产业国际竞争力报告 / 93
2017 年上海纺织品服装业国际竞争力报告 / 117
2017 年上海化工产业国际竞争力报告 / 152

┃新兴领域┃

2017 年上海电子信息产品制造业国际竞争力报告 / 175
2017 年上海新能源汽车产业国际竞争力报告 / 192
2017 年上海生物医药产业国际竞争力报告 / 231

服务支撑领域

2017年上海软件和信息技术服务业国际竞争力报告 / 259
2017年上海航运服务业国际竞争力报告 / 274
2017年上海会展业国际竞争力报告 / 298

2018年上海产业国际竞争力发展指数报告

本研究报告是一个持续性的研究报告。2018年报告在保持原指数框架不变的基础上,根据产业变化适时进行特色指标的调整,以更好地反映行业发展变化特点,取得精准结论。今年的调整重点为:

第一,紧扣上海经济发展新动能和城市功能新定位。上海经济增长驱动力转型新变量、上海城市功能升级和上海引领长三角和上海服务国家战略的新定位与新路径。要求我们重新考量上海产业国际竞争力的内涵与促进战略。这个理念将贯穿我们分析上海产业国际竞争力整体思路,研究对指数的构建和政策启示既体现上海应对全球市场进入新动力构筑下的产业局部,也深入反映上海全球城市功能建设根植于产业结构的转型升级。

第二,特别关注产业环境及动态比较优势。本研究报告在产业综合国际竞争力指数构成上增加了制度环境指标,旨在从上海城市功能定位上考量上海产业竞争力持续发展的外部条件,这个条件建设不仅有利于上海科技创新中心从科技园区投入到创新要素集聚的内涵式发展,也是上海高标准营商环境建设所特有的新业态和新模式充分发展的内在要求。

第三,适时更新重点产业领域以适应市场发展特征。针对《上海市制造业转型升级"十三五"规划》相关内容,围绕战略性新兴产业、传统优势制造业等范围及维度,选取属于上海重点产业范畴内的包括软件和信息技术服务业等在内的12大重点行业。

表1 上海重点产业发展指数所涉具体行业

序号	行业名称	序号	行业名称
1	软件和信息技术服务业	4	化工业
2	高端装备业	5	民用航空业
3	海工装备业	6	生物医药业

续表

序号	行业名称	序号	行业名称
7	新材料业	10	纺织服装业
8	新能源汽车业	11	航运服务业
9	电子信息制造业	12	会展业

一、新时代新要求

(一) 上海经济增长的新驱动与新格局

全球城市的核心定位越来越强调资源的功能中心和平台作用。城市功能的提升不仅仅是改善生产要素流动环境的条件,也是上海自身经济增长源泉不断更新的组成部分。上海产业国际竞争力是上海经济增长模式实现的载体,也是上海自身产业规划与发挥长三角城市群发展龙头的支撑,为上海"五个中心"建设和实现长三角世界级城市群中核心城市提供了产业路径。我们的研究不仅是测评上海重点产业竞争的总体水平参考,也将指导决策者贯通"上海—长三角—全国"三个维度探索上海助推中国从经济大国到经济强国的战略定位。

第一,"上海2035"城市发展总体规划提出了建设长三角世界级城市群核心城市的发展目标,目标的实现路径聚焦主动服务国家"一带一路"建设、主动融入长三角区域协同发展,推动上海与周边城市协同发展。这个目标对于上海的产业竞争力提出了新的要求,在现有的"上海—长三角"产业集群与要素市场合作的基础上,继续在产业高度化和转型升级的战略上发挥引领地位,依托产业高度化与城市功能的转型升级实现长三角城市群在全球城市群中的领先地位,带动长三角整体产业升级。

第二,上海的经济增长经历了"创新驱动、转型发展"的增长动能转型期,将迈入从"四个中心"向"五个中心"深化的新发展阶段,以呼应中国建设创新型大国的顶层设计定位。这个发展阶段的动能构建,不仅是产业结构的升级,更是产业要素聚合与组织方式的升级,以对接全球创新网络提升上海国际大都市建设的"大流通""大市场"支撑,实现创新驱动与功能建设高度融合的"产—城"融合发展新格局。

第三,在这个战略定位下,上海对战略性新兴产业发展规划和产业的新兴业态培育需要引入新思维:即发挥好上海整合人才优势、科技优势和自贸区带来的跨境要素集聚优势,为上海的创新动力与跨国要素配置能力提升创造有利条件。

一方面，上海自贸区正在通过制度创新形成全国要素配置"总站"，在历经开放机制创新战略第一阶段发展的推进下，已经构建了在贸易便利化和连通内外两个市场的流通促进功能上的优势，成为上海借助长三角腹地构建而成的相对完整、高度外向性的现代产业链，如何发挥两个市场的协同优势，是自贸区真正成为要素市场资源配置中心的目标方向。

另一方面，从"四个中心"向"五个中心"升级不仅仅意味着创新网络与海外市场的进一步接轨和高科技产业的全面促进，更对上海建设创新驱动的城市功能提出了发展方向。全球科创中心的发展对科技人才、科技投资、创新中介、知识和创新成果转化服务市场等各类主体提出了更高的要求，对各类服务的体制与机制建设也提出更高要求，这些要求对应于上海科技创新促进为目标的"科技营商环境"建设，由此引发的知识资本、高技术人才和科技金融资本的流动同时也是服务业领域新产业、新市场与新业态发展的重大契机，其产业化进程的推进对上海的产业结构优化和"产—城"融合发展的城市功能完善提出更高的要求。

（二）上海产业转型升级的新变量与新机遇

相比深圳，近年来上海增长速度相对放慢，这背后不仅仅有服务经济发展而带来的"次高增长"新形态，也有上海在智能制造、工程装备等制造业新增长点上相对投入尚处于培育期的阶段性特征。值得重视的是，上海制造业正在经历一个产业链与创新链的叠加效应由弱至强的转型期，通过集聚人才、集聚高端产品市场以及集聚对内对外流通渠道，上海战略性新兴产业的价值增长点更趋价值链在研发与市场服务的两端，这个形态不仅仅高度契合上海现有的生产资源约束形态，也与上海城市规划的长期目标高度一致。上海城市能级提升和核心竞争力建设将进一步引导产业链的投入端和市场端深度对接国际市场，构成了上海在早期完整的工业体系基础上再度攀升"中国制造"新高地的有利因素。

在上海打响"四大品牌"中，"上海服务"将是支撑下一阶段上海竞争优势的一大引擎，目前上海服务业占比重一直维持在70%，基本形成了服务经济为主导的产业机构。发达国家在向服务经济转型过程中，都经历了经济增长放慢的阶段，上海的产业结构转型也初现类似经历，但是同时我们也要深刻认识上海特有的产业集群特点和城市功能格局对"制造—服务"联动发展的需求，不会简单导致"制造—服务"此消彼长的格局，而是更趋"共荣互补"的增长态势。

未来，"上海服务"的产业落地与促进旨在对标一流全球城市功能，依托城市信息化、依托贸易中心功能和商贸便利化功能建设，这不仅要求上海建设多层次的服务市场，还包括上海商贸、会展等处于技术与业态转型中的传统服务业和"互联网+"相关的各类新型商贸服务业,这些服务业态和服务技术升级将充分根植于上海现代产业体系,助推上海引领服务经济的新一轮竞争优势。

与此同时,上海作为对外开放的前沿和先锋,利用现有的对外投资融资、人民币国际化结算和投资咨询服务以及各类国际组织集聚的无形资源,将更加深入地服务于中国"一带一路"倡议的落地,这不仅关系到上海未来对外开放优势进入内涵式发展的路径选择,也是中国建设具有国际影响力的城市群、形成城市建设与产业升级良性互动的经典样本。

(三) 多维度遴选上海重点产业

上海未来五年的产业增长点将贯彻创新驱动和产业融合的主线,市场创新带动产业融合和互联网的跨界渗透、以"跨界、创新、交互"为准则遴选重点产业的依据,并依托资本集聚和人才集聚优势发展产业链向长三角地区实现生产腹地和市场辐射的开拓,并依托自贸区和自由贸易的阶段性成果构筑连接国内国际的新兴产业集群。

引领上海下一阶段增长与创新驱动的重点产业,需要将"新兴—传统""制造—服务"充分融合作为出发点,以新产品开发、带动就业和出口为目标实现产业突破,这是上海在谋求产业升级的主要驱动力。在这条道路上,上海自"十二五"发展规划以来已经有突出的表现,落实到产品的战略性新兴产业发展规划自上而下地就产业重点发展技术与领域给予倾斜性政策,在税收和人才吸引上的促进政策作为政策落实方向,对企业新增投资、科技新项目的转化指出了方向。就表现而言,目前上海战略性新兴产业占上海市生产总值的16.4%,比上年增长1.2%,增加值占比增长8.7%,其中制造业为8.1%,服务业为9.2%。

就制造业而言,上海受土地和自然条件的制约,在重化工业发展领域的空间基础条件不足,但这并不意味化工等传统产业不再是上海重点产业领域的选项,而是需要相关传统产业自身向"轻型化"和"去污染化"转型,以新业态的化工产业为发展重点,并谋求化工产业链和高度制造、新型材料产业的交叉,通过跨界的技术突破重塑上海在化工产业的竞争力,并在长三角化工产业链的"开发—创新"环节上谋得高附加值的产业链高地优势。这个路径同样适应于纺织服装产业,该产业的"设计—流通—品牌开发"是全球纺织服装产业的动向,上海利用历史上积累的纺织服务产业商业渠道以及目前上海各类展会的高度集聚,在服装的品牌开发、全球发布和展示服务上无疑将给予上海焕发服装产业新一轮竞争力的历史机遇。

在上海产业竞争力定位中,"制造—服务"孰轻孰重是一个无法回避的问题,推进产业结构高度化需要跳出单纯扩大服务业产出的思维模式,而是需要置于产业链的组织方式创新的大格局下加以考量。上海的产业升级离不开中国整体新型工业体系升级和顺应全球产业竞争格局新趋势的内在要求，在重点行业选择、重点产品的突破和重点业态的培育上，需要把握"世界前沿"和"中国优势"充分结合的原则，既需要紧跟全球制造业领域技术创新突破，也需要围绕着推进上海为龙头的长三角全球制造业城市群的建设。

制造与服务的融合不仅仅体现为制造业在研发和营销环节扩大价值程度的"制造业服务化"进程，也体现为呼应上海提升全球城市功能的新市场开拓与新增长模式，探索"制造—服务"的相互融合和互为支撑的道路，这是上海新阶段培育产业竞争优势的基本取向。

决策层提出的"上海服务"品牌建设，是对服务业市场进一步放开和激励服务模式创新的重要信号，新兴服务和传统服务的升级都对服务要素配置效率提出更高要求，未来对于服务业专业化分工和服务创新模式的鼓励将在上海全球城市功能完善的大目标下展开。比照目前排名靠前的诸多全球城市，无一不具备全球范围内资源配置的话语权，对标党的十九大"贸易强国与制造强国"建设的新要求，上海在全球范围内的资源配置力仍然有限，在贸易中心功能建设上，规模趋向的指标已经是全球第一，但是资源、效率与品牌为取向的"软要素"仍然落后，虽然制造大国的流动需求为航运与商贸服务带来了巨大市场，但是专业人才的缺乏与企业的国际化品牌建设的滞后仍然制约着上海的发展环境跻身全球一流大都市。

在已经享有全球最大贸易吞吐量的贸易中心水平的基础上，上海下一阶段将进一步利用"五个中心"建设中的平台系统优势，如在航运中心建设和贸易中心建设中，通过"贸易—航运"的联动发展，更主动地谋求航运服务资源的全球配置力，航运中心对标的航运服务将成为"上海服务"的主要领域，而会展作为嵌入各类产业的专业服务业，则体现了上海作为长三角商贸中心以及对接海外市场的流通服务平台的定位，也与当前决策者提出的打造"上海购物"环境建设的内在要求高度一致。

上海全球性科创中心建设进入深化阶段，吸引科技投资的主体构成需要超越"大企业"和"500强"的传统思维，需要更加着眼于海内外的中小科技企业和新创企业，逐步构成大小建有的多元化主体结构，这对于科创中心发展环境建设也将提出更高的要求。

相比大型科技项目的园区建设模式，培育中小研发与创新主体更多依赖微观层面的营商环境，这个环境建设的目标在于为各类企业提供创新便利化的条件，包括科技转化、研发贸易投资和创新合作等多方面的便利化，也呼应于上海对标一流全球城市的人才流动、跨国机构与组织设立和跨国公司研发中心与本土的深度合作。

二、年度指数及分析

（一）上海重点产业国际竞争力分析

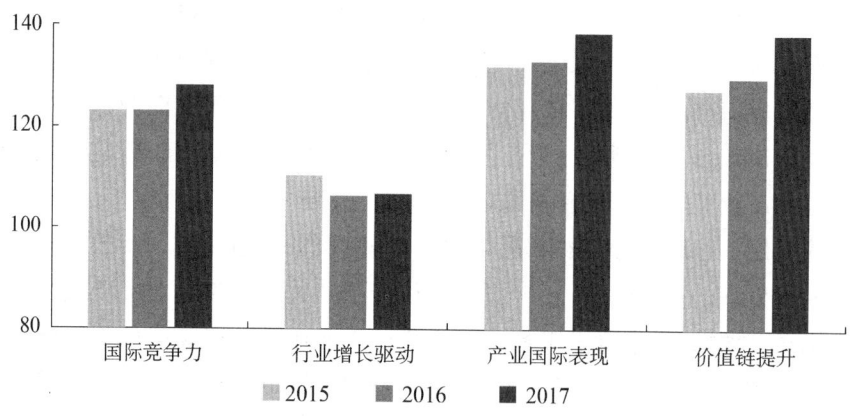

图1 2015—2017年上海重点产业国际竞争力评价指数及其二级指标

加工贸易向一般贸易转型，科技研发投入增大助力上海重点产业国际竞争力稳步提升。上海重点产业国际竞争力这个一级指标呈现出逐年递增的趋势，并且2017年较之2016年的增幅相对更大。其主要原因在于，产业国际表现及价值链提升这两个二级指标数值出现显著增长。具体而言，两个指标数值分别增长5.49和8.58，进而带动国际竞争力指标数值上涨4.94。事实上，自2016年张江综合性国家科学中心正式获批以来，上海高度重视创新能力建设，尤其是重大科技基础设施项目建设，重大科学发现和技术突破不断实现，有效推动了上海重点产业科技创新价值链的持续延伸与升级发展。

电子信息制造业、航运服务业和新能源汽车业是提升上海产业国际竞争力的重中之重。在产业国际表现及价值链提升这两大二级指标中，航运服务业、新能源汽车业、电子信息制造业对提升上海重点产业国际竞争力的贡献度较大，反映出三大行业的产品及服务在全球市场中的地位及认可度不断提升，在产业价值链所处地位亦保持良好提升态势。其主要原因在于上海自身的区位和规模优势，结合坚定不移地推进对外贸易发展和产业结构升级，积极改善营商环境，进而降低生产成本，提升商品种类丰富度，逐步提升了在全球产业价值链中的效率与效益，从而能够带动在产业国际表现方面实际水平的上升。

生产要素成本相对较高，外部需求市场的波动是近年影响上海产业国际竞争力的主要因素。就三个二级指标的历年各自表现而言，行业增长驱动指标数值最小，且出现一定程度的下降态势。其原因在于，制造业的资本收益率和产业集中度相对下滑，这清楚地反映了上海营商环境虽然在不断改善，但是与其他省份相比，其生产要素成本相对较高严重影响了未来上海制造业国际竞争力的增长潜力。另一方面,上海航运、电子信息制造等产业具有相对明显的外向型特征,对外部需求市场波动的敏感度相对较高。

(二) 上海重点产业国际竞争力二级指标分析

1. 行业增长驱动

表2 2015—2017年各重点产业行业增长驱动指标的贡献度

行业名称	2015年	2016年	2017年
纺织服装业	1.27	1.26	1.28
高端装备业	10.65	10.70	10.51
海工装备业	1.74	1.70	1.70
化工业	7.86	9.98	9.32
民用航空业	0.57	0.56	0.30
生物医药业	2.88	3.05	3.08
新材料业	6.27	5.64	6.32
新能源汽车业	20.11	17.20	17.63
电子信息制造业	20.41	19.82	19.31
软件和信息技术服务业	13.80	13.66	14.01
航运服务业	20.08	16.13	18.01
会展业	4.72	6.71	5.28
重点产业合计	110.4	106.4	106.8

新材料、生物医药、软件和信息技术服务有望成为适应上海城市发展阶段的新兴重点产业。2015—2017年三年间,生产要素成本相对较高,外部需求市场的波动对新能源汽车业、电子信息制造及航运服务业等上海具有规模优势的产业影响较大,其指标数值出现明显下滑。相反,新材料、生物医药、软件和信息技术服务业的该指标数值呈现趋势性上升,反映出其对上海营商成本相对较高的环境具有一定的承受力。

2. 产业国际表现

表3 2015—2017年各重点产业国际表现指标的贡献度

行业名称	2015年	2016年	2017年
纺织服装业	1.84	1.88	1.95
高端装备业	16.25	15.74	15.90
海工装备业	1.74	1.68	1.80

续表

行业名称	2015 年	2016 年	2017 年
化工业	9.45	9.27	9.30
民用航空业	0.49	0.49	0.59
生物医药业	4.61	4.54	4.86
新材料业	8.01	6.81	6.74
新能源汽车业	16.18	16.31	18.01
电子信息制造业	28.59	29.42	30.91
软件和信息技术服务业	11.60	12.04	12.12
航运服务业	27.62	29.32	31.91
会展业	5.56	5.56	4.45
重点产业合计	131.9	133.1	138.5

电子信息制造业和航运服务业是目前支撑上海对外贸易竞争力的支柱性产业。2015—2017 年三年间，电子信息制造业、航运服务业产业国际表现指标的贡献度几乎到达了一半，说明目前上海对外贸易竞争力的相对强劲主要表现在这两个产业上。除此之外，新能源汽车、软件和信息技术服务业的产业国际表现呈现出稳步上升的趋势，其中软件和信息技术服务业又相对适应未来上海城市发展的实际环境，因此值得相关部门对这两个产业今后的发展重点关注。当然，上海的高端装备和化工业是具有一定产能基础和比较优势的产业，通过深化产业升级，未来还将成为提升上海重点产业国际竞争力的亮点之一。

3. 价值链提升度

表 4　2015—2017 年各重点产业价值链提升指标的贡献度

行业名称	2015 年	2016 年	2017 年
纺织服装业	2.23	2.10	2.34
高端装备业	11.48	11.70	11.98
海工装备业	1.41	1.66	1.64
化工业	9.28	9.30	9.16
民用航空业	0.62	0.66	0.70
生物医药业	3.89	4.52	4.58
新材料业	7.72	7.85	8.65
新能源汽车业	19.62	18.53	20.35
电子信息制造业	26.23	26.30	28.89

续表

行业名称	2015年	2016年	2017年
软件和信息技术服务业	13.70	14.47	15.51
航运服务业	25.88	27.40	28.61
会展业	5.28	5.28	5.93
重点产业合计	127.3	129.8	138.4

加大科研投入、以创新驱动赋能高质量发展已成为上海重点产业提升国际竞争力的趋势。2015—2017年三年间,在价值链提升指标方面,除化工业之外,各重点产业部门都呈现出向好势头。虽然,海工装备业、民用航空业、纺织服装业指标值反映出提升幅度不显著,但是具备传统规模优势的产业,如航运服务业和电子信息制造业的增长幅度都相对比较大。另外,新材料、生物医药、软件和信息技术服务等有望成为适应上海城市发展阶段的新兴重点产业,在价值链提升方面成效显著,形成了趋势性向好的势头。可以说,上海战略性新兴产业正不遗余力地加大科技投入,克服生产成本持续攀升的壁垒,力争扭转目前在传统国际分工体系中被"低端锁定"的不利局面。为了确保未来上海重点产业的国际竞争力,上海既要继续加大新材料、生物医药、软件和信息技术服务等未来支柱性重点产业高质量产品的研发投入,还要兼顾电子信息制造业、汽车制造业等具有规模优势产业的产品附加值升级,推进有序保底的产业转型战略。

(三) 区域比较与协同

1. 纺织业

从2017年全国纺织产业国际竞争力综合指数排名来看,上海位居第四,近年来排名稳定。与浙江、江苏形成第一梯队,引领全国纺织产业转型升级。2017上海纺织服装产业国际竞争力全国排名第四。排名前三的分别为浙江、江苏和广东。上海与广东总指数接近,与江苏差距较小,与浙江仍有一定差距。但与其他省保持着较大的领先优势。从2015年到2017年的综合指数看,排名前六的省市位次稳定,始终为浙江、江苏、广东、上海、山东、福建。2015—2017年浙江、江苏、广东综合指数基本维持稳定。近几年,上海与排名前三的纺织强省的差距呈缩小趋势。

2. 高端装备制造

上海高端装备制造产业国际竞争力呈现以下特点:一是发展总体稳定,2013年至2016年,上海市高端装备制造产业国际竞争力指数保持在121—124之间,表现出很强的稳定性。二是具有较强竞争优势。三是具有极大比较优势,高端装备制造产业国际竞争力在二十六个省市区中居前三位,具有极大的比较优势。

2013年至2016年,上海市高端装备制造产业国际竞争力指数在二十六个省市区中稳居第三位,位居全国前列,2013年至2016年分别比二十六个省市区均值高28.41%、28.24%、24.61%和25.31%。

四年来,广东省、江苏省、上海市、重庆市和河南省保持前五,其中广东省和江苏省保持具有极强竞争优势。浙江省、陕西省呈现上升势头,四川省、福建省、广西壮族自治区、北京市下降趋势明显。

3. 高端船舶与海洋工程装备产业

上海高端船舶与海洋工程装备产业国际竞争力呈现以下特点:一是呈现上升趋势,2017年上海国际竞争力分值比2015年上升2.67%。二是具有较强竞争优势。四年来,上海高端船舶与海洋工程装备产业国际竞争力超过106,保持较强竞争优势。三是具有比较优势,高端装备制造产业国际竞争力在九个省市区中居前三位,表示具有比较优势。

2014年九省市均值同比下降后,2015年和2016年逐步回升。四年来,江苏保持第一,在国内独树一帜。2013年至2014年天津从第二跌至第八,分值下降34.05%,在2015年回升至第五后,2016年又跌至第七,表现出很大的不稳定性。辽宁也呈现一定的下降趋势,2013年、2014年位居九省市第三,2015年、2016年下降至第四。而福建在2016年上升至第三位,并且具有较强竞争优势。广东、山东发展总体平稳,河北四年来一直位居九省市末位。

4. 化工产业

上海化工产业的综合竞争力排名基本稳定在第五、第六的位置上,且与排名靠前的江苏、广东、浙江、山东等省份的综合竞争力指数差距明显,湖北、辽宁、天津等省市综合竞争力紧随上海之后。可以看出,排名前五名的省市,除了广东、浙江之外,综合竞争力指数较之2015年均有不同程度的下降之势。这种现象是由多种原因造成的,由于世界经济复苏缓慢、贸易保护主义兴起,世界范围内的进出口也受到不同程度的影响;由于过去十年国内化工行业的粗犷式发展,国内多了一大批耗能高、污染重、收益低的企业,而随着国家逐渐重视化工行业的绿色环保问题,以上一大批落后、过剩产能都遭到清除,从而使整个化工行业受到影响。而上海也重点实施化工行业的产业结构调整,积极淘汰能级水平不高、不完全符合安全环保要求的劣势化工企业,对于未能达到安全生产、危化品安全管理、环境保护方面法律法规标准的企业果断清除。由于上海本身结构性改革的压力相对于其他省份比较小,上海的综合竞争力仍呈上升之势,随着产业结构升级的逐渐深入,化工行业也朝着绿色、环保、安全、可持续的方向发展。

5. 民用航空装备产业

四年来,十七省市总体水平基本稳定,民用航空装备产业国际竞争力未呈现上升态势。其中,陕西和江苏保持前两位。2016 年,广东、辽宁、湖南分别位居第 3 位至第 5 位,以上五省具有较强竞争优势,其余十二省市具有中等竞争优势。2016 年,河北、湖北和河南位居末三位。

6. 生物医药产业

上海 2017 年综合指数为 148.6,排名全国第一。上海综合竞争力近年来稳步攀升,2017 年综合指数较上年增长 4.8,自 2016 年以来排名稳定在全国榜首。

2017 年全国排名第二到第四的分别是山东省、浙江省和江苏省。上海、浙江和江苏生物医药产业在全国排名靠前,一方面反映了长三角地区形成了全国最大的生物医药产业集群,最强的产、学、研链和最优质的创新生态。另一方面也反映了上海对区域生物医药产业发展的龙头带领作用和创新溢出效应。山东、北京和天津形成了全国第二个主要的生物医药区域集群。湖北、湖南和四川 2017 年均进入前十,近年来上升较快,长江中上游正在形成我国另一个重要的生物医药产业发展区域,具备与长三角地区联动的潜力。

7. 新材料产业

上海新型材料产业 2017 年国际竞争力综合指数为 127.2,排名全国第六。上海新材料产业综合竞争力较上年有较大增幅,综合指数增加 8.3。

2017 年新材料产业国际竞争力江苏与浙江分列前两位,长三角地区(上海第六、江苏第一、浙江第二、安徽第八)均进入竞争力排名前十。山东排名第三位,京津冀分列第九位、第五和第七位。这两大板块是构成我国新材料产业的两个最大的集群。

从过去三年的情况来看,各地区相对位置基本保持稳定,前十位的省市基本未发生变化。前三位中,2015 年山东和浙江分列二、三位,2016 年后两地互换了位置,浙江的竞争力提升较快。

8. 新能源汽车产业

2017 年,广东依然保持了新能源汽车产业迅猛发展的态势,并且连续三年蝉联国内新能源汽车产业第一,这主要归功于以比亚迪为主的新能源汽车先发企业,无论从产品的数量还是质量上都远远领先于国内同行。

上海新能源汽车国际竞争力指数国内排行第五,指数为数值为 109.77,位于广东、浙江、江苏和北京之后。在变化的趋势上,上海的国际竞争力在四年间除了 2016 年以外都保持了稳定的上升态势。指数计算中涉及了较多的数量指标,而上海受限于土地、人口等资源约束,在相关产品生产数量上有所落后,但是在技术上存在一定的领先优势,特别是上海对周边的溢出效应。上海企业通过在江浙设立生产基地和工厂,实现了产业对周边地区的溢出效应,而这一部分被计算到了江浙地区的产业国际竞争力中,所以出现了江浙指数比上海强的情况。指数计算中蕴含着相对值的概念,这说明了在这几年,上海新能源汽车产业的发展相对于其他地区具有一定的优势。

指数分布看,目前国内已经形成了京津、长三角和广东三极发展的情况。各地区新能源汽车产业产生了明显的分化,广东和浙江处于发展的第一梯队,上海、北京、江苏则处于发展的第二梯队,而山东、安徽、天津处于发展的第三梯队。吉林、安徽出现了明显了下降趋势,而上海、广东、北京、江苏等地区产业发展上升趋势明显。

9. 电子信息制造业

2017 年上海电子信息产品制造业国际竞争力继续保持比较优势,中部省市发展速度提升对未来上海的电子信息产品制造业国际竞争力进一步提升构成了强劲挑战。2017 年上海电子信息产品制造业国际竞争力指数在全国排名上升至第二,仅落后于广东省。2015 年、2016 年和 2017 年上海电子信息产品制造业国际竞争力指数分别为 140、142 和 149。虽然上海电子信息产品制造业国际竞争力目前保持平稳发展,不难看出,陕西、湖北、湖南和重庆等省市信息产品制造业的国际竞争力同样展现出持续快速增长的态势。特别是,中部省市土地、工资等生产要素成本相对较低,该区域产业集聚度会进一步提升,未来上海该产业国际竞争力的发展将面临更加激烈的外部竞争环境。

在产业国际表现和价值链提升方面上海电子信息制造业国际竞争力提升明显,而行业驱动增长方面依然是上海电子信息产品制造业国际竞争力提升的软肋。

10. 软件和信息技术服务业

上海软件和信息技术服务业国际竞争力指数逐年上升,国际竞争力比较优势愈发明显。2014 年、2015 年、2016 年和 2017 年上海软件和信息技术服务业国际竞争力指数分别为 115、123、127 和 132,上海市软件和信息技术服务业国际竞争力持续增强。从国际竞争力评价的二级指标来看,贸易竞争力、产业竞争力、科技竞争力和发展环境竞争力都对上海信息技术服务业国际竞争力指数提升做出了明显的贡献。值得注意的是,同期浙江省同产业的国际竞争力增强速度更快,从全国的省级层面来看,似乎逐渐形成强者愈强的分布格局。

11. 航运服务业

总体上,2017 年上海航运服务业国际竞争力有明显提升,2015 年、2016 年、2017 年的国际竞争力指数分别为 135.33、135.38、146.17。2017 年的竞争力指数与去年相比增长了 8%。相较于国内其他省市而言,上海航运服务业国际竞争力遥遥领先,排名第一。

2017 年上海市航运服务业的产业国际表现对其国际竞争力是一个重要支撑,相比较天津、宁波、广州、深圳,近三年上海产业国际表现一直遥遥领先,2015 年至 2017 年的产业国际表现指数分别为 149.94、159.16、173.25,呈现逐年递增趋势。

12. 会展业

会展行业整体国际竞争力表现上,上海居于首位,北京第二,广州第三,其余的7座城市虽然差异度不大,但也都表现不俗,体现了我国会展业发展整体向好的态势。

2017年各大会展城市发展整体趋势向好。北上广仍是我国最重要的会展城市。办展数量和办展面积均居前三。上海优势尤为突出。各区域举办展览会分布不均,华东地区展会数量和面积均处于领先地位,中国国内展览业呈现数量稳步提高、规模快速增长的良好态势。2017年,全国共有九个省和直辖市举办展览会总数超过100个。排名前三的分别是:上海、广东、北京。办展面积上海、广东和山东位居前三,上海占比最高,增加显著。2017年上海市办展总面积为2 568万平方米,占全国展览会总面积的21%,居全国首位。广州市展览会总面积约为1 487万平方米,约占全国展览会总面积的12%,与去年持平,居全国第二。北京市展览总面积约为990万平方米,约占全国展览会总面积的8%。2017年,全国共有两个省市办展面积超过了2 000万平方米。分别是上海和广东;其次是山东办展面积为1 082万平方米;除了上述三个省市,其他省市自治区。办展面积均未超过1 000万平方米。全国会展城市办展面积差距较大。

三、发展建议

(一) 保持行业政策连贯性,形成行业齐头并进、全面发展的良好格局

就行业增长驱动指标的表现而言,由于2016年供给侧改革正式启动,传统制造行业盈利能力得到优化改善并持续至今。由于受到国际宏观经济冲击影响,航空航运类行业增长势头得到一定延缓。同时,由于国家及上海层面对新能源汽车等产业的大力支持,显著推动了相关产业的迅速发展,为上海重点产业整体行业保持稳步发展提供了有力支撑。然而,行业鼓励政策根本目的是要通过行业快速增长形成行业未来的稳步发展趋势,因此,行业政策的实施需要更加连贯,并给予适时调整,按照行业发展趋势及产业调整规律进行合理优化,在行业增长表现显著的同时,要做好后续延伸性政策导向支持,合理扶持相关重点行业中长期的更好发展。

(二) 合理设置外资准入门槛,提升重点产业核心竞争力

就产业国际表现指标的表现而言,高技术新兴行业指标数值相对较低,其中原因主要在于,以新材料、生物医药为代表的行业发展水平及规模仍相对不足。由于这类行业主要依靠外资企业实现,本土企业与之相比,总量相差依然

悬殊,且存在核心竞争力弱、缺乏自主创新能力等问题。此外,外资创新型企业通过技术封锁和知识产权垄断掌握着核心技术,仅仅将制造等低端环节放到上海进行。在这种情况下,上海不能仅仅满足于技术引进,简单注重高技术产业产值的上升,而是要培育本土的核心技术和自主知识产权,逐步摆脱对国外的技术依赖,进而使自身产能不再受制于国外产品的生命周期和创新周期。

(三) 加大核心技术发展趋势研究,提高产业政策的边际有效性

就价值链提升指标的表现而言,各行业表现相对较好,反映出上海重点产业在价值链提升方面成效显著。事实上,由于以战略性新兴产业为代表的重点产业能够显著改善经济增长过度依靠资源、资金和物质投入带动的现状,因此可以通过跨越式发展来打破国外对技术发展路线的垄断,寻找到具有自身特色和自主产业技术路线,扭转目前在传统国际分工体系中的不利局面,并在生产要素成本以及资源环境的约束下顺利完成经济转型。为此,上海要重点选择与国际发展同步的产业,避免产业发展陷入从"引进到落后"的不利局面,达到带动产业升级的目的,逐步摆脱在国际分工中的不利地位。

(四) 加快引导企业成为创新主体,形成区域内协同发展

上海要继续从政策和资金上给予企业足够的支持,使其成为创新的主体。鼓励企业、研究机构和高等院校共同出资开展关键性技术研发,激励科研院所、高等学校和广大科技人员以多种形式与企业合作,形成产学研良性互动,激发全社会的创新活力。同时,继续加大对于科技创新活动的投入力度,主动加快研发成果转化的步伐,提高新产品的产值比重,鼓励、支持、帮助形成一大批拥有核心关键技术的创新型企业,保持经济发展后劲,从经济强市走向创新强市。此外,借助长三角区域内部优势,区域各市之间加强相互间的科技合作,整合、优化配置科技资源,在区域内形成良性互动,带动上海乃至长三角整体创新实力的提升。

(五) 优化产业布局,推动行业企业更好发展

在产业布局方面,除了注重提升产业规模外,还要有意识地实施支持关键环节的功能性结构政策和措施,通过多种途径,重点支持研发、设计、营销网络等制约产业结构优化升级的关键环节。同时,依托自身发展基础,更多地依靠质量、品牌和服务等非价格竞争,从而从根本上解决产业链和价值链内关键环节缺失问题,提升在产业链、价值链所处环节。此外,要充分发挥政府对科技创新的政策支持与方向引导作用,采取有力措施,积极拓展筹资渠道,增加企业研发投入,并对企业新产品、新技术开发采取税收减免、资金补贴等优惠扶持政策,并在市场与企业之间搭建桥梁,帮助企业加快科技成果转化,并尽快

成为企业的现实生产力。

四、2019年发展环境研判

（一）经济发展环境的不稳定性加强

近期中国内部经济结构的固有矛盾与外部的不确定性叠加，极易形成共振效应，对中国经济持续稳定发展带来一些挑战和压力。

一是当前全球经济逐步走出低迷，全球贸易和增长出现复苏，但是各界对于经济复苏强度和持续推动力依然存疑，对于推进增长的产业增长点和相应的引领国家也莫衷一是。来自咨询公司的研究报告都对中国继续引领全球制造出口优势的持续程度表示担忧，来自市场调研的研究报告得出的结论是，美国将在2030年以后成为全球制造业最具国际竞争力的国家，而中国则居其后，相关因素不仅是中国劳动力成本的迅速提升，也有美国在前沿科技创新取得的突破，将转化为新兴产业的巨大潜力。

二是全球制造业领域的革新是全方位的，互联网技术更新、能源革命与人工智能兴起的多重技术与市场模式冲击要求我们重新审视产业竞争优势的影响因素，中国企业在成本优势之外的技术和软实力上的不确定性是"中国制造"前景不可回避的挑战。这场"制造革命"深入发展下的国际竞争更为复杂，产业组织方式的日趋灵活、"创新—金融"联动的紧密互动使得中国企业在国际市场上的"短板"凸显，而核心竞争力的发展尚待时日。

目前中国新型工业化进程的核心目标包含两个层面，一个层面是"硬件装备"的升级，包括机床和大型工业流程化自动化设备；另一个层面是"软件装备"的升级，即现代IT和企业信息标准相融合的管理和经营系统的提升，前者是国民经济中具有基础性地位和跨产业的共性技术贡献的行业群，目前方兴未艾的新兴产业包括云计算、移动互联网、物联网产业、光电产业等。后者则是以信息化与智能化为核心的产业研发模式、供应链组织和流动方式的多领域行业，全面支撑各类产业和社会整体信息化建设，其中"互联网＋知识"为内核的一揽子密集型服务业是重要支撑。这个意义上，中国将经历一次"再工业化"进程，对标领先发达国家，中国在新产业革命中的引领性还有较大不确定性，但是在部分产品与行业上，中国企业的领先趋势已经显现。

中国近五年来的研发投入占比达到了前所未有的高度，对科技经费投入力度持续加大，科研机构的研发设备配置水平有了很大提高，但是产业创新的活力和效率仍然与美国等发达国家有很大的差距。现存的差距除了技术创新投入本身，一个重要的因素是服务业相对落后，在知识密集型服务业领域的发育滞后很大程度上制约了创新技术的产业转化。在信息技术领域的创新应用，相应的现代服务的提供和配套尤其重要。在互联网产品和电子信息技术产业上,中国的开发能力和应用科技创新的能力在提升,在某些领域可能会有跨越赶超的机会,但产业综合国际竞争力还是落后于包括美国在内的发达国家,产业整体创新"竞赛"中,中国尚未形成一支庞大、多元化的队伍,这个队伍不仅需要科技人员也需要一批包括行销、金融、工业设计、企业管理等的专业服务企业,这些企业和人员的培育需要花费很长时间。

(二)数字经济引发了局部颠覆性的产业变革,将重塑城市产业格局

一方面,智能制造是新一轮工业革命的核心,通过智能制造可带动各个产业的数字化水平和智能化水平的提升,为缓解高居不下的城市制造成本、实现城市原有产业升级提供了契机。另一方面,制造业和服务业的融合也在催生新的行业和生产方式,国际大都市的"制造业回归"体现在全球技术革新和经济格局重塑过程中,实质是要发展以高新技术推进的高端、先进制造业,实现制造业的升级,从制造业的现代化、高级化和清洁化中寻找增长点,以此奠定未来经济长期繁荣和可持续发展的基础。城市制造业回归将帮助城市发展进入"服务制造化"的新阶段,企业规模上,城市从"集聚制造业的城市"向"孵化制造业的城市"转型中,小型、专业、高附加值企业将成为城市制造业新主体。

同时,全球产业分工出现新的变化,目前全球价值链竞争,已经从原来在行业、国家和区域层面分化,变成了在行业供应链的各个增加值环节渗透、融合。跨国公司不断调整全球产业链布局,原来跨国企业之间的竞争与合作,也更多出现在行业内甚至产品内的增加值环节,而不是在产业层面展开。

(三)长三角产业的国际竞争力将出现齐头并进的情况

城市群是产业竞争的关键性的空间载体,在当前产业技术跨多个领域、价值构成环节更加复杂的态势下,城市群对产业竞争构成的支撑将越来越重要。2018年,随着上海、浙江、江苏、安徽三省一市联合组建的长三角区域合作办公室在上海的正式挂牌成立,长三角一体化驶入"快车道"。作为全球体量最大的制造业集群,以上海为核心的长三角城市群的制造业是中国在全球制造业价值链中最重要的空间节点,在制造业竞争中扮演重要角色。长三角一体化下,上海在区域经济中的分工也必将改变,根据区域的资源禀赋的差异,上海将来在产业链中占据上游和下游的位置。在产业链上游的产品研发和生产性服务业等相关领域,通过上海集聚的科研资源和市场力量不断提升其竞争力,而长三角其他地区也必将走向产业链中各自擅长的方向。所以即便是长三角地区产业国际竞争力会出现齐头并进的情况,其各自的表现也会不一样,更加得专业化、集约化必将进一步提升区域的分工水平和产业能级。

在具体的影响上,长三角的一体化势必将原本在长三角地区中区域产业发展中的壁垒不断弱化以致最后消除。在区域产业壁垒消除之后,长三角地

区的产业联动效应必将增强,在新能源汽车、电子信息制造、生物医药、新材料高端装备制造、化工等规模效应和集群效应显著的制造业中,将进一步提升整体的产业效率,实现区域产业以及上下游产业的联动发展。

附件:
1. 指标体系构建的基本思路
1.1 指标体系构建的理论指导

产业国际竞争力的形成是产业内的企业主体与产业所在的市场与制度环境之间相互互动和不断融合的过程,即企业的经营策略、技术路线与商业模式构成了产业竞争力的微观基础,也是产业整体增长的持续动力。构成特定地区经济竞争力的一组行业是依托各地经济要素禀赋格局,同时也是该地区产业发展政策作用于市场的结果。在开放经济的前提下,产业竞争力是本土企业内在持续增长的活力与国际市场需求传导于行业供求关系彼此结合的结果。

根据经济学理论,市场竞争的主体是多层次和多维度的,就指标构成而言,产业国际竞争力分为国家竞争力、产业竞争力、企业竞争力和产品竞争力等,对一个国家而言,产业国际竞争力是决定其整体竞争力水平的根本基础,能够反映一国或区域在世界经济体系中的地位、技术和经济交流、贸易和国际分工的基本格局。本报告对于产业国际竞争力内涵的界定置于产业增长驱动、产品的国际市场表现与产业技术进步水平的综合维度下。尽管狭义的产业国际竞争力是该产业的产品与服务在国际市场上的竞争力,但是作为一个内部市场与外部市场相互作用、相互交融的产业经济发展大环境,我们对于产业国际竞争力内涵的界定是综合性的。因此在狭义的国际竞争力基础上,通过引入产业的增长和科技驱动力,从而全面体现产业发展背后的要素禀赋运用、技术创新潜力和产业政策的引导等综合情况。

1.2 指数构建原则

依据现代产业发展理论、国际贸易理论以及区域创新发展理论,结合各项指标的可获得性,设计得出上海市重点产业发展指标体系,由一个综合指标和三个分类指标构成(见附图1)。一个综合指标是国际竞争力指标,围绕上海12个重点行业发展,全面反映上海重点产业发展总体趋势,进而对重点产业国际竞争力进行定量反映。下属三个分类指标分别从行业增长驱动、产业国际表现和价值链提升来综合反映上海重点产业发展过程中各个方面的差异性。其中,行业增长驱动指标可以衡量上海重点产业总体增长情况,主要针对行业生产效率、经营能力及盈利水平等进行综合衡量;产业国际表现指标则是代表着现阶段上海重点行业产品及服务在国际市场上的竞争力,主要针对在全球竞争中,上海对外开放过程中相关行业的国际竞争力水平进行综合衡量;价值链提升指标衡量上海重点产业科技进步与创新实力,以及政府对研发活动、科技成果转化和新产品开发与生产所给予的政策支持实际结果,主要针对重点产业沿着价值链提升其产业高度和发展的速度和成效,进而反映产业转型的潜力和核心竞争力提升。

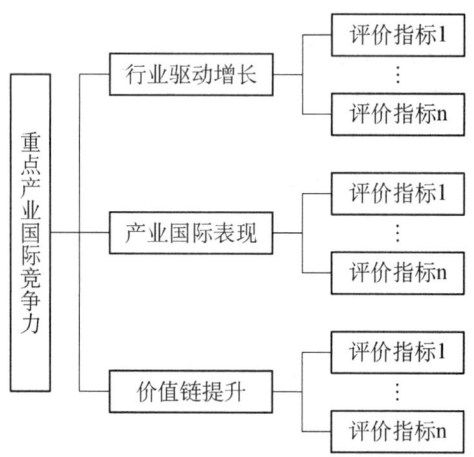

附图1　上海重点产业发展评价指标体系

2. 评价指标体系及评价方法

2.1 行业选取

针对《上海市制造业转型升级"十三五"规划》相关内容,围绕战略性新兴产业、传统优势制造业等范围及维度,选取属于上海重点产业范畴内的包括软件和信息技术服务业等在内的12大重点行业。

附表1　上海重点产业发展指数所涉具体行业

序号	行业名称	序号	行业名称
1	软件和信息技术服务业	7	新材料业
2	高端装备业	8	新能源汽车业
3	海工装备业	9	电子信息制造业
4	化工业	10	纺织服装业
5	民用航空业	11	航运服务业
6	生物医药业	12	会展业

2.2 权重设定

多指标综合评价的关键是确定各级指标的权重。有关权重的确定方法,一般分为主观赋权法和客观赋权法两种:

主观赋权法的基础是专家们对研究对象必须非常熟悉,倘若因某种原因这一条件不能满足,则给的评价结果会出现偏差;

客观赋权法,就是根据事先确定的一种客观加权准则,再由研究对象的样本提供信息,得到该种准则下的最优解。当然,若仅在数学上考虑其"最优",也会出现不尽合理的结果。

为此,指标体系围绕上海12个重点行业2015年至2017年产业国际竞争力进行综合性评价。数据来源包括统计局、海关、第三方数据库等。指标均采用相应方法进行标准化和指数化,为便于分析解释,实际采用平均权重法赋权进行解决。

2.3 指数合成

通过采用国际上最为通用的综合指数评价法,进行指数合成。该计算方法具有直观性、透明性和易操作性等主要特征,计算公式如下:

评价指数＝∑各指标的评价值×指标权重

通过采用这一方法,根据上海12个重点行业的相应指标实际值,首先得到了行业增长驱动、产业国际表现和价值链提升这三个二级指标的各自计算数值,同时根据二级指标的不同权重按照上式计算得到了国际竞争力这一一级指标数值。

执笔：

汤蕴懿　上海社会科学院研究员、新经济与产业国际竞争力研究中心执行主任,上海民营经济研究会副会长

黄烨菁　上海社会科学院世界经济研究所研究员、全球化经济研究室主任,博士生导师

徐　赟　上海社会科学院应用经济研究所助理研究员

杨传开　上海社会科学院城市与人口发展研究所助理研究员

蒋程虹　上海社会科学院应用经济研究所博士研究生

闫　强　上海社会科学院新经济与产业国际竞争力研究中心博士

全球城市与"一带一路"
沿线重要节点城市营商环境报告

一、引言

营商环境是重要的发展基础。企业的发展壮大,创新创业的活跃,经济的高质量增长,都与良好的营商环境密切相关。十九大报告指出,中国特色社会主义进入了新时代。我国经济发展也进入了新时代,其基本特征就是我国经济已由高速增长阶段转向高质量发展阶段。优化营商环境不仅是激发市场活力、推动经济转型升级的关键,也是经济高质量发展的内在要求,是国家发展的重要软实力,是区域提升竞争力的重要手段。对城市而言,优良的营商环境则是城市发展的重要吸引力和核心竞争力,是促进城市创新创业发展的重要支撑。

纵观世界,优化营商环境已成为全球趋势。根据世界银行发布的《2018年营商环境报告:改革以创造就业机会》,过去的一年中,119个经济体进行了264项营商环境改革,以创造就业机会,吸引投资并提高竞争力。自《营商环境报告》2003年开始监测世界各经济体内资中小企业营商便利度以来,全球实施营商环境改革总计3 188项。① 不难看出,营商环境的竞争是一场全球性的竞争。② 改革开放以来,我国营商环境不断改善。世界银行2018年发布的全球营商环境报告显示,我国营商环境排名较2013年提升了18位,但与世界发达国家、发达城市相比,仍存在较大差距。

进入新时代,推动高质量发展,建设现代化经济体系,对进一步优化营商环境提出了新要求。目前,从国家层面到地方层面,都出台了有关优化营商环

---

① 《营商环境报告》记录过去15年里全球实施营商环境改革近3 200项报告,参见 http://www.shihang.org/zh/news/press-release/2017/10/31/doing-business-records-neally-3200-retorms-in-15-years-to-improve-busiuess-climate-worldwide。
② 优化营商环境关乎上海"核竞争力",见 http://money.163.com/17/1225/07/D6G2SEGN002580S6.html。

境的改革政策。例如,北京出台了《关于率先行动改革优化北京市营商环境实施方案》的二十六条改革优化营商环境的具体政策措施;上海出台了《上海市着力优化营商环境加快构建开放型经济新体制行动方案》等。2018年国务院首次常务会议提出,改革创新体制机制,进一步优化营商环境,并明确提出"要借鉴国际经验,抓紧建立营商环境评价机制,逐步在全国推行"。因此,未来优化营商环境,需要立足全球视野,通过横向和纵向比较,对标国际最高标准,寻找差距,弥补短板。基于以上背景,本报告尝试对国际城市营商环境进行评估:一方面,在理论上为评估城市营商环境积累经验;另一方面,在实践上,也为国内城市优化营商环境提供对比坐标。

本报告重点从两个维度开展研究。一是国际标杆:对公认的全球城市进行营商环境评价,作为上海及国内其他城市的对标基准。参照"全球化与世界城市研究网络"(Globalization and World Cities Study Group and Network,GaWC)2016年的最新世界城市排名,选取入选GaWC榜单前10名的城市,分别是:伦敦、纽约、新加坡、中国香港、巴黎、北京、东京、迪拜、上海、悉尼。二是"一带一路":鉴于国家"一带一路"建设的快速推进,"一带一路"沿线诸多城市具有较强的成长性,是未来中国城市辐射和走出去的重要方向。因此,选取了与中国贸易往来规模前十名国家的重要城市,他们多是本国的首都或第一大城市,是本国经济发展的重要载体。由于新加坡和阿联酋的迪拜已作为对标城市,故在该部分重点选取了其他10个排名靠前国家的城市。

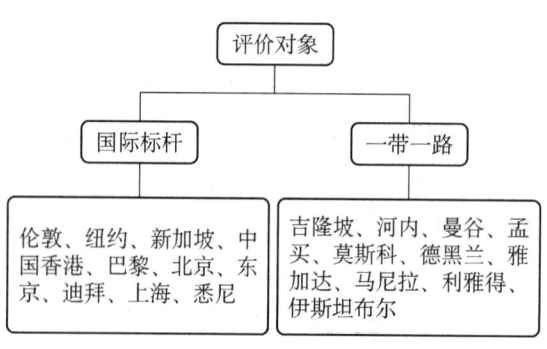

图1 本报告的评价对象

二、城市营商环境内涵界定

营商环境是在招商引资这一特定语境下产生的,顺应我国经济社会发展不同阶段呈现出不同的特征,最初是以"投资环境"出现在公众视野。营商环境可看作是投资环境在城市不同发展阶段的创新和延展,目前,学术界和实务界尚未对营商环境的概念形成共识(王敏,2017)①,有关城市营商环境评估的研究也相对较少。相近的更多研究是从竞争力的角度对城市或国家的角度进行评估,例如,英国《经济学人》智库发布的"全球城市经济竞争力指数"、科尔尼发布的"全球城市指数"、日本森纪念财团城市战略研究所发布的"全球城市实力指数"、中国社会科学院发布的全球城市竞争力报告等。

在营商环境评估方面,世界银行2001年成立营商环境(Doing Business)小组来构建营商环境指标体系,2003年发布了第一份全球营商环境报告(Doing business in 2004),到2018已经发布了15份评估报告。评价指标体系也从最初5项一级指标(开办企业、员工聘用与解雇、合同保护、获得信贷和企业倒闭)、20项二级指标,逐步完善到现在的11项一级指标、43项二级指标(表1)。从法制化和便利化角度,11项一级指标分为两类,一类反映监管过程的复杂程度和费用支出,包括开办企业、办理施工许可、获得电力、产权登记、纳税、跨境贸易等6项指标。一类反映法制保障程度,包括获得信贷、保护少数投资者、合同执行、破产办理和劳动力市场监管等5项指标。从企业生命周期角度,世界银行的研究以企业日常运营为核心,将企业全生命周期分为启动、选址、融资、容错处理等四个阶段。日常运行包括跨境贸易、纳税等2项指标,启动阶段包括开办企业、劳动力市场监管等2项指标,选址阶段包括办理施工许可、获得电力、产权登记等3项指标,融资阶段包括获得信贷、保护少数投资者等2项指标,容错处理阶段包括合同执行、破产办理等2项指标,共11项指标。世界银行在其发布的《全球营商环境报告》中,对营商环境的定义为"一个企业在开设、经营、贸易活动、纳税、关闭及执行合约等方面遵循政策法规所需要的时间和成本等条件"(王敏,2017)。世界银行营商环境测度模型的核心是反映保障私营企业建立、运营和发展壮大的制度环境和法制环境,但它忽略了许多重要的领域,比如安全、市场规模、宏观经济稳定性、市场经济条件下的政商关系等。②

国内粤港澳大湾区研究院采用世界银行、世界卫生组织、国际能源署、联合国、国家统计局等机构的全球统一口径数据,对世界人均GDP以及GDP总量排名靠前和经济总量排名靠前国家的25个城市以及中国香港、北京、上海、广州、深圳等5个城市进行了排名。在其指标体系中,分别用软环境(权重20%)、生态环境(权重15%)、市场环境(权重20%)、商务成本环境(权重10%)、社会服务环境(占15%)、基础设施环境(权重20%),来测算2017年各世界城市营商环境指数。根据测算结果,纽约、伦敦、东京、新加坡、巴黎、洛杉矶、多伦多、香港、上海、首尔位居这30个城市的前十名。广州、深圳、北京,分

---

① 王敏:《营商环境——城市竞争力新指数》,《广西城镇建设》2017年第9期。
② 见 https://wenku.baidu.com/view/eb82c75d68eae009581b6bd97f1922791688bef8.html。

别为全球第19、21、23名。与世界银行的营商环境报告相比,该报告更具有综合性,一方面继承了世界银行的优点,另一方面也弥补了世界银行存在的短板。但该报告仍有不足之处,例如对于城市的安全环境就没有涉及,而安全问题往往都是许多投资者置业海外最关注的问题之一。

在以往研究的基础上,本报告从广义的角度关注营商环境,在一定程度上与产业发展环境相近似。本报告认为,从吸引企业投资或创业的角度,企业首先会关注到一个地区的整体宏观环境,安全稳定性高、市场潜力大的城市往往会成为企业的首选地;进而,企业会考虑到营商成本,包括企业开办过程和运营当中的时间成本和物质成本等;在企业运行过程中,还需要大量的要素支撑,除了传统的基础设施外,在创新经济发展的背景下,人力资本和科技创新能力往往也会成为吸引企业的关键要素。综合考虑,本报告的城市营商环境包括了城市宏观环境、城市营商成本、城市要素支撑三个维度(图2)。

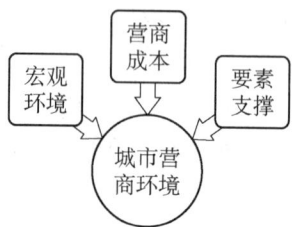

图2 本报告营商环境的内涵

三、指标体系与评估方法

(一)指标体系构建

在前面界定营商环境内涵的基础上,本报告在宏观环境、营商成本、要素支撑三个一级指标下,共选取了6项二级指标、12项三级指标,具体见表1。

表1 本报告营商环境评估的指标体系

一级指标	二级指标	三级指标	指标解释	指标属性	说明
宏观环境	开放稳定	城市安全程度	反映城市的安全稳定性	+	城市
		经济自由程度	反映城市所在国家的经济开放程度	+	国家
	市场潜力	经济竞争力	反映城市的综合经济实力	+	城市
		城镇人口规模	反映城市的人口消费潜力	+	城市

续表

一级指标	二级指标	三级指标	指标解释	指标属性	说明
营商成本	时间成本	开办企业耗时	开办企业所需要的天数,反映企业创办的时间成本	—	城市
		跨境贸易出口耗时	跨境贸易出口所需要的小时,反映企业运行过程中的时间成本	—	城市
	物质成本	开办企业成本	开办企业成本与人均收入百分比,反映开办企业的物质成本	—	城市
		房价收入比	房价与收入的比值,反映开办企业的物质成本	—	城市
要素支撑	创新要素	受过高等教育人数比例	该城市受过高等教育人数的比例,反映该城市的高技能人力资本要素支撑	+	城市
		国际专利数量	反映该城市的创新能力	+	城市
	设施环境	城市通达性	反映该城市的交通便利性和对外联系的通达性	+	城市
		城市环境	反映该城市的生态环境的优越性	+	城市

(二)数据来源与处理

本报告所使用的数据主要来源于联合国机构、国际知名智库或研究机构发布的相关研究报告,部分指标通过相关网站进行查询。在数据搜集过程中,对于部分缺失数据进行横纵对比估值处理。对于逆向指标,将变量标准化后的正负号对调。为消除变量量纲(单位)影响和变量自身变异的影响,本报告采用当前使用较多的标准差标准化方法进行数据处理。

(三) 测度评估方法

本报告采用客观赋权和主观赋权相结合的方法。在三级指标权重的确定上,本报告采用变异系数法确定指标权重;在一级指标权重的确定上,采用主观赋权的层次分析法和客观赋权的变异系数法相结合的方法。

四、城市营商环境评估结果

(一) 总体城市营商环境指数

第一,城市营商环境排名总体保持稳定,东京、纽约、巴黎位居前三位,北京和上海分别位居第七和第八位。2016 年排名前 10 的城市依次为东京、纽约、巴黎、伦敦、新加坡、中国香港、北京、上海、悉尼、伊斯坦布尔;2017年排名前10的城市依次仍为东京、纽约、巴黎、新加坡、伦敦、香港、北京、上海、悉尼、伊斯坦布尔。排名后10名的城市也保持稳定,依次为迪拜、吉隆坡、莫斯科、利雅得、曼谷、马尼拉、德黑兰、雅加达、孟买、胡志明市。总体来看,前10名当中,除了伊斯坦布尔属于"一带一路"沿线城市外,其余均为国际标杆城市,表明"一带一路"沿线城市的营商环境仍然有待优化。

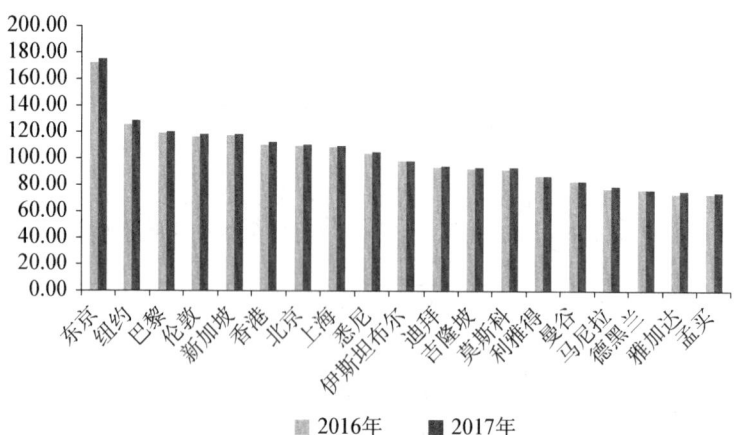

图3　2016年与2017年国际主要城市的营商环境指数

第二,城市营商环境不断优化,纽约、伦敦、东京三大全球城市营商环境提升最为突出,上海营商环境优化相对滞后。与2016年相比,2017年,除了利雅得的营商环境指数略有降低外,其余19个城市的营商环境指数均在不断提高,20个城市的营商环境指数平均值从2016年的99.33增加到2017年的100.67(图3)。分城市来看,营商环境指数增加最为突出的前五名是纽约、伦敦、东京、胡志明市、北京,其指数分别增加了3.0、2.8、2.8、2.4、1.8。上海营商环境指数也在提高,但增长较慢,仅增加了0.7,增速位居倒数第五位(图6)。

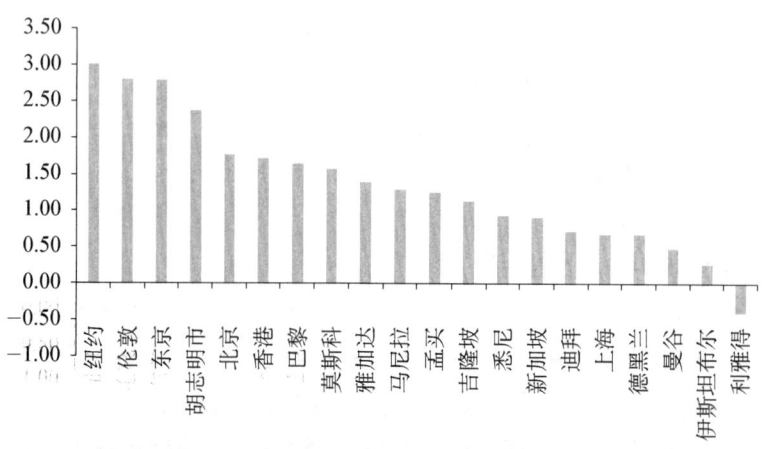

图4　2016—2017年国际主要城市营商环境指数的增速

第三,宏观环境、营商成本、要素支撑三项指数相差不大,稳中有升,其中宏观环境改善较为突出。总体来看,三项一级指标相差不大,2017年宏观环境指数、营商成本指数、要素支撑指数平均值分别为100.97、100.81、100.28;与2016年相比,宏观环境指数提高较为突出,增加了1.95,营商成本和要素支撑则分别提高了1.61和0.56。

宏观环境指数:排名较为稳定,2017年排名前5位的城市为东京、纽约、上海、北京、伦敦,与2016年相同。东京以其排名第一的城市安全度和巨大的消费潜力(城镇人口规模位居第一),及其较强的经济自由度和经济竞争力,其宏观环境指数稳居第一位。北京和上海依靠城镇人口规模较大的优势,其排名亦较为靠前,超过了伦敦和新加坡。

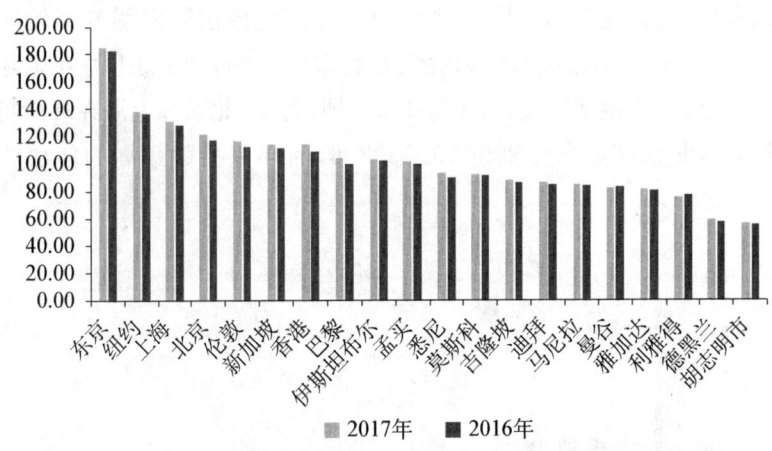

图5　2016年和2017年国际主要城市营商环境的宏观环境指数

营商成本指数:国际标杆城市的营商成本相对较低,2017年营商成本指数排名前5位的分别是纽约、巴黎、新加坡、伦敦、香港;2016年营商成本指数排名前5位的分别是纽约、巴黎、新加坡、悉尼、伦敦。这些城市均为经济发展程度较高的全球城市。2017年,营商成本指数最低的后5位为胡志明市、曼谷、马尼拉、雅加达、孟买,与2016年相同。这些城市主要位于南亚、东南亚,所在国家多为发展中国家,是"一带一路"沿线的重要节点城市。2017年北京和上海的营商指数分别列第15位和第12位;这主要是两城市较高的房价收入比、较高的时间成本,导致其营商成本相对较高,例如北京和上海开办企业耗时分别为30天和20天,位居20个城市倒数后两位;再例如,北京和上海的房价收入比均超过30%,在20个城市中分别位居第二和第四位。

要素支撑指数:2017年要素支撑指数排名前5位的城市分别是东京、巴黎、北京、伦敦、纽约;2016年排名基本相同,前5位的城市分别为东京、巴黎、北京、伦敦、新加坡。2017年要素支撑指数排名后5位的城市分别是马尼拉、雅加达、德黑兰、孟买、胡志明市;2016年基本类似,排名后5位的城市分别是

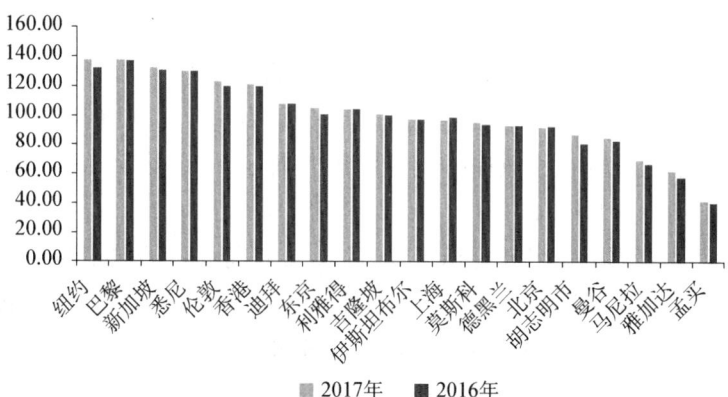

图6　2016年和2017年国际主要城市营商环境的营商成本指数

利雅得、马尼拉、德黑兰、孟买、胡志明市。北京凭借国际发明专利较多的优势，位居前列，2016年北京的国际发明专利多达5 495项；而上海在国际发明专利上与北京的差距则还较大，仅有1 483项；另外，北京和上海在环境指数上也相对落后，北京和上海分别位79.4、93.6，而环境指数最高的新加坡则为191.4。

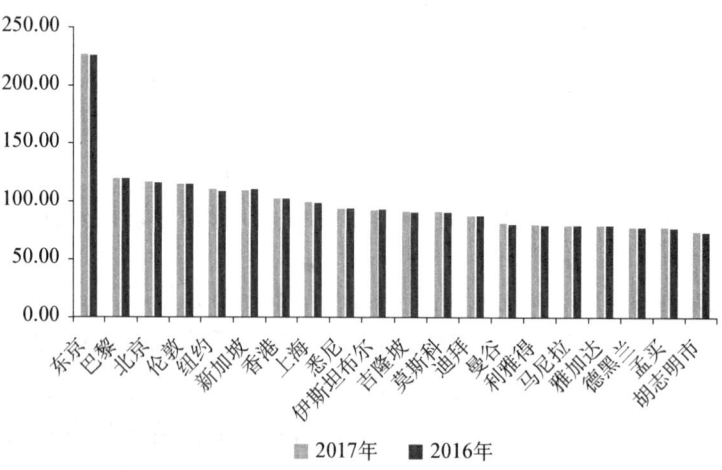

图7　2016年和2017年国际主要城市营商环境的要素支撑指数

（二）国际标杆城市营商环境指数

本报告选取的标杆城市均是在全球具有较高知名度、公认度的全球城市，他们不仅经济实力雄厚，而且社会经济环境都相对较好。根据评估结果，10个标杆城市的营商环境指数均位居前列，总指数的前5名和各分项指数的前5名均为标杆城市，这与公众印象以及其他相关研究机构发布的营商环境排名基本一致。

总体来看，国际标杆城市的营商环境均较为优越，增长速度较快。2017年，10个标杆城市营商环境指数的平均值为118.72，比所有被评估城市的平均值高18.05;从增长速度上看,标杆城市的营商环境指数增长速度相对较快,2017年的平均值比2016年提高了1.69,20个城市的平均值则仅提高了1.35,其他10个"一带一路"沿线城市的营商环境指数平均值则仅提高了1.00。

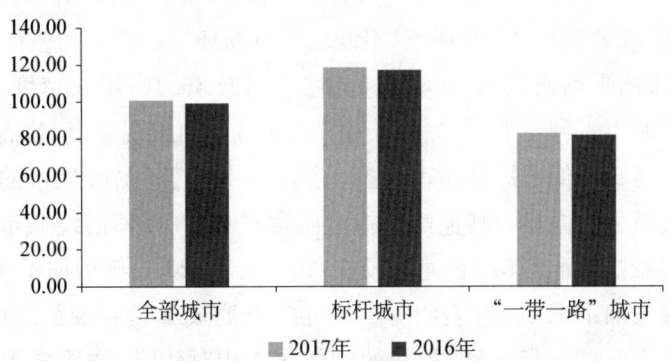

图8 2016年和2017年不同类型城市营商环境指数平均值

分项来看,国际标杆城市营商环境的宏观环境指数最高,提升最为明显;营商成本指数增速低于"一带一路"沿线城市,营商的物质成本较高。2017年10个标杆城市的宏观环境指数平均值为119.92,其次分别为要素支撑指数和营商成本指数。从增长速度上来看,宏观环境指数增加最为明显,提升了3.18,显著高于"一带一路"沿线城市;要素支撑变化较小,仅增加了0.58。营商成本指数提高了1.38,但不仅落后于20个城市平均值,而且也落后于"一带一路"沿线城市的平均值,这表明国际标杆城市的营商成本改善较慢,这主要是由于其较高的物质成本,例如2017年10个标杆城市中,有5个城市的房价收入比超过了20%。

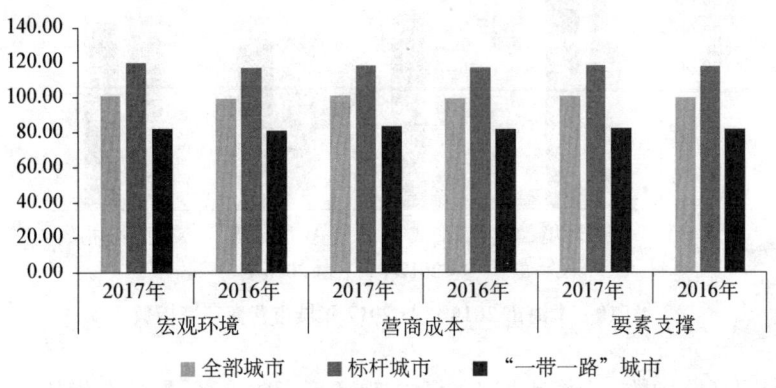

图9 2016年和2017年不同类型城市营商环境分项指数平均值

(三) 一带一路城市营商环境指数

本报告选取的"一带一路"沿线城市,主要是与中国贸易往来规模较大国家的首都或第一大城市,这些城市社会环境较为稳定,经济实力相对扎实,同时与中国联系密切。但是,从评估结果来看,"一带一路"沿线城市的营商环境指数还相对较低,营商环境还有待优化。

"一带一路"沿线城市营商环境指数相对较低、增速较慢,其中营商物质成本相对较低。2017年,"一带一路"沿线城市营商环境指数平均值仅为82.62,比20个城市的平均值低18.05,比标杆城市则低36.10;增长速度上,也明显滞后于标杆城市。分项来看,"一带一路"沿线城市的宏观环境、营商成本和要素支撑三项指数均低于标杆城市,这也说明"一带一路"沿线城市的营商环境还存在较大短板。但相对其他两项指标而言,"一带一路"沿线城市的营商成本指数相对较高,而且其增长速度较快,2017年比2016年增加了1.85,而标杆城市则仅增加了1.38,这表明"一带一路"营商成本具有较快的优化趋势。就营商成本而言,"一带一路"沿线的时间成本相对较高,物质成本则相对较低;例如,本报告中"一带一路"沿线城市开办企业耗时平均19.3天,而标杆城市仅为9.2天;相反,本报告中"一带一路"沿线城市的房价收入比仅为17.04%,而标杆城市则达到了21.98%。

五、上海城市营商环境指数

上海城市营商环境指数相对较高,但增速相对较慢。对上海具体而言,2017年上海城市营商指数为108.82,位居第八位;比2016年提高了0.7,增速相对较慢,位居倒数第5位。

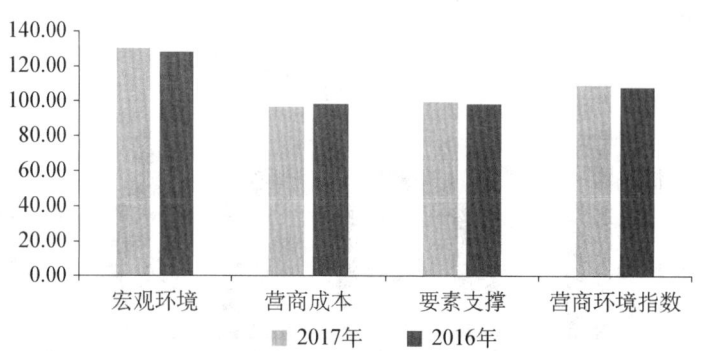

图10 上海市2016年与2017年城市营商环境指数

宏观环境指数:上海市城市营商宏观环境指数最高,最具有优势,位居20个被评估城市的第3位,其增长速度在三项一级指标中也增长较快,较2016年提高2.45。上海宏观环境指数排名较为靠前,主要得益于上海的城镇人口规模这一指标,该指标在本报告中反映城市的消费潜力,上海以近2 400万的人口规模占据较大优势;但从其他三项指标来看,城市安全度和城市竞争力分别为 70.93 和 0.837，距离排名较为靠前的新加坡（89.64、0.971）、香港（79.71、0.810）、伦敦（82.1、0.956）、纽约（81.01、1.000）、东京（89.8、0.921）都还有较大差距；经济自由度是选用的国家层面的数据，这在一定程度上降低了上海的优势，但从国家层面来看，2017 年中国的经济自由度为 57.8，水平相对较低，一定程度上都落后于"一带一路"沿线的部分国家。

营商成本指数：上海城市营商成本指数在三者之中最低，2017 年仅为 96.78，位居第 12 位，而且较 2016 年成降低趋势，这表明上海的营商成本呈增加趋势，竞争力减弱，应当引起重视。上海营商成本指数较低的原因，主要是上海营商的时间成本和物质成本都较高。例如，上海开办企业耗时达到 28 天，在被评估的 20 个城市中位居倒数第 2 位；跨境贸易出口耗时位 23 小时，而新加坡和香港分别为 12 和 19 小时。在例如房价收入比，2017 年的上海房价收入比超过 30%，达到 32.62%，远远高于伦敦的 27.8%、纽约的 12.95、新加坡的 21.63；但是根据粤港澳大湾区研究院《2017 年世界城市营商环境报告》的数据，上海的人均 GDP 只有东京的一半、纽约的 22.7%，居民收入较东京低 25%—50%，房价高企提高了上海市开办企业的物质资本，也提高了吸引人才的成本，所以上海需要进一步降低开办企业的物质成本和时间成本，保障居民的居住条件。

要素支撑指数：2017 年上海营商环境的要素支撑指数为 108.82，位居第八位，较 2016 年呈增加趋势，提高了 0.69。上海的要素支撑指数中，城市可达性较高，具有较强的优势；环境指数虽然高于北京，但相较于伦敦、纽约、新加坡、香港、巴黎、东京这些城市而言，则仍然较低，2017 年上海的环境指数仅为 93.6，而伦敦、纽约、新加坡、香港、巴黎、东京这些城市的环境指数则分别为 188、145.2、191.4、162.8、152.7、172.4。在人力资本和创新能力上，根据布鲁金斯的数据，上海受过高等教育人数的比例为 32%，与伦敦、纽约、新加坡、中国香港、巴黎这些城市仍有较大差距，除纽约为 39.4%外，这些城市受过高等教育人数比例都超过了 40%；从创新能力上来看，根据世界知识产权局的数据，2016 年上海的国际发明专利数量为 1 483 件，在评估的 20 个城市中位居第 5 位，具有一定的优势，但与东京和北京相比则存在较大差距，例如东京的国际发明专利数 23 446 件，北京的国际发明专利数为 5 495 件。

六、主要结论与对策建议

（一）主要结论

本报告在以往研究的基础上，从城市宏观环境、城市营商成本、城市要素支撑三个维度构建了城市营商环境的评估指标体系，并从国际标杆和"一带一路"两个维度分别选取了 10 个重要城市，对其 2016 年和 2017 年的营商环境进行了评估。通过研究，主要得到以下几点结论：

第一，全球主要城市的营商环境指数稳中有升，城市营商环境不断优化。优化营商环境正成为全球趋势，营商环境的竞争是一场全球性的竞争，世界各国都在努力优化营商环境。与世界银行营商环境报告的结论相类似，被评估的20个城市的营商环境指数总体呈增加趋势，20个城市中，除了利雅得略有降低外，其余城市的营商环境指数也均呈提升趋势。

第二，城市营商环境排名总体保持稳定，2017年，东京、纽约、巴黎位居前三位，北京和上海分别位居第七和第八位，北京和上海的营商环境仍有待优化提升。从增长速度看，纽约、伦敦、东京三大全球城市营商环境提升最为突出，上海营商环境优化相对滞后。

第三，宏观环境、营商成本、要素支撑三项指数相差不大，稳中有升，其中宏观环境改善较为突出。宏观环境指数排名较为稳定，2017年排名前5位的城市为东京、纽约、上海、北京、伦敦；营商成本指数，2017年排名前5位的城市分别是纽约、巴黎、新加坡、伦敦、香港；要素支撑指数，2017年排名前5位的城市分别是东京、巴黎、北京、伦敦、纽约。

第四，10个国际标杆城市的营商环境均较为优越，增长速度较快；分项来看，国际标杆城市营商环境的宏观环境指数最高，提升最为明显；营商成本指数增速低于"一带一路"沿线城市，营商的物质成本较高。

第五，"一带一路"沿线10个城市的营商环境指数相对较低、增速较慢，其中营商物质成本相对较低、时间成本相对较高，同时要素支撑能力不够强。与标杆城市相比，"一带一路"沿线城市的营商环境还存在较大短板。

第六，上海城市营商环境指数相对较高，但增速相对较慢。2017年上海城市营商指数为108.82，位居第八位；比2016年提高了0.7，增速相对较慢，位居倒数第5位。上海市城市营商宏观环境指数最高，最具有优势，增长也较快；上海的营商成本呈增加趋势，竞争力减弱；要素支撑指数呈增加趋势，但在生态环境、人力资本集聚、创新能力等方面，与其他先进城市相比，仍存在一定差距。

（二）政策建议

为进一步加快上海营商环境的优化，提升上海的全球竞争力，本报告认为上海可以从以下几个方面着手：

第一，优化宏观环境，提升开放度和全球竞争力，全力打造"一带一路"桥头堡。坚持以开放促改革促发展促创新，全面贯彻国家进一步扩大开放的重大举措，实施更加积极主动的开放战略，以高水平开放推动高质量发展。目前，全国正在加快开放型经济发展，上海作为我国对外开放的龙头城市，需进一步深化自贸区制度创新，把握"一带一路"建设快速推进的契机，协同长三角地区,通过加深重点领域合作,提升新经济前沿产业的发展水平,扩大服务业的对外开放程度,主动推动国际合作,加快推动与"一带一路"沿线城市多层次经贸合作和科技人文交流,加快搭建对外开放合作的新平台,提升上海作为全球城市在全球体系中的话语权①,全力打造"一带一路"桥头堡。在对外投资方面,创新对外投资方式,鼓励企业通过并购国际品牌、技术、市场网络渠道等方式向全球产业链、价值链、创新链上游进军,推动产品、设备、技术、标准和服务一体化走出去,提高在国际市场上的竞争力。

第二,简化手续,降低成本,提升全球吸引力和创造力,打造充满活力的创新创业新高地。上海未来打造营商环境的高地,关键是要降低城市营商环境成本。下一步,上海可以根据本研究对标国际最高标准、最好水平的城市,从物质成本和时间成本两处着手。时间成本上,要持续推进"放管服"改革、"证照分离"改革试点、行政审批制度改革,推进"互联网+政务服务"②,全面建设以政务服务"一网通办"为载体和标志的智慧政府,以大数据中心为基础,大力推进线上线下业务流程的革命性再造,努力做到一网受理、只跑一次、一次办成,实现协同服务、一网通办、全市通办,降低企业准入手续和时间,减轻企业负担。物质成本上,上海过高的房价限制了企业的成长,也限制了对人才的吸引,在未来还需进一步加强房地产市场调控,优化廉租住房、公共租赁住房、共有产权保障房等住房的供应。在创新创业方面,要积极营造勇于探索、鼓励创新、宽容失败的文化氛围,大力扶持创新型企业发展,培育一批市场前景好、成长爆发性强、技术和模式先进的独角兽和超级独角兽企业,以及一批细分行业专精特新企业和隐形冠军企业。支持民营企业发展,激发各类市场主体活力。深化国有企业分类改革,持续推进国有企业开放性市场化重组,稳步发展混合所有制经济,增强国有企业活力和竞争力。

第三,优化城市环境,加快人才集聚,全力打造人才集聚新高地和品质生活新高地。上海提升城市环境竞争力,在要素支撑上还具有短板,特别是在城市环境、受高等教育人数比例和创新能力上。上海当前正在打造具有全球影响力的科技创新中心,这对于改善城市营商环境也具有十分重要的意义。未来,上海要大力推进法治上海建设,努力把上海建成法治环境最好的全球城市,使法治成为上海核心竞争力的重要标志。加快推进智慧城市建设,强化城市运行安全保障,增创最安全国际大都市新优势。努力办好更有质量、更富活力的教育,建设一批国际一流的各类名校。优化高端医疗卫生资源布局,建设一批高水平的临床医学中心和临床重点专科以及研究型医院,加快建设亚洲医学中心。进一步完善各类基础设施,全面提升市民出行的便捷度和通达率,

---

① 见 http://opinion.hexun.com/2016-01-12/181748676.html。
② 见 http://www.shanghai.gov.cn/nw2/nw2314/nw2315/nw4411/u21aw1276754.html。

提高各类居住区的舒适程度;持续改善生态环境,完善市域生态空间格局,提升各类市政设施的服务保障能级,打造各级数据资源互联互享的城市综合治理信息化平台,提升城市法治化、社会化、智能化、标准化管理水平。

同时,在人才集聚上和创新能力提升上,除了要加快张江综合性国家科学中心建设、加快推进共性技术研发与转化功能型平台建设,以及推进大众创新、万众创业外[①],上海还需要进一步强化对人才的吸引能力。把握全球人才流动大趋势,坚持全球视野、国际标准,面向全球引才聚才,大力营造机会多、舞台大、前景好的一流人才环境。加快实施人才高峰工程,瞄准国家战略和上海核心功能需要,聚焦科技前沿和重大产业领域,集聚造就一批全球顶尖科学家和产业领军人才。目前,全国正在发起新一轮的人才争夺战,上海在人才吸引和留住人才方面也应出台相关的举措,避免人才的流失。上海应积极为各类人才施展才华提供广阔天地,着力在优化人才发展环境上下功夫,帮助解决居住、子女教育、医疗等人才关切的实际问题,让上海成为各类人才创新创业、实现梦想的热土。

执笔:

杨传开　上海社会科学院城市与人口发展研究所助理研究员

---

① 见 http://www.jfdaily.com/news/detail? id=60241。

国家战略领域

2017年上海高端装备制造业国际竞争力报告

一、背景趋势

高端装备制造业是我国战略性新兴产业七大重点发展方向之一，处于装备制造业产业链的高端环节，是我国制造业产业的转型升级以及实现"中国创造"的重要突破口。高端装备制造产业指装备制造业的高端领域，"高端"主要表现在三个方面：第一，技术含量高，表现为知识、技术密集，体现多学科和多领域高精尖技术的继承；第二，处于价值链高端，具有高附加值的特征；第三，在产业链占据核心部位，其发展水平决定产业链的整体竞争力。高技术投入、高资本投入、高信息密集度及具有重大战略性的特征，不仅符合当今制造业数字化、智能化、高度集成化的趋势，而且以其强大的带动力为我国经济社会和谐发展提供了高效的引擎。

发展高端制造业，是中国制造业适应经济新常态，重塑竞争优势的重要举措。纵观当今世界强国，无一例外都是高端装备制造产业强国。与建设制造强国的要求相比，与发达国家的发展水平相比，我国培育和发展高端制造业的任务相当艰巨。一方面，制造业创新体系不健全，工业基础还有大量短板，企业普遍存在研发投入低、创新能力不强的问题；产品档次不高，缺乏世界知名品牌，企业全球化经营能力不足；先进制造业发展环境亟待优化，企业综合成本负担较重，高端人才和高技能人才短缺；资金"脱实向虚"的倾向比较突出。另一方面，先进制造业领域的国际竞争更趋激烈。国际金融危机后，世界主要发达国家纷纷实施"再工业化"战略，持续加力推动本国制造业发展。无论是美国突出创新优势的"先进制造"，德国突出智能制造的"工业4.0"，还是英国强调"制造业+服务业"的"高价值制造"，以及日本以大数据为主的"下一代制造"，着力点虽不尽相同，但核心都是通过发展先进制造业，抢占产业发展制高点。国外跨国公司也在积极利用全球化的生产网络和组织模式，以核心技术和专业服务牢牢掌控价值链高端环节,我国先进制造业发展面临被"低端锁定"的风险。

(一) 全球高端装备制造新趋势

1. 智能化

智能制造装备是对具有感知、决策、执行功能的各类制造装备的统称。近年来,由于人工智能技术、机器人技术和数字化制造技术等相结合的智能制造技术开始贯穿于设计、生产、工艺、管理和服务等制造业的各个环节,正催生智能制造业,引领新一轮制造业变革。智能化制造装备已成为全球制造业的发展趋势,成为首要任务,智能制造产业已经成为国际竞争的新一轮焦点。发达国家的工业化战略和制造业转型,与生产效率提升及生产模式创新密不可分。智能化制造包含产品设计智能化、生产过程智能化、供应链管理智能化、服务模式智能化等四个方面。

表 1 智能化制造内容

类别	含 义
产品设计智能化	根据设计方法的原理,借助于多媒体、超媒体等现代化方法,对产品的设计理念、方式、结果进行规划,并通过测试和建模降低指出风险,简化设计部门和制造部门之间的切换,压缩新产品进入市场时间。
生产过程智能化	利用底层设备的互联互通、基于大数据分析的决策支持、可视化展现等技术手段,通过计划安排智能、生产过程协同智能、设备互联互通智能、生产资源管控智能、质量过程控制智能、决策支持智能,实现智能化生产过程的管理与控制,最终建成智能生产的智能工厂。
供应链管理智能化	通过改造传统供应链信息管理平台,运用数据分析、动态管理功能,通过提高供应链的市场响应能力,对需求预测的准确度、处理突发事件的能力和速度,满足下游企业的个性化需求,解决传统供应链出现的信息处理能力差、缺乏灵活性、缺乏透明度、决策分散等问题,实现供应链管理的协同化。
服务模式智能化	企业运用互联网、大数据等技术,通过嵌入式软件、无线连接和在线服务的启用整合成新的"智能"服务业模式,使制造业与服务业之间的界限日益模糊、融合越来越深入。智能化服务模式正在加速形成。

2. 绿色化

绿色制造是指在保证产品的功能、质量、成本的同时,综合考虑在产品的生产、使用、报废、再利用等整个生产周期,确保废弃资源和有害排放物数量最少,以达到对生态环境的维护,对资源的有效利用和对能源的节约与保护。从管理观念、材料选择、工艺规划、产品包装、回收处理等各个环节对传统制造业进行改造,使得制造业突破了资源、环境、能源的约束,实现可持续发展。绿色制造包括绿色设计、绿色材料、绿色工艺、绿色包装、绿色处理等五大主要内容。

表 2　绿色化制造内容

类别	含义
绿色设计	在产品及其寿命周期全过程的设计中,在充分考虑产品的功能、质量、开发周期和成本的同时,充分考虑对资源和环境的影响,优化各种相关因素,使产品及其制造过程中对环境的总体负面影响降到最小,使产品的各项指标符合绿色环保的要求。因而绿色设计强调产品的全生命周期,从原材料制备直到产品最终的回收及其再利用,在系统论的基础上,利用并行工程的思想,将环境、安全性、能源、资源等因素集成到产品的设计活动中,从根本上达到保护环境、保护人体健康和优化利用资源与能源的目的。
绿色工艺	通过改变原材料的投入、生产工艺或制造技术,加强对自然资源使用以及空气、土壤、水体和废弃物排放的环境评价,尽量选择相容性强、能源消耗少的原材料,以及更科学、先进的工作方案和工艺流程,从而达到提高经济效益、减少环境影响的目的。
绿色包装	通过循环复用、再生利用或降解腐化,实现从原材料采集、加工、产品制造、产品使用、废弃物回收再生,直到最终处理的整个产品生命周期中,对人体及环境不造成公害的适度包装,从而达到保护环境的目的。
再制造工程	以全生命周期理论为指导,以实现废旧产品性能提升为目的,以高新技术和产业化生产为手段,以节能、节资、节材为标准,以低污染的修复工艺为方法,使废旧产品经过零部件的拆分、检查、再制造、组装等阶段,对废旧产品进行批量化的修复和性能升级,以实现产品的可持续发展。

3. 信息化

高端装备制造业区别于一般制造业的一大特点是具有前沿性的信息处理、自动化、管理等技术与制造技术的有效结合,进而使企业在产品设计、工具改进、管理模式、相互协作上创新,最终实现制造企业管理信息化、生产过程智能化、制造装备数字化、咨询服务网络化。

可以说,高端装备产业与前沿信息技术的融合发展是国际范围内制造业发展的一个大趋势,是世界各国推进制造业升级的一个重要方向。制造业实现工业化与信息化的"两化融合"是必然趋势,信息化已经成为推动装备制造业创新升级和转型升级的重要支撑。装备制造业是制造业信息化最早的行业之一,有着良好的信息化应用基础。制造业信息化包含产品设计信息化、企业管理信息化、生产过程信息化等三个方面。

表 3　信息化制造内容

类别	含义
产品设计信息化	工程技术人员运用计算机辅助设计技术,以计算机为工具,通过数学建模、工程分析、动态模拟和自动绘图,对产品设计、开发、生产和营销等全生命周期活动加以规范化的总称。

续表

类别	含 义
企业管理信息化	实现企业内部、外部管理的数字化,以提高企业管理的效益和水平,这主要集中体现在企业资源计划系统和电子商务的开发及推广应用,通过充分利用现代信息技术建立信息网络系统,使企业的信息流、资金流、物流、工作流集成和整合,使现代管理做到实处。
生产过程信息化	在产品的生产过程中,广泛应用信息技术和计算机辅助技术,通过这些技术的实施,综合运用生产信息管理系统、工程设计系统、质量管理系统、车间制造自动化系统等,实现产品的高质量、低成本,做到交货及时、售后服务好、能快速响应客户需求,以提高在全球上的竞争力。

4. 标准化

一个国家的技术标准一旦被业界认同,标准制订国能从中获得的市场和经济利益是非常巨大的。因此,技术标准的制订权成为各国制造业的一个新的战略目标。装备制造产业呈现标准化趋势,近年来,全球范围内的制造业在系统管理上的高标准化建设不断凸显。德国"工业 4.0"、美国"再工业化"战略以及"英国制造 2050"等国家维度上的制造体系升级总体规划无不体现了国家战略层面对于制定制造业最高标准的高度重视。相关规划背后是这些国家通过制造业管理体系的高度信息化争夺世界制造业制高点的长期目标。

装备制造业的标准化发展态势主要体现为技术的标准化,具体包括基础技术标准、产品标准、工艺标准、检测试验方法标准及安全、卫生环保标准等。制造大国在装备制造业领域的国际竞争集中体现为技术标准的竞争,技术标准不仅是实现贸易保护的重要壁垒,还正在成为企业专利技术追求的最高体现形式,成为产业竞争的制高点。

5. 个性化

随着电子商务的发展,借助日益成熟的网络数据交换、网络市场调查和物流配送体系,企业逐渐从依赖转接大厂订单向个性化生产转变,从而摆脱凭借廉价劳动力争取市场的发展模式,走上依靠创意设计和特色市场营销来争取市场的发展新路,这将彻底改变装备制造企业传统的采购、生产、配送以及供应链发展模式。随着个性化定制需求的凸显,传统大批量化生产模式已经开始发生变化,小批量、多样化的产品生产模式已经出现。个性化能够更好地满足客户需求,增加市场供给,促进高端装备制造产业发展。个性化制造包含个性化用户的多样选择、个性化用户的参与设计、个性化用户的主导开发三个方面。

表 4　个性化制造内容

类别	含　义
个性化用户的多样选择	装备制造企业要实现个性化用户的多样选择,就要帮助用户做好选择,也就是让用户对企业给出的若干种商品做出准确的选择。因此,企业需要支持客户进行快速搜索和快速分类,充分开放自己的产品库,实现生产产品与客户需求的快速匹配,让客户以最小的成本做出决定。
个性化用户的参与设计	装备制造企业通过产品制造的构件化、模块化,给客户提供灵活的选择空间,从而实现对用户需求关键数据的把握;还应通过参数化设计,做好柔性制造,敏捷供应,满足客户参与设计过程的需求,并且尽可能对模块构件进行细化,以最大限度地实现尽可能丰富的产品组合,以真正实现量身定制。
个性化用户的主导开发	在整个生产制造过程中,让用户成为主导者,主导整个开发过程。为了支持用户施展创意,企业必须提供相应专业化的工具。这意味着企业不仅要开放产品构件,还有开放自身工艺。最终实现原来由企业完成的工艺动作,现在交给客户主导进行,这要求企业工艺流程的标准化、工具化,并把标准化的工艺流程传递给客户,让客户便利地去开发、使用。

6. 服务化

制造业服务化是指制造企业从满足客户需求、实现价值增值、提升企业竞争力等动因出发,由提供产品为中心向提供服务为中心转变的一种动态过程,它是当今全球装备制造产业发展的重要趋势。制造业服务化有两个层次,一是投入服务化,即服务要素在制造业的全部投入中具有越来越重要的地位;二是业务服务化,也称为产出服务化,即服务产品在制造业的全部产出中占据越来越重要的地位。两大产业体系在全球范围内的交叉融合,帮助传统制造业由"生产型制造"向"服务型制造"的革命性发展。以国家为标度细分服务类型,设计和开发服务依然是最常见的制造业服务化形式,紧随其后的是系统和解决方案、维护和支持服务,以及零售和分销服务。这四个板块构成了最主要的制造业服务化形式,是当今制造业强国发展服务化生产的主流形式。

根据全球上市公司财务分析库的数据,剑桥大学从 23 个国家的 44 000 家上市公司的运营信息中,筛选出从事混合服务业务的制造企业 22 952 家,其业务类型主要集中在:咨询服务、设计和开发服务、金融服务、安装和实现服务、租赁服务、维护和支持服务、外包和运营服务、采购服务、物业和房地产服务、零售和分销服务、系统和解决方案服务,以及运输和货运服务这 12 个领域。其中,产品的设计和开发服务(21.92%)、系统解决方案服务(15.70%)、零售和分销服务(12.18%)、维护和支持服务(11.94%)分别占据前四位。

(二) 全球价值链"低端锁定"陷阱

1. 跨国公司牢牢掌控核心技术和专业服务价值链高端环节

伴随着产业内分工深化进程,装备制造产业的全球竞争高度体现了"链条竞争"的特点,产业的创新链不仅仅集中于产品的技术研发环节,而是渗透到价值链的供应、关联行业、衍生环节。这个竞争态势对产业的创新生态环境提出了更高的要求,主体行业与关联行业之间、跨领域的合作企业之间、企业与研究机构之间围绕创新活动展开的合作与协调日趋重要,成为一个体系性的竞争格局。

由于装备制造业具有明显的规模经济效应,大型装备制造企业竞争力较为突出,在行业发展中优势明显。在全球价值链的国际分工体系中,发达国家的跨国公司扮演着越来越重要的作用,跨国装备制造企业都把全球化生产作为抢占市场的重要策略,以更加有效地利用全球资源,促进资金、信息、技术、人才的优化配置。与之相随,越来越多的跨国装备制造企业将常规业务外包出去,主要是产业链中的中低技术环节。虽然全球分工趋势不断蔓延和加深,但是高端装备产品及零部件的生产仍为发达国家所掌控。美国装备制造企业在电气设备、工程机械、自动控制系统等领域居于世界领先地位,从而奠定了

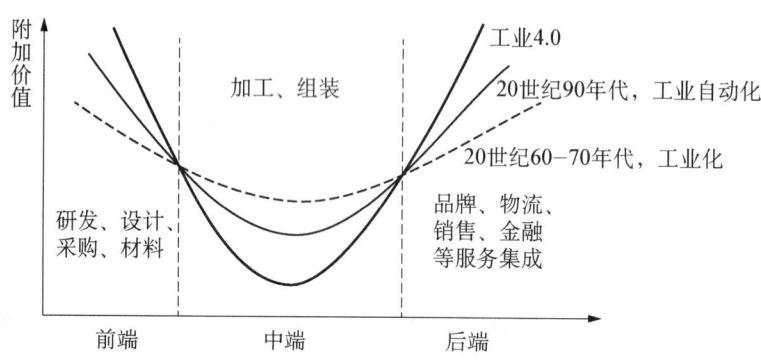

图 1　装备制造业微笑曲线

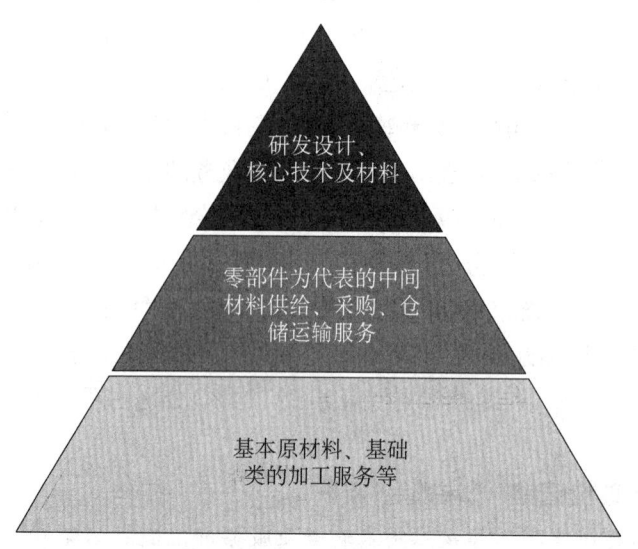

图 2　制造业产业链结构分布

其在汽车、航空、建筑和医疗设备等行业的竞争优势,在其出口产品结构中,工业发动机、测量、检测和控制设备、材料处理设备、钻井及油田设备等占有很大比重。在有数据统计的32个细分装备领域中,德国生产商在16个领域居于世界第一,在其出口产品结构中,驱动技术机械和设备、传输技术设备、印刷机械及造纸技术设备、机床、民用航空技术设备等占比较高。

从前端来看,低端制造业原材料供应、采购、仓储运输等方面竞争已经较为充分,竞争激烈程度强,而产业链高端的研发、设计等普遍被发达国家所控制。从前端的投资标的选择来看,对于金字塔顶端的拥有研发设计、核心技术及材料的标的"可遇而不可求"。而金字塔中部的可供选择的标的就相对丰富了很多,该部分企业主要提供以零部件为代表的中间材料供给、采购、仓储运输服务为一体的类集成服务。

对于产业链中端来讲,随着全球人力成本上升,以及该阶段企业高耗能、高污染等特征日渐明显,这种向管理要效益的方式已经走到了一定的极致,空间也不大。对于产业链后端来说,该阶段竞争门槛与难度较前端低,而且该区域属于商业模式创新的活跃地带,商业模式推动的制造业向服务业转型有望提升利润空间,是短期内能实现突破的最有效区域。从装备制造业原料与配件上看,主要原材料为钢材和配件。目前全球装备制造业耗材占比中钢材成本约占整个工程机械总成本的30%左右。而关键零部件国外少数企业控制力较强。

2. 制造和服务的融合使得价值链高端进一步"固化"

制造业和服务日趋融合,围绕有形产品为用户提供越来越多的服务,服务收入在总收入中的比例越来越高。对产品功能进行全面的开发,并指导用户正确地使用产品,为用户提供全面、稳定的保障和服务,成为现代装备制造企业实现产业增值和竞争力提升的有效手段。另外,以信息技术为代表的高新技术与制造过程相融合,推动装备制造业向全面信息化的方向迈进,柔性制造系统、计算机集成制造系统、制造智能化技术给装备制造业带来深刻的变革。

表5 全球装备制造业的"融合"发展的主要商业模式

类别	含义
结合型融合	制造业产品在生产过程中的制造环节及最终产品提供中间服务和中间投入品所占的比重越来越大,中间服务与中间产品同最终产品结合为一体。典型的是生产服务型行业,最终导致制造业生产过程"软化",提升了经济效率和产品的经济效益。
绑定型融合	制造业实体产品必须与相应的服务业产品绑定在一起使用,才能使消费者获得完整的功能体验。消费者对制造业的需求已不仅仅是有形产品,而是从产品购买、使用、维修到报废,回收全生命周期的服务保证。产品的内涵已经从单一的实体,扩展到为用户提供全面解决方案。
延伸型融合	延伸型融合是指,以体育文化产业、娱乐产业为代表的服务业引致周边衍生产的生产需求,从而带动相关制造产业的共同发展。

表6 全球装备制造业与服务业融合现状

类别	含 义
企业功能服务化	内生型服务化：制造业原有服务性活动大幅增加
	外生型服务化：并入制造业的外部服务活动大幅增加
硬件产品软件化	制造业企业将其行为触角延伸至产品整个生命周期
	提供产品、服务、支持、自我服务和知识的"集合体"
	服务在整个"集合体"中开始扮演主导角色
制造服务外包化	企业追求专业化而不再是范围经济
	研发、设计、会计、营销、咨询等服务职能部门分离为市场主体运作
	生产服务经营变得更加专业，创新频率更高，规模经济凸显

随着装备制造业的分工深化，产品生命周期各阶段的价值增值发生了转移，附加价值向研究开发、工程成套、维修服务、再制造服务等环节转移。越来越多的企业把注意力从实物制造转移到为用户提供全面解决方案上来，装备制造企业不只考虑产品设计和生产过程，而是整合从市场调查、产品开发、生产制造、销售、售后服务到产品的报废、解体和回收的全过程。其中，具有总体设计、系统集成、成套生产、配套服务等"一揽子"功能的大型装备制造企业竞争优势更加明显。这些企业占领着全球价值链的制高点和关键环节，成为具有总承包能力的交钥匙公司，控制着总体设计和关键设备的制造，成为产业发展的主导企业。

高端装备制造业的现代服务业特征日趋显著的背景下，势必将以往的以制造环节为重心的审视视角转换到价值链的两端。随着信息技术的融入，制造业的服务属性进一步增强，附加价值的分配向两端集聚更为明显。

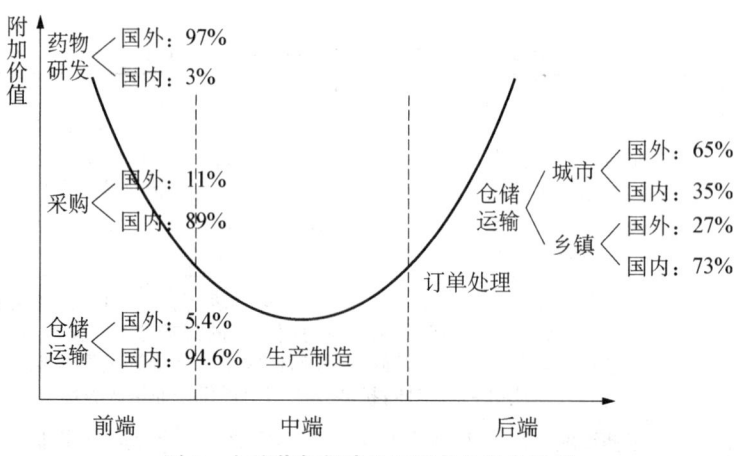

图3 全球装备制造业与服务业融合现状

表7 价值链要素分析

价值链	要素
前端	开发市场所需的产品并具有充足的技术储备
	对零部件及动摇原材料的整合能力
中端	企业的组织结构倾向于"哑铃状"
	企业的管理扁平高效
	生产技术装备柔性、可重构
后端	市场响应迅速、物流配套优良
	与合作伙伴(包括用户)共赢
	信息融合后实现企业资源共享
	生产的产品绿色环保,符合政策方向
	该阶段成本弹性较大,控制成本的能力

二、指数分析

高端装备产业是上海制造体系的战略重点,是典型的"长产业链"特征的制造行业,从产品构成看,该行业是整个制造价值链提供关键中间产品和生产资料的重要来源,也是上海战略性新兴产业的重点领域,其竞争力间接影响整个制造业的体系的技术含量与可持续发展水平。

由于该产业划分在产业统计年鉴上未完全对应的信息,数据的可得性与系统性也受到限制,本课题参考信部颁布《高端装备制造业"十二五"发展规划(2012年)》等国家层面的产业规划,根据规划下高端装备制造业5大类、22小类重点发展方向,框定产业的产品范畴与行业边界,由此确定相关指标的数据来源。报告对总报告给出的制造业竞争指数的结构与指标遴选要求,测算了上海高端制造产业竞争力及其细分指数,以及与其他省市相比较的水平。在分析各级指数并作比较分析的基础上,报告进一步从国际环境、创新动向与政策环境分析该产业发展的背景与趋势,通过对高端装备制造产业的国际发展态势、产业创新动向和上海高端装备制造业的产业环境的分析,对影响指数水平以及相对水平的产业业态给予多维度的考察。

(一) 总体水平

自1843年开埠以来,上海经济体系中就是以工业为支柱产业,上海工业史具有百余年的历史。1949年新中国成立以后,上海装备制造业获得长足的发展,建立了以轻、重工业并举、工业门类比较齐全、基础雄厚的工业体系,成为中国国民经济发展的装备中心之一。改革开放以来,上海高端装备制造业励精图治,在国内崭露头角。上海是国家装备制造业重要基地之一,凭借涉及门类多、产业基础好、总量规模大及综合配套强的优势,制造业在行业增长驱动和经济带动方面发挥了巨大的作用。

从本课题指数研究看,上海高端装备制造产业国际竞争力呈现以下特点:

一是发展总体稳定。2014年至2017年,上海高端装备制造产业国际竞争力指数保持在121—124之间,表现出很强的稳定性。

二是保持竞争优势。高端装备制造产业国际竞争力大于150,表示具有极强竞争优势;介于150—100之间,表示具有较强竞争优势;介于100—50之间,表示具有中等竞争优势;小于50,表示具有弱竞争优势。四年来,上海高端装备制造产业国际竞争力保持较强竞争优势。

三是比较优势明显。高端装备制造产业国际竞争力在二十六个省市中居前三位,表示具有极大比较优势;在第四至第六之间,表示较大比较优势;在第七至第十之间,表示弱比较优势;在第十一至第十六之间,表示没有比较优势;

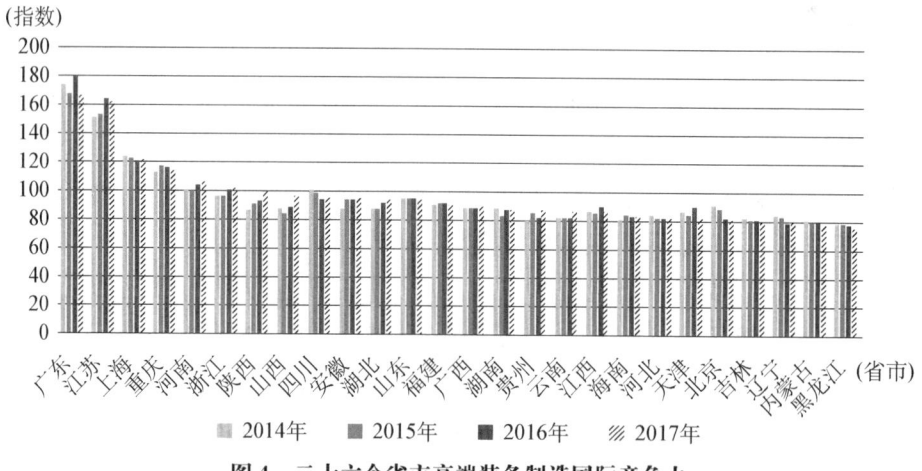

图4 二十六个省市高端装备制造国际竞争力

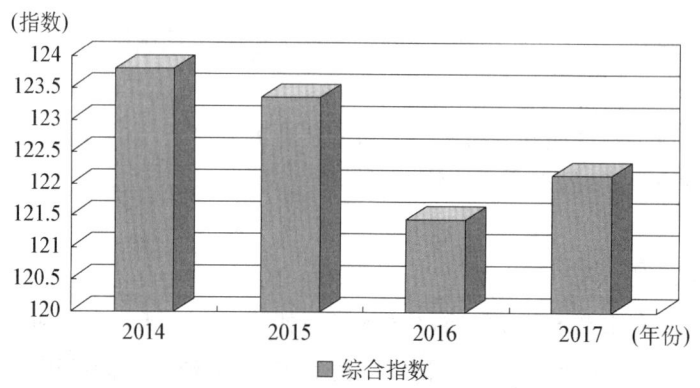

图5 2014—2017年上海高端装备制造产业国际竞争力指数

在第十七至第二十之间,表示有弱比较劣势;在倒数第六至倒数第四之间,表示具有较大比较劣势;在后三位,表示具有极大比较劣势。2014年至2017年,上海高端装备制造产业国际竞争力指数在二十六个省市中稳居第三位,位居全国前列,2014年至2017年分别比二十六个省市均值高28.41%、28.24%、24.61%和25.31%。

上海从2014年开始,高端装备制造业的国际竞争力指数区间为120—125,与其他指数相比,具有较高竞争力。排位上也基本上处于第三位次,没有太大变化。这说明上海的高端设备制造业整体具有较高国际竞争力,且稳定在一定区间。如需突破,应在思路和方式上着手。

(二) 二级指数

表8 上海高端装备制造二级指标分值比较

		行业增长驱动	产业国际表现	价值链提升
2014年	上海	91.86	148.96	101.29
	均值	90.54	99.07	98.18
2015年	上海	95.45	145.62	102.88
	均值	89.49	99.38	97.73
2016年	上海	95.86	141.11	104.85
	均值	89.77	101.29	98.70
2017年	上海	94.17	142.51	107.34
	均值	90.19	100.26	101.10

注:均值为26个省市年度平均值。

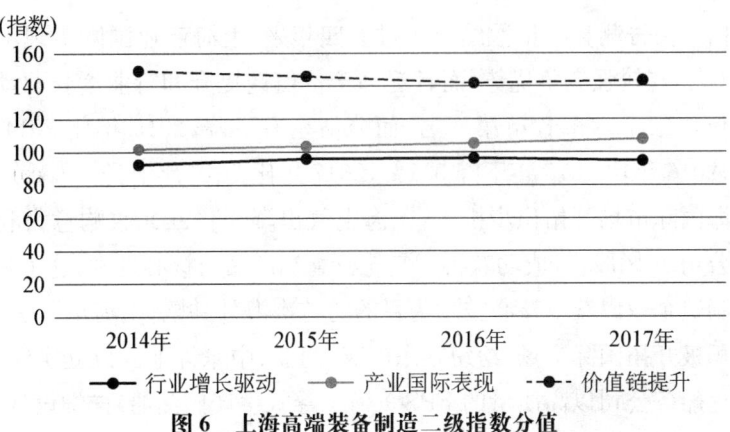

图6 上海高端装备制造二级指数分值

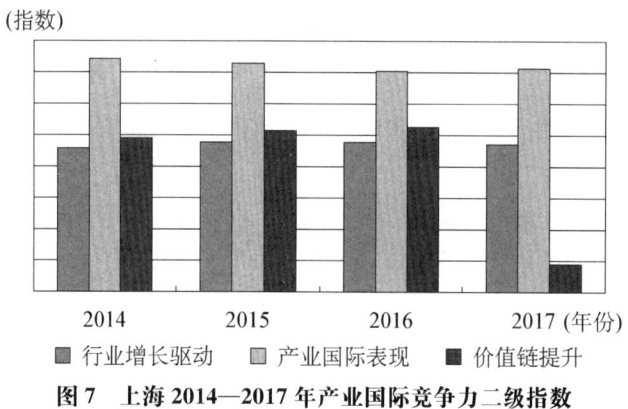

图 7　上海 2014—2017 年产业国际竞争力二级指数

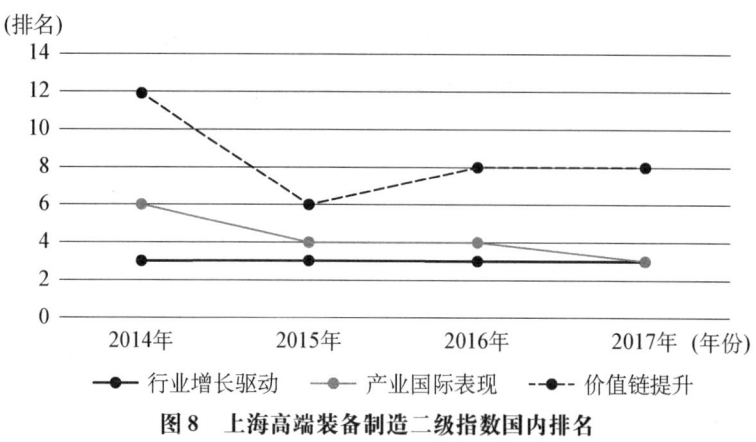

图 8　上海高端装备制造二级指数国内排名

1. 产业国际表现

产业国际竞争力指数的二级指标"产业国际表现"包括的三级指标如下：(1)国际市场占有率指数；(2)出口竞争力指数；(3)贸易竞争力指数；(4)贸易特化能力。

根据本报告测算的指数结果。过去四年来，上海产业国际表现不仅指数接近 150，具有较强竞争优势，而且远高于价值链提升和行业增长驱动。名次稳定地位居二十六个省市第三名，而分值稍有下降，2015 年比 2014 年下降 2.24%，2016 年比 2015 年下降 3.1%，2017 年比 2016 年上升 0.99%。

上海国际市场开拓稳步推进，上海电气出资 4 亿欧元收购意大利安萨尔多能源公司 40% 股权，成功获得燃气轮机高端产品与核心技术，这也是我国能源装备制造企业以获取核心技术为目的的首次海外并购；上海电气、上海汽车等企业积极开拓国际市场，纷纷在东南亚、南亚、中东等地区设立实体化公司；上海中远船务公司以高质量的 FPSO(海上浮式生产储油船)详细设计、生产设计以及现场技术服务进入巴西海工装备市场。

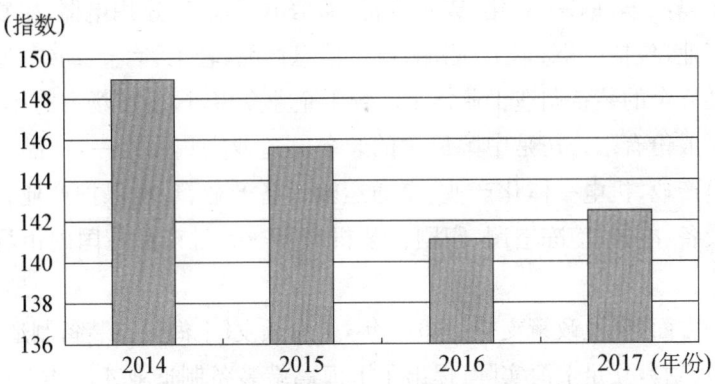

图 9　2014—2017 年上海高端装备制造业产业国际表现指数

2. 价值链提升

装备制造业作为制造业的核心,是一国经济主体制造业的根基,在全球产业价值链环节具有不可替代的重要作用。以高端装备制造为突破口,实现中国制造在全球产业价值链环节的升级备受政府和企业重视。当前,我国装备制造产业总体上处于国际产业链和价值链的中低端水平,但已经具备向中高端价值链迈进的基础。"中国制造 2025"规划彰显了党中央国务院顺应新技术革命和产业革命发展趋势的变化,主动谋划未来发展蓝图的恢弘气势。一批充满生机和活力的制造业骨干企业和龙头企业成长起来,这些企业以市场为导向,充分利用中国国内市场巨大的独特优势,积极推进自主创新、攻克核心技术、取得创新突破,为推进高端装备转型升级积累了经验。在国有企业承担重大科研项目的同时,民营企业也取得了长足发展并形成了一定的规模,有力地促进了中国制造业的健康发展,出现了国企民企优势互补、良性互动的局面。以高铁为龙头,中国在轨道交通设备、常规发电设备、输变电设备、港口装卸机械、水泥成套设备等制造领域,已走在世界前列,技术认可度和产品美誉度不断提升。

高端装备制造"价值链提升"指数构成包括有效专利数指数、研发强度指数、新技术生产力指数、核心产品市场占有率指数、核心产品出口竞争力指数和核心产品发展成熟度指数六个细分指标。根据测算结果,过去四年来上海该产业的价值链提升的指数水平均大于 100,说明行业具有较强的竞争优势。在排名上,对比其他省市,名次从 2014 年的第 6 位上升到 2017 年的第 3 位,而且指数呈现加速上升趋势,2015 年至 2017 年分别同比增长 1.57%、1.91%、2.37%。

上海高端装备制造价值链提升得益于:

一方面,具有门类齐全、配套完善、规模较大的格局。到目前为止,上海基本形成了以汽车、钢铁、石化、成套设备、通信电子设备、家用电器、生物医药等为支柱工业,包括航空、军工、船舶、电子信息产品、轻工、冶金、纺织、服装等在内的门类齐全的装备制造工业体系。骨干企业众多、国内市场占有率高,上海电气集团股份有限公司是中国最大的装备制造业大集团之一,产品覆盖电站及输配电产业、机电一体化产业、交通运输设备产业、环境保护产业。其中火力发电设备、电梯、冷冻空调、印刷包装机械等一大批产品在国内市场占有率第一。

另一方面,产业政策支持。2012年,上海颁发《上海高端装备制造业"十二五"发展规划》,立足上海实际,提出了上海高端装备制造业4大类、20小类重点领域。《2016年上海统计年鉴》中第一次将高端装备列入战略新兴产业,包含船舶及海洋工程、电站设备、工程机械、仪器仪表、民用航空、其他基础制造等。2017年2月,《上海促进高端装备制造业发展"十三五"规划》发布。提出到2020年,基本实现以下目标:产业保持平稳增长,装备制造业增速快于全市工业平均水平,装备制造业占全市工业总产值的比重达到40%左右。创新突破能力显著增强,开发300项具有引领带动作用、市场潜力大的首台(套)高端装备,争取创建10个以上国家级研发、测试等功能性平台。智能转型明显提速,装备智能化程度显著提高,支撑智能制造应用"十百千"工程建设,即培育10家引领性智能制造系统解决方案供应商,建设100家示范性智能工厂,带动1 000家企业实施智能化转型。产业布局更加优化,建设临港装备、长兴岛船舶及海洋工程装备、民用航空等3个世界级高端装备产业基地,形成一批具有专业化特色的产业园区。

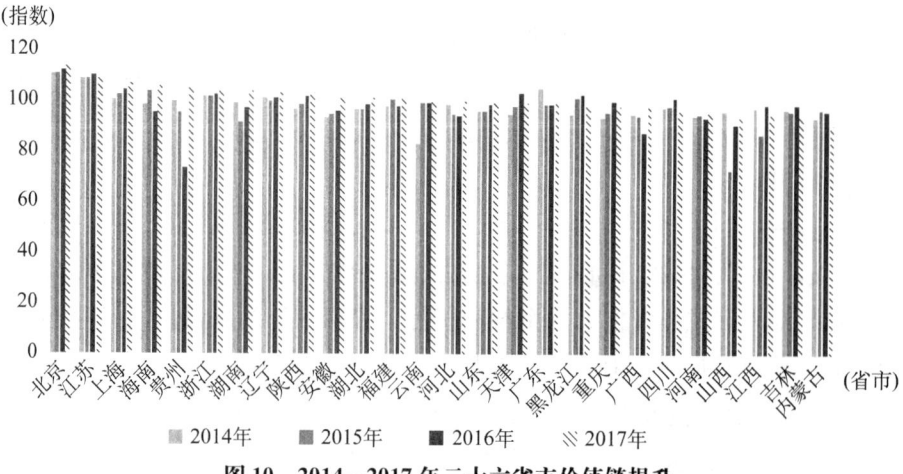

图10　2014—2017年二十六省市价值链提升

	2014	2015	2016	2017
指数	101.29	102.88	104.85	107.34
排序	6	4	3	3

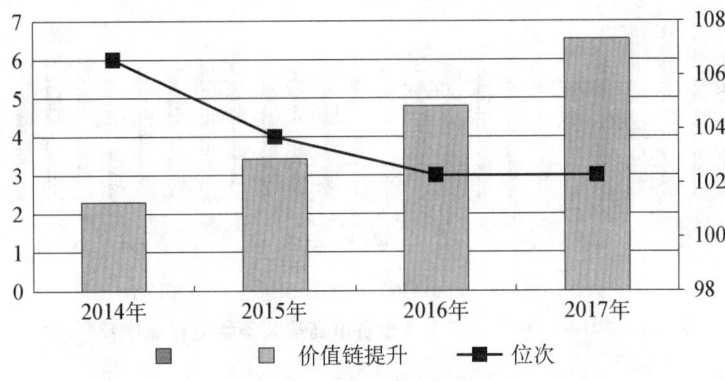

图11　2014—2017年上海高端装备制造业价值链指数

3. 行业增长驱动

我国高端装备制造业转型升级正处于关键时期，机遇和挑战并存。一方面，新一轮科技革命和产业变革推动生产方式变革和新兴业态产生将助推高端装备制造业转型升级，我国战略性新兴产业的培育发展和国家重大工程建设，对高端装备制造业的绿色化、智能化、服务化将提出新的市场需求和更高要求，我国在推进信息技术与制造技术深度融合方面积累了大量的实践经验和技术基础，全面深化改革将进一步激发市场活力，提高资源配置效率，破解产业转型升级体制机制和技术资源瓶颈，使改革红利同内需潜力、创新活力更好融合，为推进高端装备制造业由大变强提供动力支持和体制保障。另一方面，我国高端装备制造业面临着"高端回流"和"中低端分流"的双重挤压，发达国家纷纷实施以重振制造业为核心的"再工业化"和"制造业回归"战略，抢占国际产业竞争制高点，发展中国家依靠资源、劳动力等比较优势，吸引产业转移，与我国形成了同质竞争。国内经济转型对我国高端装备制造业结构调整和产业升级出了紧迫要求，高端装备制造业亟需从"要素驱动""投资驱动"转向通"创新驱动"。国际市场需求下滑甚至萎缩的风险加大，贸易保护主义抬头，人民币汇率相对坚挺，劳动力成本竞争优势丧失，对我国高端装备出口造成极为不利的影响。增强行业增长驱动力将成为我国高端装备可持续发展的关键。

本课题高端装备制造行业增长驱动包括产业集中度指数、区域产业集群指数、行业成长速度指数、行业盈利能力指数、生产效率指数和国内市场占有率指数六个方面。四年，上海行业增长驱动不仅指数低于产业国际表现和价值链提升，而且也是唯一未能进入较强竞争优势区间的指数。与之同时，名次从 2014 年的第 12 位波动上升到 2017 年的第 8 位,短板有望逐渐补齐。

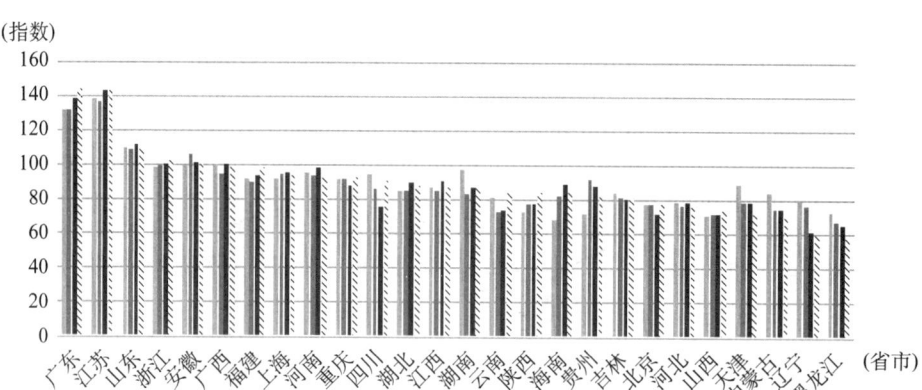

图 12　2014—2017 年二十六个省市高端装备制造行业增长驱动

	2014	2015	2016	2017
指数	91.86	95.45	95.86	94.17
排序	12	6	8	8

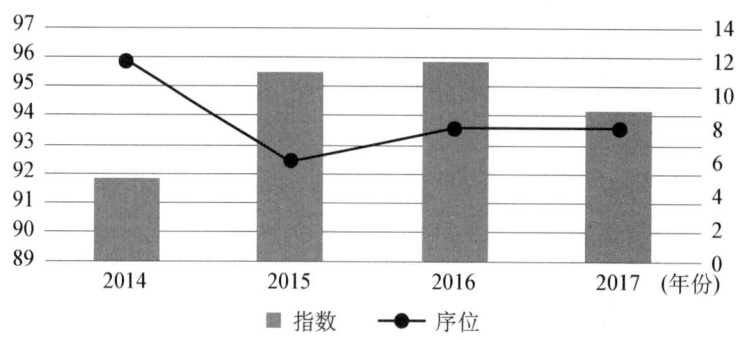

图 13　2014—2017 年上海高端制造业行业增长驱动指数

(三) 三级指标

1. 指数构成与指标选择

根据上海高端装备制造国际竞争力的 16 个三级指标的测算结果,四年来指标均值高于二十六个省市均值的指标包括:行业增长驱动中的产业集中度、区域产业集群、生产效率 3 个三级指数,产业国际表现中的国际市场占有率、出口竞争力、贸易竞争力、贸易特化能力全部 4 个三级指数,价值链提升中的有效专利数、研发强度、新技术生产力、核心产品市场占有率、核心产品发展成熟度 5 个三级指标。

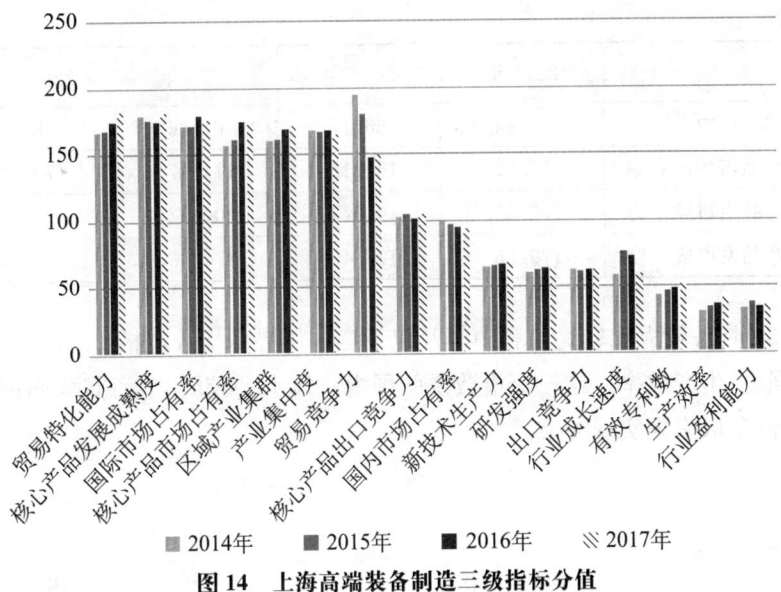

图14 上海高端装备制造三级指标分值

(1) 既具有极强竞争优势又具有较大以上比较优势的指数包括：贸易特化能力、区域产业集群、核心产品市场占有率、国际市场占有率、产业集中度。这五个指数上海需要保持稳定发展。

(2) 极强或较强竞争优势，但不具备比较优势的指数包括：贸易竞争力、核心产品发展成熟度、核心产品出口竞争力。这三个指数上海需要向国内标杆看齐，逐步实现超越。

表9 上海高端装备制造三级指标分值比较

	2014 年	2015 年	2016 年	2017 年
产业集中度	168.67	167.21	168.14	164.76
区域产业集群	160.84	161.14	168.98	171.44
行业成长速度	58.56	76.18	72.99	59.68
行业盈利能力	33.38	37.14	34.28	35.42
生产效率	31.17	34.44	36.06	40.53
国内市场占有率	98.53	96.57	94.71	93.18
国际市场占有率	171.29	171.40	179.33	175.65
出口竞争力	62.81	61.79	62.86	62.49
贸易竞争力	194.13	180.49	147.37	149.04
贸易特化能力	167.61	168.77	174.88	182.85
有效专利数	43.32	46.08	48.33	51.49
研发强度	60.26	62.73	63.54	64.37

续表

	2014 年	2015 年	2016 年	2017 年
新技术生产力	64.84	66.17	67.46	68.63
核心产品市场占有率	156.92	161.13	174.47	173.21
核心产品出口竞争力	102.85	104.73	100.72	104.66
核心产品发展成熟度	179.56	176.45	174.55	181.65

(3) 具备较大比较优势和中等及以下竞争优势的指数包括：出口竞争力、研发强度、生产效率。这三个指数说明国内总体水平较弱，上海需要向国际标杆对齐，争取率先实现突破。

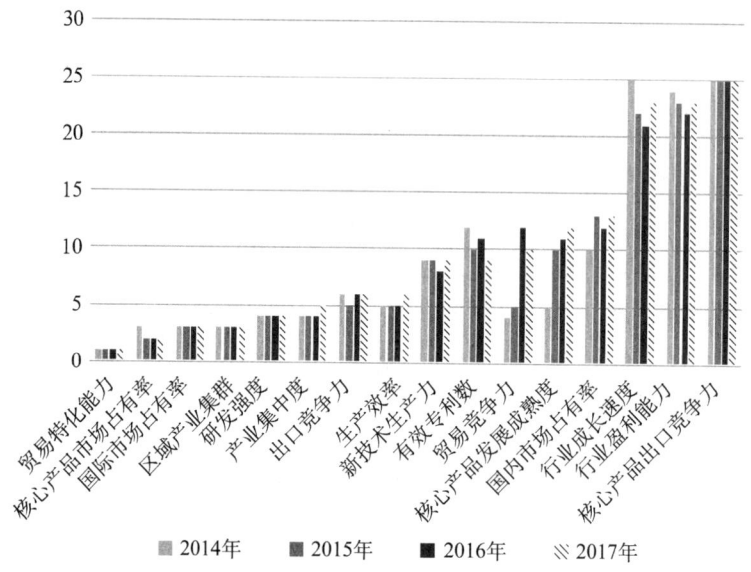

图 15　上海高端装备制造基础指标的国内排名

具有中等竞争优势，不具有比较优势的指数：新技术生产力、有效专利数、国内市场占有率、行业成长速度。这四个指数上海需要在夯实基础的同时，抓住关键环节进行突破。

(4) 既不具有竞争优势又不具备比较优势的指数包括：行业盈利能力。这个指数上海全面落后，最需要全面加强投入。

表 10　上海高端装备制造三级指标名次

	2014 年	2015 年	2016 年	2017 年
贸易特化能力	1	1	1	1
核心产品市场占有率	3	2	2	2
国际市场占有率	3	3	3	3

续表

	2014年	2015年	2016年	2017年
区域产业集群	3	3	3	3
研发强度	4	4	4	4
产业集中度	4	4	4	5
出口竞争力	6	5	6	6
生产效率	5	5	5	6
新技术生产力	9	9	8	9
有效专利数	12	10	11	9
贸易竞争力	4	5	12	10
核心产品发展成熟度	5	10	11	12
国内市场占有率	10	13	12	13
行业成长速度	25	22	21	23
行业盈利能力	24	23	22	23
核心产品出口竞争力	25	25	25	25

2. 产业集中度优势明显

高端装备产业在长三角区域范畴内具有极强竞争优势，并不断增强，具有极大比较优势并保持稳定。四年来，长三角（包含上海、江苏、浙江和安徽）分值超过150，说明长三角具有极强竞争优势；长三角分值不断攀升，说明长三角地区产业集群能力不断增强。长三角始终位居全国七大区域第一，说明长三角具有极大比较优势；长三角四年均值高于七大区域均值57.47%，2014年高于七大区域均值57.72%，2015年高于均值56.46%，2016年高于均值58.54%，2017年高于均值57.12%，说明长三角比较优势总体保持稳定。产业分布和

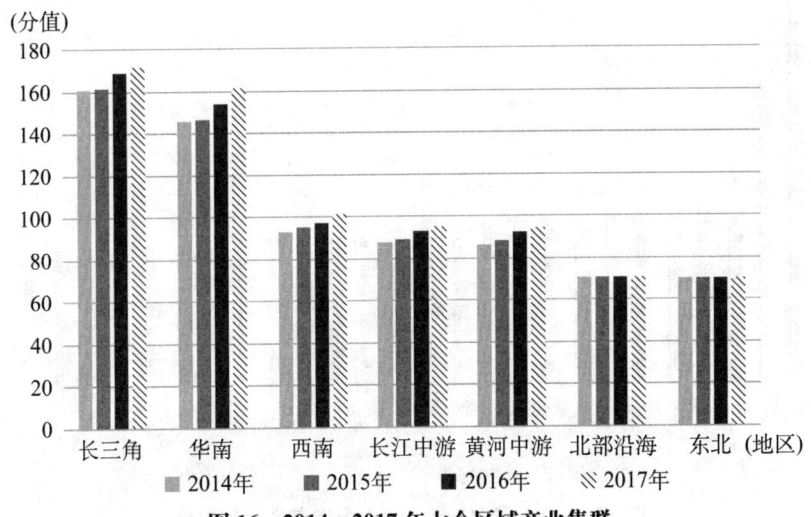

图16　2014—2017年七个区域产业集群

经济密度要远高于全国其他地区,雄厚的经济背景为上海国际航运中心建设带来了规模庞大的贸易量、充足的资金、先进的技术、现代的经营理念,这些是国际航运中心建设必不可缺的基础因素。上海港集装箱吞吐量均居世界第一,是一个良好的滨江滨海国际性港口。

四年来,七个区域排序保持不变,依次为长三角、华南、西南、长江中游、黄河中游、北部沿海和东北,其中长三角、华南、西南和长江中游保持增强趋势,北部沿海和东北总体稳定。

表11 2014—2017年七个区域产业集群排序

排名	2014年		2015年		2016年		2017年	
	地区	得分	地区	得分	地区	得分	地区	得分
1	长三角	160.84	长三角	161.14	长三角	168.98	长三角	171.44
2	华南	145.66	华南	146.72	华南	154.02	华南	161.13
3	西南	93.00	西南	95.22	西南	97.30	西南	101.07
4	长江中游	87.55	长江中游	88.93	长江中游	93.05	长江中游	95.37
5	黄河中游	86.14	黄河中游	88.24	黄河中游	92.07	黄河中游	94.11
6	北部沿海	70.49	北部沿海	70.50	北部沿海	70.53	北部沿海	70.52
7	东北	70.15	东北	70.15	东北	70.14	东北	70.13

四年来,上海产业集中度分值大于150,说明上海具有极强竞争优势;上海分值维持在164—169,说明竞争优势总体稳定。2014—2016年上海保持二十六个省市第四的地位,2017年位居第五,说明具有较大比较优势;上海四年均值高于

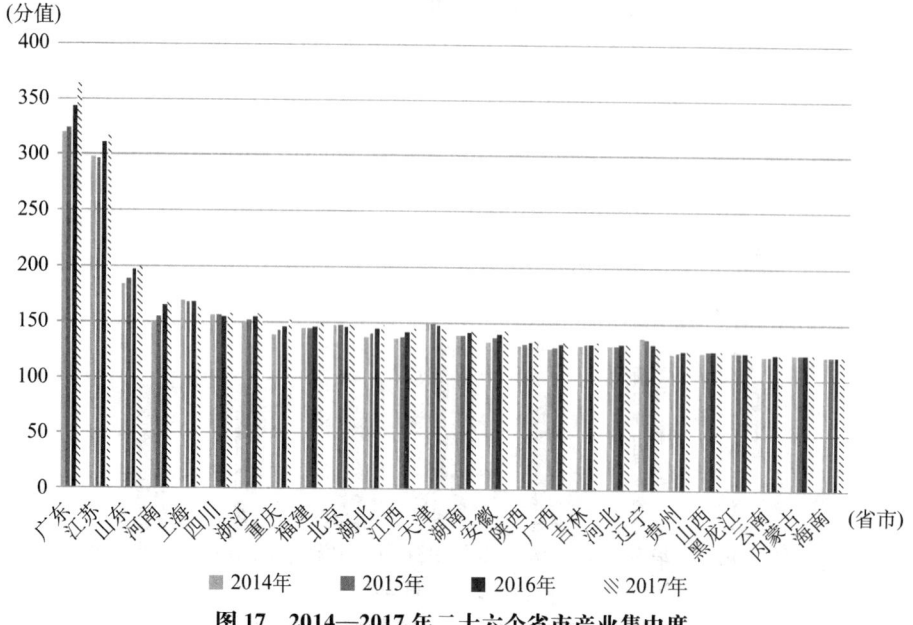

图17 2014—2017年二十六个省市产业集中度

二十六个省市 8.34%,2014 年高于二十六个省市均值 11.28%,2015 年高于均值 9.63%,2016 年高于均值 8.01%,2017 年高于均值 4.59%,说明产业集中度比较优势正不断减弱。上海高端装备行业区域上主要集中在外环线以外远郊地区,2015 年浦东新区、闵行区和崇明县高端装备制造业总产值位列三甲。成功吸引集聚新松、ABB、库卡、发那科等国内外知名机器人企业总部落户上海,使上海成为全国最大的机器人产业集聚区,产业集聚效应已初步凸显。

3. 产业国际化凸显

上海贸易特化能力指数具有极强竞争优势和极大比较优势,并且均不断增强。四年来,上海分值超过 150,说明上海具有极强竞争优势;在二十六个省市分值基本稳定的同时,上海分值不断攀升,说明上海贸易特化能力不断增强。上海始终位居二十六个省市第一,说明上海具有极大比较优势;上海四年均值高于二十六个省市 133.06%,2014 年高于二十六个省市均值 125.07%,2015 年高于均值 127.75%,2016 年高于均值 135.49%,2017 年高于均值 143.84%,说明上海贸易特化能力比较优势不断突出。

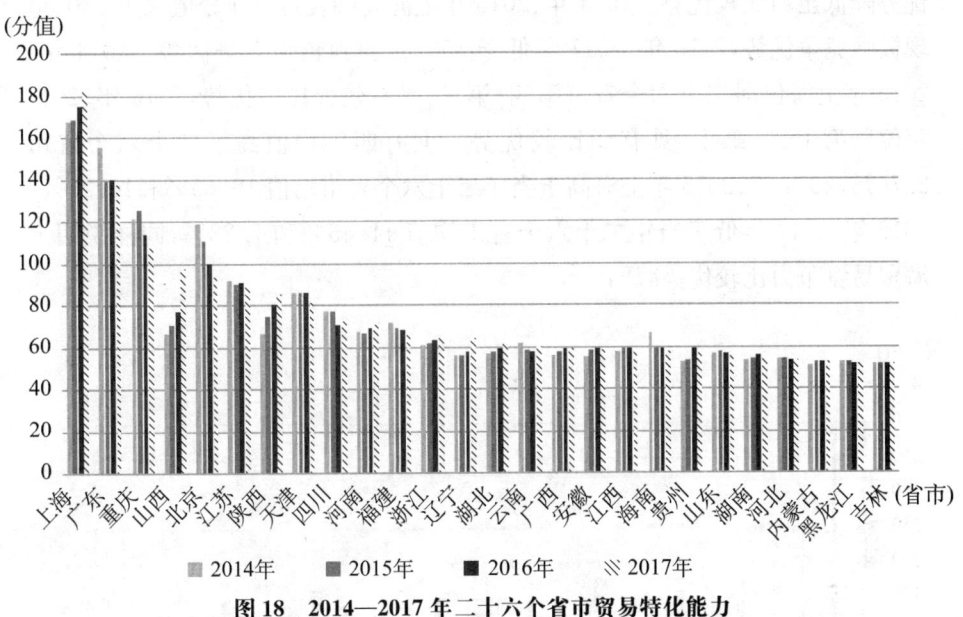

图 18 2014—2017 年二十六个省市贸易特化能力

产业国际市场占有率指数具有极强竞争优势和较大比较优势,并且均保持稳定。四年来,上海分值超过 150,说明上海具有极强竞争优势;上海分值波动微幅上升,说明上海国际市场占有率总体稳定。上海始终位居二十六个省市第三,说明上海具有较强的比较优势;上海四年均值高于二十六个省市 48.43%,2014 年高于二十六个省市均值 47.30%,2015 年高于均值 47.47%,2016 年高于均值 50.22%,2017 年高于均值 48.67%,说明上海国际市场占有率比较优势同样总体稳定。

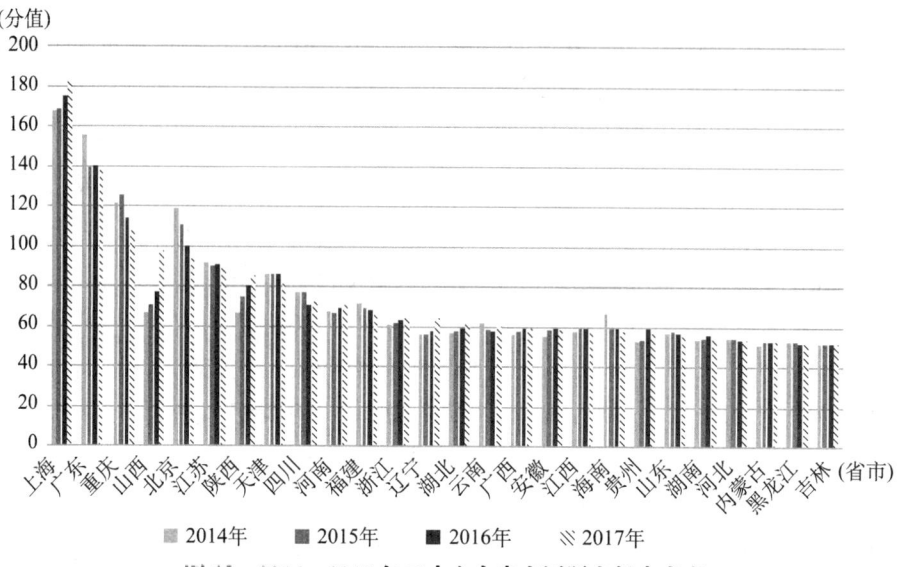

图19 2014—2017年二十六个省市国际市场占有率

产业贸易竞争力指数从极强竞争优势衰弱到较强竞争优势,由较大比较优势降低至弱比较优势。2014年、2015年上海高端装备产业分值大于150,呈现极强竞争优势,2016年、2017年低于150,衰弱到较强竞争优势。2014年、2015年上海位居二十六省市第四、第五,具有较大比较优势,2016年、2017年位居第十二、第十,具有弱比较优势。上海四年均值高于二十六个省市2.74%,2014年、2015年上海高于当年二十六个省市均值19.65%和10.25%,2016年、2017年低于当年二十六个省市均值11.45%和7.28%,同样说明上海贸易竞争力比较优势减弱。

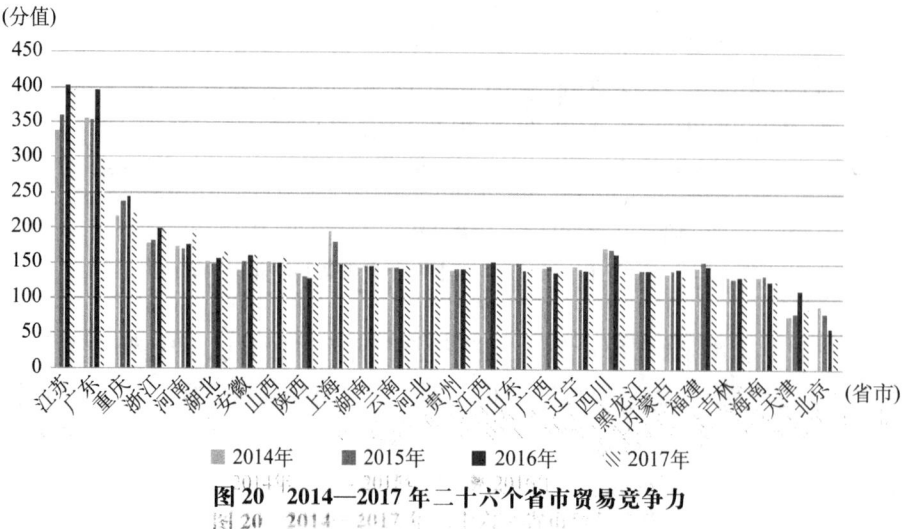

图20 2014—2017年二十六个省市贸易竞争力

上海出口竞争力指数具有中等竞争优势并保持稳定,具有较大比较优势并不断减弱。四年来,上海分值维持在61—63之间,说明上海具有中等竞争优势,并且保持基本稳定,而二十六个省市四年均值低于50,说明我国高端装备制造业出口竞争力总体较弱。2014年、2015年位居二十六个省市第五,2016年、2017年位居第六,说明上海具有较强的比较优势;上海四年均值高于二十六个省市39.63%,2014年高于二十六个省市均值45.11%,2015年高于均值42.09%,2016年高于均值39.47%,2017年高于均值32.49%,说明上海出口竞争力比较优势不断减弱。

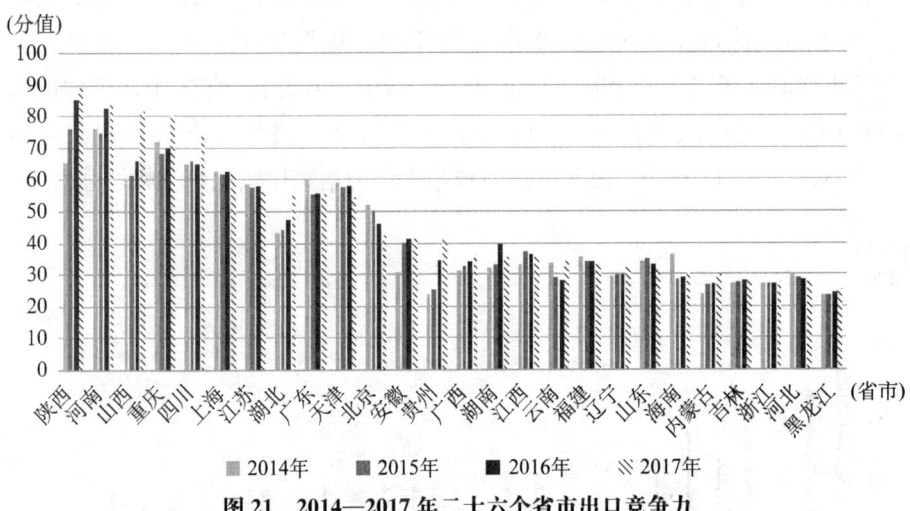

图21 2014—2017年二十六个省市出口竞争力

4. 技术优势需增强全面性

研发强度指数具有中等竞争优势和较大比较优势,并不断小幅增强。四年来,上海分值维持在60—65之间,说明上海具有中等竞争优势;上海分值

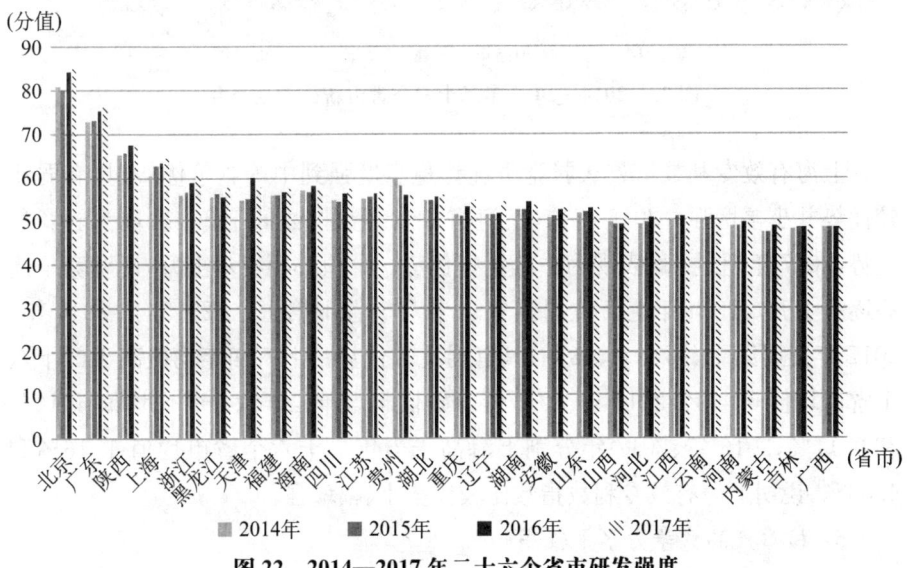

图22 2014—2017年二十六个省市研发强度

小幅稳步上升,说明竞争优势逐步增强。上海保持位居二十六个省市第四,说明具有较大比较优势;上海四年均值高于二十六个省市12.21%,2014年高于二十六个省市均值9.40%,2015年高于均值13.48%,2016年高于均值12.71%,2017年高于均值13.23%,说明研发强度比较优势总体增强。

上海新技术生产力指数具有中等竞争优势并小幅增强,具有弱比较优势并小幅增强。四年来,上海新技术生产力指数在64—69之间,具有中等竞争优势;分值小幅稳步上升,说明竞争优势逐步上升。2014年、2015年上海位居二十六个省市第九,2016年位居第八,2017年位居第九,具有弱比较优势。上海四年均值高于二十六个省市均值0.77%,2014年低于当年二十六个省市均值0.62%,2015年、2016年、2017年分别上海高于当年二十六个省市均值0.56%、1.1%和1.99%,说明上海新技术生产力指数比较优势小幅增强。

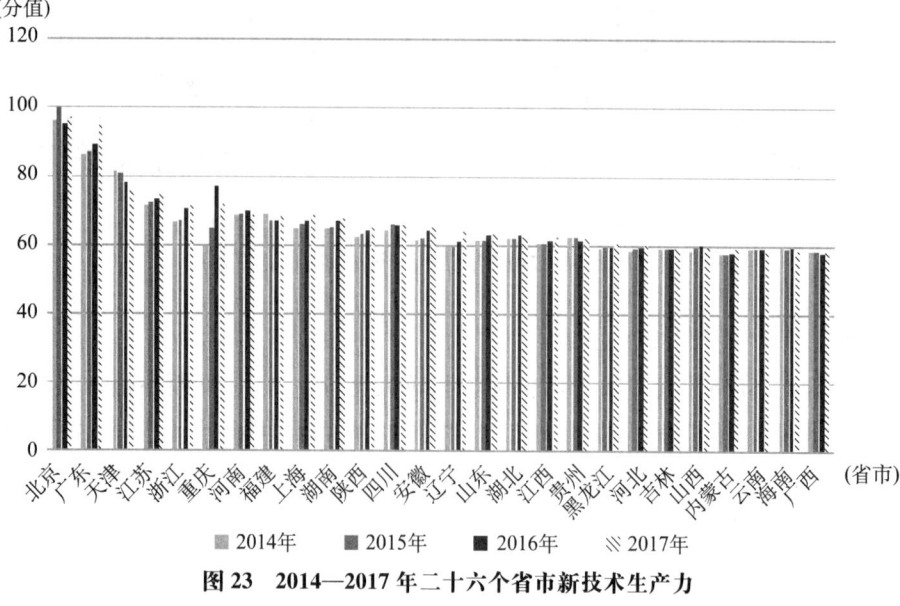

图23 2014—2017年二十六个省市新技术生产力

上海有效专利数指数从弱竞争优势稳步增强到中等竞争优势,具有弱比较优势并小幅增强。2016年前,上海有效专利数指数低于50,表现为弱竞争优势,2017年超过51,表现为中等竞争优势。分值小幅稳步上升,说明竞争优势逐步上升。2014年上海位居当年二十六个省市第十二,2015年、2016年、2017年位居第十、第十一、第九,具有弱比较优势。上海四年均值高于二十六个省市均值0.47%,2014年、2015年分别低于当年二十六个省市均值4.16%和0.11%,2016年、2017年分别上海高于当年二十六个省市均值1.16%和4.59%,说明上海有效专利数指数比较优势小、幅增强。

5. 核心产品竞争力水平较高

核心产品市场占有率具有极强竞争优势和较大比较优势,并且总体上不断增强。四年来,上海分值超过150,说明上海具有极强竞争优势;上海分值逐步上升,说明上海核心产品市场占有率不断增强。2014年上海位居二十六个省市第三,2015年起上升至第二,说明上海具有较强的比较优势;上海四年均值高于二十六个省市28.87%,2014年高于二十六个省市均值20.91%,2015年高于均值26.28%,2016年高于均值34.25%,2017年高于均值34.00%,说明上海核心产品市场占有率比较优势总体呈现增强趋势。

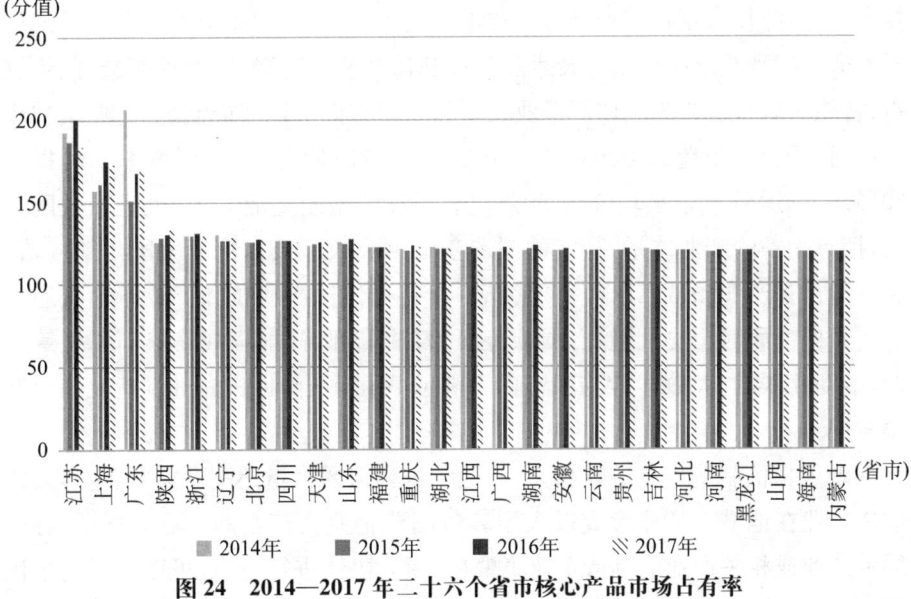

图24 2014—2017年二十六个省市核心产品市场占有率

上海核心产品发展成熟度指数具有极强竞争优势并总体稳定,具有弱比较优势并不断减弱。四年来,上海分值大于150,说明上海具有极强竞争优势;分值在174—182区间震荡,说明竞争优势总体稳定。2014年上海保持位居二十六个省市第五,2015—2017年分别第十、第十一、第十二,说明具有弱比较优势;上海四年均值高于二十六个省市5.84%,2014年高于二十六个省市均值8.61%,2015年高于均值7.48%,2016年高于均值5.77%,2017年高于均值1.82%,进一步说明核心产品发展成熟度比较优势正不断减弱。

上海核心产品出口竞争力指数具有较强竞争优势并基本稳定,具有极大比较劣势并无明显增强态势。四年来,上海核心产品出口竞争力指数大于100,具有较强竞争优势;分值基本在100—105之间,说明竞争优势基本稳定。四年来,上海位居二十六个省市第二十五,具有极大比较劣势;上海四年均值低于二十六个省市均值18.67%,2014年上海低于当年二十六个省市均值19.91%,2015年低于均值17.8%,2016年低于均值20.28%,2017年低于均值16.66%,增强态势不明显。

三、战略机遇

2017年,我国高技术制造业增加值同比增长13.4%,快于规模以上工业6.8个百分点;电子制造业、装备制造业增速分别达13.8%和10.7%,合计拉动整个工业增长3.2个百分点。

我国先进制造业发展面临难得历史机遇。当前,新一代信息技术、新材料技术、新能源技术正在带动群体性技术突破,新的商业组织形态和商业模式层出不穷。特别是新一代信息技术和先进制造技术深度融合,柔性制造、网络制造、智能制造日益成为全球制造业发展的重要方向。以智能制造为例,据初步统计,我国智能制造试点示范项目智能化改造前后对比,生产效率平均提升30%以上,运营成本平均降低20%左右。我国是制造业大国,也是互联网大国,拥有完备的产业体系、坚实的制造基础和吸收新技术的巨大国内市场,在新兴科技和产业领域已取得一定突破,具有抓住这次科技和产业革命机遇的有利条件。面对历史机遇,必须顺势而为、前瞻部署,加强战略谋划和统筹协调,推动互联网、大数据、人工智能和制造业深度融合,促进先进制造业快速健康发展。

由于装备制造产业链较长,产品生产过程需要大量的配套关联企业,装备制造产业在地域上往往形成以大型装备制造企业为核心的产业集群。因此,同一产业或相关产业的制造企业集聚在一起,协作进行生产,可以获得竞争优势。经过多年的努力,我国已经形成了辽中南、京津唐、沪宁杭、珠江三角洲等工业基地,高端装备制造的主要行业产业集中度不断提高。

(一)我国高端装备核心技术优势有待提高

我国高端装备制造也自主创新能力薄弱,技术创新资源配置不合理,核心关键技术"高端失守"。我国自主创新体系建设、体制机制建设仍有待完善,长期以来我国基础研究占研发经费支出的比重非常小,仅为5%左右,远低于发达国家的10%以上水平,产学研合作研发力度成效不彰,技术创新的市场化导向不足,科技成果转化率仅为10%左右,远低于发达国家的40%的水平。我国海洋工程、原动机等很多领域的大量关键零部件、系统软件、关键技术和高端装备基本依赖进口,受制于人。长期以来,上海高端装备制造业具有较强优势,但近年来出现发展不平衡的现象,上海在发挥全国技术领军作用方面有待进一步加强。

(二)上海高端装备制造业前期基础

从中长期看,上海高端装备产业相比其他省市具有较强的增长驱动力,这得益于上海城市发展综合竞争力、市场化体系总体发展水平与历史上的工业基础。

首先,上海高端装备制造业具有集聚效应。上海非常重视装备制造业的发展,与中国其他地区装备制造业相比,上海装备制造业的产业规模比较大、行业门类齐全,产业布局相对集中,配套协作条件较好,具有一定的集聚效应,技术优势比较明显。在国家装备工业的八大类型行业中,上海涉及汽车制造、普通机械、专用设备、船舶制造、电器机械及器材、仪器仪表等六大行业,具有一批高技术含量、高附加值、高市场竞争力的产品,尤其在汽车零件及配件制造业、汽轮机制造业、海洋运输船舶制造业、冷冻设备制造业等方面具有绝对的优势,并有很高的国内市场占有率。

其次,上海具有雄厚的资本资源和人力资本。上海是中国的经济金融中心,正逐步成为国际金融中心,拥有中国内地首个自贸区"中国(上海)自由贸易试验区"。2015年全球金融中心指数(GFCI)位居全球第九位,2015年全球综合竞争力最强的十大国际金融中心排名中,上海与香港并列第五。上海正致力于在2020年建成国际金融、航运和贸易中心。陆家嘴金融贸易区是中国上海的主要金融中心区之一,经营人民币业务的外资金融机构,必须在陆家嘴金融贸易区开设办事处,包括汇丰银行、花旗银行、渣打银行、东亚银行等。2017年实现上海生产总值(GDP)30 133.86亿元,比上年增长6.9%。第二产业增加值9 251.40亿元,增长5.8%。战略性新兴产业增加值4 943.51亿元,比上年增长8.7%。其中,制造业增加值2 262.64亿元,增长8.1%;服务业增加值2 680.87亿元,增长9.2%。战略性新兴产业增加值占上海生产总值的比重为16.4%,比上年提高1.2个百分点。

上海高技能人才占技能劳动者比例达到32%。累计有1 011人入选国家"千人计划",798人入选上海"千人计划"。良好的教育使上海人力资源素质较高,产业技术工人的知识含量较高,为高端装备制造业发展提供了强大的后备力量。上海拥有一批专门从事高端装备制造研究的技术机构和专业人才,企业和研究结构积极投入经费和人力进行高端装备制造产业研究和新产品开发。

再次,上海具有坚实的产业基础。上海高端装备制造业的技术水平不断提高,与国际先进水平的差距逐步缩小,产业基础逐步壮大。上海高端装备重点领域发展态势良好。ARJ-21新支线客机、C919大型客机、"海洋石油981"3 000米深水半潜式钻井平台、AP1000核电关键设备、轨道交通信号系统等一批重大装备获得首台突破,商飞公司C919大型客机订单总数达到815余架,拥有自主知识产权的CT、PET-CT、磁共振等医疗装备成功打破国际垄断,百万千瓦超超临界机组成功应用于发电厂并打破世界最低煤耗纪录。机器人发展态势良好,2017年工业机器人产量5.88万套,增长89.7%,上海已形成全国最大的机器人产业集聚区,机器人产业已成为上海智能制造业发展的重要方向。高端能源装备开始复苏。

四、对策建议

高端装备制造产业的发展是整个制造业转型升级的重点,由于其对固定投入和研发投入的要求高的特点,离不开政府的政策支持,上海政府应该根据高端装备制造产业发展的不同规模、需求,有重点地进行分类指导。加强政策落实和实施的力度也是政府推动培育和发展高端装备制造产业创新生态环境的基础,建议政策从以下几方面有所侧重:

(一) 推进供给侧结构性改革,进一步降低成本、提高效率

高端装备处于价值链高端,具有高附加值的特征,而上海行业盈利能力比较优势和竞争优势均不理想,成为今后首要迫切弥补的短板。

1. 加大财政政策支持税力度

(1) 进一步扩大减税范围和强度,对符合产业发展规划、符合创业创新要求的企业和项目实施减税,进一步加大加快费改税步伐,降低制度性交易成本,降低企业经营成本。

(2) 重点支持高端装备制造及其关键零部件的研发,配套系统的研发和产业化,优势拳头产品和重点骨干企业的技术改造贷款贴息,重大技术装备和关键技术的引进消化吸收和创新补助等,落实税收优惠政策。

(3) 建立财政性资金优先采购自主创新高端装备制造业产品制度,各级政府机关、事业单位和团体组织等使用财政性资金采购高端装备制造业产品的,应优先采购国内企业生产的相关产品,并优先采购政策优先支持发展的产品。

(4) 在税收政策方面,贯彻落实重大技术装备进口税收等各项优惠政策,落实促进自主创新成果产业化的税收扶持政策,对企业在新技术、新产品、新工艺等方面的研发费用,要按照有关税收法律和政策规定相应减扣。对高端装备制造类企业新建项目中技术进步,或常年处于高强度使用状态的固定资产,可采取加速折旧的方法,加快成本回收。

(5) 除了直接的财政补贴外,有关部门应该为"基础零部件"项目提供免税、无息贷款等优惠政策,明确相关扶持细则,积极鼓励企业,特别是中小企业进入这一关键领域。

2. 加大金融支持力度

上海政府充分发挥引导,优化融资环境,完善对重点高端装备制造业的信贷管理,满足高端装备制造业企业发展的资金需求。做好金融风险管理,根据

不同企业的规模、所有权特征、行业特征和区域特征,合理控制杠杆水平,健全政府、银行、企业风险处置合作机制,优化信贷资源的均衡配置。

提供政策性担保基金,加强政府、担保公司、银行的联动,成立高端装备制造业的信用联合担保机制,降低高科技企业的发展门槛。相关部门利用信息发布、贴息担保等方式,引导各类金融机构的信贷投向,建立新型的银企合作关系和协调机制。

采取一系列支持产业转型升级、降本增效的金融政策措施,通过政策扶持和资金支持,不断提升高端装备制造业核心企业的经营能力和盈利水平,使之具备上市融资、发行债券的条件,扶持企业上市融资,增强企业直接融资能力,通过差别准备金、利率、再贷款、再贴现等政策引导金融机构对高端装备制造企业的支持力度。

加强与国家进出口银行的合作,利用买方和卖方信贷,满足高端装备制造业企业在进出口方面的资金需求。

引导民间资本对高端装备制造业投资,充分利用金融租赁、民间融资、卖方信贷等融资手段,支持高端装备制造业发展。

(二) 全面增强自主创新能力,提高产业技术水平

表12 创新生态对于支撑政策的要求

内　　容	产业创新模式	创新生态系统
创新的范围	技术创新:线性模型	组织创新:商业模式
创新的过程	内部研发为主	互补的技术联盟
创新的特征	主导技术标准的形成	保持技术的多样性和开放性
技术政策目标	集中主导产业	产业框架的治理
产业发展目标	产业规模	良性生态系统的建立

1. 完善技术创新体系

重点支持模块化、智能化、增材制造、绿色可持续制造等高端制造装备发展。如2012年,美政府启动"国家制造创新网络"计划,拟投资10亿美元,并吸引高于10亿美元的社会资金,组建超过15家制造创新机构,截至2016年4月已成立8家,这对促进我国高端制造技术与装备创新发展具有重要意义。

2. 采取政产学研用结合的协同发展模式

一是要引导大型企业、企业集团发挥在装备制造业中的基础地位和行业引领作用,集中优势力量,采取政产学研用联合攻关模式,消除各种隐性壁垒,打破行业垄断,在深化投资体制改革上探索创新、先行先试。同时也要实现国资、民营企业,特别是充分发挥小企业的创新优势,一起参与的全产业链的集

成创新体系。如美国政府通过"小企业创新研究计划",鼓励和帮助具备创新能力的小企业将实验室研究成果转化为产品,为开展创新提供了良好条件和机制。例如,根据计划,NASA每年通过项目招标、项目评估等确定创新项目。这些创新项目的政府投入一般不超过100万美元,却能激发小企业的潜力。太空3D打印制造装备就是由NASA联合小企业共同完成的,充分发挥了太空制造公司、3D系统公司、层系统公司等小企业的创新优势。

3. 打造吸引高端人才的政策环境

高端装备制造业技术日新月异,需要持续不断地获取和利用外部资源。政府要大力支持、鼓励企业以各种形式引进国外成熟的装备设计、先进制造技术,特别要注重在消化、吸收中实现创新。政府加大人才培养力度,扩充高端装备人才加入"千人计划"和上海"领军人才"计划,设立人才培养和引进与重大技术装备的联动机制。鼓励产学研合作机制,联合培养高端人才和高技能人才。针对上海高端装备制造业的发展,打通高端人才的绿色通道,有重点、有计划的吸收,并努力完善吸收、引用、使用、培养、激励等机制,适当提高高端人才待遇等。积极营造良好环境,重点引进国内外高级经营管理人才和掌握关键技术的高层次专家,特别要注重引进掌握高新技术产业化成套技术的优秀团队。建立多层次的适合高端装备制造业实际需要的人才培养体系,在高端装备制造基地和产业聚集区建立健全专业特色明显、适合当地产业发展需要的高等职业院校,加大高级技能人才和营销人才的培养力度。对于在高端装备制造产业方面有突出贡献的个人,需要加大奖励力度。

4. 实施自主知识产权战略

培育和发展高端装备制造产业要加强进一步知识产权保护,逐步掌握高端装备制造业发展的核心技术、关键技术和标准的制订权、主导权。自主创新能力提升缺乏强有力的知识产权保护是难以为继的。增强产业核心竞争力、避免"技术黑洞"的唯一途径就是实施自主知识产权战略,提升自主创新能力。打破外国垄断壁垒,需要各级政府、企业、科研院所、中介机构等利益主体共同努力,协同推进。只有不断提高产业自主创新能力,掌握核心技术,才能使上海实现从制造加工基地到"研发专利中心"的转化,最终掌握相关产业标准的制定权,成为我国乃至全球的高端装备制造产业的领头羊。

(三) 积极加入"一带一路"建设,全面加强国际国内合作

1. 加快"走出去"

通过联合建立境外工业园区、开拓国际市场空间等方式,开展国际产能合作。积极参与"一带一路"建设,加快实施"走出去"战略,建立完善的"走出去"服务体系和跨境产业合作机制,推动上海高端装备走向世界,估计优势企业在欧美发达国家设立技术和工程研发中心,在市场潜力大、产业配套强的国家设

立生产、分销、运营维护中心。

  2. 培育促进产业集群

  提高大企业在研发设计方面的自主创新能力，完善集群创新的激励决策和运行等机制，促进形成区域性共生型开放式的创新网络体系，推动高端装备制造业产业集群整体技术水平的提升。坚持配套互补，充分利用上海高端装备制造业的基础和优势，培育和发展现代大型企业集团，达到成套设计、成套制造、成套供货、成套服务，实现工程总承包，以大企业集团为中心搞专业配套，形成具有优势的高端装备制造业产业链和产业集群。加快发展包括高新技术产业在内的技术密集型产业，积极促进能源工业稳定发展，大力振兴装备制造业。振兴和发展上海装备制造业，形成若干个具有国际竞争力的先进装备制造基地，发展产业集群是必由之路。

（四）加快品牌建设，不断形成新优势

  1. 建立高端装备联动发展机制

  建立完善市场体系，实施高端产品应用示范工程，用优质服务增强高端装备制造产品的可信度，构造高端装备制造业的质量统计制度、考核评价体系。在保证高端装备制造业生产规模指标的基础上，也要大力抓效益指标，创造影响力，扩大影响力，吸引潜在市场，从深度上挖掘市场、培育市场。对于上海发展的重大工程项目，政府应该设定采购国产高端装备、自主制造等审批联动机制。对于某些工程或项目，若对于外国高端装备制造市场需求大、进口需求多，政府应促使本地企业联合招标，不可依赖国外装备和技术。完善创新融资体制机制。发展科技企业信用评价，开展知识产权评估的技术服务。针对科技型中小企业的特点，提供知识产权和其他专业服务，专家参与风险评估，完善信贷尽职调查和奖励制度，从而优化整个行业创新生态环境。

  2. 推进产业链整体发展

  加强规划引导和政策扶持，注重对外合作引进战略合作者，突出主业发展，打造占主导地位的产业集群，形成较完整的产业链，靠拉长产业链条着力培育优势产业，推进产业组织调整，通过提供适当的"激励结构"，促使企业行为的转变和整体竞争力的提升。推动企业由以价格竞争为主向以技术和品牌竞争为主转变，激励企业更多地将资源投入技术创新和品牌培育，限制企业通过不正当竞争和价格垄断等行为获取利润。在总结国内外经验教训的基础上，对培育和扶持大企业发展的政策加以调整，对扶持对象、扶持手段、扶持过程等方面进行变革。加快产业结构调整和产业整合步伐，培育一批具有国际竞争力的大型企业和企业集团。要按走新型工业化道路的客观要求，以加快高新技术装备制造产业发展为突破口，推进全市工业产业结构调整和产业整合。要通过收购、兼并、重组、参股等形式，以企业战略联盟等途径，推动龙头、

重点企业实现跨区域、跨所有制、跨产业迅速扩张，做大做强，打造出一批在国内具有较强竞争力和较大影响力的产业"航空母舰"。

3. 扶持产业龙头企业的重大技术研发

加大对重点高端装备企业的金融扶持力度，增加授信额度，优先安排符合条件的企业以新发或增发股票、发行企业债券等方式扩大直接融资。逐一研究重点装备制造企业发展中存在的突出问题，有针对性地推进与国内外优势企业的战略合作。要引导企业转变经营观念和经营模式，努力培育一批拥有自主知识产权、具有竞争力的装备制造龙头企业，在资金、技术、人才、土地等资源分配上向重点装备制造企业倾斜，使其快速做大做强。培育一批主业突出、核心竞争力强的大型装备制造企业，以便发挥行业龙头带动作用，带动相关企业发展。采取有力措施，积极鼓励、引导优势装备制造企业通过兼并、收购、联合等方式，实现低成本扩张，实现企业超常规发展。大力培育和发展国际知名品牌，依托骨干企业和科研院所，以系统设计、智能控制、清洁制造和关键总成技术为重点，开展联合设计、联合制造，构建开放式的技术创新体系。

4. 推动生产型制造向服务型制造转变

围绕产业转型升级，延伸产业链，支持高端装备制造骨干企业在工程承包、系统集成、设备租赁、提供解决方案、再制造等方面开展增值服务，逐步实现由生产型制造向服务型制造转变。围绕外资制造业，有针对性地吸引关联性外资服务业进入，变单纯的制造业集聚为集成制造与服务功能的产业链集聚。健全中介服务体系，加快风险投资、公共信息、营销网络、融资担保、产权保护、孵化器等服务平台建设，推动相关企业间合作，实现社会化服务与制造环节的无缝式对接。

执笔：

汤蕴懿　上海社会科学院研究员、新经济与产业国际竞争力研究中心执行主任，上海民营经济研究会副会长

赵文斌　上海社会科学院新经济与产业国际竞争力研究中心特聘研究员

耿梅娟　上海交通大学管理学博士、副教授，选培办主任

2017年上海新型材料产业国际竞争力报告

一、背景趋势

(一) 全球格局

新材料是指新出现的或正在发展中的,具有传统材料所不具备的优异性能和特殊功能的材料;或采用新技术(工艺、装备),使传统材料性能有明显提高或产生新功能的材料。新材料产业是关系国家发展的高新技术产业,其研发及产业化水平已成为衡量一个国家经济社会发展、科技进步和国家安全的重要标志。

新材料产业作为战略性产业日益受到世界各国的重视。随着新材料产业重要性的日益凸显,在这一领域的国际竞争也更加激烈。近10年以来,世界材料产业产值以每年约30%的速度增长。目前全球新材料市场规模已超过4 000亿美元,由新材料衍生的新产品和新技术则是更大的市场。发达国家(如美国、日本)和俄罗斯等在新材料产业上处于全面领先地位,韩国、新加坡等国紧跟其后。国际知名和全球领先的材料公司主要分布在欧美,如陶氏公司、道康宁、杜邦、拜耳、默克、巴斯夫等。

后发国家如何突破知识产权、专利壁垒等限制发展新材料产业,成为发展中国家实现弯道超车的关键点。除中国、印度、巴西等少数国家之外,大多数发展中国家的新材料产业较为落后。我国在培养国际重磅新材料企业上尚需较大努力。

(二) 中国战略

发展新材料产业对我国经济发展有着全面促进作用,对我国经济转型期有着重大意义。新材料产业是我国七大战略新兴产业和"中国制造2025"重点发展的十大领域之一。新材料是整个制造业转型升级的产业基础,同时也和众多新兴产业密不可分。新材料产业和钢铁、有色、石化、轻工、建材、纺织等传统制造行业息息相关，发展新材料产业能够推动传统产业改造升级。新材料产业的发展，还将会对解决产能过剩、提升制造业生产率等重大课题大有裨益。

根据国务院《关于加快培育和发展战略性新兴产业的决定》，新材料产业被定性为"国民经济的先导产业"。"十三五"规划中，我国将从升级基础材料、发展战略材料以及遴选前沿新材料三个层面出发，促使新材料产业整体升级，为制造业和实体经济发展奠定产业基础。

我国在基础原材料（钢铁、纺织、化工）领域已率先完成了产业化和国产化，其中钢铁、化工、纺织、建筑等领域已发展较为成熟，钢产量占据全球50%以上，铝合金产量全球占比也超过30%，全球纺织第一大国地位继续保持，化工领域也面临产能过剩局面，可以说未来的发展方向更多在于从成熟走向不断优化。而在前沿新材料领域，我国国内市场新材料产量及需求规模均较大，并且保持较高的年均增速，但新材料产业发展任务仍然艰巨。

我国新材料产业规模持续稳步增长，由2010年的6 500亿元增长至2014年的16 000亿元左右，年均增速保持在25%左右。我国已有自己独立的完整的材料工业体系，其中钢铁、建材、重要有色金属、合成纤维等传统材料的产量已居世界前列，为国民经济高速和持续发展提供了保证，奠定了我国成为材料大国的地位。同时，我国对新材料需求的种类和数量都大大增加。新材料产业的发展对于国防、工业、农业、社会和高技术产业等领域，尤其是对国防、航空航天、电子信息、生物与健康、能源与环保等相关新兴产业的发展提供了重要的支持作用。

按地域分布看，环渤海、长三角和珠三角地区承担着新材料的研发、高端制造等功能，新材料种类多，成为全国三大综合性新材料产业聚集区；中部地区依托雄厚的原材料工业基础，新材料产业快速发展；西部地区依托丰富的资源基础，新材料产业呈特色化发展，形成多个特色新材料基地；东北地区老工业基地，具有较强的工业优势，新材料产业发展潜力日益凸显。

（三）上海发展

加快发展具有上海加快发展新材料产业，对建设具有全球影响力的科创中心，对落实"中国制造2025"和加快培育和发展战略性新兴产业都有举足轻重的作用。上海是我国最重要的新材料研发制造基地之一，并且持之以恒地加快发展新材料产业。上海早在"十五"规划中就提出重点培育生物医药、新材料、环境保护、现代物流四大新兴产业，同时依托制造业传统优势，提升新材料产业的研发与高端制造功能，力争通过新材料产业发展引领我国制造业升级创新。"十二五"期间，上海新材料产业地位稳步增长，结构逐步优化，新材料产业产值年均增长3.24%。至2015年，新材料产值达1 966.85亿元。占原材料工业的比重逐年提高,达 36.51%。占全市战略性新兴产业比重为 24.39%。按产业领域看,上海重点发展高端金属结构材料、特种金属功能材料、先进高分子材料、新型无机非金属材料、高性能复合材料、前沿新材料等领域。上海依托"北钢南化"比翼齐飞布局,重点打造宝山金属材料基地和杭州湾北岸石化及精细化工基地。

当前,上海正以建设成国际先进、国内领先、产学研用紧密结合的新材料研发创新核心基地之一,为我国从材料大国迈向材料强国做出更大贡献。

二、指数分析

上海新型材料产业国际竞争力在全国排名第六,长三角地区和环渤海地区是全国新型材料国际竞争力最强地区。上海新型材料产业科技竞争力与核心产品竞争力较强,研发创新能力强,核心产品比较优势明显。与江苏、浙江、广东、山东等地区相比,上海新材料产业规模与集聚度仍需要加强,创新投入需要进一步增强。

(一) 综合指数

1. 2017 年上海新型材料产业国际竞争力较上年增长较大,排名全国第六

上海新型材料产业 2017 年国际竞争力综合指数为 127.2,排名全国第六。上海新材料产业综合竞争力较上年有较大增幅,综合指数较上年增加 8.3。

表 1　新型材料产业国际竞争力综合指数(2017 年综合指数排名前十省市)

		北京	天津	河北	上海	江苏	浙江	安徽	山东	湖南	广东
2015	排名	9	6	8	5	1	3	7	2	10	4
2016	变化	-5.6	4.0	-2.1	-10.0	4.0	2.6	-6.7	-2.4	-0.8	-0.3
	排名	12	5	7	6	1	2	8	3	10	4
2017	变化	16.1	4.4	5.5	8.3	5.0	7.2	9.2	10.5	6.2	7.5
	排名	9	5	7	6	1	2	8	3	10	4

注:仅包括 2017 年综合指数全国排名前十省市,三年全国平均水平为 100。

2. 由上海引领的长三角产业集群效应显著,上海产业创新溢出效果突出,近年来引领作用稳定

2017 年新材料产业国际竞争力江苏与浙江分列前两位,长三角地区(上海第六、江苏第一、浙江第二、安徽第八)均进入竞争力排名前十。长三角经济带目前是构成我国新材料产业的最大的集群。

从过去三年的情况来看,各地区相对位置基本保持稳定,前十位的省市基

本未发生变化。前三位中,2015年山东和浙江分列二、三位,2016年后两地互换了位置,浙江的竞争力提升较快。

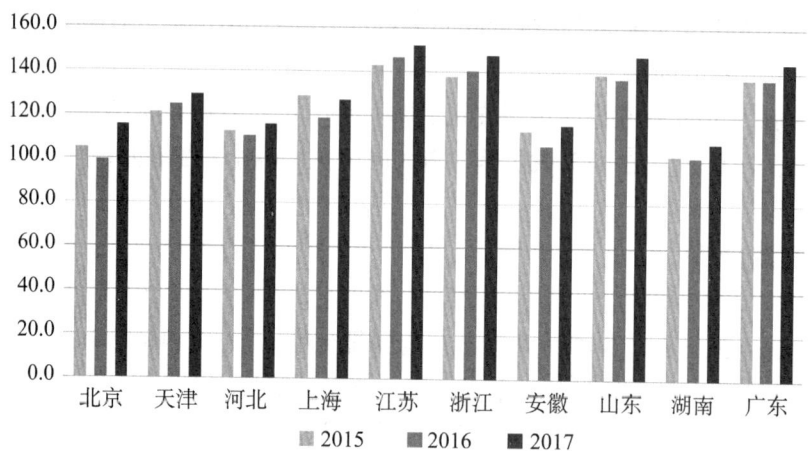

图1 新型材料产业国际竞争力综合指数(2017年综合指数排名前十省市)

注:仅包括2017年综合指数全国排名前十省市,三年全国平均水平为100。

3. 上海产业创新表现突出,产业竞争力主要由领先的创新竞争力构成

进一步将综合指数分解到各二级指标,我们可以将2017年综合指数排名前十的省市分为三类,一类是更多地承担研发创新的省市,其产业创新表现二级指标在综合指数中的构成超过产业增长和国际表现,主要为北京和上海。第二类为产业增长表现瞩目的省市,包括河北、江苏和山东,其产业增长指标高于创新表现指标在总指数中的构成。第三类省市三项指标构成较为均衡,包括天津、浙江、安徽、湖南和广东。

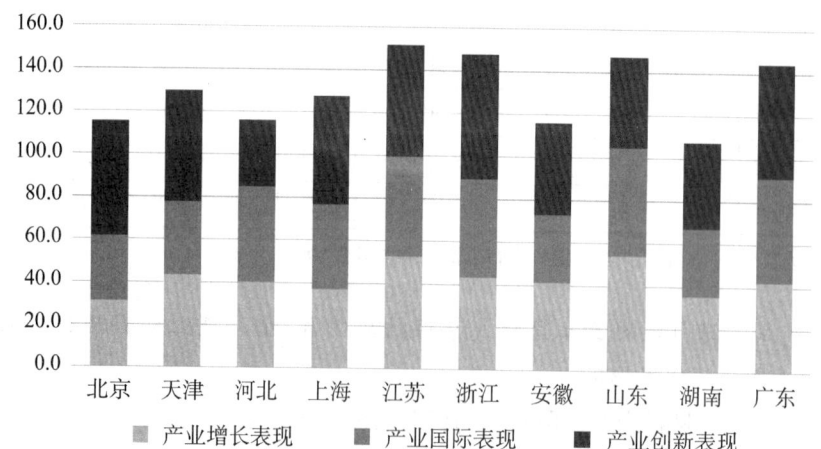

图2 2017年新型材料产业国际竞争力综合指数构成(2017年综合指数排名前十省市)

注:仅包括2017年综合指数全国排名前十省市,三年全国平均水平为100。数字反映的是综合指数和各二级指标在综合指数中所占份额。

(二) 产业国际表现

1. 上海新材料产业国际表现排名全国第七,相关产业出口份额近年来受到较大挑战

2017年上海新型材料产业国际表现二级指标为118.5,较上年减少1.2。自2015年以来,上海新材料产业国际表现二级指标呈现下降趋势,排名也从第四位下降到第七位,尤其是2016年降幅较大。

表2　新型材料产业国际表现二级指标(2017年综合指数排名前十省市)

		北京	天津	河北	上海	江苏	浙江	安徽	山东	湖南	广东
2015	排名	20	11	3	4	6	5	10	2	16	1
2016	变化	-2.6	4.7	-2.9	-21.1	9.3	2.9	-11.9	-4.2	-5.0	-0.7
	排名	20	11	5	7	3	4	13	6	19	2
2017	变化	3.7	-5.9	-3.7	-1.2	-3.4	-2.5	-3.1	15.4	5.5	-1.5
	排名	18	11	6	7	3	4	17	1	16	2

注:仅包括2017年综合指数全国排名前十省市,三年全国平均水平为100。

(1) 出口市场占有

从出口交货值占全国比重来看,上海逐年递减,2015年为4.63%,2017年为4.26%。出口市场占有率下降,与上海整体产业规模下降一致。

表3　上海出口交货值占比(2015—2017)

	2015	2016	2017
出口交货值上海占全国比重(%)	4.63	4.43	4.26

(2) 出口比较优势

虽然出口交货值占比下降,但上海的新材料行业比较优势依然维持。2017年出口显示性比较优势RCA指数为0.55,超过0.5的水平,说明上海新材料产业比较优势较强。

表4　上海出口显示性比较优势(RCA)指数(2015—2017)

	2015	2016	2017
出口显示性比较优势(RCA)指数	0.56	0.56	0.55

(3) 核心产品市场占有

核心产品的选取基于进口替代的思路,从化学纤维、橡胶与塑料、非金属、黑色金属和有色金属这五个行业产品中选择2012年至2014年全国进口金额排名前十位的HS6位代码产品。核心产品出口占全国比重保持较高水平,

2017年为9.53%,核心产品出口表现较为优秀。

表5 上海核心产品出口占全国比重(2015—2017)

	2015	2016	2017
核心产品出口占全国比重(%)	9.68	9.92	9.53

(4)核心产品比较优势

比较优势使用核心产品的显示性比较优势(RCA指数),RCA指数反映贸易竞争力的来源。与出口比较优势相比,上海核心产品比较优势更高,2017年达到3.2,表明上海在新材料核心产品出口上具很强的比较优势。

表6 上海核心产品显示性比较优势(RCA)指数(2015—2017)

	2015	2016	2017
核心产品显示性比较优势(RCA)指数	3.51	3.31	3.20

2. 上海新材料产业竞争力高于内陆地区,产业集聚和国际表现仍有上升空间

新材料产业的特征是,产业集聚程度较高的地区,往往也是国际竞争力表现较突出的地区。在长三角和京津冀鲁两大集群中,各省并非完全按照产业链进行分工。而像江苏、山东这样的制造承载地区,也是国际竞争力较高的地区。可见在各区域集群中,新材料产业的分工往往较为均衡,由此为了提升一地的产业国际竞争力,需要在产业集聚和国际表现上同时提升。

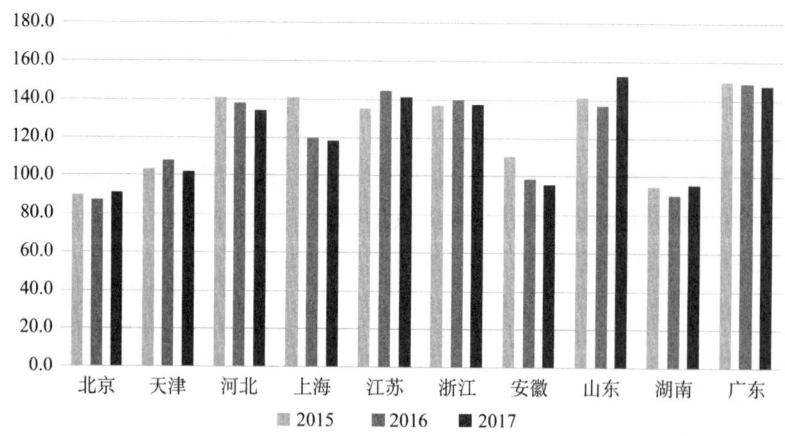

图3 新型材料产业国际表现二级指标(2017年综合指数排名前十省市)

注:仅包括2017年综合指数全国排名前十省市,三年全国平均水平为100。

3. 上海新型材料产业国际表现的优势主要来源于核心产品份额和比较优势,体现上海自贸区建设带来的开放优势与科创中心建设带来的创新优势的叠加

除上海外,江苏、山东和广东三地区的国外市场占有显著高于其他地区,

这三地的新材料产业出口占全国出口中的较大份额。同时,这三地的核心产品市场占有也反映类似情况。

从出口竞争力和核心产品出口竞争力来看,各地差距不大较为均衡。新材料产业在各地产业结构中均具有一定的重要性,各个地区发展较为均衡。

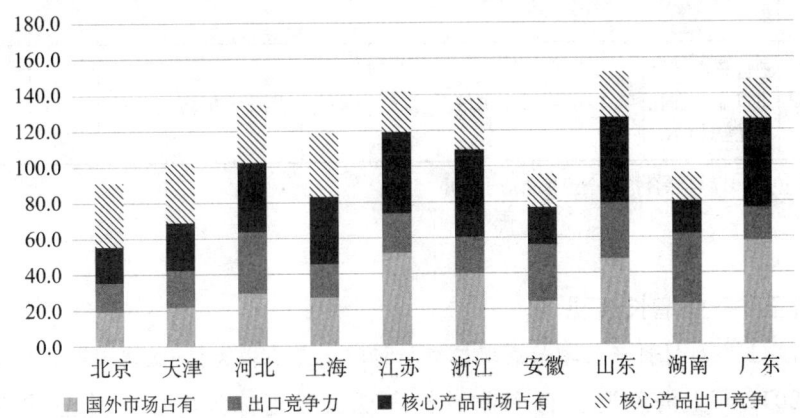

图 4　2017 新型材料产业国际表现二级指标构成(2017 年综合指数排名前十省市)

注:仅包括 2017 年综合指数全国排名前十省市,三年全国平均水平为 100。

4. 上海新材料产业核心产品比较优势较明显,但是(核心)出口份额仍有拓展空间

根据规上企业出口交货值统计,江苏、山东和广东 2016 年出口交货值均超过 1 000 亿元,与其他地区拉开差距。

显示性比较优势反映该行业在某地区的比较优势,超过 2 的显示其具有较高的比较优势。河北、安徽、山东和湖南的新材料产业比较优势较为明显,是这些地区产业结构中较为重要的部分。

核心产品出口占全国比重上,上海 2016 年为 9.92%,河北、江苏、浙江、山东和广州均超过 10%,核心产品出口占比基本和产业集聚程度一致。

上海的核心产品比较优势为 3.20,这项三级指标领先全国。核心产品在产业结构中的重要性较高。

表 7　新型材料产业国际表现三级指标及基础数据(2017 年综合指数排名前十省市)

三级指标	基础数据	北京	天津	河北	上海	江苏	浙江	安徽	山东	湖南	广东
出口市场占有	地区材料制造业出口交货值	36.1	152.7	496.0	405.4	1 530.7	995.7	259.7	1 367.5	203.1	1 827.3
出口比较优势	地区材料制造业出口显示性比较优势(RCA)	0.33	0.82	2.50	0.55	1.03	0.81	2.22	2.10	3.00	0.60

续表

三级指标	基础数据	北京	天津	河北	上海	江苏	浙江	安徽	山东	湖南	广东
核心产品市场占有	地区核心产品出口占全国比重	0.82	4.13	10.21	9.53	13.36	15.06	1.20	14.57	0.24	15.20
核心产品比较优势	地区核心产品出口显示性比较优势(RCA)	2.29	2.06	1.91	3.20	0.89	1.54	0.48	1.25	0.13	0.84

注：仅包括2017年综合指数全国排名前十省市。

(三) 产业增长表现

1. 上海新材料产业增长表现二级指标较上年有较大提升，实现两位数增长

2017年上海新型材料产业增长表现二级指标为111.2，较上年增长12。自2015年以来，上海新材料产业增长指标先抑后扬，2015年为110.4，排名全国第11。2016年指数为99.2。2017年产业增长表现二级指标排名全国第14位。新型材料行业中，上海的主要承担的分工是基础和产业化研发。

表8 新型材料产业增长表现二级指标(2017年综合指数排名前十省市)

		北京	天津	河北	上海	江苏	浙江	安徽	山东	湖南	广东
2015	排名	23	6	9	11	2	3	7	1	14	8
2016	变化	−12.5	0.0	−7.0	−11.2	−0.1	−8.1	−10.6	−5.9	−3.3	−4.3
	排名	23	5	9	14	2	3	8	1	13	6
2017	变化	18.5	5.2	11.6	12.0	3.9	3.7	10.7	7.2	6.2	8.3
	排名	20	4	10	14	2	5	8	1	16	6

注：仅包括2017年综合指数全国排名前十省市。

(1) 行业引领能力

本研究使用地区上市公司数衡量一地新材料产业引领能力。截至2017年末，上海共32家材料行业上市公司，其中在中小板上市4家，创业板6家，上交所上市22家。其中近三年上市的企业超过一半，尤其是2017年，共8家在沪市上市。

上海材料行业上市公司中，包括了宝钢股份、中化国际与华谊集团等年收入超过百亿甚至达到千亿的旗舰企业。也包括璞泰来、晶华新材等新材料新兴企业。

表9 上海新材料上市公司

上市板块	企业简称	上市时间	2017年营业收入(亿元)	
中小板	普利特	2009	33.97	改性聚烯烃类、改性ABS类、塑料合金类
	顺灏股份	2011	9.25	环保包装材料
	康达新材	2012	5.50	环氧胶、丙烯酸胶、SBS胶粘剂、聚氨酯胶
	纳尔股份	2016	3.74	数码喷印材料
创业板	安诺其	2010	13.33	分散染料、活性染料、助剂
	华峰超纤	2011	25.06	超细纤维材料
	金力泰	2011	7.98	阴极电泳漆、面漆、陶瓷涂料、阳极电泳漆
	上海新阳	2011	4.72	化学品、设备产品、氟碳涂料、重型防腐涂料
	飞凯材料	2014	8.20	紫外固化光纤涂覆材料
	海顺新材	2016	3.76	户外人造石、柔性墙面砖、高分子聚合物及特种涂料
沪市	宝钢股份	2000	2 894.98	汽车用钢、硅钢、镀锡板、能源及管线用钢、高等级厚板、其他高等级薄板
	紫江企业	1999	85.08	PET瓶及瓶坯、皇冠盖及标签等包材
	鹏欣资源	2003	60.56	阴极铜、镍、化工
	中化国际	2000	624.66	农药、橡胶化学品、化工新材料及中间体等
	宏达矿业	2002	5.14	锌锭、锌合金、氧化锌等
	鹏起科技	1992	20.04	钛合金
	丰华股份	1992	0.44	镁合金、铝合金
	氯碱化工	1992	72.27	聚氯乙烯、烧碱、氯产品
	华谊集团	1992	435.53	丙烯酸、丙烯酸甲/乙酯、丙烯酸丁酯、丙烯酸辛酯、冰晶型丙烯酸、高吸水性树脂
	*ST爱富	1993	52.43	含氟聚合物、CFC替代品、CFC产品
	耀皮玻璃	1994	32.73	浮法玻璃、加工玻璃、汽车玻璃
	丹化科技	1993	13.31	乙二醇、草酸、催化剂
	宝钢包装	2015	45.46	二片铝罐、二片钢罐

续表

上市板块	企业简称	上市时间	2017年营业收入（亿元）	
	新通联	2015	5.99	轻型包装产品与重型包装产品
	菲林格尔	2017	7.96	强化复合地板、多层实木复合地板、橱柜家具
	上海天洋	2017	4.55	热熔胶
	亚士创能	2017	13.55	建筑涂料、保温装饰板、防火保温新材料
	翔港科技	2017	3.39	包装印刷
	艾艾精工	2017	1.55	环保精密带、普通轻型带、芳纶纤维带
	璞泰来	2017	22.49	锂离子电池材料及专业工艺设备
	晶华新材	2017	7.28	美纹纸胶粘带、电子胶粘带、布基胶粘
	至正股份	2017	4.27	通信高分子材料、电气高分子材料

注：仅包括A股上市公司。

(2) 产业集中程度

上海材料产业集中程度进一步下降，但规模收缩速度有所收敛。从材料行业总体规模而言，2015年总产值超过3 400亿元；2016年减少400多亿元，为3 000亿元左右；2017年减少70亿元，在2 900亿元以上。规模下降主要由于黑色金属冶炼和压延加工业规模的下降，化学纤维、橡胶和塑料、非金属和有色金属制造业规模下降不大。同时，2017年规模降幅小于2016年，化学纤维、橡胶和塑料制品业甚至在2017年产值实现增长。

表10 上海材料行业总产值（2015—2017）

	2015总产值（亿元）	2016总产值（亿元）	2017总产值（亿元）
化学纤维制造业	43.01	31.91	35.49
橡胶和塑料制品业	920.10	860.39	875.38
非金属矿物制品业	573.86	542.94	540.67
黑色金属冶炼和压延加工业	1 481.70	1 186.70	1 098.19
有色金属冶炼和压延加工业	448.48	387.45	383.55
总计	3 467.15	3 009.39	2 933.28

(3) 区域集群程度

长三角地区材料产业总产值2017年超过4.6万亿元，全国材料行业总产值约21万亿元，长三角地区占全国比重超过22%，并且近年来这一占比稳定在这一水平。

表 11　长三角地区材料产业集群程度(2015—2017)

	2015	2016	2017
长三角地区总产值(亿元)	47 221.17	45 976.61	46 889.09
全国总产值(亿元)	212 709.65	206 490.14	212 924.69
区域/全国(%)	22.20	22.27	22.02

(4) 行业成长速度

虽然上海材料行业规模有所收缩,但新材料产业规模稳步扩大。新材料产业占原材料产业比例持续攀升,2015 年达到 36.5%;2017 年新材料产业产值 2 418.47 亿元,同比增长 3.2%。

表 12　上海材料行业销售产值增速(2015—2017)

	2015	2016	2017
上海材料行业销售产值增速(%)	−1.27	−13.52	−1.54

(5) 行业盈利能力

行业利润水平有所上升。材料行业总资产负债率 2015 年为 3.88%,2016 年下降至 2.61%,2017 年有所上升,达到 4.57%。

表 13　上海材料行业利润及资产(2015—2017)

		2015	2016	2017
利润总额	化学纤维制造业	1.56	0.77	4.17
	橡胶和塑料制品业	55.97	61.12	71.27
	非金属矿物制品业	35.53	29.30	44.72
	黑色金属冶炼和压延加工业	65.49	16.61	82.62
	有色金属冶炼和压延加工业	13.71	9.12	13.35
	总计	172.26	116.92	216.13
资产总计	化学纤维制造业	50.09	48.48	59.00
	橡胶和塑料制品业	1 014.53	1 178.97	1 089.84
	非金属矿物制品业	754.05	728.75	740.28
	黑色金属冶炼和压延加工业	2 302.84	2 224.19	2 513.28
	有色金属冶炼和压延加工业	321.10	300.57	327.20
	总计	4 442.61	4 480.96	4 729.60
	总资产负债率	3.88	2.61	4.57

(6) 行业生产效率

劳动生产率大幅提升,单位用工人数产值从 2016 年度额 127.55 万元/人增加至 2017 年的 136.9 万元/人。行业生产质效获得较大幅度的提升。

表 14 上海材料行业生产效率(2015—2017)

	2015	2016	2017
总产值/平均用工人数(万元/人)	134.94	127.55	136.90

2. 全国新材料产业增长表现最好的是山东和江苏,指数增速最快的是北京和上海

从趋势上看,各省市 2017 年较上年产业增长表现均有较快增长,上海新材料产业竞争力指数增长 12,仅低于北京。总体而言,产业增长表现主要反映一个地区材料相关产业制造竞争力,主要为规模、增长、效率等方面的指标。北京、上海等一线城市面临较高的土地和商务成本,制造业承载力有限,与江苏、山东等地相比在产业规模、增长等方面并无优势,应进一步加强其在研发创新与国际化方面的优势。

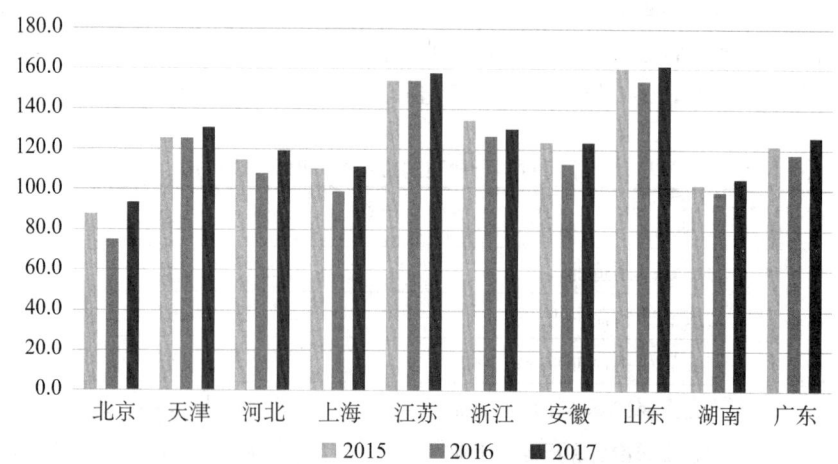

图 5 新型材料产业增长表现二级指标(2017 年综合指数排名前十省市)

注:仅包括 2017 年综合指数全国排名前十省市,三年全国平均水平为 100。

3. 上海的产业引领力较强,而产业集中度指标落后其他地区是产业竞争力二级指标落后的主要原因

从产业增长表现二级指标的构成来看,主要有以下特征:

一是综合指数排名前十的省市地区主要集中在长三角和京津冀鲁两个地区,这两个地区的产业集群水平占产业增长表现二级指标的构成比重相当,约为 26,说明这两大产业集群目前在规模上基本相当。

二是上海、江苏、浙江、山东和广东行业引领能力三级指标比重均超过20，是这些地区行业增长表现领先的重要原因。

三是山东和江苏这两地的产业集中度三级指标比重超过30，领先其他地区，这两个省市是新材料相关制造业主要落地的地区。

四是从数据中可以清晰观察到规模递增效应，产业集中度高的地区行业盈利能力和生产效率也都领先其他地区。因此对于新材料产业来说，加强地区产业集聚水平并增加区域产业协同发展就显得尤为重要了。

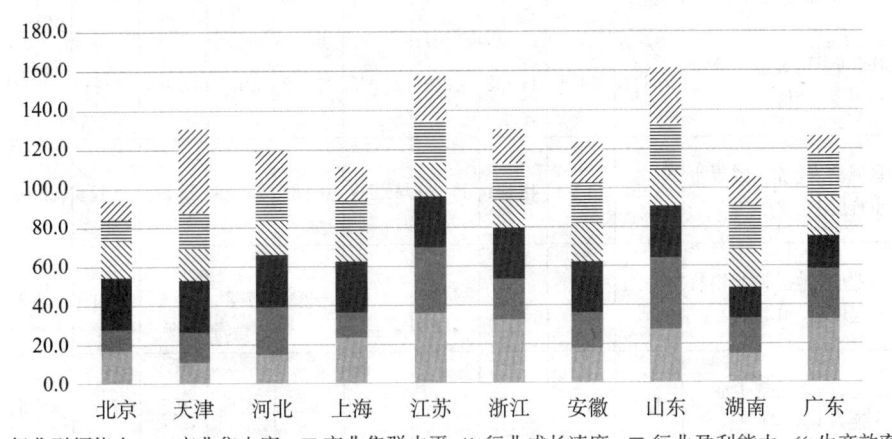

图6　2017年新型材料产业增长表现二级指标构成（2017年综合指数排名前十省市）

注：仅包括2017年综合指数全国排名前十省市，三年全国平均水平为100。

4. 上海的产业引领能力应进一步加强，以缩小产业规模上与江苏、浙江、山东和广东相比的竞争劣势

新材料产业上市公司往往是引领行业研发与创新产业化的重要载体，本研究通过比较各地区新材料国内上市公司的个数来衡量行业引领能力。截至2016年，江苏拥有最多的新材料上市公司，达73家；浙江和广东并列第二，均有63家国内上市公司；山东排名第四，有49家。而上海拥有32家新材料上市企业，包括宝钢、中化、华谊等知名企业。

对于新材料产业规模的衡量，由于没有全国统一的统计方法，尽管部分地区如上海拥有系统的新材料产业统计，但无法形成一致的全国比较的方法，因此本报告采用将相关材料产业合并计算产业规模，包括了统计局分类中的化学纤维、橡胶、塑料、非金属、黑色金属和有色金属这些行业。

从产值规模上分析，北京、上海等与国内主要制造业大省（江苏、山东等）差距较大，主要是各地不同的发展模式与发展水平决定。同时材料产业替代新材料产值规模的方法也可能难以真实反映这些地区的新材料产业规模。

效益指标上，上海新材料产业总资产回报率约为4.6%，较为领先。生产

效率使用单位从业人员产值衡量,上海为136.9亿元/万从业人员,排名也较为靠前。

表15 新型材料产业增长表现三级指标及基础数据(2017年综合指数排名前十省市)

三级指标	基础数据	北京	天津	河北	上海	江苏	浙江	安徽	山东	湖南	广东
行业引领能力	地区新材料上市公司个数	20	2	14	33	73	63	22	49	14	63
产业集中程度	地区规上企业产值	689	6 105	14 532	2 946	24 065	11 443	8 435	26 866	8 124	16 303
区域集群程度	经济区域规上企业产值	48 191	48 191	48 191	46 889	46 889	46 889	46 889	48 191	25 114	25 399
行业成长速度	地区行业销售产值增速	5.9	0.9	3.4	−1.5	2.6	−2.2	7.8	4.6	6.4	8.3
行业盈利能力	地区规上企业总资产收益率	1.2	5.5	3.7	4.6	7.3	5.5	6.6	8.5	7.7	7.6
行业生产效率	地区规上企业单位从业人员产值	99.7	263.1	154.3	136.9	166.4	138.7	154.8	193.2	124.6	94.5

注:仅包括2017年综合指数全国排名前十省市。

(四) 产业创新表现

1. 上海新型材料产业创新表现二级指标2017年增长较快,达到152.1,排名全国第六

2017年上海新材料产业创新表现二级指标为152.1,较上年增长14.1,增幅较大。自2015年以来,上海新材料产业创新表现取得长足进步,指数从135.8增长到152.1,累计增幅达16.3。创新排名全国第六位。

表16 新型材料产业创新表现二级指标(2017年综合指数排名前十省市)

		北京	天津	河北	上海	江苏	浙江	安徽	山东	湖南	广东
2015	排名	4	6	17	5	3	1	10	7	8	2
2016	变化	−1.6	7.4	3.6	2.2	2.7	13.0	2.4	2.9	5.8	4.0
	排名	6	3	16	5	4	1	10	7	8	2

续表

		北京	天津	河北	上海	江苏	浙江	安徽	山东	湖南	广东
2017	变化	26.1	14.0	8.7	14.1	14.7	20.3	20.0	8.9	6.8	15.6
	排名	2	5	20	6	4	1	7	8	10	3

注：仅包括2017年综合指数全国排名前十省市，三年全国平均水平为100。

（1）研发投入规模

上海研发投入规模上的优势正在被其他地区追赶。研发投入占去过的比重从2015年的4.85%下降到2017年的4.48%。研发投入的增速仍不够快。

表17　上海研发投入占比（2015—2017）

	2015	2016	2017
研发投入上海占全国比重（%）	4.85	4.74	4.48

（2）研发投入强度

上海研发投入强度持续攀升，产业研发的投入占主营业务收入比重从2015年的1.27%上升至2017年的1.43%。研发投入增长超过产业规模增长。

表18　上海研发费用支出占主营业务收入比重（2015—2017）

	2015	2016	2017
研发费用支出占主营业务收入比重（%）	1.27	1.39	1.43

（3）研发人才储备

除了研发经费投入，研发人才也是研发投入的核心要素之一。从上海研发人才储备看，研发人员占比从2015年的5.03%上升至2017年的5.55%，研发人员占比稳步增长。

表19　上海研发人才储备（2015—2017）

	2015	2016	2017
R&D人员数/平均用工人数（%）	5.03	5.34	5.55

（4）研发效率

研发效率获得较大提升。我们用研发的投入产出比衡量研发效率，即单位研发投入产出的发明专利申请个数，2015年每亿元研发投入创造104.57个发明专利申请，到2017年上升到111.48个发明专利。

表20　上海研发效率(2015—2017)

	2015	2016	2017
单位研发投入发明专利申请数(个/亿元)	104.57	114.58	111.48

(5) 新技术生产力

我们通过地区新产品销售收入占全国比重衡量该地新技术生产力的相对水平。上海新产品销售占比较高,并且较2015年有较大增长。2017年达到26.33%,超过全国的四分之一,具备非常强的新技术转化与生产能力。

表21　上海新产品销售收入(2015—2017)

	2015	2016	2017
新产品销售收入上海占全国比重(%)	23.81	21.86	26.33

2. 2017年各地创新表现均得到较大提升,上海与创新表现突出的地区基本处于同一水平

总体就新材料产业创新表现,上海和天津、江苏创新表现均在同一水平上。国内多个地区均展现较强的能力。浙江是各地新材料产业创新指标排名最高的地区,总体上综合指数排名前十的省市创新表现二级指标排名也较高:北京2017年创新表现排名第二,指标达到161.3;广东排名第三,达到159.2;相比而言,河北、湖南等地的创新提升相对缓慢。

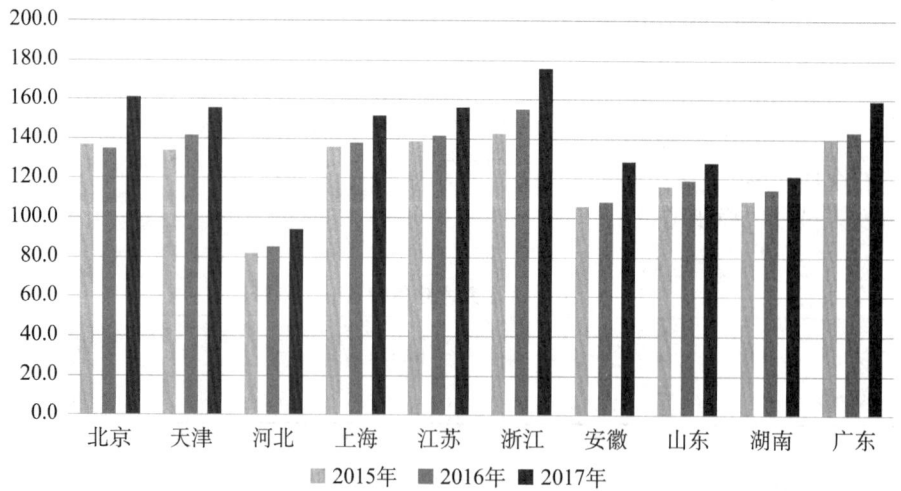

图7　新型材料产业创新表现二级指标(2017年综合指数排名前十省市)

注:仅包括2017年综合指数全国排名前十省市,三年全国平均水平为100。

3. 上海的研发强度较高,但是受产业规模影响,整体研发投入并不突出

新材料产业创新表现领先的地区,在研发投入与产出上均有较高排名。

与其他地区相比,上海的规模以上企业研发投入强度达到1.43%,排名全国第一,但由于产业规模小于江苏、广东等地,研发的资金投入绝对数量小于这些地区。研发产出上,上海具有一定优势,单位研发投入发明专利数为244.7,新产品占主营收入比重达到26.3%。

从研发投入上看,江苏和广东的研发投入规模领先全国,研发强度则是上海和浙江领先,北京和天津具有较高的研发人才占比。

从研发产出上看,研发产出效率最高的是北京和安徽,均为相关大学研究和科研机构集中的地区。新技术生产力较为领先的是浙江和上海。

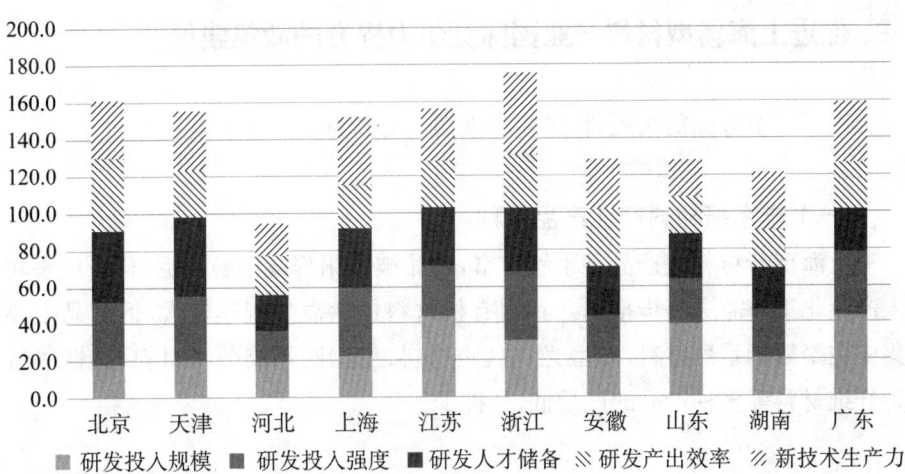

图8　2017年新型材料产业创新表现二级指标构成(2017年综合指数排名前十省市)

注:仅包括2017年综合指数全国排名前十省市,三年全国平均水平为100。

表22　新型材料产业创新表现三级指标及基础数据(2017年综合指数排名前十省市)

三级指标	基础数据	北京	天津	河北	上海	江苏	浙江	安徽	山东	湖南	广东
研发投入规模	地区规上企业研发投入的规模(亿元)	254.8	350.0	308.5	490.1	1657.5	935.8	370.9	1415.0	393.0	1676.3
研发投入强度	地区规上企业研发投入的强度	1.29	1.35	0.65	1.43	1.06	1.43	0.88	0.94	1.00	1.30
研发人才储备	地区规上企业R&D人员占比	6.76	7.57	3.33	5.55	5.49	6.01	4.69	4.13	3.87	4.07

续表

三级指标	基础数据	北京	天津	河北	上海	江苏	浙江	安徽	山东	湖南	广东
研发产出效率	地区单位研发投入发明专利申请数	742.1	304.4	177.7	244.7	309.2	420.1	465.2	150.5	172.5	301.7
新技术生产力	地区规上企业新产品占主营收入比重	20.7	21.8	8.3	26.3	17.9	32.7	17.4	10.8	20.7	22.2

注：仅包括2017年综合指数全国排名前十省市。

三、促进上海新型材料产业国际竞争力提升的政策建议

以下三个方面的拓展，将进一步推动上海新材料产业的发展：

（一）丰富新材料产业产品品种

上海市新材料生产品种不够丰富，产品被应用程度不够广泛，科研成果转入产业化工作需进一步推动。新型有机材料虽然总量规模较大，但产品主要集中在聚氨酯系列材料，新型光、电、磁材料、生物医用高分子材料、高性能特种纤维材料等多种产品的产量低、品种少。

（二）增加前沿新材料领军企业

上海市新材料制造业无论是企业单位数还是生产规模，都亟需提高。上海市新材料企业家数及产值均占材料产业1/3左右，新材料产值占全市工业比重只有5.95%。在5大类新材料中，新型有机材料、新型复合材料和新型建筑材料的生产规模都非常小。

（三）亟需提升自主创新能力发展

在创新能力方面，自主创新能力较弱，拥有自主知识产权的新技术、新工艺、新装备仍需增强，较依赖于跟踪仿制。高端市场突破艰难，低端市场同质化严重。材料制备工艺和精通工程化装备的复合型人才稀缺。产学研用衔接仍不够紧密，新材料研发创新技术集中在高校院所和科研机构，仍缺乏与大型企业的深度融合。

附件一

产业国际竞争力指标体系构建

本研究将产业国际竞争力分为三部分,分别是产业增长表现、产业国际表现和产业创新表现、构成新型材料产业国际竞争力综合指数的三个二级指标(指标体系详情见附表1)。

附表1 新型材料产业国际竞争力指标体系

综合指数	二级指标	三级指标	指标说明
产业国际竞争力	产业增长表现	行业引领能力	地区引领行业的企业数量
		产业集中程度	地区产业的集聚程度
		区域集群水平	经济区域的产业集聚程度
		行业成长速度	地区行业增速的表现
		行业盈利能力	地区行业的盈利水平
		行业生产效率	地区行业的劳动生产效率
	产业国际表现	出口市场占有	地区产业出口市场占有率
		出口比较优势	地区产业的出口比较优势
		核心产品市场占有	地区产业核心产品的出口市场占有率
		核心产品比较优势	地区产业核心产品的出口比较优势
	产业创新表现	研发投入规模	地区行业研发投入的规模
		研发投入强度	地区行业研发投入的强度
		研发人才储备	地区行业研发人才比例
		研发产出效率	单位研发投入的专利产出
		新技术生产力	地区产业新技术使用情况

产业增长表现二级指标主要用于衡量地区产业发展前景。地区产业发展的潜力主要来源于该地区产业集群发展以及产业效益水平,对于产业集群发展情况,我们使用该地区的行业引领能力、产业集中程度和其所处大区域集群水平三个三级指标来反映。产业效益水平主要体现在三方面,增速、盈利和效率,分别以三个三级指标反映。

产业国际表现二级指标主要用于衡量地区产业的贸易竞争力与其所处全球产业链中的位置。为了既能体现产业总体的国际表现,又能体现处于产业链和价值链关键位置的核心产品的国际竞争力,三级指标中分别纳入出口总体情况和核心产品情况。地区出口总体竞争力包括出口市场占有和出口比较优势两个三级指标。核心产品出口竞争力包括核心产品市场占有和核心产品比较优势两个三级指标。

更重要的是,本研究将新型材料产业决定性的创新能力作为一个二级指标,即产业创新二级指标。我们将产业创新分为两个阶段,第一阶段是研发投入,由于研发投入的绝对规模、相对水平和研发人才均是研发投入的要素,且都非常重要,因此通过研发投入规模、研发投入强度和研发人才储备三个三级指标反映。第二阶段是研发产出阶段,一方面通过单位研发投入的专利产出衡量研发产出效率,另一方面通过地区新产品销售占比衡量新技术生产力。

指标体系对全国31个省(直辖市)的2015、2016和2017年产业国际竞争力进行评价。数据来源包括各级统计局、海关、第三方数据库等。为与统计局数据统一,当年的评价指标使用上年的统计数据进行计算,如2017年竞争力使用2016年数据进行计算。指标均采用相应方法进行标准化和指数化,通过变异系数法和主观赋权法计算权重后发现与平均权重差异不大,赋权方法基本不影响地区排名,为便于分析解释,最终采用平均权重法赋权。各级指标加权构成上级指标和综合指数,指数将2015—2017年三年的全国平均水平定为100。

附件二

国家与上海新材料产业政策梳理

一、国家产业政策

为细化落实《中国制造2025》,着力突破制造业发展的瓶颈和短板,"国家制造强国建设领导小组"启动了"1+X"规划体系的编制工作。其中"1"是指《中国制造2025》,"X"包括5大工程实施指南,4个发展规划指南。其中,4个发展规划指南中,新材料产业发展指南是以满足传统产业转型升级、战略性新兴产业发展和重大技术装备急需为主攻方向,构建以企业为主体、以高校和科研机构为支撑、军民深度融合、产学研用协同促进的新材料产业体系,突破一批新材料品种、关键工艺技术和专用装备。

(一) 2017年1月23日的《新材料产业发展指南》

"指南"认为,新材料的发现、发明和应用推广与技术革命和产业变革密不可分。加快发展新材料,对推动技术创新,支撑产业升级,建设制造强国具有重要战略意义。"指南"明确了新材料产业发展方向(详见附表2)。

附表 2 新材料产业发展方向

产业发展方向	
先进基础材料	先进钢铁材料：基础零部件用钢、高性能海工用钢等 先进有色金属材料：高强铝合金、高强韧钛合金、镁合金等 先进化工材料：高端聚烯烃、特种合成橡胶及工程塑料等 先进建筑材料 先进轻纺材料
关键战略材料	高端装备用特种合金：耐高温及耐蚀合金、高强轻型合金等 高性能分离膜材料：反渗透膜、全氟离子交换膜等 高性能纤维及复合材料：高性能碳纤维、芳纶纤维等 稀土功能材料：高性能永磁、高效发光、高端催化等 宽禁带半导体材料 新型显示材料 新型能源材料 生物医用材料
前沿新材料	石墨烯、金属及高分子增材制造材料 形状记忆合金、自修复材料、智能仿生与超材料 液态金属、新型低温超导及低成本高温超导材料

（二）2017年9月12日的《重点新材料首批次应用示范指导目录（2017年版）》（详见附表3）

附表 3

	材料名称	应用领域		材料名称	应用领域
先进钢铁材料			17	单或双掺 La、Yb、Er、Nd、Lu、Ce 等稀土元素系列人工晶体	医疗器械、安全检查、地质勘探
1	新型高性能掘进机刀具用钢	机械	18	元素级化学气相沉积硫化锌	光电技术、红外探测
2	高档轴承钢	汽车、家电	19	人造金刚石复合材料	刀具、信息产业
3	高铁车轴用轨道交通用钢	铁路	20	立方氮化硼复合材料	汽车、机床、航天
4	油气开采用高性能油井套管	油气开采	21	碲锌镉晶体	环境检测、医疗器械

续表

	材料名称	应用领域		材料名称	应用领域
5	大口径快速上卸扣套管	油气开采	22	矿物无机凝胶	化工、医药
6	优质焊材	核电、火电、燃气轮机	23	高性能无机非金属矿物填充材料	化工、医药
7	特殊密封用丝带材	核电、燃气轮机、发动机	24	环保型、高稳定摩擦材料	汽车
8	海洋工程及核电用高氮不锈钢	海洋石油、核电	25	汽车尾气处理材料	汽车
9	汽车用高端热作模具钢	汽车	26	高纯石墨	航空航天、新能源汽车
10	特种无缝钢管	火电、核电	27	高纯石英粉体	石英玻璃加工、石英坩埚
11	高精度高温合金管材	航空	其他材料		
12	液化天然气船及岸线接手站储罐用特殊钢材	海洋工程、能源装备	1	新型电接触贵金属材料	电子信息
13	船用耐蚀钢	船舶	2	电子浆料	航空、航天、电子信息、光伏太阳能
先进有色金属材料			3	形状记忆合金及智能材料	高端装备
1	大规格铝合金预拉伸板	高端装备	4	稀有金属涂层材料	国防军工、高端装备零部件表面强化
2	高强韧轻量化结构件压铸铝合金	汽车、通讯	5	高纯钴靶	集成电路
3	高性能车用铝合金板	汽车	6	超高纯 NiPt 合金靶材	集成电路
4	高性能船舶用铝合金锻件	船舶	7	铜和铜合金靶	集成电路
5	大卷重高性能宽幅镁合金卷板	汽车、3C 产品、轨道交通	8	钛和钛合金靶	集成电路
6	大尺寸钛合金铸件	船舶及海洋工程	9	耐高流速铜合金管材	船舶与海洋工程
7	宽幅钛合金板	航空、海洋工程	10	高性能高精度铜合金丝线材	电力工程、电子信息
8	油井管用高强高韧钛合金	石油天然气	11	铜铝复合材料	电力装备、航空航天、先进轨道交通

续表

	材料名称	应用领域		材料名称	应用领域
9	大卷重宽幅纯钛带卷	海洋工程、海水淡化、核电	12	高频微波、高密度封装覆铜板、极薄铜箔	电子电路
10	超薄壁钛及钛合金焊管	海水淡化	13	复杂岩层、深部钻探用新型结构硬质合金	油气开采、矿产开发、海洋勘探
11	高温钛合金	高端装备	14	磁性载体	静电图像显影剂
12	原位自生陶瓷颗粒铝基复合材料	汽车工业、高端装备	15	软磁复合材料	高功率密度、高转矩密度、高效永磁无刷电机,可用于电动车驱动、机器人伺服驱动
先进化工材料			关键战略新材料		
1	高氟含量氟橡胶材料	航空航天、化工	高性能纤维及复合材料		
2	氢化丁腈橡胶	汽车、高铁、轮船、油田、	1	高性能碳纤维	航空、航天、轨道交通、海工、风电装备、压力容器。不包括体育休闲产品制造
		航空航天	2	碳纤维复合芯导线	超高压线路建设
3	聚醚醚酮(PEEK)	航空航天、环保	3	汽车用碳纤维复合材料	汽车
4	聚芳硫醚类(PAS)系列特种新材料产品(低氯级)	航空航天、核动力、汽车、电子、石油化工、环保	4	碳化硅纤维预制体	航空航天、能源、交通、电子、化工、环保、核电
5	聚酰亚胺及薄膜	汽车、石油、化工、纺织工业、电力电子、精密机械制造、航空、航天	5	耐高温连续碳化硅纤维	航空航天
		3C产品			
		轨道交通	6	玄武岩纤维	消防、环保、航空航天、汽车、船舶
6	高流动性尼龙	汽车、电子电器、纺织工业	7	航空制动用碳/碳复合材料	航空
7	芳纶纤维材料制品	轨道交通、新能源、航空航天、电力装备	稀土功能材料		

续表

	材料名称	应用领域		材料名称	应用领域
8	环保型阻燃工程塑料	电力装备、电子电器	1	高性能稀土发光材料	新型显示、生物农业照明
9	导热尼龙	新型显示	2	高性能钕铁硼永磁体	新能源汽车、高铁、机器人、消费电子
10	轴承（传动系统）用工程塑料	汽车、机床、家电等	3	新型铈磁体	家用电器
11	汽车核心部件用尼龙复合材料	汽车	4	工业烟气稀土基及SCR稀土无钒脱硝催化剂	化工、冶金、环保
12	芳纶Ⅲ长纤维	航天	5	AB型稀土储氢合金	新能源
13	双极膜电渗析膜	化工	6	超高纯稀土材料及制品	电子信息领域
14	高性能锂电池隔膜	新能源	7	高性能铈锆储氧材料	汽车
15	高压反渗透复合膜材料	海水和苦咸水淡化、高盐废水资源化	8	稀土化合物	功能晶体、集成电路、红外探测、燃料电池、陶瓷电容器
16	高选择性纳滤复合膜材料	水质脱盐、脱硝；盐水分质、浓缩	9	特种稀土合金	航天、电子通信、交通运输
17	环保水系剥离液	新型显示	10	高端稀土功能晶体	医疗器械、地质勘探
18	超高纯化学试剂	集成电路、新型显示	11	稀土抛光材料	电子信息
19	CMP抛光材料	集成电路		先进半导体材料和新型显示材料	
20	光刻胶及配套试剂	集成电路	1	氮化镓单晶衬底	电子信息
21	特种气体	集成电路、新型显示	2	碳化硅单晶衬底	电子信息
22	大尺寸LCD显示用高性能黑色、彩色、PS光刻胶	新型显示	3	碳化硅外延片	电子信息
23	电子胶有机硅材料	航空、航天、建筑、电子电气、汽车、机械、医疗	4	4英寸GaN外延片	新型显示
24	生物基增塑剂	医疗	5	氮化铝材料	新型显示
25	自抛光防污涂料	船舶	6	电子级多晶硅	集成电路、分离器件

续表

	材料名称	应用领域		材料名称	应用领域
	先进无机非金属材料		7	平板显示用ITO靶材	新型显示
1	高硼硅耐热防火玻璃	电子、化工、航天、建筑、船舶	8	平面显示用高纯钼靶材	新型显示
2	大口径、耐高温高纯石英玻璃管	集成电路		新型能源材料	
3	光掩膜用高纯合成石英玻璃基板	微电子光电子制造	1	镍钴锰酸锂三元材料	新能源
4	滤光片	3C产品	2	负极材料(硅碳负极材料)	新能源
5	无碱玻璃基板	新型显示	3	燃料电池膜电极	汽车
6	高铝硅酸盐盖板玻璃	新型显示、航空	4	燃料电池用金属双极板	汽车
7	偏光片				
8	防污型绝缘材料	电力装备	5	高纯晶体六氟磷酸锂材料	新能源
9	高透过氮氧化铝陶瓷	新一代光电设备		前沿新材料	
10	碳化硅陶瓷膜过滤材料	化工、能源、电力装备、冶金、环保	1	石墨烯薄膜	微电子、新能源
11	特高压套管	电力装备	2	石墨烯改性防腐涂料	电力装备、海工、石化
12	氮化铝陶瓷粉体及基板	高铁、新型显示、新能源汽车、光通讯和智能电网	3	石墨烯导电发热纤维及石墨烯发热织物	电子信息、汽车
13	高性能氮化硅陶瓷材料	光伏、风电、航空航天、环保、机械、汽车、冶金、电子	4	石墨烯导静电轮胎	汽车
14	片式多层陶瓷电容器用介质材料	电子	5	石墨烯增强银基电接触功能复合材料	电力电器
15	LED用蓝宝石衬底片	新型显示、3C产品	6	液态金属	电子工业
16	溴化镧闪烁晶体	医疗器械、安全检查			

（三）国家发展改革委关于印发《增强制造业核心竞争力三年行动计划（2018—2020年）》

"计划"明确在轨道交通装备、高端船舶和海洋工程装备、智能机器人、智能汽车、现代农业机械、高端医疗器械和药品、新材料、制造业智能化、重大技术装备等重点领域，组织实施关键技术产业化专项。

"计划"新材料关键技术产业化的重点任务是：加快先进金属及非金属关键材料产业化，加快先进有机材料关键技术产业化，提升先进复合材料生产及应用水平。

（四）开展重点新材料首批次应用保险补偿机制试点

建立新材料首批次保险机制，坚持"政府引导、市场运作"的原则，旨在运用市场化手段，对新材料应用示范的风险控制和分担做出制度性安排，突破新材料应用的初期市场瓶颈，激活和释放下游行业对新材料产品的有效需求，对于加快新材料创新成果转化和应用，促进传统材料工业供给侧结构性改革，提升我国新材料产业整体发展水平具有重要意义。

（五）《国家新材料生产应用示范平台建设方案》《国家新材料测试评价平台建设方案》

"示范平台建设方案"，主要集中建设新材料应用评价设施、新材料应用示范线、新材料生产应用信息数据库、新材料生产应用公共服务体系、新材料生产应用人才服务体系。强化应用示范，推动料要成材、材要成器、器要好用，研发一批、储备一批、应用一批，实现一代材料、一代产业，为我国新材料产业快速健康发展提供支撑和保障。

"测试评价平台建设方案"主要是面向下游重点应用领域，搭建工程化应用考核评价装置，开展国际比对互认，满足服役条件下开展材料应用评价、失效分析等需求。在重点新材料领域建设相关数字仿真与模拟系统。建立行业新材料测试评价、认证体系。协同主中心开展行业领域新材料测试评价技术开发、相关标准制修订。

（六）2018年5月23日的《国家新材料产业资源共享平台建设方案》

"方案"以国家战略和新材料产业发展需求为导向，建立和完善新材料领域资源开放共享机制，联合龙头企业、用户单位、科研院所、互联网机构等各方面力量，整合政府、行业、企业和社会资源，同时紧密结合政务信息系统平台建设工作，充分利用国家数据共享交换平台体系和现有基础设施资源，加强与各部门现有政务信息服务平台及商业化平台的对接和协同，结合互联网、大数据、人工智能、云计算等技术建立垂直化、专业化资源共享平台，采用线上线下相结合的方式，开展政务信息、产业信息、科技成果、技术装备、研发设计、生产制造、经营管理、采购销售、测试评价、质量认证、学术、标准、知识产权、金融、法律、人才等方面资源的共享服务。

二、上海产业政策

(一) 2017年上海市产业转型升级发展专项资金项目及《2017年上海市重点技术改造支持目录》

"目录"包括新材料部分:新一代信息技术材料、电子信息装备关键零部件材料,新能源及新能源汽车材料、汽车轻量化材料,海洋工程用材料和具有高耐蚀性能材料,大飞机及航天工程配套材料,高端光学及其装备配套材料,高铁及轨道交通配套材料,核电、重型燃气轮机和超超临界发电机组用合金材料,建筑及节能环保材料,稀土材料及其高端应用,其他具有突出性能并明确应用领域的新材料。

(二) 2017年1月4日,《上海促进新材料发展"十三五"规划》

"规划"中的主要目标是到2020年,上海要以提升制造业能级为核心,努力建设成为国际先进、国内领先、产学研用紧密结合的新材料研发创新核心基地之一,为我国从材料大国迈向材料强国做出更大贡献。一是创新能力显著增强,重点新材料企业研发投入占销售收入比重努力达到2%以上。二是产业规模稳步上升,新材料产业总产值达到2 500亿元,年均增长率为4%—5%,进一步打造一批跨国大型材料企业和具有国际影响力的材料企业。三是区域布局更加合理,打造一批创新能力显著、资源配置合理的新材料区域集群。四是新材料比重更加突出,占原材料工业比例达到50%。在重点领域实现提质增效、赶超发展,能够满足国民经济和国防建设的需要,为上海制造业转型升级和战略性新兴产业突破发展提供坚实的技术保障和产业支撑。

(三) 2017年4月10日的上海《关于加快推进本市"四新"经济发展的指导意见》

"意见"明确了推进"四新"经济发展的主要任务,包括强化"四新"经济政策引导,深化落实"装备首台套、新材料首批次、软件首版次"以及创新产品产业化支持政策。

(四) 2017年7月7日的《上海市工业强基工程实施方案(2017—2020)》

推进新材料领域"补短板"行动:突破新型超导材料、3D打印高熵合金材料、新型显示材料、第三代半导体材料、300 mm晶圆片等集成电路制造关键材料、核医学成像用等先进陶瓷与人工晶体材料、耐高温复合材料、大尺寸轻量化碳化硅光学材料、大尺寸透明陶瓷装甲及激光增益介质材料、大尺寸红外玻璃材料、生物医用材料、超大输量天然气管道用管线钢、百万千瓦级核电系列用锆合金、轻质高性能结构材料、水性化树脂及其功能涂料、大纤维、高性能纤维及其复合材料、石墨烯及其复合材料等。

(五) 2017年10月27日的《上海市首批次新材料专项支持办法(试行)》

"办法"为贯彻《关于推进供给侧结构性改革促进工业稳增长调结构促转型的实施意见》(沪府发〔2016〕30号)的要求,加快本市新材料产业化和市场化培育,加强新材料研制及应用推广。其中上海市经济和信息化委员负责制定专项支持的年度使用方向和支持重点,发布年度申报通知,受理项目申报,组织项目评审,编制资金使用计划,对项目进行监督、检查、评估等。上海市财政局负责专项支持资金预算管理和资金拨付,并对资金使用情况进行监督检查。

(六) 2018 年 1 月 24 日《2018 年度上海市首批次新材料支持指南》(见附表 4)的要求

附表 4

编号	应用领域	新材料名称	主要性能指标
重大工程和重点产业配套材料			
1	新一代信息技术产业用材料		
1.1	电子材料及电子化学品	8、12 英寸 SOI 晶片	顶层硅厚度均匀性小于 12.5 nm,HQF>80 db。
		8、12 英寸抛光片	GBIR≤1 μm;SFQR≤65 nm;翘曲小于 35 μm;金属污染少于 0.5E10 atom/cm^3;边缘去除 2 mm。
		半导体装备大尺寸精密陶瓷部件	产品密度 3.90 g/m^3,产品尺寸精度±0.002 mm,表面粗糙度±0.002 mm。
		通用级液晶高分子复合材料	热变形温度≥260℃,拉伸强度≥130 MPa,弯曲强度≥200 MPa。
		ArF 浸没式光刻胶	适用于 28—10 nm 技术节点的 ArF 浸没式(193i)光刻胶。
		超净高纯化学试剂	电子级盐酸、硝酸。单个金属杂质含量<100 ppt,颗粒(≥0.2 μm)<100 个/mL,电子级盐酸浓度 35.0%—37.0%,电子级硝酸浓度 70.0%—71.0%。
1.2	新型显示材料	硅基氮化镓外延片	直径≥5 英寸,导电类型 n-type,载流子浓度 3×1e17 cm^{-3},E.P.D<1×e4。
1.3	通信工程和传感器配套材料	光缆用无卤阻燃护套料	拉伸强度≥10 MPa,断裂伸长率≥150%,氧指数≥30。
		电缆用无卤阻燃护套料	拉伸强度≥10 MPa,断裂伸长率≥150%,热变形(90℃,1 kg)≤20%。
		UV 固化光纤树脂材料	内层材料:固化前黏度 5 000—7 000 mPa.s,折射率 1.465—1.475,固化后弹性模量 1.0—1.3 MPa。外层材料:固化前黏度 5 000—7 000 mPa.s,折射率 1.510—1.550,固化后弹性模量 600—800 MPa。

续表

编号	应用领域	新材料名称	主要性能指标
		无线无源集成多参数（温度/压力/气体）传感器用 LTCC 材料/PTC 热敏陶瓷材料	LTCC 材料：介电常数≤6.5(1 GHz)，介电损耗≤5×10⁻³(1 GHz)，热导率≥2.5 W/(m·K)，杨氏模量≤70 GPa。PTC 热敏陶瓷材料：居里温度≤150℃，电阻温度系数≥20%/℃。
2	生物医药及高性能医疗器械材料		
2.1	高端医疗装备零部件	高密度钨合金箔材	厚度 0.1±0.01 mm，平面度 0.02 mm。
		钨-高分子复合材料	密度 10.5±0.2 g/cm³，拉伸强度≥33 MPa。
2.2	高端医疗器械材料及耗材	高丰度重氧水	氧 18 丰度＞97%，电导率＜2.0 μS/cm，热原(细菌内毒素)＜0.25 EU/mL。
		氮-15、碳-13 同位素生化试剂	同位素丰度＞99%。
		生物医用聚砜树脂	比浓黏度 0.48—0.62 dL/g，成型收缩率 0.12—0.30%，拉伸强度≥70 MPa，热变形温度≥165℃(1.8 MPa)，符合应用领域的医学要求。
		可生物降解吸收镁金属医疗器件	表面光洁，不得有色斑、锋棱、毛刺、附着物等缺陷，硬度 HV0.2≥32，体外降解失重率、生物相容性等符合医用性能要求。
3	节能与新能源汽车材料		
3.1	汽车新能源	高性能锂电池隔膜材料	厚度 16—30 μm，透气性优于 500 s/20 μm，90℃热收缩小于 2%，穿刺强度大于 400 g/20 μm。
		硅碳负极材料	低比容量(＜600 mAh/g)：压实密度＞1.5，循环寿命＞300 圈(80%，1C)；高比容量(≥600 mAh/g)：压实密度＞1.3，循环寿命＞100 圈(80%，0.5C)。
		高容量稀土储氢材料	可逆吸放氢容量≥1.75wt.%，3 min 吸氢＞90%，循环寿命≥2 000 次(容量保持率＞80%)。
3.2	汽车轻量化	高性能薄壁内外饰材料	拉伸强度≥20 MPa，熔融指数≥31 g/10 min，简支梁缺口冲击强度(-30℃)≥4.2 kJ/m²。
		硬塑爆破仪表板用料	弯曲模量≥1 700 Mpa，简支梁缺口冲击强度(-30℃)≥3.5 kJ/m²。

续表

编号	应用领域	新材料名称	主要性能指标
		高耐热尼龙	热变形温度≥230℃(1.8 MPa),拉伸强度保持率≥80%(190℃,1 500 h)。
		超高强汽车钢板	强塑积达到 20—50 GPa%的新型超高强韧汽车用钢。
		汽车结构用镁(铝)合金与半固态加工成型镁(铝)合金材料	半固态高导热压铸铝合金:导热系数 170—180 W/(m·K),抗拉强度≥220 MPa,延伸率≥5%。镁合金锻造汽车轮毂:17英寸、19英寸、20英寸,抗拉强度≥280 MPa,轮缘伸长率≥8%,轮辐伸长率≥4%。
4	航空航天装备材料		
4.1	航空航天核心构件及整体装备配套基材	大飞机复合材料部件用高性能环氧树脂	树脂黏度(80℃)200—300 mPa.s,树脂浇铸体拉伸强度≥70 MPa,拉伸模量≥3.2 GPa,断裂伸长率≥4.0%,弯曲强度≥140 MPa,弯曲模量≥3.2 GPa,玻璃化转变温度≥195℃。
		大尺寸钛及钛合金锻件	最大轮廓长和宽达 2 500 mm,最大单重 1 200 kg,室温性能满足抗拉强度≥895 MPa,屈服强度≥825 MPa,延伸率≥6%,布氏硬度≥365。
		新型稀土磁性材料	烧结后综合性能(磁能积 MGOe)+矫顽力(kOe)≥75。
		抗热腐蚀单晶高温合金	低偏析、无宏观冶金缺陷,相体积含量达到50%—60%的高性能合金,合金成分均匀,低离散性,低合金气体含量,低气体和夹渣物含量,高纯净度。
4.2	航空航天配套部件材料	高强度高模量碳纤维增强氰酸酯树脂复合材料	树脂固化起始温度≤150℃,浇注体体积收缩率≤0.8%,复合材料弯曲强度≥1 600 MPa,弯曲模量≥130 GPa,层间剪切强度≥60 MPa,复合材料稳定性能(总质量损失≤0.3%,可凝挥发分≤0.03%)。
		低合金超高强度钢	大型客机主起落架用300M钢。屈服强度≥1 370 MPa,抗拉强度≥1 620 MPa,横向断面收缩率满足起落架性能要求。
		石英纤维增强氰酸酯树脂复合材料	透波率≥95%,介电常数 3.1—3.3,拉伸强度≥360 MPa。

续表

编号	应用领域	新材料名称	主要性能指标
5	高端能源装备配套材料		
5.1	核电、火电、风电、太阳能等发电装备配套材料	G115等特种耐热钢管材、锻件	抗拉强度 $Rm \geq 660$ MPa，屈服强度 $Rp0.2 \geq 580$ MPa，室温冲击 KV2$\geq$27 J。抗蒸汽氧化性能：试验温度650℃，1 000小时，氧化增重$\leq$18 mg/cm^2。持久性能：650℃下10万小时外推持久强度$\geq$100 MPa。
		太阳能电池背面膜添加剂	母粒中添加剂浓度$\geq$13.7%，添加剂化学纯度$\geq$99%，60 h高温高压PCT老化试验断裂伸长率保持率$\geq$20%。
		核电站1B级电缆用低烟无卤材料	性能满足《GB/T 22577-2008 核电站用1E级电缆通用要求》。
		高性能钛焊管	达核级钛管标准。
		烟气脱硫用阻燃树脂	黏度300—500 mPa·s，拉伸强度$\geq$70 MPa，热变形温度$\geq$80℃，氧指数>32。
5.2	石油开采、运储装备配套材料	非开挖双层罐改造的复合材料	复合材料柔性衬里表面电阻率<10^9 Ω，复合材料层合板拉伸强度$\geq$80 MPa，层合板弯曲强度$\geq$110 MPa。
		非开挖双层罐改造的内衬材料	低胶质（未洗胶质<20 mg/100 mL，洗涤胶质<5 mg/100 mL），拉伸强度>30 MPa。
		钛合金油井管	使用寿命>15年，具有优良的耐H_2S、CO_2、Cl^-腐蚀性能及力学性能、比重轻、无磁等特点。
5.3	电网装备材料	高耐候聚丙烯材料	力学性能保持率$\geq$90%（10 000 h，紫外光老化）。
		智能输变电用大尺寸碳化硅单晶	6英寸N型导电4H-SiC衬底：微管缺陷密度小于0.5/cm^2，电阻率0.015—0.03 ohm·cm，BOW/WARP<25 μm，TTV<15 μm；4英寸高纯半绝缘SiC衬底：微管缺陷密度小于0.5/cm^2，电阻率>10^7 ohm·cm，BOW/WARP<15 um，TTV<10 μm。

续表

编号	应用领域	新材料名称	主要性能指标
6	海洋工程装备及高技术船舶用材料		
6.1	船舶和海洋工程配套材料	液化天然气(LNG)船泵塔用耐低温塑料	简支梁缺口冲击强度(−180℃)≥5 kJ/m², 压缩强度(−180℃)≥30 Mpa, 拉伸弹性模量(−180℃)≥1 000 Mpa。
		YP47级高止裂厚钢板	最大厚度 80 mm。
		高强度双相不锈钢宽厚板	450 Mpa级。
		船用殷瓦钢	36%镍的合金钢。
		高强、齿条钢特厚板	厚度大于 180 mm。
		大壁厚半弦管	最大壁厚 85 mm。
7	先进轨道交通装备材料		
7.1	高铁和轨道交通配套材料	应用于高铁制动系统的高精密无缝不锈钢管	高精度：形状公差符合 EN ISO 1127 D4 T3 的要求；高光洁度：内外表面粗糙度≤1.6 μm；高耐腐蚀性：温度(35±2)℃，以 pH6.5—7.2 的 (50±5) g/L NaCl 溶液进行 72 小时连续喷雾，无锈点。
8	节能环保材料	复合硬泡聚氨酯板	密度 40—60 kg/m³, 抗压强度 2.0—2.7 kg/cm², 闭孔率＞93%, 吸水率≤3%, 导热系数≤0.025 W/(m·K), 尺寸稳定性≤1.5%, 使用温度−196℃～+120℃, 氧指数≥26%。
		生物降解树脂苯二甲酸、酸/己二酸丁二醇酯(PBAT)	符合降解塑料标准：GB/T 20197-2006、EN13432、DIN V54900、ASTM D6400。
		纳米复合绝热材料	A1级不燃, 导热系数≤0.024 W/(m·K) (70℃), 憎水率≥99%, 加热线收缩≤0.8%(650℃×8 h), 燃烧热值≤0.4 MJ/kg。
		纳米无机保温浆料	导热系数≤0.039 W/(m·K), A级不燃, 抗拉强度≥0.19 MPa。
		钢渣微粉	相对密度＞600。
		高性能稀土脱硝催化剂	横向抗压强度≥0.55 MPa, 纵向抗压强度≥1.5 MPa, 烟气 NO_x 转化率＞90% (240℃, 6 000 h⁻¹), 工作温度＜400℃, SO_2 转化率＜0.5%, NH_3 逸出率＜5 ppm, 使用寿命＞3 年。

续表

编号	应用领域	新材料名称	主要性能指标
前沿性新材料			
1	石墨烯应用	石墨烯导电剂浆料	含氧量低于5at%,过渡金属杂质含量低于100 ppm,添加2wt%以内,超容容量增加15%,在电池添加低于2wt%,容量提升10%。
		石墨烯散热硅脂	高端产品热导率3.5—4.5 W/(m·K),挥发分<1%。中端产品热导率1.5—3.0 W/(m·K),挥发分<1%。低端产品热导率0.8—1.2 W/(m·K),挥发分<1%。
2	高温超导材料应用	公里级超导电缆用第二代高温超导带材	最高临界电流>400 A。

执笔：

  施　楠　上海社会科学院信息研究所助理研究员、"一带一路"信息研究中心副主任

2017年上海高端船舶与海洋工程装备产业国际竞争力报告

一、背景趋势

(一) 意义

船舶工业作为传统工业的一个重要组成部分,素有"综合工业之冠"的美称,其涉及的上下游行业众多,是国民经济发展的重要支柱之一。高端船舶与海洋工程装备制造是《中国制造2025》确定的十大重点发展的战略性新兴产业之一。高端船舶主要指工程类船舶、液化石油气船(LPG)、液化天然气船(LNG)等满足特殊需要的船舶,具有高技术、高难度、高附加值的"三高"产品,是推动我国造船产业转型升级的重要方向。海洋工程装备是开发、利用和保护海洋所使用的各类装备的总称,主要指用于海洋资源特别是海洋油气资源勘探、开采、加工、储运、管理、后勤服务等方面的大型工程装备和辅助装备,具有高技术、高投入、高产出、高附加值、高风险的特点,是海洋经济发展的前提和基础。国际上通常将海洋工程技术装备分为三大类:海洋油气资源开发装备、其他海洋资源开发装备、海洋浮体结构物。其中,海洋油气资源开发装备是海洋工程装备的主体,包括各类钻井平台、生产平台、浮式生产储油船、卸油船、起重船、铺管船、海底挖沟埋管船、潜水作业船等。

高端船舶与海洋工程装备处于海洋装备产业链的核心环节,推动高端船舶与海洋工程装备发展,是促进我国船舶工业结构调整转型升级、加快我国建设世界造船强国步伐的必然要求,对维护国家海洋权益、加快海洋开发、保障战略运输安全、促进国民经济持续增长、增加劳动力就业具有重要意义。

一是加快发展高端船舶与海洋工程装备是我国建设海洋强国的必由之路。我国是一个负陆面海、陆海兼备的大国,提高海洋开发、控制和综合管理能力,事关经济社会长远发展和国家安全的大局。海洋与陆地的一个根本区别是海上的一切活动必须依托相应的装备,人类对海洋的探索与开发都是伴随着包括造船技术、海洋工程技术在内的装备技术的进步而不断深化的。经略海洋,必须装备先行。特别是我国海洋强国建设进程向前推进,综合实力不断上升,已经对传统海洋强国形成挑战。西方强国在一些核心技术和装备上对我封锁。我国要建设海洋强国,必须建立自主可控的装备体系,必须掌握高端船舶与海洋工程装备等高端装备的自主研制能力。目前,我国正在大力推进南海开发以及21世纪海上丝绸之路建设,对海上基础设施建设、资源开发、空间开发等相关装备的需求将更为急迫,也对我国高端海洋工程装备的发展提出了更高的要求。

二是加快发展高端船舶与海洋工程装备是建设世界造船强国的必然要求。经过新世纪以来的快速发展,我国已经成为世界最主要的造船大国,具备了较强国际竞争力。未来10—20年我国船舶工业将进入全面做强的新阶段。建设世界造船强国的核心任务是全面推进结构调整转型升级。所谓全面转型,就是产业发展动力的全面转型,由依靠物质要素驱动向依靠创新驱动转变,以产品创新、制造技术创新等支撑产业发展;所谓结构升级,主要是技术结构升级和产品结构升级。加快发展海洋工程装备及高端船舶制造,是船舶工业全面转型、结构升级,从而实现全面做强的重要方向。加快提高高端船舶与海洋工程装备国际竞争力,逐步引领未来国际船舶和海洋工程装备市场,将有力地带动我国船舶工业技术水平、科技创新能力和综合实力的整体跃升。

三是加快发展高端船舶与海洋工程装备是工业转型升级的重要引擎。随着中国经济进入新常态,增长速度逐步放缓,发展方式开始向集约型转变,经济结构深度调整,发展动力转向新增长点。发展高端制造业,正是中国制造业适应经济新常态,重塑竞争优势的重要举措。船舶工业作为我国最早进入国际市场,并且已经具备较强国际竞争力的行业,具备在我国建设世界制造强国的进程中率先突破的基础和条件。海洋工程装备和高端船舶等高端装备的快速发展,必然成为带动整个制造业升级的重要引擎。

(二) 背景

1. 世界船舶发展现状

受到世界经济、海运、油价等多重因素的影响,全球造船业从2013年起呈现下滑的状态,知名企业倒闭破产、大型公司结构重组、船厂大规模裁员等重磅新闻不断,罢工抗议、财务舞弊、巨额订单遭撤等热点事件也层出不穷。2017年,全球造船完工量为9718万载重吨,同比下降2.79%;承接新船订单量为7264万载重吨,同比上升164.92%;截至2017年12月底,手持船舶订单量为1966万载重吨,同比下降11.96%,低迷中有向好的迹象。

从建造国家看,中、日、韩依旧占据新造船市场的前三强。韩国 2017 年接单量总计 163 艘、2 804 万载重吨,其中近 1 800 万载重吨为油船订单;中国位居第二。值得一提的是,排名第三的日本,2017 年的接单量却与中、韩相差甚远。

表 1　2013—2017 年世界造船三大指标

年份/指标		完工量	新接订单量	手持订单量
万载重吨	2013 年	10 757	14 477	28 430
	2014 年	9 086	10 975	31 688
	2015 年	9 624	9 646	30 315
	2016 年	9 997	2 742	22 332
	2017 年	9 718	7 264	19 662
万修正总吨	2013 年	3 657	4 866	10 387
	2014 年	3 474	3 969	11 512
	2015 年	3 665	3 377	10 929
	2016 年	3 445	1 123	8 621
	2017 年	3 307	2 325	7 748

注:数据来源于英国克拉克松研究公司。

2. 世界海洋工程装备发展现状

海洋工程装备属于高投入、高风险产品,从事海洋工程装备建造的厂商须具有完善的研发机构、完备的建造设施、丰富的建造经验以及雄厚的资金实力。全球主要海洋工程装备建造商集中在新加坡、韩国、美国及欧洲等国家,按照业务特点和产品种类,世界海洋工程装备分为三大阵营:

欧美处于第一阵营,垄断着海洋工程装备开发、设计、工程总包及关键配套设备供货。欧美国家企业是世界海洋油气资源开发的先行者,也是世界海洋工程装备技术发展的引领者。随着世界制造业向亚洲国家的转移,欧美企业逐渐退出了中低端海洋工程装备制造领域,但在高端海洋工程装备制造和设计方面仍然占据垄断地位。并且欧美企业也垄断着海洋工程装备运输与安装、水下生产系统安装和深水铺管作业业务,主要企业如法国 Technip 公司、意大利 Saipem 公司、美国 McDermott 公司和 Subsea 公司等。欧美企业的技术领导地位与其长期海洋油气开发实践密切相关。在此基础上,欧美企业形成了大量的技术专利和技术储备,并积累了丰富的工程实践经验,成为其研发新技术和装备的重要支撑。欧美企业仍是世界大多数海洋油气开发工程的总承包商,掌握着海洋油气田开发方案设计、装备设计和油气田工程建设的主导权,为降低开发风险,他们会选择具有技术优势的欧美企业负责装备设计工作。这在客观上增强了其技术领先地位。

韩国和新加坡处于第二阵营，在总装建造领域快速发展，占据领先地位。以建造技术较为成熟的中、浅水域平台为主，也在向深水高技术平台的研发、建造发展，而美国、欧洲等国家则以研发、建造深水、超深水高技术平台装备为核心。

我国处于第三阵营。2017年11月27日，工业和信息化部、发展改革委、科技部、财政部、人民银行、国资委、银监会、海洋局联合印发了《海洋工程装备制造业持续健康发展行动计划（2017—2020年）》，指出到2020年，我国海洋工程装备制造业国际竞争力和持续发展能力明显提升，产业体系进一步完善，专用化、系列化、信息化、智能化程度不断加强，产品结构迈向中高端，力争步入海洋工程装备总装制造先进国家行列。一是结构调整成效显著。海上油气生产平台等高端产品国际竞争力明显提高；海上风电装备、海洋渔业装备、海底矿产资源开发装备、海洋电子信息装备等新兴海洋工程装备研制和应用取得重大进展；海洋工程装备领域建成一批竞争力强的新型工业化产业示范基地。二是研发设计水平大幅提高。基本掌握深海油气资源开发装备的建造技术，装备经济性、安全可靠性、环保性、智能化水平全面提高，在部分优势领域形成若干世界知名品牌；突破海洋矿产资源、天然气水合物等开采装备，万米载人/无人潜水器等谱系化系列探测装备，岛礁/锚泊浮台信息系统、海上综合实验船等感传一体化海上综合信息基础装备，波浪能/潮汐能、温差能等海洋可再生资源开发装备，海水淡化和海水提锂等海洋化学资源开发装备的部分关键核心技术，极地海洋工程装备研发能力和技术储备明显增强。三是关键系统和设备研制能力明显增强。在甲板机械、钻井包、平台升降系统、油气生产模块、液化天然气（LNG）装卸系统等领域形成若干品牌；在深海锚泊系统、动力定位系统、深海铺管系统、水下作业系统、脐带缆和挠性立管、LNG转运及再气化系统、海洋观测/监测设备、水下运载器、海上通信组网装备等领域实现设计建造和应用，实现500米以内水下生产系统示范应用。四是优强企业实力显著提升。初步形成2—3家海洋工程整体解决方案供应商和总承包商，形成4—5家世界级海洋工程装备总装建造企业和若干专业分包商。

随后，国家发改委发布《高端船舶和海洋工程装备关键技术产业化实施方案（2017—2020年）》，提出我国高技术船舶和特种船舶的自主设计、系统集成和总承包能力进一步提升，一批船舶和海洋工程装备产品填补国内空白，海洋资源开发装备结构明显升级，关键配套设备装船率不断提高，研发设计、试验检测设施更加完善，产业核心竞争力明显增强。大型邮轮设计建造取得重要进展，22 000箱超大型集装箱船实现首船交付，公务执法船、磷虾捕捞船、深远海渔业养殖平台等推广应用，高强度系泊链、大功率激光器、海底管道检测系统等产业化能力明显增强,虚拟现实设计与试验平台等投入使用。

(三) 趋势

1. 国际船市进入新一轮大的调整周期,高端船舶和海洋工程装备成为需求热点

船舶工业是一个周期性很明显的产业。纵观国际船舶市场发展历程,间隔30年左右出现一次大的周期波动,其间每3—5年将出现中短期的波动。自2008年国际船市进入新一轮大调整以来,期间虽有起伏,但目前总体上还处在产业调整周期的低位。当前全球运力接近17亿载重吨,运力总量和结构性过剩矛盾较严重,消化过剩运力将需要一段时间。就未来调整方向来看,需求结构出现明显变化,散货船等常规船型需求乏力,海洋工程装备及高端船舶需求相对旺盛。同时,节能环保的新型散货船、集装箱船、油船将是市场需求主体,液化天然气(LNG)船、液化石油气(LPG)船需求将保持旺盛,汽车运输船、豪华游轮、远洋渔船需求增长将较为明显,更多的市场增量将来自技术复杂船型。

2. 全球造船业竞争格局深度调整,主要造船国在高端船舶和海洋工程装备领域竞争将日趋激烈

未来一段时期世界造船业仍将保持中韩日竞争格局,并且更主要地体现在高端船舶和海洋工程装备领域。具体来看,欧洲造船业将进一步退出船舶总装建造市场,但在设计、配套、海事规则制定等方面仍具优势,特别是欧美基本垄断了海洋工程装备领域的核心设计和关键配套;印度、巴西、越南等新兴造船国家受金融危机影响发展迟缓;日本在造船技术、生产效率和产品质量上仍具较强竞争力;韩国造船业将在相对较长时期内保持全面竞争优势,韩国提出未来5—10年将海洋工程装备制造业打造为第二个造船业;新加坡提出全力保持海工装备竞争优势。目前中国在常规海工产品制造领域已经加快赶超新加坡,并在向高端产品转型,未来在深水海工装备产品领域,中国、韩国及新加坡之间的竞争将更为激烈。

3. 产业核心竞争要素发生重大变化,关键要素从硬实力转向软实力

在新的产业竞争环境下,决定竞争成败的关键不再是设施规模、劳动力成本等因素,而是技术、管理等软实力以及造船、配套等全产业链的协同,科技创新能力对竞争力的贡献更为突出。竞争要素的变化直接导致我国船舶工业原有比较优势在削弱,特别是劳动力、土地等各类要素成本集中上升,人民币汇率呈双向波动趋势,低成本制造的传统优势正在消失,产业发展的重心已经从追求速度转向追求质量效益。高端船舶和海洋工程装备处在船舶产业价值链的高端,是我国船舶工业未来发展的重点。

4. 新一轮科技革命和产业变革兴起,将引发制造业分工格局的深度调整

以信息技术和制造业深度融合为重要特征的新科技革命和产业变革正在孕育兴起,多领域技术群体突破和交叉融合推动制造业生产方式深刻变革,"制造业数字化网络化智能化"已成为未来技术变革的重要趋势。制造模式加快向数字化、网络化、智能化转变,柔性制造、智能制造等日益成为世界先进制造业发展的重要方向。船舶制造也正朝着设计智能化、产品智能化、管理精细化和信息集成化等方向发展,世界造船强国已经提出打造智能船厂的目标。同时,国际海事安全与环保技术规则日趋严格,船舶排放、船体生物污染、安全风险防范等船舶节能环保安全技术要求不断提升,船舶及配套产品技术升级步伐将进一步加快。

5. 产业发展中不平衡、不协调、不可持续问题仍然突出,产业结构亟待调整升级

一是自主创新能力亟待提升,高端产品市场竞争力不强。创新引领和创新驱动明显不足,创新模式仍属追随型。海洋工程装备和高端船舶占比明显低于韩国,特别是深水装备方面差距更为明显。二是船舶配套产业亟待升级。先进造船国家船用设备基本满足造船需要,我国仍有较大差距,特别是在高端船舶和海洋工程装备配套领域本土化配套率不足 30%。三是生产效率亟待提高。目前我国造船效率仍远低于先进造船国家,随着劳动力成本的不断攀升,效率对保持成本竞争优势的作用将更加突出。四是产业结构亟需升级。目前,我国船舶工业面临着资源环境约束日益趋紧、劳动力成本和各类生产要素成本上升等问题,造船产能结构性过剩问题突出,产品结构主要以散货船为主,低端产能过剩,高端产能不足。

二、指数分析

(一) 总体水平

上海是中国船舶工业的发源地和现代造船业的重要基地,创造出了许多辉煌。本课题将从"行业增长驱动""产业国际表现""价值链提升"三个指标体系来诠释上海高端船舶与海洋工程装备产业国际竞争力,形成反映国际竞争力的 3 个二级指标,运用定量数据形成 14 个三级指标。

经研究发现,上海高端船舶与海洋工程装备产业国际竞争力呈现以下特点:

一是呈现上升趋势。2017 年上海国际竞争力分值比 2014 年上升 2.67%,其中,2014 年至 2016 年上海国际竞争力分值基本稳定,2015 年同比下降 1.44%,2016 年同比增长 1.35%,2017 年同比增长 2.79%。

二是具有较强竞争优势。高端船舶与海洋工程装备产业国际竞争力大于 150,表示具有极强竞争优势;介于 150—100 之间,表示具有较强竞争优势;介

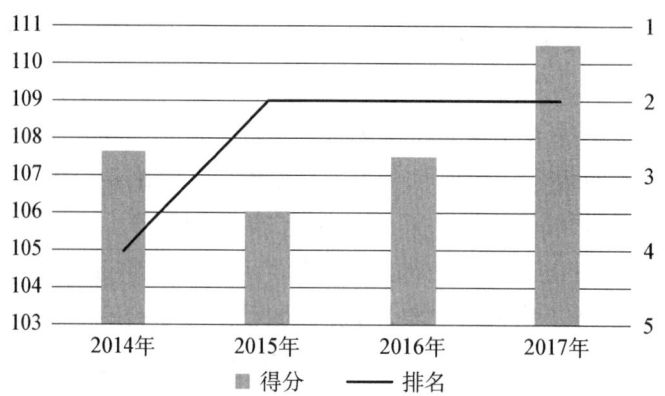

图 1　上海高端船舶和海洋工程装备国际竞争力

于 100—50 之间,表示具有中等竞争优势;小于 50,表示具有弱竞争优势。四年来,上海高端船舶与海洋工程装备产业国际竞争力超过 106,保持较强竞争优势。

三是具有比较优势。高端装备制造产业国际竞争力在 2014—2017 年具有比较优势。

四年来,上海高端船舶和海洋工程装备国际竞争力的三个二级指数呈现震荡态势,具体表现稍有不同。

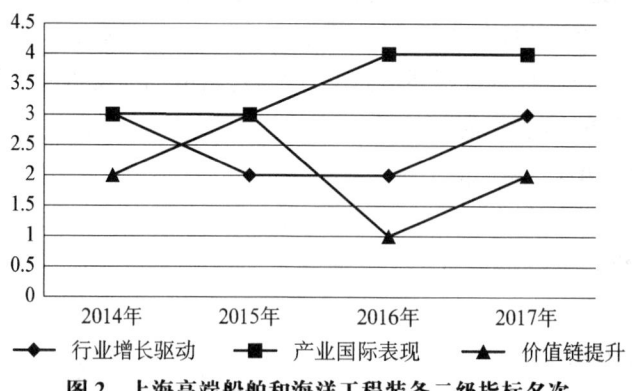

图 2　上海高端船舶和海洋工程装备二级指标名次

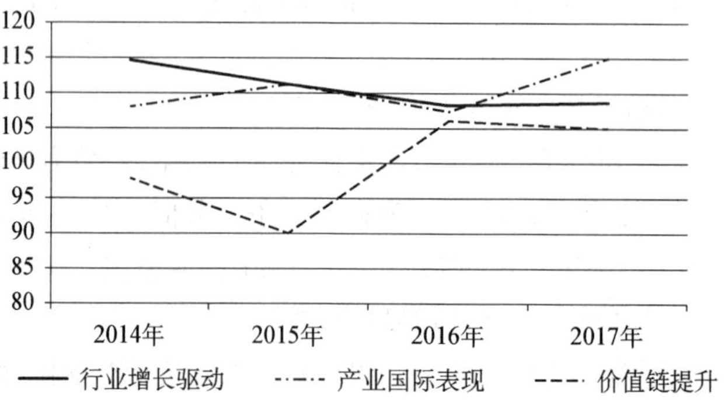

图 3　上海高端船舶和海洋工程装备二级指标分值

表 2 上海高端船舶和海洋工程装备制造二级指标分值比较

		行业增长驱动	产业国际表现	价值链提升
2014 年	上海市	114.54	108.07	97.98
	均值	112.24	97.13	85.70
2015 年	上海市	111.29	111.24	90.43
	均值	95.09	98.58	78.57
2017 年	上海市	108.40	107.63	106.14
	均值	93.13	103.67	82.28
2017 年	上海市	108.69	115.16	104.80
	均值	99.55	100.62	85.26

(二) 产业国际表现

2017 年上海产业国际表现指数达 115.16,高于价值链提升和行业增长驱动,具有较强竞争优势。上海产业国际表现为小幅震荡。

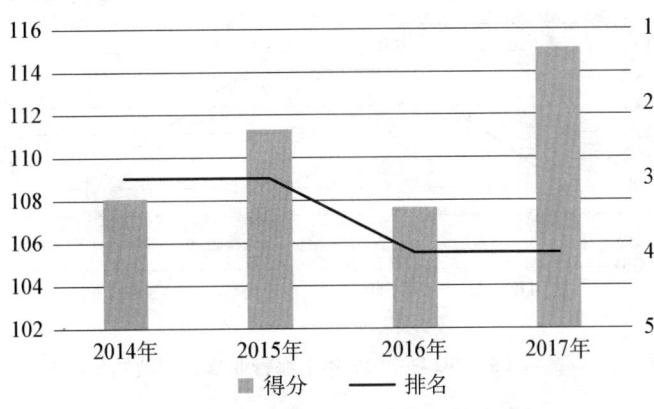

图 4 2014—2017 年上海产业国际表现

上海高端船舶和海洋工程装备产业国际表现在 3 个二级指数中对整体国际竞争力贡献最大。包括国际市场占有率指数、出口竞争力指数、贸易竞争力指数和贸易特化能力指数四个方面,总体发展均衡,均具有较强竞争优势。

上海国际市场占有率指数具有较强竞争优势并波动走强,具有比较优势并保持稳定。四年来,上海国际市场占有率指数 115—135 之间,具有较强竞争优势,在 2015 年、2016 年分别同比下降 1.71%、5.01% 后,2017 年上升 16.68%。

上海显示性比较优势指数具有较强竞争优势和比较优势,并波动上升。四年来,上海显示性比较优势指数超过 100,具有较强竞争优势,2014 年同比上升7.45%,2016年同比下降6.93%,2017年同比上升3.83%。

上海贸易竞争力指数具有较强竞争优势并波动上升,具有比较优势并增强。四年来,上海贸易竞争力指数超过100,具有较强竞争力优势。2014年同比上升7.69%,2016年同比下降1.80%,2017年同比上升1.71%,呈波动上升。2014年起上海跃居并保持第二。

上海贸易特化能力指数具有较强竞争优势并不断增强,并且从无比较优势上升到具有比较优势。四年来,上海贸易特化能力在106～113之间,具有较强竞争优势,2014年基本和2014年持平,2016年同比上升1.01%,2017年同比上升4.86%,呈上升势头。

（三）行业增长驱动

2014—2017年,上海行业增长驱动大于100,具有较强竞争优势,而分值呈下降趋势,2015年同比下降2.84%,2016年同比下降2.59%,2017年基本持平。上海行业增长驱动总体表现为震荡下行。

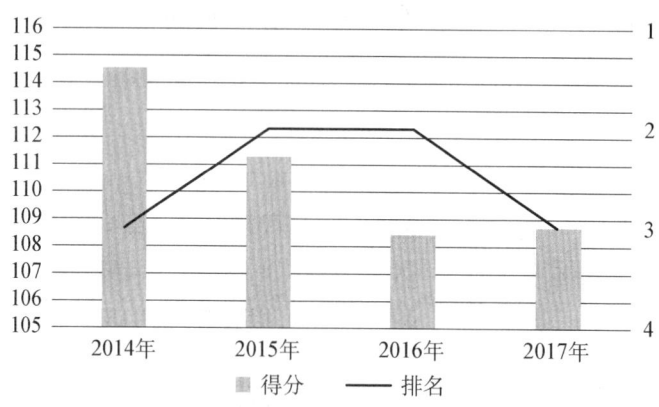

图5　2014—2017年上海行业增长驱动

上海高端船舶和海洋工程装备行业增长驱动在三个二级指数中表现中等。包括产业集中度指数、区域产业集群指数、行业成长速度指数、行业盈利能力指数、生产效率指数和国内市场占有率指数六个方面。其中产业集中度指数和区域产业集群指数对行业增长驱动贡献较大,而行业盈利能力和生产效率指数拖累了行业增长驱动指数。

产业集中度具有较强竞争优势并呈现下降态势,但保持稳定。四年来,上海产业集中度指数在100～124之间,具有较强竞争优势。从2016起上海产业集中度比较优势有减弱的趋势。

长三角区域产业集中水平具有较强竞争优势和比较优势,并均基本稳定。船舶与海工装备的区域产业集群集中于东北、北部沿海、长三角、华南等沿海区域。四年来,上海所在长三角区域产业集中水平在124—135之间,具有较强竞争优势。在四个区域保持位居第一，具有比较优势。

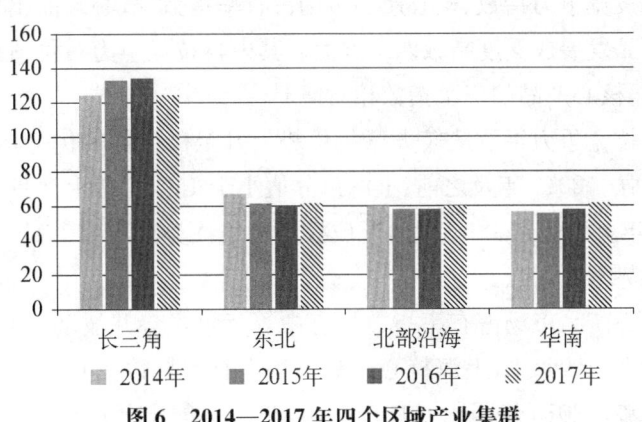

图6　2014—2017年四个区域产业集群

上海行业成长速度指数具有极强竞争优势但不具有比较优势。上海行业成长速度指数值显示具有极强竞争优势，但全国排名不居前列。

上海国内市场占有率指数具有较强竞争优势并震荡微幅上升，具有比较优势并保持稳定。四年来，上海国内市场占有率在110—122之间，具有较强竞争优势。2015年同比下降4.79%，2016年同比上升0.38%，2017年同比上升9.18%。

行业盈利能力和生产效率指数呈现处于弱竞争优势。这两个指数低于50，表现为弱竞争优势，说明我国在行业盈利能力和生产效率亟待提高。四年来，上海具有比较优势，但需要对标国际水平，努力率先取得突破。

(四) 价值链提升

2014年、2015年，上海价值链提升分值小于100，具有中等竞争优势。2016年、2017年，上海价值链提升分值大于100，具有较强竞争优势，2017年比2014年上升6.96%。上海价值链提升总体表现为震荡上行。

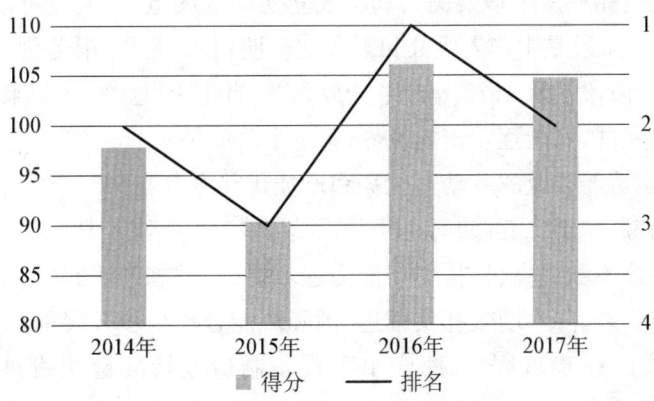

图7　2014—2017年上海价值链提升

上海高端船舶和海洋工程装备价值链提升指数在三个二级指数中表现尚可。包括科技竞争力指数、核心产品市场占有率指数、核心产品出口竞争力指数和核心产品发展成熟度指数四个方面。其中科技竞争力对价值链提升指数贡献最大,而核心产品的三个指数相对薄弱。

上海科技竞争力指数从较大竞争优势上升至极强竞争优势,具有比较优势并不断增强。2016年及之前,上海市分值小于150,说明上海具有较强竞争优势,2017年上海达到185以上,形成极强竞争优势。从2016起上海科技竞争力比较优势不断增强。

上海核心产品市场占有率指数具有中等竞争优势并波动上升,具有比较优势震荡持平。四年来,上海核心产品市场占有率指数在63～70之间,具有中等竞争优势。2015年同比上升3.69%,2016年同比上升5.35%,2017年同比下降4.41%。

上海核心产品出口竞争力指数具有中等竞争优势并波动上升,且具有比较优势,说明上海核心产品仍有进一步发展的空间,力争在关键领域取得突破。四年来,上海核心产品出口竞争力指数在65—72之间,具有中等竞争优势。2015年同比上升3.48%,2016年同比上升5.74%,2017年同比下降5.46%。

上海核心产品发展成熟度指数从较强竞争优势降为中等竞争优势,并下降至比较劣势。该指数上海总体偏弱,需要集中力量进行攻关。2014—2016年,上海发展成熟度指数超过100,具有较强竞争优势,2017年小于100,具有中等竞争优势。

三、发展路径

(一) 产业发展基础

1. 高端船舶

中国的造船业从中华人民共和国成立初期发展至今,大致可以分为三个阶段:第一个阶段是中华人民共和国成立初期到1978年,艰苦创业打基础的时期;第二个阶段是从1978年改革开放到20世纪末,这20多年来,造船业在平稳中全面发展,开始逐步走向世界;第三个阶段是从2000年至今,高速发展的阶段,中国造船企业的劳动力优势和产能优势令其在国际市场上占有了较大的市场份额。"十二五"期间,我国抓紧落实"三去一降一补"五大任务,实现了产业集中度不断提高、科技创新能力逐步提升、过剩产能有效化解、行业发展短板有所弥补、降本增效扎实推进、国际产能合作稳步开展的良好开端,造船大国地位进一步巩固。《海洋工程装备制造业持续健康发展行动计划(2017—2020年)》指出:"十二五"以来,我国海洋工程装备制造业快速发展,进入世界海洋工程装备总装建造第一梯队。

国际市场份额保持前列，产业集中度不断提高。2017年，国际船舶市场继续深度调整，全球新船成交量同比大幅下降72.1%，年末全球船企手持订单较2015年底下滑28.8%。我国船企克服市场低迷带来的困难，逆势拼抢订单，造船完工量、新船订单量和手持订单量在全球市场所占份额分别为39.9%、66.2%和46.6%，继续保持世界前列。在市场机制作用和产业政策引导下，骨干企业优势不断扩大，全国造船完工量前10家企业的完工量占全国的比重为74.7%，比2015年提高8.9个百分点，产业集中度进一步提高。

产品结构持续优化，科技创新能力逐步提升。2017年，船舶企业不断加大科技创新力度，产品结构持续优化，一批高技术、高附加值首制船研制成功并交付船东，获得市场青睐。3.88万吨双相不锈钢化学品船、1.5万吨双燃料化学品船、液化天然气（LNG）动力4 000车位汽车滚装船、3.75万立方米乙烯船和极地重载甲板运输船等全球首制船完成交付。40万吨超大型矿砂船（VLOC）、8.5万立方米乙烷运输船、2万吨级化学品船和多型支线集装箱船等获得批量订单。2万TEU集装箱船开工建造，豪华邮轮和1万车位汽车滚装船等项目稳步推进。

多措并举消化过剩产能，兼并重组迈出实质步伐。2017年，在产业政策的引导下，船舶工业大力推进供给侧结构性改革，坚决落实化解过剩产能的重点任务。工业和信息化部发布《船舶行业规范企业监督管理办法》，对规范企业进行动态管理，中国船舶工业行业协会发布中国造船产能利用监测指数；骨干船企主动应对市场变化，利用自身优势拓展非船领域，化解过剩产能，中国船舶重工集团公司三峡升船机等项目取得突破；央企兼并重组迈出实质步伐，中国远洋海运集团整合13家大型船厂和20多家配套服务公司成立中远海运重工有限公司，中船重工大船与山船、武船与北船、风帆与火炬能源、重庆红江与重跃整合重组稳步推进；中国船舶工业集团公司所属上船公司、广船国际、中船澄西等主要造修船企业主动开展存量产能削减，沪东中华、外高桥造船、黄埔文冲等企业提出产能压控和资产处置的行动计划表。

船配发展短板有所弥补，产学融合取得新进展。2017年，工信部发布《船舶配套产业能力提升行动计划（2017—2020年）》，鼓励企业提升船用设备配套能力和水平，一些船舶配套设备和系统取得重要突破，行业发展短板有所弥补。中船动力6EX340EF自主品牌二冲程低速柴油机填补空白，重齿低速柴油机齿轮箱GCS1000国内首研成功，上海船用柴油机研究所自主知识产权低速机低压选择性催化还原（SCR）系统获型式认可证书，大连华锐批量承接世界冲程最长、单支重量最大的船用曲轴订单，自主品牌锚绞机、舱口盖、贝克舵等甲板机械实现批量装船。行业产学融合取得新的进展，企业加大科技投入力度。中国深远海海洋工程装备技术产业联盟，以及中国海洋材料技术创新联盟和船舶海工、新材料产业联盟等组建成立。南通中远川崎和亚星锚链等2家企业的技术中心被认定为国家级企业技术中心,截至2017年底,船舶工业国家级企业技术中心累计达27家,上海船舶工艺研究所等5家单位成为国家工程实验室的技术依托单位。

扎实推进降本增效,稳步开展智能制造。2017年,面对激烈的市场竞争,骨干船企大力推行精益生产模式,强化成本控制,努力实现降本增效。广船国际、金陵船厂等单位密切跟踪钢材市场走势,实现低位采购,综合成本仅为2800元/吨;烟台中集来福士发挥国际化优势,整合全球供应链降低采购成本约2000万美元;南通中远重工通过优化营销资源、提高实际产出能力、推进管理提升等举措实现扭亏为盈;南通中远川崎通过条材加工自动化生产线减少劳动力超过60%,生产效率提高3倍;大船重工开发自动化加工技术,小组立和中/大组立自动焊利用率分别达到76%和50%;金海重工实施"机器换人"项目,减少劳动力20%以上,关键工序生产效率提升50%,降低综合成本近40%。我国船企依据自身特点,因地制宜,稳步开展智能制造工程。江苏自动化研究所自主知识产权船舶制造多功能舱室焊接机器人正式上岗,沪东中华LNG船分段建造数字化车间、大船重工船舶分段制造数字化车间、振华重工海上钻井平台装备制造智能化焊接车间等项目稳步推进。

健全完善行业标准,大力推行绿色修船。2017年,中国船协修船分会落实供给侧结构性改革要求,健全完善修船行业管理标准和技术标准,编辑发布《中国修船价格指引(2017版)》,填补了新船型空白,完善了大型船规格,强调安全环保投入,充分反映了近年来国家安全环保政策对修船业的要求,探索建立修船价格与资源价格的联动机制;多次组织会议,大力推行绿色修船,成立修船业超高压水技术联盟,推广智能涂装作业机器人实现绿色坞修,提高生产效率,降低人工和管理成本,提升我国修船产业竞争力。

积极推进国际产能合作,努力提高国际话语权。2017年,我国船企深入落实"一带一路"倡议,积极推进国际产能和装备制造合作,加大"引进来、走出去"实施力度。中船集团与意大利芬坎蒂尼集团等公司共同推进大型豪华邮轮建造项目;中船重工海装公司5兆瓦海上风电机组装备成功布局英国市场;中远海运重工收购希腊比雷埃弗斯船厂完成签约;上海船用柴油机研究所在巴基斯坦电厂煤电码头总包项目(EPC)正式开工。船舶工业基础技术研究能力快速提升,国际标准的制定权和话语权有所提高。中国船协积极推进活跃的造船专家联盟(ASEF)申请国际海事组织(IMO)观察员地位,上海船舶研究设计院双燃料船舶EEDI中国方法终获IMO全面认可和批准,《中国造船质量标准》和《中国修船质量标准》两项标准中英文发布实施。

同时,受国际船舶市场持续深度调整的影响,我国骨干船舶企业在承接订单方面竞争更加激烈,完工船舶交付更加艰难,融资贷款审查更加严格,全行业手持订单持续下滑,盈利水平大幅下降,船舶工业面临的形势更为严峻。

2. 海洋工程装备

海洋工程装备产业是开发利用海洋资源的物质和技术基础,是我国当前加快培育和发展的战略性新兴产业。我国海洋工程装备制造业起步于20世纪七八十年代,实现快速发展是在进入21世纪以后。

从外部环境看,随着陆地资源的日渐稀缺,全球海洋资源开采日益高涨起来,海洋工程装备产业的重要性不言而喻。中国在海洋国土开发上还比较薄弱,中国的海洋开发能力主要集中在浅海,海洋资源的全面利用、深海的开发能力还不足,也缺少相应经验。

从装备制造现状来看,我国海洋工程装备产业国产化率一直较低,进口比例在70%以上。在海洋工程装备产业上,全球海工装备水平第一梯队为欧美国家,第二梯队为日、韩、新加坡等亚洲国家;中国总体处在第三梯队,以制造低端海工装备产品、赚取加工费用为主。

不过,正因为明显的差距带来了发展机遇,特别是随着我国众多企业包括造船企业纷纷涉足海工装备产业,加上国家在政策方面的大力扶持,我国海洋工程装备产业迎来快速发展,"十二五"期间,我国海洋工程装备经济总量保持增长趋势,产业结构不断优化,形成了自升式钻井平台、半潜式钻井平台、FPSO、海工船等多个优势领域。值得一提的是,我国自2013年海工接单量跃居全球第一以来,连续3年接单量稳居全球榜首,为进一步发展奠定了良好基础。未来十年将是我国海工装备产业缩小与发达国家距离的绝佳机遇期。只要加大国家投入力度,瞄准核心技术以带动产业发展,并进一步细化优惠政策,做大做强海工产业,就能与发达国家一争高低。

目前我国已经出现了很多专业的第三方研究机构。随着社会的进步,科技的发展,课题的研究越来越深入,对研究人员的要求也是越来越高。在海洋工程装备行业,随着海洋资源的进一步开发,对海洋工程装备技术人员的要求越来越高端,在高端海洋工程装备方面,我国对该行业高端人才的需求量还是很大,我国高端海洋工程方面的科技人员缺口也很大,这个问题在未来几年内,应得到进一步的缓解。

随着国内外海洋装备需求的增长,我国海洋工程装备制造业抓住市场高峰期的战略机遇,承接了一批具有较大影响力的订单,实现了快速发展,能力也明显提升。特别是近几年,我国先后自主设计建造了国内水深最大的近海导管架固定式平台,国内最大、设计最先进的30吨浮式生产储油轮装置FPSO,当代先进自升式钻井平台,具有国际先进水平的3 000米深水半潜式平台等一批先进的海洋工程装备。

海洋油气开发(特别是深水和超深水油气资源勘探开发)已经成为世界油气开采的重点领域,海洋石油开发推动海洋工程装备行业发展。在一个供大于求的需求经济时代,企业成功的关键就在于,是否能够在需求尚未形成之时就牢牢的锁定并捕捉到它。那些成功的公司往往都会倾尽毕生的精力及资源搜寻产业的当前需求、潜在需求以及新的需求。随着海洋工程装备行业竞争的不断加剧,大型海工装备企业间并购整合与资本运作日趋频繁,国内优秀的海工装备生产企业愈来愈重视对行业市场的研究,特别是对企业发展环境和客户需求趋势变化的深入研究。正因为如此,一大批国内优秀的海工装备品牌迅速崛起,逐渐成为海工装备行业中的翘楚。

齐全的工业体系和工业发展基础。海洋工程装备制造业与船舶工业、石油石化、机械制造、钢铁制造、信息电子和新材料等息息相关,中国不仅在上述领域具有良好的产业发展基础,而且完整的工业产业体系是韩国和新加坡所不具备的独特优势。

较低的综合成本优势。中国土地资源丰富,土地成本较低,便于开展大规模的基础设施建设。中国拥有约 32 000 千米长的海岸线,其中大陆岸线约为 18 000 千米。世界最佳的黄金造船区域是北纬 36°,沿海多是花岗岩结构,且有着绵长的深水岸线,每年有 300~330 天的室外作业时间,山东半岛正处于这一区域。中国船舶工业从业人员多达 70 万人,为发展海洋工程装备制造业提供了大量劳动力。

海洋油气开发带来的内需。2013 年,中海油在中国海域的油气产量已连续 4 年达 5 000 万吨级油当量,海外油气净产量比 2012 年翻一番,全年生产原油 6 684 万吨,天然气 196 亿立方米,煤层气 4.3 亿立方米。

(二) 产业发展环境

一是全球航运市场创下历史极低行情,短期反弹不可持续。2017 年全球航运市场极度疲软,多个船型运费指数创下历史极低值,其中波罗的海干散货运价指数(BDI)创 290 点的历史新低,中国出口集装箱运价指数(CCFI)创 632 点的历史新低,波罗的海原油运价指数(BDTI)也出现大幅下滑的情形,整个航运市场一片萧条,韩进海运的破产更是将这种萧条氛围推向极致。2017 年下半年,三大主力船型运费均迎来一波明显反弹,其中 BDI 一度攀升至 1 257 点,CCFI 反弹至 777 点,BDTI 也从 500 点反弹至 915 点,这种反弹一方面是受季节性因素影响,另一方面也是极低行情下的报复性反弹,投机因素在其中扮演着重要作用。值得注意的是,航运市场经过一波极端行情之后,部分船型已经呈现一定的触底迹象,但触底并不意味着运费能够快速回升,在运力过剩依然严重的基本面下,市场的回暖仍需要很长一段时间。

二是新船成交同比萎缩七成,成交量创 20 年来新低。从持续时间、成交量跌幅、价格跌幅等角度看,金融危机以来的本轮船市危机,是近百年来国际船舶市场 6 次危机中最为严重的一次;而 2017 年的国际船舶市场又是本轮危机以来形势最为严峻的一年。在长周期及短周期的谷底共振作用下，2017年国际船舶市场遭遇几十年不遇的极端行情，全年新船成交量仅539艘、2742万载重吨，较2015年大幅下滑75.7%，创下20年来新低，特别是1月、11月及12月等月份成交量仅70万载重吨左右，与危机前2007年的日均成交水平大致相当（日均成交71万载重吨）。

三是转售价格跌破新船合同价，导致新造船价格加速下挫。新造船市场需求萎缩及竞争形势加剧，严重影响船厂议价能力，新船价格全年持续走低。截至2017年12月底，新造船价格中国指数持续下跌至946点，低于危机后1026点的最低纪录（2013年初）。三大主力船型新船价格跌幅均在6%～10%之间，其中油船和集装箱船价格呈加速下跌之势。从船价影响因素看，除供求关系失衡这一根本原因外，二手及转售船价格大幅下挫，成为拖累新船价格下行的重要原因。由于存在大量二手及转售船可供选择且价格便宜，船东投资的选择面非常广，一方面分流了新造船市场需求，另一方面也对新造船价格产生了极大的下拉作用。

四是交船难问题尤为突出，造船完工量增长乏力。由于2013—2015年全球新造船市场成交量都在1亿载重吨以上，2017年计划交付船舶达到1.69亿载重吨，全年实际交付9997万载重吨，同比微幅增长3.4%。由于航运市场极度低迷以及船东融资难度不断加大，船东接船意愿和能力明显不足，交船难问题日益凸显。据统计，2017年全球完工船舶实际交付率仅为59%，创下危机以来最低水平，其中散货船依然是船东推迟交付的重灾区，而集装箱船由于航运市场行情的极度低迷，交付率较2015年也大幅下滑，油船整体交付情况相对较好，但下半年交付难度明显提升。

五是手持订单量明显下滑，主要船企面临着巨大开工缺口。受新船成交量极度萎缩影响，全球造船市场手持订单量明显下降。截至2017年年底，全球造船市场手持订单量已回落至3669艘、2.23亿载重吨，较年初减少29.0%，创近十年来最低水平。特别是散货船，尽管全年有31艘VLOC订单签订（中国船厂承接30艘，日本船厂承接1艘），但年底手持订单量仍回落至8563万载重吨，同比跌幅超过30%，油船和集装箱船手持订单量也出现26%和19%的跌幅。此外，目前2.3亿载重吨的手持订单中，估计有5000万载重吨以上的船舶是已经完工但难以交付的"问题订单"，已经开工正在建造的船舶约1亿载重吨，2017年计划开工的船舶约6000万载重吨，与全球目前1.5亿吨左右的活跃产能形成鲜明对比，预计2017年全球主要船企均面临巨大的开工缺口。

在国际船舶和海工市场持续低迷的大环境下，上海船舶与海洋工程装备产业积极面对结构性过剩局面，在高端海工装备设计、建造方面不断取得重大突破，高端船舶和海洋工程装备所占份额不断攀升。上海高端船舶与海洋工程装备产业经过不断产业结构调整和转型升级，已成功扭转三大主流船型占绝对主力的传统结构,大型 LNG 船、支线型 LNG 船、超大型集装箱船、超大型液化气船、钻井平台、大型铺管船、全回转起重船和十二缆物探船等高端产品连续获得突破性发展。尽管上海船舶与海洋工程装备产业发展很快,技术能力居国内领先水平,但产业规模不大始终是上海海工产业的瓶颈,在关键配套设备研发上与国外先进水平相比,存在不小差距,许多核心设备依赖进口。

(三) 产业发展预期

1. 高端船舶发展方向

工信部《高端船舶科研项目指南(2014 版)》提出四大重大工程与专项,13 个重点研究项目。结合发展态势,高端船舶下一步发展的重点:一是实现产品绿色化智能化,二是实现产品结构的高端化。具体包括:高技术高附加值船舶、超级节能环保船舶、智能船舶领域(见表4)。

表 3 《高端船舶科研项目指南》重点发展领域

领域	发展目标	重点研究领域
节能环保示范工程	根据船舶节能环保相关国际公约、规范的要求,结合船舶技术的发展和国内外航运市场需求,通过风帆、混合对转推进系统等节能环保装备的实船应用示范以及江海直达环保示范船型的开发,突破清洁能源与节能装备应用关键技术,全面提升我国船舶节能环保整体技术水平。	风帆技术示范应用开发;高效混合对转推进系统及节能装置示范应用开发;江海直达节能环保集装箱示范船开发。
船舶动力关重件创新工程	通过开展船用液化天然气(LNG)发动机燃料储存、供给和燃料喷射系统以及柴油机用增压器、膜式蓄压器、排气阀阀杆及曲轴等产品的开发,完成设计、制造关键技术研究以及典型样机、系统及产品的研制,形成研发能力,提升 LNG 发动机和自主品牌柴油机关键、重点及核心零部件的本土化配套水平。	船舶 LNG 发动机燃料储存及供给系统关键技术研究;船用低速柴油机轴流涡轮增压器关键技术研究;气体机和双燃料发动机燃料喷射系统关键技术研究;大功率船用轴带发电系统关键技术研究;船用低速柴油机膜式蓄压器关键技术研究;船用低速柴油机排气阀阀杆关键技术研究;船用低速大功率柴油机分段曲轴关键技术研究;船用低速柴油机曲柄锻件关键技术研究。
极地船舶与设备开发专项	针对极地油气资源开采以及北极航道开通对不同航线上货物运输的市场需求,通过开展高等级甲板运输船、原油运输船、多用途集装箱船船型开发及极地甲板机械的设计、制造技术研究,形成自主研发能力。	极地甲板运输船关键技术研究;极地油船关键技术研究;极地多用途集装箱船关键技术研究;极地甲板机械及核心部件关键技术研究。

续表

领域	发展目标	重点研究领域
高技术特种船专项	针对海上旅游、海上医疗等不同需求,开展相关船型基础、设计和制造关键技术研究,具备自主研发的高技术特种船舶产品的能力。	中型豪华游船结构设计技术及水动力性能研究;大型多功能医院船关键技术研究。

表4 高端船舶发展方向

发展重点	具 体 方 向
高技术高附加值船舶	抓住技术复杂船型需求持续活跃的有利时机,快速提升LNG船、大型LPG船等产品的设计建造水平,打造高端品牌;突破豪华邮轮设计建造技术;积极开展北极新航道船舶、新能源船舶等的研制。
超级节能环保船舶	通过突破船体线型设计技术、结构优化技术、减阻降耗技术、高效推进技术、排放控制技术、能源回收利用技术、清洁能源及可再生能源利用技术等,研制具有领先水平的节能环保船,大幅减低船舶的能耗和排放水平。
智能船舶	通过突破自动化技术、计算机技术、网络通信技术、物联网技术等在船舶上应用的关键信息技术,实现船舶的机舱自动化、航行自动化、机械自动化、装载自动化,并实现航线规划、船舶驾驶、航姿调整、设备监控、装卸管理等,提高船舶的智能化水平。

2. 海洋工程装备发展方向

(1) 海洋资源开发装备

深海探测装备。重点发展深海物探船、工程勘察船等水面海洋资源勘探装备;大力发展载人深潜器、无人潜水器等水下探测装备;推进海洋观测网络及技术、海洋传感技术研究及产业化。

海洋油气资源开发装备。重点提升自升式钻井平台、半潜式钻井平台、半潜式生产平台、半潜式支持平台、钻井船、浮式生产储油船(FPSO)等主流装备技术能力,加快技术提升步伐;大力发展液化天然气浮式生产储卸装置(LNG-FPSO)、深吃水立柱式平台(SPAR)、张力腿平台(TLP)、浮式钻井生产储卸装置(FDPSO)等新型装备研发水平,形成产业化能力。

其他海洋资源开发装备。重点针对未来海洋资源开发需求,开展海底金属矿产勘探开发装备、天然气水合物等开采装备、波浪能/潮流能等海洋可再生能源开发装备等新型海洋资源开发装备前瞻性研究,形成技术储备。

海上作业保障装备。重点推进半潜运输船、起重铺管船、风电安装船、多用途工作船、平台供应船等海上工程辅助及工程施工类装备开发,加快深海水下应急作业装备及系统开发和应用。

（2）海洋空间资源开发装备

深海空间站。突破超大潜深作业与居住型深海空间站关键技术，具备载人自主航行、长周期自给及水下能源中继等基础功能，可集成若干专用模块（海洋资源的探测模块、水下钻井模块、平台水下安装模块、水下检测/维护/维修模块），携带各类水下作业装备，实施深海探测与资源开发作业。

海洋大型浮式结构物。以南海开发为主要目标，结合南海岛礁建设，通过突破海上大型浮体平台核心关键技术，按照能源供应、物资储存补给、生产生活、资源开发利用、飞机起降等不同功能需要，依托典型岛礁开展浮式平台建设。

（3）综合试验检测平台

数值水池。以缩小我国在船舶设计理论、技术水平方面与国际领先水平的差距为目标，通过分阶段实施，建立能够实际指导船舶和海工研发、设计的数值水池。

海洋工程装备海上试验场。以系统解决我国海洋工程装备关键配套设备自主化及产业化根本问题为目标，通过建设海洋工程装备海上试验场，实现对各类平台设备及水下设备的耐久性和可靠性试验，加快我国海洋工程装备国产化进程。

（4）核心配套设备

配套领域下一步发展的重点：一是推动优势配套产品集成化、智能化、模块化发展，掌握核心设计制造技术；二是加快船舶和海工配套自主品牌产品开发和产业化。

动力系统。重点推进船用低中速柴油机自主研制、船用双燃料/纯气体发动机研制，突破总体设计技术、制造技术、实验验证技术；在高压共轨燃油喷射系统、智能化电控系统、EGR系统、SCR装置等柴油机关键部件和系统等方面取得突破，实现集成供应；推进新型推进装置、发电机、电站、电力推进装置等电动及传动装置研制，形成成套供应能力。

机电控制设备。以智能化、模块化和系统集成为重点突破方向，提高甲板机械、舱室设备、通导设备等配套设备的标准化和通用性，实现设备的智能化控制和维护、自动化操作等。

海工装备专用设备。提高钻井系统、动力定位系统、单点系泊系统、水下铺管系统等海洋工程专用系统设备研制水平，形成产业化能力。

水下生产系统及关键设备。重点突破水下采油井口、采油树、管汇、跨接管、海底管线和立管等水下生产系统技术与关键水下产品及控制系统技术，实现产业化应用。

四、对策建议

（一）加大财政金融支持力度

一是进一步强化政策性资金支持。安排专项资金进一步加大对高端船舶和海洋工程装备研发、设计和关键配套设备研制、国家重点实验室以及企业技术中心建设的支持力度，加快形成创新能力；进一步完善税收支持政策，如高端船舶和海洋工程装备产业高新技术引进相关免税、退税政策。

二是落实《关于金融支持船舶工业加快结构调整促进转型升级的指导意见》，切实加大对骨干企业的金融支持。加强风险保障，针对高端船舶和海工装备产业的高风险性，加大出口信用保险支持，推动上海装备走出去。

三是鼓励金融机构创新产品与服务，降低高端船舶和海洋工程装备制造企业融资成本，有效拓宽高端船舶和海洋工程装备制造企业融资渠道。鼓励研发单位与风险投资机构合作，创建风险投资基金；支持符合条件的高端船舶和海洋工程装备企业上市和发行债券，拓宽融资渠道；大力发展融资租赁业务，加快船舶融资租赁服务体系建设。

（二）加快信息化进程

一是将 IT 技术应用到高端船舶和海洋工程装备制造业的运营过程，并在产品生产研发、项目管理、业务拓展执行、市场开发等方面广泛运用信息技术，促进高端船舶和海洋工程装备制造企业效率的提高，同时，引导企业加强对船东、产品、技术、质量、融资、服务等各环节的管理和风险防范，探索建立完善的全球售后服务网络，提升企业的全球服务能力，通过网络响应提高服务质量和效率。

二是建立和完善基于产业链的高端船舶和海洋工程装备制造信息网，促进原材料和配套系统供应商、海洋工程装备的设计与承建商与海上钻采服务商及海洋石油化工企业之间的信息交换，增强海洋工程装备制造业产业链上下游的合作，提高全产业链在新产品、新技术、新工艺开发过程中的参与度，进而提高整个链条的竞争力。

三是依托技术链，打造高端船舶和海洋工程装备研发网络平台，促进"产、学、研、用"间的合作，在专业化分工的基础上，利用研发网络平台提高联合研究的效率，培育重点海工装备制造企业的总装和集成能力。

四是充分利用云计算、物联网、北斗导航及地理信息等现代信息技术，建立统一采购、仓储、配送的信息化、智能化的成套物流服务系统，按生产节奏为高端船舶和海洋工程装备制造企业提供精准、高效的物流服务。

五是推进高端船舶和海洋工程装备制造业相关生产性服务业发展，着力打造与上海国际航运中心地位相适应的海洋工程装备服务业。鼓励发展高端船舶和海洋工程装备设计、软件开发、物流、产业中介和法律咨询等现代服务业。

(三) 提升自主研发水平

向高技术、高附加值的装备模块设计和制造推进和转移是上海高端船舶和海洋工程制造业发展的重点。加快探索智能制造的应用及技术的掌握,将为上海高端船舶和海洋工程产业向产业链高端攀升提供强大的推动力。

第一,在短期内鼓励大集团公司收购国外高端船舶和海洋工程设计商,以迅速获得国际领先的设计能力,实现了从高端船舶和海洋工程维修改造到总包制造的业务形态转化,提升上海高端船舶和海洋工程装备制造发展的智能化水平。

第二,在自主研发阶段形成的自主技术真空期内,仍然要重视从引进—消化—吸收逐步向独立自主创新转化。通过引进国外在高端船舶和海洋工程装备制造领域的智能制造技术与发展模式,吸收国外先进设计、技术与管理、建造经验,并利用技术外溢加快自主创新步伐。

第三,推动产业协同创新,组织上海本地高校、科研院所与重点企业研发部门一起开展高端船舶和海洋工程装备智能制造技术攻关,联合制定高端船舶和海洋工程装备智能制造发展的技术路线图,在申报国家重大科技专项支持的同时,将其列为本地重大技术攻关项目、重点项目和重大工程,并设立专项资金予以支持。争取在大型海洋油气开采装备制造、高端海工辅助船舶制造以及高附加值的高端船舶和海洋工程装备关键系统和配套设备制造领域获得重大技术突破。

第四,探索建立创新激励机制,加强知识产权的奖励维护力度,激发科研人员的积极性。

第五,引导上海本地智能制造相关企业加大针对高端船舶和海洋工程装备制造企业的各类配套产品研发和设计,如应用软件、智能装备等,提高核心配套产品的本土化率。

(四) 加强人才队伍建设

一是通过设立高端船舶和海洋工程装备智能制造海外培训基金,促进创新型、复合型技能人才的培养。

二是加大领军人物培育力度,积极推进创新团队建设,形成高层次科技人才和管理人才的梯队集聚。

三是引导支持重点企业培养高端船舶和海洋工程装备智能制造专家,扩大高端人才队伍。

四是支持重点企业、海工企业协会、科研院所及相关高等院校打造建立高端船舶和海洋工程装备人才培训基地，邀请国内外著名海工企业的专家和高级人才定期开展（智能化）设计、建造、管理等关键岗位培训。

五是鼓励多层次、多渠道、多方式的国际科技交流与合作，积极引进海外智能制造人才，为上海本地人才库输血。

六是整合上海本地教育资源，加强船舶与海洋工程学科建设并谋划设立智能制造专业，培养海工智能制造专才。

（五）打造核心产品和自主品牌

一方面，加快自主品牌船用柴油机研发和产业化，推动船用动力系统、电站系统、舱室设备等优势配套产品进入高端产品市场，扩大市场占有率。建设船用柴油机二轮配套产业基地，完善本土化二轮配套体系。

另一方面，重点发展自主知识产权的智能型柴油机、LNG 船用双燃料发动机、智能化电控系统、高效增压器等柴油机关键部件和系统，提高海工配套装备的自主率。

执笔：
　耿梅娟　上海交通大学管理学博士、副教授，选培办主任
　赵文斌　上海社会科学院新经济与产业国际竞争力研究中心特聘研究员
　张福明　上海交通大学管理学博士

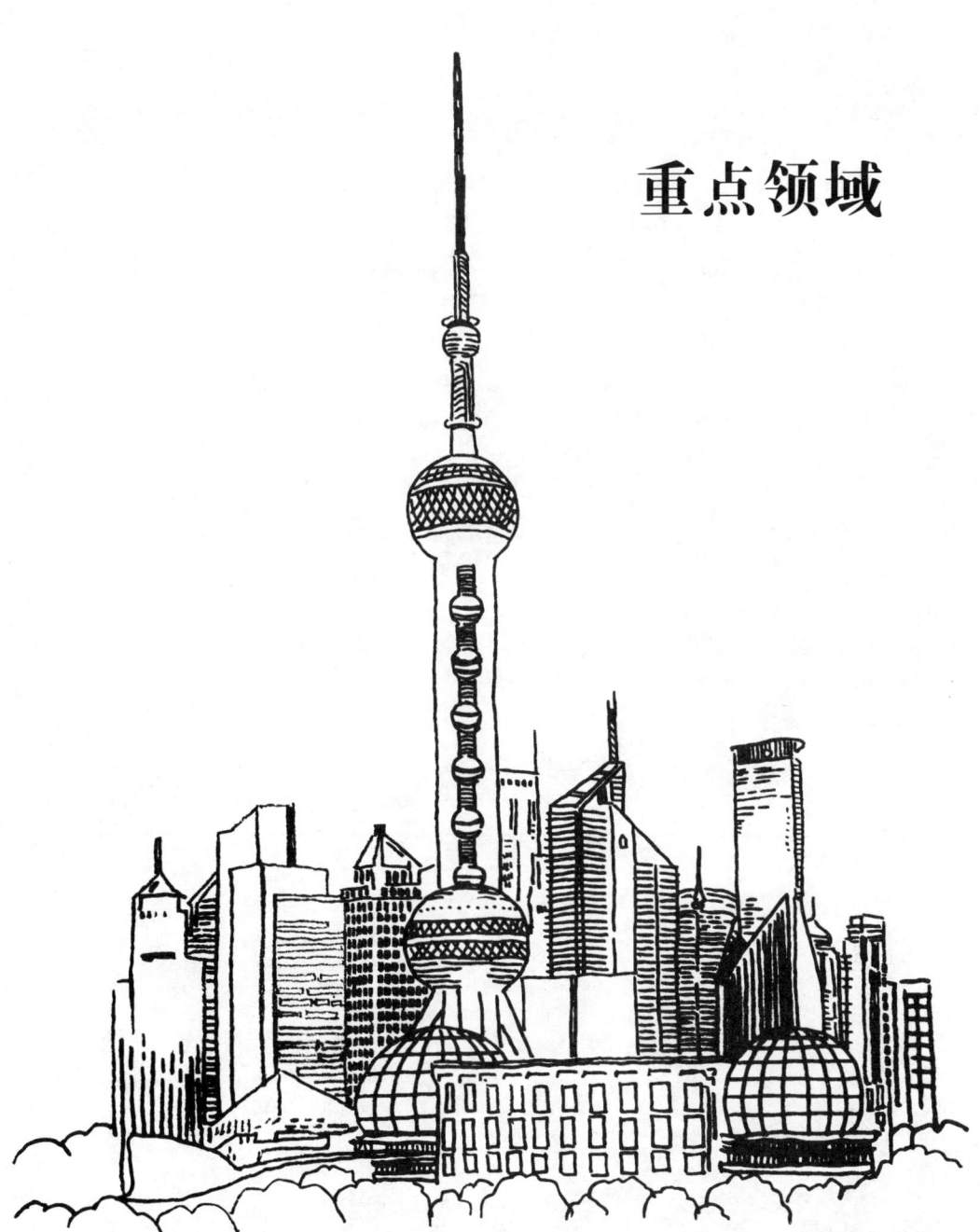

重点领域

2017年上海民用航空装备产业国际竞争力报告

一、背景趋势

(一) 意义

航空制造业主要是进行高端设备的制造,具有行业覆盖面广、技术含量高等特点,属于高技术产业。主要是指对航空器的研发、生产制造及维修等相关工业,比如,对飞行器、动力设备、武器装备等相关产品和设备的研制与维修等。该行业涉及与航空制造业相关的研发与设计单位、专门用于航空试验的基地,以及相关的行政与管理部门等。航空制造业是技术密集性产业,在军事和经济上具有重要的地位和作用。

航空产业处于装备制造业的制高点,是一个国家的战略性产业,是一个国家科技水平、国防实力、工业水平和综合国力的集中体现和重要标志。世界主要经济发达国家都具有强大的航空工业。它不仅是这些国家经济持续发展的一支重要力量,而且是其国防实力的重要支撑。

中华人民共和国成立以来,在政府的支持下我国的航空事业不断发展,随着整体经济实力的日益强大,航空工业正在成为我国重要的战略性产业和国防现代化的强大保障力量。在新的国际形势下,航空工业的发展不仅对我国经济持续健康发展具有重要意义,而且对我国国防现代化的发展具有战略性意义。目前我国的航空事业在国际上已经占有一定的重要地位。

(二) 背景和目标

在航空产业领域,不仅欧美发达国家加快发展民用航空工业,巴西、日本、韩国、印度等国家也将民用航空工业作为战略性产业重点发展。总体上看,美国的航空工业在全球遥遥领先,欧洲国家(除俄罗斯以外)的航空工业实力强大,是继美国之后的第二大集团。全球航空市场被欧美国家垄断,自航空工业出现以来,美国与欧洲一直居于垄断地位,凭借先进的科学技术,垄断了航空工业中的高端产品。世界干线飞机市场基本被美国波音公司和欧洲空客公司瓜分,支线飞机市场主要由庞巴迪宇航公司、巴西航空工业公司垄断。通用飞机市场排名前十位的制造商占据全球总产量的90%以上,高端公务机市场被庞巴迪、塞斯纳、湾流等公司垄断,民用直升机市场被贝尔公司、罗宾逊公司、西科斯基公司等占领。预测未来20年,世界干线飞机需求超过3万架,价值3万亿美元,支线飞机需求超过1.2万架,价值6 000亿美元。未来10年,全球通用飞机需求超过5万架,价值4 000亿美元。

近年来,我国在发展航空民用产品方面做了许多努力,已经在世界航空制造行业占有了一席之地。在民用飞机方面,2008年成立了中国商用飞机有限责任公司,致力于大型客机的研制;2010年成立了中航商用发动机有限公司,致力于商用飞机发动机的研制;2016年成立了中国航空发动机集团有限公司,加速推进航空发动机产业的自主创新发展。从航空行业的整体规模就运行情况看,整个行业资产规模稳步上升,固定资产投资规模,产值规模新开工项目持续增长,主营业务收入主营业务成本增速放缓,但利润快速增长,盈利能力和偿债能力有所增加,按行业看,飞机制造行业资产规模最大,但是2014年规模有所降低,其他行业增速明显,各行业利润清楚年增加,国有及国有控股企业资产规模缩小,但主营业务增加,主营业务成本和利润有小幅增数。但从贸易来看,一直处于贸易逆差。我国未来航空产业前景广阔,但随着更多的国家在航空工业不断增加,投入竞争也更加激烈。

预计未来10年,全球将需要干线飞机1.2万架、支线飞机0.27万架、通用飞机1.83万架、直升机1.2万架,总价值约2万亿美元;国内仅干、支线客机所配套的机载设备与系统产值规模就将达到8 000亿元人民币;国内干线客机对大型涡扇发动机的市场累计需求总量超6 000台,总价值超500亿美元。预计2020年我国卫星应用产值将达到5 000亿元,2025年近1万亿元。

《〈中国制造2025〉重点领域技术路线图(2015版)》提出,在航空装备领域,加快大型飞机研制,适时启动宽体客机研制,鼓励国际合作研制重型直升机;推进干支线飞机、直升机、无人机和通用飞机产业化。突破高推重比、先进涡桨(轴)发动机及大涵道比涡扇发动机技术,建立发动机自主发展工业体系。开发先进机载设备及系统,形成自主完整的航空产业链。

(三) 趋势

1. 技术发展趋势

随着科技水平的不断进步和人类对航空领域的不断探索,世界航空工业不断发展。作为推动航空工业发展的重要力量,航空制造技术也实现了快速发展,呈现出了新的发展趋势。

一是智能化。近年来,由于人工智能技术、机器人技术和数字化制造技术等相结合的智能制造技术开始贯穿于设计、生产、工艺、管理和服务等制造业的各个环节,正催生智能制造业,引领新一轮制造业变革。

二是绿色化。一方面,新的绿色加工技术将不断诞生,以取代对环境污染严重的电化学加工技术等制造技术;另一方面,航空制造技术在保证产品性能可靠、安全的前提下,也在不断探索减少原材料消耗、浪费,以及对环境影响较小的制造方法。航空产品的组装和集成车间也将成为节能环保的重要领域,越来越多的航空产品车间将安装智能控制系统,在不影响工作的前提下尽量减少能源消耗。

三是信息化。先进制造技术的信息化、数字化对于航空产业提高质量和效率,实现资源有效共享,以及降低成本的作用非常重要。采用数字化工艺,可在计算机虚拟环境中对整个生产过程进行仿真、评估和优化,可在实际加工制造之前,优化和核查各种工艺过程,并及时发现存在的问题,提高资源利用率,改善材料制造流程和生产性,减少返工并降低项目风险。目前,数字化已经渗透到航空产品的设计、制造、试验和管理的全过程中,涌现出大批航空产品数字化定义、虚拟制造、仿真等技术,不仅缩短了产品的研发周期,降低了生产成本,还改变了传统的设计、制造、试验、管理模式、方法和手段,以及生产流程和组织方式。

四是两极化。航空制造装备向大型化、微型化两极发展。在航空工业领域,既涉及需采用大型制造装备来进行加工制造的飞机机身、机翼、大型天文望远镜镜面、火箭壳体等大型产品,也涉及需采用微型化精密制造设备来制造的微型传感器、微型驱动元件等微型器件及产品,因此,未来,航空装备将向大型化和微型化两极发展,以满足不同的制造需求。

2. 结构发展趋势

一是集群化。产业集聚是指在某一特定产业领域内的、地理位置上呈相对集中特征的若干企业与相关机构,在产业发展过程中,由于相互之间具有的共性、替代性与互补性等原因形成的一组相互依赖、彼此竞争、互为支撑的产业集群的现象。航空制造业的产业集聚,使得产业链上的各相关企业之间呈现出一个横向扩展或者是纵向延伸的专业化分工布局,有利于实现技术、信息等资源共享,从而降低企业的生产成本,节省交易和学习费用,提高经济运行效率。各相关企业之间的溢出效应也进一步推动整个航空制造业的技术升级,大为提高航空制造业集群的整体竞争力。另外,产业的空间集聚使得集聚于该区域的相关企业获得规模经济,进而降低了单位产量的整体平均生产成本,取得超额经济利润。各个民用航空制造业企业之间由于实行专业化分工而得到外部范围经济,处于产业链不同环节上的各个制造企业之间的密切协作,降低了原材料与零部件的搜寻与运输成本,进一步产生了极佳的产业集聚效应。航空制造业的关联效应得到极大发挥,带动了当地机械制造、材料加工、电子设备等行业的发展,这些关联产业技术水平的进步也反过来助力当地航空制造业更好、更快的发展。

二是国际化。在当今经济全球化时代,航空制造业属于典型的"合作型工业",国际合作已成为航空产业的一个重要模式。例如,空客就是欧洲进行航空企业整合背景下英、法、德多国合作的产物,机翼和发动机的研发工作由英国分工负责,法国负责机身设计以及飞机总体整合装配,德国则专门分工负责尾翼的生产制造。同样,波音飞机的大部分零部件生产也是在包括中国在内的世界上多个国家和地区,通过转包生产方式完成的,最后运到美国进行整机总装。

三是融合化。制造业和服务日趋融合,围绕有形产品为用户提供越来越多的服务,服务收入在总收入中的比例越来越高。对产品功能进行全面的开发,并指导用户正确地使用产品,为用户提供全面、稳定的保障和服务,成为现代装备制造企业实现产业增值和竞争力提升的有效手段。另外,以信息技术为代表的高新技术与制造过程相融合,推动装备制造业向全面信息化的方向迈进,柔性制造系统、计算机集成制造系统、制造智能化技术给装备制造业带来深刻的变革。新一代信息技术与制造业的融合,制造业应利用互联网建立开放性的平台,通过这个平台鼓励内部的员工和社会资源聚集到这个平台,来为企业服务。同时,也鼓励互联网、通信企业、工业的大企业搭建面向广大小微企业服务的另一个公共服务平台。

四是服务化。制造业服务化是指制造企业从满足客户需求、实现价值增值、提升企业竞争力等动因出发,由提供产品为中心向提供服务为中心转变的一种动态过程,是当今全球装备制造产业发展的重要趋势。制造业服务化有两个层次,一是投入服务化,即服务要素在制造业的全部投入中具有越来越重要的地位;二是业务服务化,也称为产出服务化,即服务产品在制造业的全部产出中占据越来越重要的地位。两大产业体系在全球范围内的交叉融合,帮助传统制造业由"生产型制造"向"服务型制造"的革命性发展。以国家为标度细分服务类型,设计和开发服务依然是最常见的制造业服务化形式,紧随其后的是系统和解决方案、维护和支持服务,以及零售和分销服务。这四个板块构成了最主要的制造业服务化形式,是当今制造业强国发展服务化生产的主流形式。

3. **市场发展趋势**

一是需求持续扩大,利润持续增长。国际航空运输协会的统计数据显示,2012—2016 年,全球航空业的净利润分别为 61 亿美元、106 亿美元、199 亿美元、353 亿美元和 394 亿美元。主营业务销售收入与利润呈持续增长趋势,预示着全球航空工业的蓬勃发展。

二是航空业务占主导地位。在全球航空百强企业的各项业务中,航空业务占主导地位。在 2015 年全球航空百强企业的销售收入中大部分属于航空产品的销售收入,从百强企业总体销售额上看,航空业务位于所有业务之首。

三是更加注重基础科研。航空工业的发展离不开科研力量,航空产品的许多工艺都需要科技作为支撑,需要先进的生产技术与管理方法。美国、欧洲及亚太地区国家在航空工业科研方面的投入占据企业销售收入的大部分,可见科研对于航空工业发展的重要作用。

二、指数分析

(一) 总体水平

上海凭借其深厚的工业基础与智力、资本汇集地,成为快速发展的新型航空城市。上海航空产业的发展,研发与制造并重,初步形成了包括民用飞机研发设计、航空电子、总装制造、试验测试、营销服务在内的较完整的产业链条,随着一些重大项目落地,航空装备制造业实力不断增强,成为国内航空装备发展的新兴力量。

从本课题指数研究看,上海航空装备产业国际竞争力呈现以下特点:

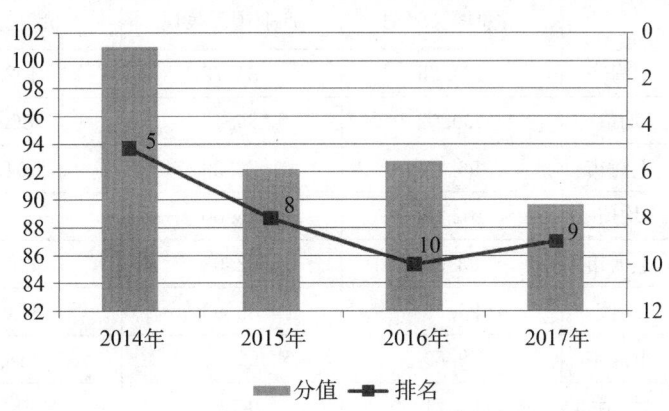

图 1　上海民用航空装备产业国际竞争力综合指数及名次

一是具有中等竞争优势。民用航空装备产业国际竞争力大于 150,表示具有极强竞争优势;介于 150—100 之间,表示具有较强竞争优势;介于 100～50 之间,表示具有中等竞争优势;小于 50,表示具有弱竞争优势。2014 年,上海民用航空装备产业国际竞争力超过 100,具有较强竞争优势,2015 年起低于100,表现为中等竞争优势。

二是总体竞争优势下降。由于行业增长驱动的拖累,2015 年上海民用航空装备产业国际竞争力同比 2014 年下降 8.71%,2016 年同比增长 0.60%,2017 年同比下降 3.36%,总体呈现下降趋势。

三是缺乏比较优势,民用航空装备产业国际竞争力在十七个省市区中居前三位,表示具有极大比较优势;在第四至第七之间,表示具有比较优势;在第八至第十之间,表示没有比较优势;在第十一至第十四之间,表示有比较劣势;在后三位,表示具有极大比较劣势。2014年上海位居十七省市第五名,具有比较优势。2015年上海位居第八,2016年位居第十,2017年位居第九,均没有比较优势。

上海市民用航空装备产业国际竞争力的三个二级指标如下图表:

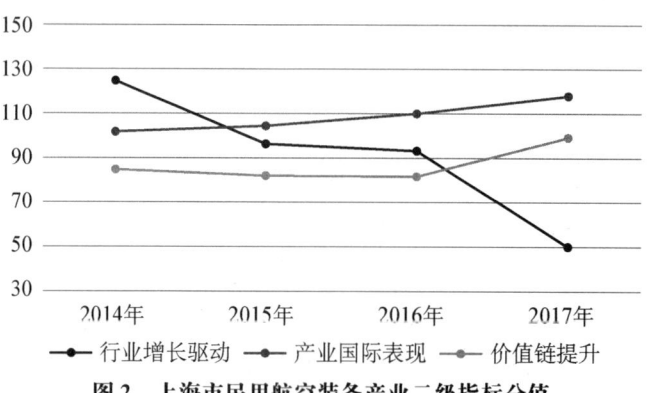

图2　上海市民用航空装备产业二级指标分值

表1　上海市民用航空装备产业二级指标分值比较

		行业增长驱动	产业国际表现	价值链提升
2014年	上海市	124.66	84.72	102.05
	均值	109.02	85.49	86.29
2015年	上海市	96.19	82.38	104.63
	均值	102.95	86.00	88.69
2016年	上海市	93.36	82.03	110.64
	均值	95.32	88.93	101.83
2017年	上海市	49.69	99.55	118.24
	均值	92.71	94.67	88.91

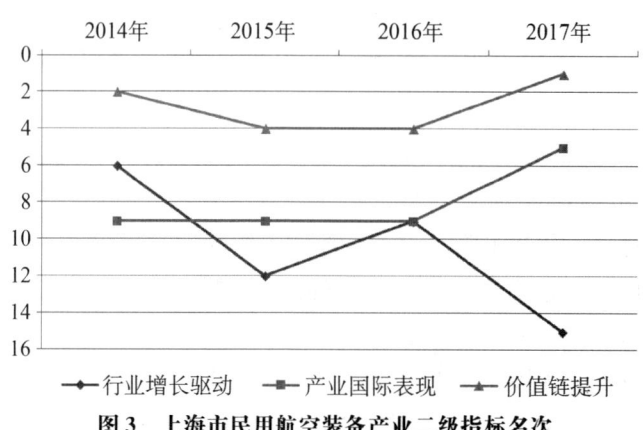

图3　上海市民用航空装备产业二级指标名次

(二)价值链提升

价值链提升中,上海竞争优势较强,比较优势放大。上海价值链提升指数高于100,具有较强竞争优势。2015年同比2014年增长2.53%,2016年同比增长5.75%,2017年同比增长6.86%,呈不断增强态势。2014年位居十七省市第二位,2015年、2016年位居第四位,2017年跃升至第一,具有极强比较优势。

上海市民用航空装备产业价值链提升在三个二级指标中表现最佳,有力地支撑了该行业总体国际竞争力。价值链提升包括有效专利数指数、研发强度指数、新技术生产力指数、核心产品市场占有率指数、核心产品出口竞争力指数和核心产品发展成熟度指数六个方面。价值链提升之所以能有良好表现,研发强度指数贡献最大,得益于上海在民用航空装备领域不断增强研究和开发投入。相比较,有效发明专利数和新技术生产力总体尚可,但不如研发强度指数强劲,这说明研发产出效率有待进一步提高,科研成果转化功能有待进一步加强。而核心产品三个指数均呈现下降趋势,核心产品发展成熟度指数相对较好,这既与上海市民用航空装备产业整体生产能力相对薄弱有关,又说明上海可以把高价值的核心产品发展作为主攻方向之一。

其中,研发强度指数最为突出。表现为具有极强竞争优势并不断增强,保持具有极大比较优势。四年来,上海研发强度指数在十七省市中保持第一位。2014年,上海研发强度指数超过170,成为十七省市中唯一具有极强竞争优势,之后逐年增强,2015年同比增长21.81%,2016年同比增长22.35%,2017年同比增长47.65%,指数为第二名量值的三倍有余。

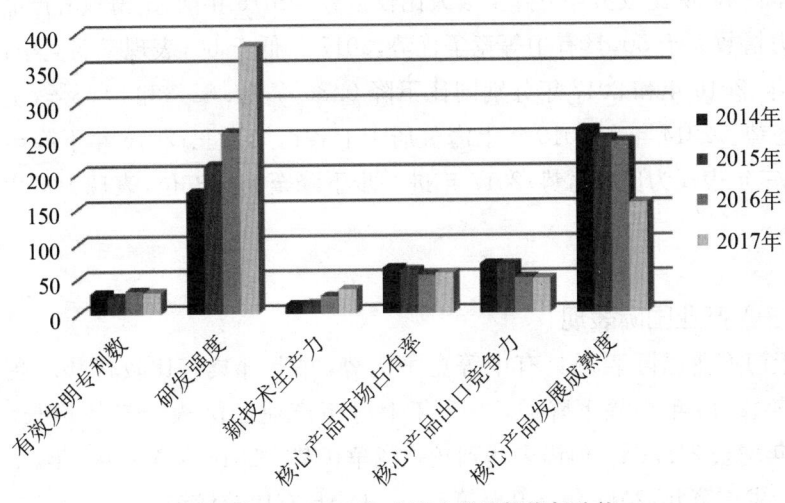

图4 2014—2017年上海市价值链指标分值

上海有效发明专利数明显下降。表现为指数表现为弱竞争优势并震荡,具有比较优势并震荡下行。四年来,上海有效发明专利数指数低于50,表现微弱竞争优势。2015年同比下降16.82%,2016年同比上升35.01%,2017年同比下降7.25%。2014年位居十七省市第四,2015年位居第六,2016年位居第七,2017年位居第六,表现出比较优势。

上海新技术生产力指数增强。表现为弱竞争优势并不断增强,从比较劣势上升至极大比较优势。四年来,上海新技术生产力指数低于50,表现为弱竞争优势。2015年、2016年和2017年分别同比增长4.51%、85.22%和38.49%,不断增强。2014年,上海位居十七省市第十二,呈比较劣势;2015年下降至第十四;2016年上升至第六位,2017年进一步上升至第二位,具有极大比较优势。

上海核心产品发展成熟度指数降低。表现为虽然具有极强竞争优势并不断下降,并从极大比较优势下降至比较劣势。2015年、2016年、2017年上海核心产品发展成熟度指数分别同比下降5.34%、1.78%和35.66%,2017年指数维持在150以上,保持极强竞争优势。2014年上海位居十七省市第三,具有极大比较优势;2015年下降至第七,具有比较优势;2016年下降至第十位,无比较优势;2017年进一步下降至第十三位,表现为比较劣势。

上海核心产品市场占有率指数下降。表现为具有中等竞争优势并震荡下降,从极大比较优势下降至无比较优势。四年来,上海核心产品市场占有率指数在53—65之间,具有中等竞争优势。2014年,上海位居十七省市第三,具有极大比较优势;2015年下降至第五位,具有比较优势;2016年和2017年位居第8位,无比较优势。

上海核心产品出口竞争力指数同比下降。表现为从中等竞争优势下降至弱竞争优势,从比较劣势下降至极大比较劣势。2016年前,上海核心产品出口竞争力指数大于50,具有中等竞争优势,2017年低于50,表现微弱竞争优势。2015年、2016年和2017年分别同比下降0.86%、27.62%和2.63%,呈持续下降态势。2014年和2015年上海位居十七省市第十三;2016年下降至第十四位,三年表现为比较劣势;2017年进一步下降至第十五位,表现为极大比较劣势。

(三)产业国际表现

上海产业国际表现具有中等竞争优势,并上升具有比较优势。在经历2015年、2016年小幅下降后,2017年上海市产业国际表现较快增长,同比2016年增长21.36%,但尚未达到较强竞争优势。2014年至2016年,上海位居十七省市第九,2017年上升至第五位,开始具有比较优势。

四年来,十七省市均值呈上升态势,2015年同比增长0.59%,2016年同比增长3.41%,2017年同比增长6.45%。江苏保持增长态势,2015年、2016年、2017年分别同比增长1.47%、29.13%和19.24%,并在2017年超过陕西,位居十七省市第一,陕西退居第二,两省均具有极强竞争优势。江西下降态势明显,2015年同比下降6.06%,2016年同比下降2.76%,2017年同比下降25.01%,位居十七省市末位。2017年,山东位居第十五,天津位居第十六,均表现为极大比较劣势。

上海市民用航空装备产业国际表现指数在三个二级指数中处于中等位置。产业国际表现包括国际市场占有率指数、出口竞争力指数、贸易竞争力指数和贸易特化能力指数四个方面。其中贸易特化能力指数表现最好,说明出口优于进口。出口竞争力指数和国际市场占有率表现尚可,并有增强的趋势。而贸易竞争力指数最弱,拖累了上海市民用航空装备产业国际表现。

上海贸易特化能力指数从较强竞争优势上升至极强竞争优势,并保持极大比较优势。2014—2016年,上海贸易特化能力指数在100—150区间内,具有较强竞争优势,2017年同比增长51.52%,具有极强竞争优势。四年来,上海在十七省市中保持第二位,具有极大比较优势。

十七省市均值呈现增强态势,2016年同比增长4.81%,2017年同比增长14.84%,并具有较强竞争优势。2016年起,江苏跃居并保持第一位;广东下降并保持第三;河南呈稳定增强态势,2015年、2016年和2017年分别同比增长4.09%、4.18%和5.35%,排位从2014年的第十五位提升2017年的第十位。2017年,黑龙江、江西和河北位居末三位。

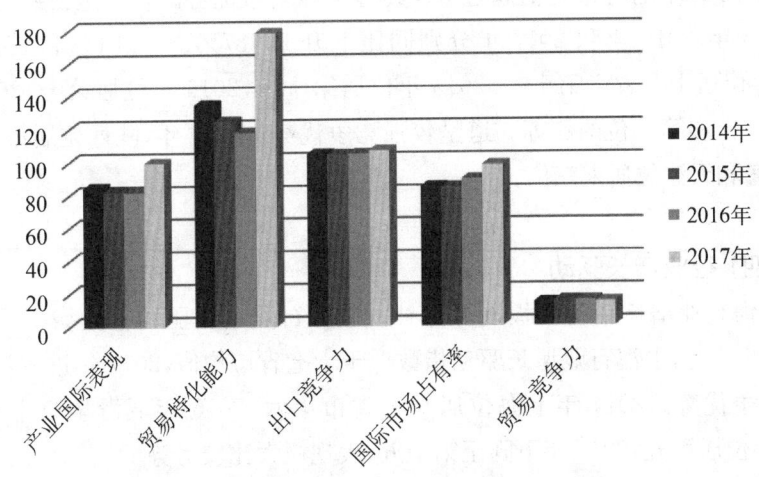

图5　2014—2017年上海市产业国际表现分值

上海出口竞争力指数呈较强竞争优势并小幅上升,无明显比较优势。四年来,上海出口竞争力指数在104—107之间,具有较强竞争优势,低于十七省市均值。2015年同比下降0.21%,2016年和2017年同比增长0.48%和1.69%。2014年上海位居十七省市第八,2015年、2016年位居第九,2017年回升至第八位,无明显比较优势。

四年来,十七省市均值保持高于120,具有较强竞争优势。陕西、贵州和四川保持在十七省市前三位,陕西保持具有极强竞争优势,2017年贵州增强至具有极强竞争优势。2017年浙江、江西和河北位居末三位。

上海国际市场占有率指数具有中等竞争优势并不断增强,具有比较优势并小幅增强。四年来,上海国际市场占有率指数低于100,具有中等竞争优势,并高于十七省市均值。2016年同比增长5.9%,2017年同比增长9.47%,呈增强态势。2014—2016年,上海位居十七省市第五,2017年位居第四,具有比较优势。

十七省市均值也呈现增强态势,2015年、2016年和2017年分别同比增长3.38%、3.51%和8.7%。四年来,江苏保持十七省市第一,同样呈现增强态势,2015年、2016年和2017年分别同比增长4.57%、17.49%和8.21%。2017年广东超过陕西,位居十七省市第二,和江苏一样具有极强竞争优势,陕西退居第三。2017年黑龙江、江西和河北位居末三位。

上海贸易竞争力指数具有弱竞争优势和极大比较劣势,并小幅震荡。四年来,上海贸易竞争力指数最大值未超过16,表现微弱竞争优势。2015年和2016年分别同比增长8.46%和0.13%,2017年同比下降6.2%。2014年位居十七省市第十六;2015年上升至第十五;2016年进一步上升至第十三,表现为比较劣势;2017年下降至第十六,再次表现极大比较劣势。

四年来,十七省市均值超过50,具有中等竞争优势。湖南呈持续增强态势,2015年、2016年和2017年分别同比上升28.87%、305.81%和30.7%,2014年位居十七省市第十二,2015年位居第十一,2016年位居第七,2017年跃至第一,和第二位的江苏一道呈较强竞争优势。2017年,陕西位居第三,浙江、上海和天津位居末三位。

(四) 行业增长驱动

上海行业增长驱动短板逐步弥补。上海行业增长驱动指数域下下降态势,2015年起,上海行业增长驱动指数低于十七省市均值,2017年进一步下滑至弱竞争优势。2014年上海位居十七省市第六,2015年下滑至第十二位,2016年位居第九,2017年下降至第十五,表现极大比较劣势。

四年来,十七省市均值呈下降态势,2015年、2016年和2017年分别同比下降5.57%、7.41%和2.73%。2015年起,天津跃居并保持第一。2017年,辽宁、陕西分别第二、三位。湖北下降态势明显,2015年、2016年和2017年分别同比下降41.21%、6.59%和54.28%,并从2014年的第一下滑至2017年倒数第一,并表现为弱竞争优势。2017年浙江位居倒数第二,同样表现为弱竞争优势。

上海市民用航空装备行业增长驱动指数在三个二级指数中表现最弱。民用航空装备产业增长驱动包括产业集中度指数、区域产业集群指数、行业成长速度指数、行业盈利能力指数、生产效率指数和国内市场占有率指数六个方面。行业成长速度指数表现最抢眼,对行业增长驱动贡献最大。其余五个三级指标都或多或少拖累了行业增长驱动,其中生产效率和国内市场占有率指数影响更大。

上海行业成长速度指数从极强竞争优势下降至较强竞争优势,从极大比较优势下降至极大比较劣势。2014年上海行业成长速度指数超过487,具有极强竞争优势,2015年、2016年、2017年分别同比下降35.92%、3.8%和61.75%,2017年低于150,具有较强竞争优势。2014年上海位居十七省市第三,具有极大比较优势;2015年和2016年位居第五,具有比较优势;2017年下降至第十五位,表现极大比较劣势。

四年来,十七省市均值呈下降态势,2015年、2016年、2017年分别同比下降8.36%、15.35%和4.4%。黑龙江、江西、贵州等省份指数呈连续下降态势,其中湖北最为明显,2015年、2016年、2017年分别同比下降57.27%、17.11%和89.63%,从2014年十七省市第一位下降至倒数第一位。2017年湖南、广东和辽宁位居十七省市前三位,其中辽宁是唯一指数保持连续增长的省份。

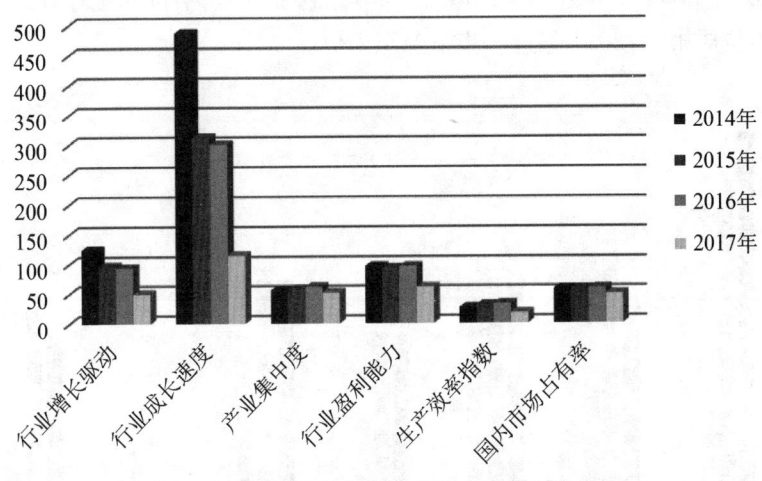

图6　2014—2017年上海市产业国际表现分值

上海产业集中度指数呈中等竞争优势并震荡减弱,从极大比较劣势上升至比较劣势。四年来,上海产业集中度指数低于十七省市均值,在51~62之间,仅具有中等竞争优势。在2015年和2016年分别同比增长3.39%和6.49%后,2017年同比下降15.75%。2014年位居十七省市第十五,表现极大比较劣势;2015年位居第十三,表现比较劣势;2016年位居第十,无比较优势;

2017年位居第十二,重回比较劣势。

四年来,十七省市均值基本平稳,陕西位居第一,成为唯一具有极强竞争优势的省份。天津呈增强态势,2015年、2016年和2017年分别同比增长7.5%、22.62%和5.92%,2016年起保持十七省市第二。2017年辽宁位居第三,湖北、山东、河北和浙江位居末四位,表现为弱竞争优势。

上海行业盈利能力指数呈中等竞争优势并震荡减弱,从比较劣势下降至极大比较劣势。四年来,上海行业盈利能力指数不仅低于十七省市均值,而且低于100,具有中等竞争优势。在经历了2016年小幅上升后,2017年出现大幅下降,同比下降36.71%。2014年上海位居十七省市第十一,2015年位居第十,2016年位居第十一,均表现无比较优势;2017年下降至十七省市倒数第一位,表现为极大比较劣势。

四年来,十七省市高于100,具有较大竞争优势。2015年起,天津位居保持十七省市第一位。2016年起,陕西位居保持第二。江西呈稳定增强态势,2015年、2016年和2017年分别同比增长4.2%、9.18%和3.61%,2016年起上升至十七省市第五。2017年,河北、浙江和上海位居末三位。

长三角区域产业集群水平指数表现为弱竞争优势并呈下降态势,从无比较优势下降至极大比较劣势。四年来,长三角区域产业集群水平指数低于50,表现为弱竞争优势。在经历2015年小幅上升后,2016年和2017年同比大幅下降,分别下降63.43%和68.74%。2013年和2015年位居七个区域第五,2016年位居第六,2017年进一步下降至末位。

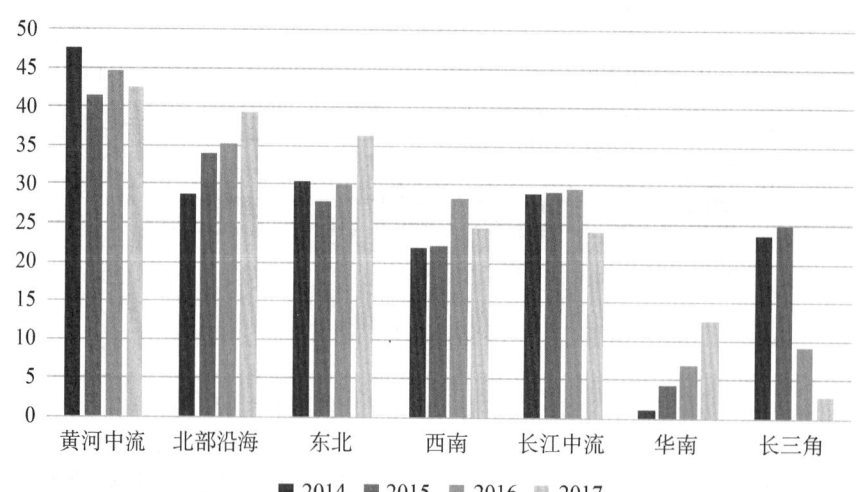

图7 2014—2017年七个区域产业集群水平

四年来,七个区域均值基本保持稳定,七个区域均表现微弱竞争优势,黄河中流保持第一。2015年起,北部沿海上升并保持第二。

表2　2014—2017年七个区域产业集群水平排序

排名	2014年		2015年		2016年		2017年	
	地区	得分	地区	得分	地区	得分	地区	得分
1	黄河中流	47.63	黄河中流	41.47	黄河中流	44.57	黄河中流	42.40
2	东北	30.36	北部沿海	34.12	北部沿海	35.23	北部沿海	39.26
3	长江中流	28.96	长江中流	29.19	东北	29.91	东北	36.42
4	北部沿海	28.69	东北	27.94	长江中流	29.53	西南	24.50
5	长三角	23.61	长三角	24.96	西南	28.23	长江中流	24.09
6	西南	21.91	西南	22.12	长三角	9.13	华南	12.50
7	华南	1.07	华南	4.33	华南	6.96	长三角	2.85

上海生产效率指数表现为弱竞争优势和比较劣势，并均震荡下降。四年来，上海生产效率指数不仅低于十七省市均值，而且低于50，表现微弱竞争优势。2015年和2016年分别同比增长16.75%和7.99%，2017年同比大幅下降，达46.64%。2014年位居十七省市第十三，表现为比较劣势；2015年和2016年分别位居第九和第八，无比较优势；2017年下降至第十四，再次表现比较劣势。

四年来，十七省市均值基本稳定，无一省市具有较强竞争优势。2015年起，江西超过广东，位居并保持十七省市第一；广东退居并保持第二；黑龙江位居并保持第三，以上三个省份具有中等竞争优势。辽宁呈现稳定增强态势，2015年、2016年和2017年分别同比增长18.77%、7.24%和15.44%，从2016年起位居并保持第四。陕西和山东指数也呈现稳定增强态势，而浙江、河北指数呈现下降持续态势。2017年，浙江、河北和湖北位居末三位。

上海国内市场占有率指数从中等竞争优势下降至弱竞争优势，从极大比较劣势上升至比较劣势。2014—2016年，上海国内市场占有率指数大于50，具有中等竞争优势。2017年同比下降16.18%，指数小于50，表现为弱竞争优势。2014年上海位居十七省市第十五，表现为极大比较劣势；2015年位居第十四，表现为比较劣势；2016年位居第十，无比较优势；2017年位居第十四，表现为比较劣势。

四年来，十七省市均值大于50，具有中等竞争优势，但逐年下降，2015年、2016年和2017年分别同比下降2.78%、0.43%和3.02%。四年来，陕西保持在十七省市第一，并具有极强竞争优势；天津呈持续上升态势，2015年起，位居并保持第二；2017年辽宁位居第三，并和天津同样具有较强竞争优势；广东呈持续增强态势，2015年、2016年和2017年分别同比上升9.3%、16.78%和6.01%，从2014年的第九位上升至2017年的第六位；2017年，山东、河北和浙江位居末三位。

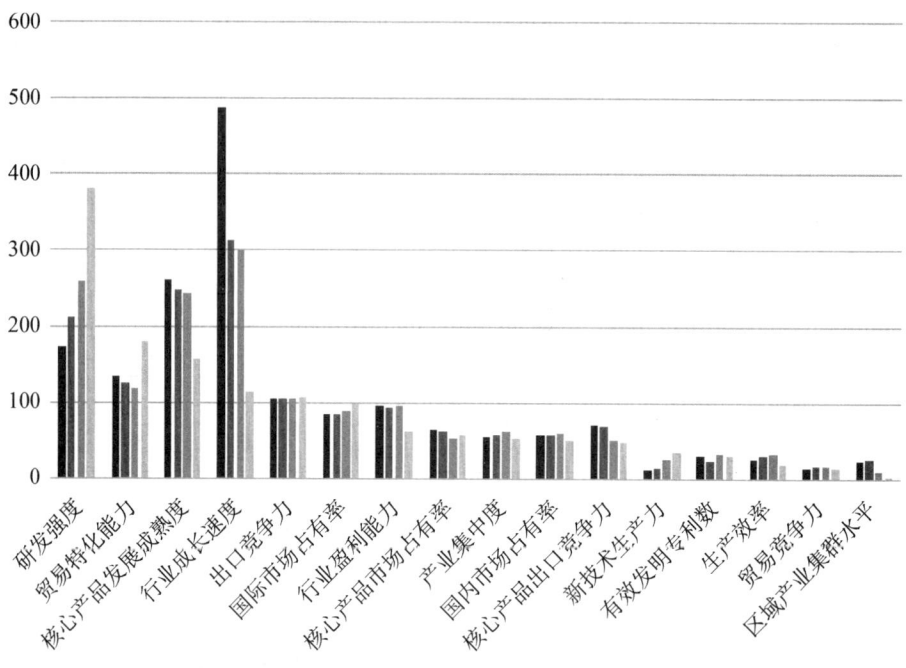

图 8 2014—2017 年上海民用航空装备四级指数分值

表 3 上海市民用航空装备产业四级指标分值比较

	2014 年	2015 年	2016 年	2017 年
产业集中度指数	56.03	57.93	61.69	51.97
区域产业集群指数	23.61	24.96	9.13	2.85
行业成长速度指数	487.88	312.63	300.76	115.03
行业盈利能力指数	96.10	92.66	96.13	60.84
生产效率指数	26.22	30.62	33.06	17.64
国内市场占有率指数	58.14	58.37	59.42	49.80
国际市场占有率指数	84.93	84.55	89.53	98.01
出口竞争力指数	104.79	104.57	105.07	106.85
贸易竞争力指数	14.30	15.51	15.53	14.56
贸易特化能力指数	134.87	124.90	117.99	178.78
有效专利数指数	29.09	24.20	32.67	30.30
研发强度指数	173.64	211.52	258.78	382.10
新技术生产力指数	12.72	13.29	24.62	34.10
核心产品市场占有率指数	64.43	60.98	53.60	57.03
核心产品出口竞争力指数	70.15	69.54	50.34	49.01
核心产品发展成熟度指数	262.27	248.27	243.86	156.89

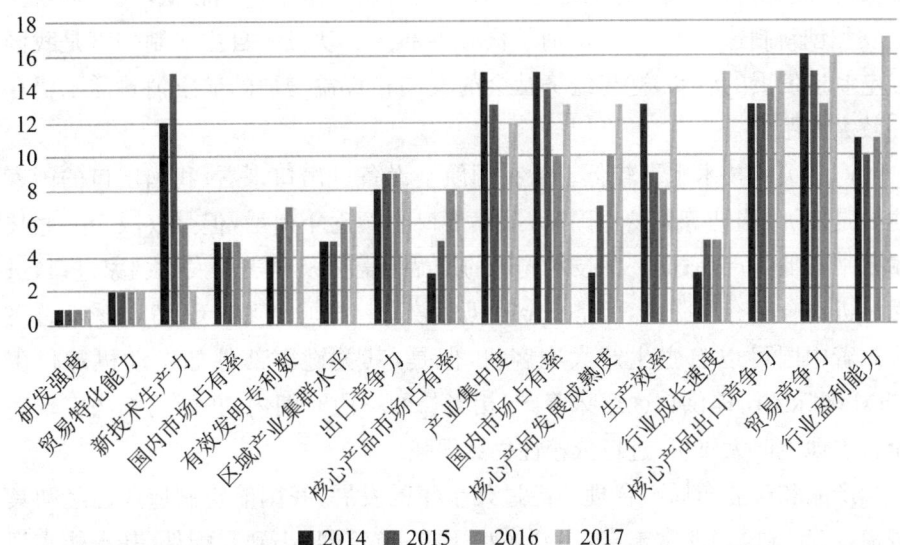

图 9　上海市民用航空装备产业四级指标名次

三、发展路径

(一) 产业发展基础

20世纪60年代末到70年代初,我国在一穷二白的基础上测绘仿制出比较先进的涡轮螺旋桨支线民用客机和中型运输机,先后投入研制运7、运8和运10。总体而言,运7、运8和运10飞机在技术上是成功的项目,运10项目发挥了我国航空工业的最大能力。1983年10月,因经费问题,运10项目被搁置。20世纪90年代,航空工业部门制订了通过国际合作发展航空事业的"三步走"计划:第一步是由麦道提供技术,合作生产MD80系列飞机和MD90飞机国产化;第二步与国外合作,联合研制100座级飞机,约在2005年服役;第三步自行设计、制造180座级飞机,2010年实现。然而,这一计划因波音兼并麦道而终止,我国飞机制造从组装整机转向零部件转包生产。但民族的抗争精神从未泯灭,反而越挫越勇,终于升华为国家行为;在ARJ新支线之后,由大运和C919军民两型机组成的国家大飞机专项节节取胜。如今,ARJ已投入商业运营,大运已正式服役,C919首飞成功。

然而,我国航空还存在一些不足:

产业总体发展水平不高。尽管我国航空设备制造行业保持了较高的增长速度,但是由于起步较晚,基础水平不高,相对于我国的其他行业发展水平仍然不高,仍有很大改善的空间。从规模上看,航空制造行业出现一种极端的现象,即不管是固定资产还是利润,都集中在少数国有及国有控股的大中型企业;我国航空科技水平,特别是通用航空设备制造水平仍然较低,航空器自主研发和创新制造能力不足,特别是核心零部件发动机的自主研制一直是我国航空制造发展的软肋,这与经济社会的发展和日益增加的航空消费需求仍存在较大差距。

产品关键技术水平较低。从我国航空设备进出口来看,我国出口的国家主要是亚洲、非洲等欠发达国家,虽然出口金额逐年递增,但是仅限于一些技术水平较低的产品;而一些技术先进的产品仍需要从欧美等发达国家进口,虽然总进口金额有所降低,但是总金额仍然较高。我国大飞机C919的成功首飞标志着中国可以自主生产大型客机,但是,其关键零部件如发动机却仍由CFM国际公司提供。这意味着,在相当长的一段时间内,我国仍无法实现完全自主地生产大飞机,进口依赖性仍然很强。

产品和产业布局不合理。经过几十年的发展,我国航空制造业已经初具规模,产品线已经非常丰富,大到大型飞机、航空器,小到零配件,基本能实现自主生产,但是高端产品不足,能够在国际上占绝对优势的产品不多,形成了低端产品过剩、高端产品不足的局面。与此同时,长期以来我国航空器研发、设备制造集中在几个大型企业,这些企业大多具有军工企业的背景,其他民营企业很难涉足,即使进行航空相关设备的生产,大多只是一些较为简单的零部件,仅起到代工厂的作用,研发意识和研发能力都不高,这种"头大、脚小、缺少中坚力量"的布局严重制约了我国航空制造的发展。

(二) 产业发展环境

上海是我国乃至世界的经济、贸易中心,是航空业的重要发展基地,有丰富的产业资源、区位优势以及人才资源。运用SWOT评估,能够较为清晰地发现上海航空业所面临的环境。

1. 优势

一是发展势头良好。上海航空产业发展迅速,势头高出全国其他地区。重点产品产量不断实现突破和增长。2014年上海民用航空产品研发与试验发展经费支出357 793万元,同比增长80.9%。上海民用航空产业2015年实现销售收入198亿元,同比51%,工业企业完成工业总产值207亿元,同比增长60.7%。

二是区位优势明显。上海是中国重要的航空枢纽,两小时飞行圈覆盖中国93%的GDP产出地,经济腹地广阔。上海还拥有虹桥国际机场和浦东国际机场,共有87家国内外航空公司开通了上海的定期航班,219个国内外城市与上海通航。2017年,上海机场旅客吞吐量达1.12亿人次,在全球城市中排名第四;浦东机场货邮吞吐量连续10年排名全球机场第三;国际旅客和货邮吞吐量全国占比分别达1/3和1/2,成为大陆第一空中门户。亚太门户复合航空枢纽地位基本确立。上海地处的长江三角洲是我国经济总量规模最大、经济发展速度最快、综合实力最强的区域。这里聚集着100多个年工业产值超过100亿元的产业园区和400多家世界500强企业，制造业和高技术产业发达。2010年5月，国务院批准实施的《长江三角洲地区区域规划》指出，民用航空产业的发展将依托上海研发、制造和综合集成能力较强的优势，积极推动民用飞机制造业、航空运输业和航空服务业协同发展。

三是科研基础厚实。上海拥有中国商用飞机有限责任公司、中航商用飞机发动机有限责任公司、中国航空无线电电子研究所、一飞院上海分院、上海航空器适航审定中心等一批航空骨干企业和研发机构，建立了相关民用航空技术基础性科研中心、工程技术研究中心和专业实验室，以及信息中心、档案中心、适航工程中心等延伸机构。上海拥有普通高等学校66所，也是我国各类专业人才、科研人员最为集聚的地区之一。上海先后经历了"从飞机维修起步，到自主研制国产运10飞机、合作生产麦道MD-82/83和MD90-30客机、转包生产空客A320和波音B737客机零部件，再到自主设计制造国产ARJ21新支线客机"的发展历程，积累了大型飞机研制生产的宝贵经验。

四是集群效应显现。在国家民用航空产业总体布局和发展规划下，形成了以浦东张江高科技园浦东祝桥地区、闵行紫竹科学园区、浦东临港产业和青浦出口加工园区为重点布局的产业集聚区，闵行区军民融合产业示范基地主导产业涉及新能源、新材料多个领域，形成了产业装备、配套发展的产业集群和集聚格局。

2. 劣势

一是自主技术创新薄弱，产品国际竞争力不足。目前，大型飞机研发已有一批关键技术获得突破，取得了不少阶段性成果。但同世界发达国家相比，在技术研发水平和技术创新能力方面还存在着不小的差距，一些技术先进的产品仍需要从欧美等发达国家进口，我国大飞机C919的成功下线标志着中国可以自主生产大型客机，但是，其关键零部件如发动机却仍由CFM国际公司提供，全球仅有英、美、俄等少数国家可独立研制航空发动机，这意味着，在相当长的一段时间内，我国仍无法实现完全自主地生产大飞机。我国航空设备出口的国家主要是亚洲、非洲等欠发达国家，虽然出口金额逐年递增，但是仅限于一些技术水平较低的产品。产品附加价值不高，仍处于价值链中低端。

二是创新能力和科研成果转化能力不足。上海航空工业近几年来，企业数量不断增加，生产规模不断扩大，但是，技术创新能力和科研转换能力依然不足。一方面，在长期的计划经济体制下，我国航空设备制造行业形成了企业和科研机构分离的局面。科研单位大多属于政府部门或事业单位，研究经费依赖国家拨款，成果多但能够转化为实际生产力的却很少。尽管不少企业也建立了相应的研发机构，但是技术创新能力仍显不足。另一方面，目前上海乃至国内大学开设航空类通用专业的不多,专业培养模式不能满足实践需要,高素质人才严重缺乏,行业的人才需要得不到满足,许多企业难以在短期内建立起强有力的稳定的科研创新队伍。

三是民间资本缺少有效投资途径。航空产业的军工特色明显,但由于军工产业的相对保密性和封闭性,使得民间资本很难进入该产业。从前面对企业所有制结构的分析国有和国有控股资本规模巨大,而民营资本与外商和港澳台资本则相对较少,尽管近几年来,其他所有制资本规模逐年增加,但是仍然不足,这种国有资本过于集中的情况使得行业缺乏有效的竞争和激励,活力不足。

3. 机遇

一是国家政策支持。2012年《高端装备制造业"十二五"发展规划》明确提出,到2020年,国产干线飞机国内市场占有率达到5%以上,支线飞机和通用飞机市场占有率大幅提高。同年国务院《关于促进民航业发展若干意见》提出来了民航业的战略性产业定位。2013年《民用航空工业中长期发展规划(2013—2020年)》提出,到2020年,我国民用飞机产业年营收如超过1 000亿元。《中国制造2025》指出,以信息化与工业化深度融合为主线,重点发展航空装备,同时鼓励相关创新和国产化。《中国民用航空发展第十三个五年规划》明确了"十三五"时期民航发展的五大任务,包括确保航空持续安全、构建国家综合机场体系、全面提升航空服务能力、提升空管保障服务水平、改革创新推动转型发展。

二是市场需求带来机遇。随着航空运输和通用航空服务需求的不断增长,航空制造业市场规模也逐渐得到发展和壮大,《中国制造2025》将通用航空制造业作为未来发展的重点产业之一,要大力推动直升机、无人机、通用飞机的产业化和国产化。未来二十年,我国航空服务需求将持续增加,特别是通用飞机、直升机和无人机市场将会迅速增长。

三是新一轮科技革命提供机会。新一轮科技革命为上海突破全球价值链低端提供、形成高端要素的比较优势提供了难得的机会窗口。目前新一轮科技革命中已经出现云计算、物联网、大数据、新能源等新兴产业,但这些新兴产业中的主导设计尚未确定,技术路线还存在着多种选择,技术和需求发展的不确定性很强,如新能源发电成本仍然有较大的改善空间,适用于能源互联网的储能技术的应用尚处于商业化初期阶段,世界各国智能电网的研究与开发仍处于起步阶段。虽然发达国家具有先发优势,但是技术发展的多元性和不确定性为后发国家赶超带来难得的机会窗口,上海可以密切关注全球产业技术的发展趋势,准确预测和判断主导设计出现的可能方向,及早开发出新产品并争取成为被市场接受的主导设计,进而形成全球性的产业标准,以掌握第三次工业革命的战略制高点。

四是军民融合战略推动。军民深度融合,是欧美等航空发达国家对中国最重要的启示。美国 1993 年宣布"国防转轨战略",其核心就是大力发展军民两用技术,确立军民技术融合的战略,美国国防部有专门的国防技术转移办公室,负责拟定技术转移和两用技术政策。而目前国内航空工业由中央直接管理的国有企业主导,航空产业链漫长,加强军民融合,契合中国向高端制造业升级的发展方向。加强军民融合,有利于充分调动社会力量参与生产建设,可以有效降低研发与生产成本;推动军民两用技术形成成果转化和产业化。

4. 挑战

一是出口面临一定压力。当前国际经济复苏道路依然曲折,国际市场需求总体仍然偏弱,从制造业 PMI 来看,美国等仍在底部徘徊,欧洲和日本虽然近期复苏势头较为稳定,但扩张力度偏弱,基础并不牢固。各国产业间竞争仍然激烈,我国在国际市场面临的贸易保护压力依然较大,地缘政治等非经济因素的影响依旧存在,抑制我国外贸增速的负面因素得以延续。整个装备制造企业出口遭遇技术性、绿色环保、标准等贸易壁垒的倾向增多。

二是低人力成本优势正在丧失。现实情况表明,当前中国经济正处于传统产业和新兴产业双重产能过剩,劳动力、土地等生产要素成本急剧上升,国际贸易需求持续疲弱,直接导致欧美的"再工业化"和传统优势产业向东南亚等国家和地区的再转移,主要依赖低端产品出口的道路已经难以为继。上海经济发展方式正处在比较优势的转换期,经济发展驱动力的换挡期。随着人工智能、工业机器人和数字 3D 制造等新技术的突破和广泛应用,以第三次工业革命为代表的科技创新成果在强化发达国家比较优势的同时,还严重削弱了上海的传统比较优势。对于升级转型期的上海而言,目前正处于由低端要素比较优势向高端要素比较优势转换的关键期。劳动力成本、土地成本、能源成本的快速上升,传统低端要素的比较优势正在快速消失,而人才、技术、金融等高端要素的比较优势还处于培育过程中,目前还难以支持第三次工业革命和新兴产业的发展,新的比较优势还处于襁褓之中。

三是技术引进难度加大。发达国家在推进第三次工业革命的过程中,既注重对基础研究和核心技术的研发,加快推进新技术革命成果的产业化发展,又严格限制新技术向中国扩散,这大大增加了中国引进高端技术和核心技术的难度。

(三) 产业发展预期

政策引导方面。2018 年 5 月 8 日《上海市航空制造产业链建设三年行动计划(2018—2020)》发布,提出坚持"市场驱动、型号牵引、政府引导、企业主体"的发展原则,实施"主制造商—供应商"联动发展模式,以大型客机项目和民用航空发动机项目为中心,加快建设集设计、研发、制造、认证、维修、运营、服务在内的航空制造完整产业链体系,逐步形成主制造商引领、优势供应商集聚、核心配套企业支撑、专业化平台服务的航空制造产业体系,将航空产业打造成为上海巩固提升实体经济能级的新增长点。2020年,上海航空制造产业链建设取得实质性进展,主制造商自身能力不断增强,产业集聚效应凸显,平台建设取得突破,力争实现航空制造业总产值500亿元。为2035年实现航空制造业总产值3 000亿元,并在上海打造具有全球影响力的航空制造产业集群奠定坚实的基础。整机生产能力显著提高。ARJ21新支线飞机实现产业化、规模化、系列化发展,形成30架的年产能力,交付60架以上;C919大型客机取得型号合格证,开展批产工作;CR929宽体客机取得订单。产业链配套能力显著提升。培育10家左右具有全球竞争力的关键配套企业。CR929结构件和关键零部件本地化配套能力达到40%左右,机载系统本地化配套能力达到30%左右,并带动飞机和零部件制造装备的研发和制造快速发展。平台支撑能力显著增强。推进机载系统共性与前瞻性技术的研究与发展,吸引国内外知名企业落户,构建机载系统研制与产业化发展平台,打造具有自主知识产权的机载系统供应链。

技术发展方面。我国民用飞机制造仍处于起步阶段,国内主要完成整机装配与维修、外包,自给能力严重不足,航空发动机等零部件大量依赖进口。根据《中国制造2025》的发展目标,到2020年,我国将实现C919客机试飞取证和投入运营,初步形成产业化发展能力;通用航空器方面,将完成一批重点通用航空器的研制和市场应用;航空发动机方面,将突破大型宽体客机发动机关键技术,基本建成自主创新的产业体系;产业配套体系方面,将突破铝锂合金、复合材料等加工制造核心技术,发展航空租赁、飞行培训、导航通信等航空运营新服务。在未来几年,我国民用航空产品将在产业化、系列化等方面取得突破,形成覆盖航空发动机、飞机整机、产业配套和安全运营的航空产业体系。

市场供需方面。按照《通用航空发展"十三五"规划》,到2020年,我国通用航空器将达到5 000架以上,且国产通用航空器在通用航空机队中的比例明显提高。预计2017—2020年均新增通用航空飞机800架左右。基于全球经济保持约3%的增长速度,全球旅客周转量将以平均每年4.45%的速度递增,预计到2035全球客机机队规模将达到44 324架,是现有机队的2.1倍。我国承担大量转包业务,全球客机需求保持较快增长,将为我国带来更多转包订单,我国航空器出口额仍将继续稳定增长。预计2017—2020年出口均增速在6.8%左右,到2020年,行业出口额有望达到42.9亿元左右。尽管随着C919国产大飞机首飞成功、两机专项全面启动,我国飞机制造能力不断提升,部分国产装备进口替代性增强,但目前我国民用飞机制造业产业链仍不成熟,国产飞机投入商业运营尚需时日。与此同时,"十三五"期间我国将继续加大民航及通航领域的投入力度,对客机与货运飞机的需求将保持较快增长,短期内我国还是需要通过大量进口来满足国内需求。综合以上因素,同时考虑到上年低基数,行业进口将保持快速增长。预计2017—2020年进口均增速在12.8%左右,到2020年,行业出口额有望达到388.5亿元左右。

四、对策建议

(一) 坚持技术优先发展

航空强国首先是一个技术强国,航空是典型的高新技术产业,具有知识密集、技术密集的特点,没有独立自主的技术创新,就不可能培育出真正强大的产业体系。上海的航空制造业正处于快速发展的阶段,而且,航空制造业的技术进步将会对上海的科技进步起到引领作用。因此,应统筹规划,以技术进步为抓手,增大研发成本,提高自主知识产权重视程度,从政策上保证建立技术优先的创新环境,使上海航空制造业的技术水平达到世界领先水平,全方位保证上海航空制造业的产业竞争力。

一是支持自主创新。目前,上海航空产业自主创新能力不足,部分核心关键技术亟待突破。发动机、复合材料、航电系统是发展航空产业的三大关键技术,发动机更是被誉为航空产业"皇冠上的明珠"。经过长时间的技术积累,我国在材料、电子设备等领域已经取得了许多突破,但是在飞机发动机的研制上,尤其是关于民用大涵道比涡扇发动机,仍然要依赖于国外进口,成为制约航空事业发展的主要瓶颈。中国航空制造业的发展经验告诉我们必须要自主创新,只有掌握了独立知识产权才能在世界高科技领域有自己的地位,中国航空制造业在发展过程中,大量先进技术的引进促进了经济的高速发展,但由于科技保密和技术封锁,技术核心是无法得到的。必须自主开发攻破核心技术,才能摆脱在航空竞争中的被动地位。引导在沪央企、本地大型国企提升质量管理和适航意识,培育和提升其参与结构件制造、航电系统、航空发动机零部件、设备工装等方面的能力,积极融入航空制造产业链。

二是提高科研成果转化水平。加强航空技术二次开发,推动航空科技成果转化应用,辐射带动国民经济发展。实施一批航空重大工程和重大科技项目,推动航空科技跨越发展,带动科技整体跃升。如:在重大、关键项目程序上,健全"绿色通道",确保项目准点实施;在税收优惠上,落实国家及本市已明确的支持大型客机发展的相关优惠政策;建立产业发展资金,聚焦民用航空制造业重大项目,积极支持国家批准实施项目和大型客机配套项目以及国内外民用航空企业在本市的集聚发展。明确各类创新主体功能定位,建立政产学研用一体的协同创新体系,构建航空技术创新联盟和产业创新联盟,围绕产业链打造创新链。推动建设航空领域研究基地(平台),超前部署战略性、基础性、前瞻性科学研究和技术攻关,大幅提升原始创新能力,打造上海科技创新高地。

三是加强人才引进。加强航空业企业管理、研发、技术、行销、品管、专利等相关人才的引进、培养和使用。建立人才引进基金、创业扶持基金,对人才给予政府专项津贴。加强技术工人的技能培育和素质提升,筹集技术工人培养专项资金,对相关企业的技术工人培训提供资金补贴。依托国内外高校、大型企业集团,加强高端装备制造业技术工人和经营管理人才的培养。完善人才激励机制,推动企业通过持股、技术入股、提高薪酬等方式,吸引优秀企业家、经营管理人才和技术骨干。

四是加强对外合作。支持上海企业通过对外合作,形成航空产业核心竞争力。鼓励上海企业通过收购兼并、合资合作等,积极争取参与研制工作的国内外企业落户上海,尽快掌握关键核心技术,并通过收购后回国投资设厂降低研发和生产成本,成为有竞争力的合格供应商。

(二) 加大融合发展力度

一是产业融合。产业集聚具有外部规模经济效应,其优点在于,能够帮助上下游企业减少原材料的采购成本和交易费用,提高与竞争对手的谈判能力,降低产品的生产成本。产业集聚还能够促进创新,加快技术在产业之间的传播和推广。政府以上海现有航空产业园区为支撑,以制造业和服务业融合发展为导向,推动产业链关联企业向民用航空产业园区集聚,加快提高区域产业融合度,培育优势产业集群,构建协同优化、竞争力强的产业生态。尝试以"全产业链"为路径导向,规划、引导企业集聚,以系统理念创新发展模式,推动园区产业集群化走向端化、高质化、高新化。通过试点和示范效应,培育多个良性循环的产业群落,形成两业融合互动的发展环境。

二是区域融合。上海作为中国重要的工业基地与智力、资本汇集地,以中国商用飞机为核心,依托615所、633所、118厂,发挥新支线客机和C919大型客机主制造商的主导作用,集中了中航工业商用航空发动机公司、航空电子有限责任公司等一批关键配套企业,初步形成了民用飞机研发设计、航空电子、总装制造、试验测试、营销服务较完整的产业链条。由于C919有着良好的市场前景,因此从立项以来,吸引了长三角地区众多城市的关注。在C919的研发过程中,镇江等城市借助已有的制造业优势,企业和中国商飞建立了广泛的协作。随着C919的正式首飞和交付,长三角内的配套企业有望形成完备的航空产业链,长三角航空产业带也将迎来黄金发展期。上海应抓住这个黄金发展期,不断推进和长三角乃至全国的合作。

三是军民融合战略。航空产业的军工特色明显,但由于军工产业的相对保密性和封闭性,使得该产业对于地方经济的拉动效应较弱,近几年中国民用航空市场的巨大需求、大飞机项目的启动以及对民用卫星通信市场的快速发展,为上海快速发展民用航空器产业提供了机遇。应借此机遇,加速该产业军民融合的步伐,实现军工服务于民品反哺军工的良性循环,提升该产业对区域经济的拉动效应。同时,军民融合程度的加深,还能够增加各区域间的产业分工和经济联系,促进各区域经济的共同发展。

四是融入全球产业链。上海航空器产业虽然参与了部分国际分工,但所的位置依然是产业链的低端环节,主要还是依靠制造的低成本优势。航空器制造业的空间集聚特征表明,中国在该产业的区域分工布局还不甚合理,不能够充分发挥各区域的分工与协调效应,这在整体上限制了该产业的国际竞争力。融入全球产业链条,意味着市场机制将发挥更加强大的作用,这可以促进各区域间加强分工与合作,因为只有这样才能提升上海国际竞争力,并在国际分工中占据有利位置。国际化贸易的本质是帮助我们获取国外资源(包括材料、技术和先进的加工制造仪器和设备等),同时将我国的航空技术、批量化产品和服务推到国际市场,换取资金补充国内研发、技术和制造所需的经费,最终促进国内航空产业良性循环发展。当今世界全球化将全球的研发、制造、经济、金融高度融合,而互联网更是拉近了全球合作伙伴的距离。过去传统的通过货币为媒介的物物交换贸易方式已不能满足当今的贸易需要,我们必须不断创新贸易模式,充分发挥航空全产业优势,并按照国家走出去的战略布局,抓住国际航空产业产品和技术发展这条主线,发挥市场的主导作用,通过提供航空服务、金融投资、直接产品销售、投资建厂、建立境外研发中心、联合运营、租赁销售、兼并重组等模式,利用好国内外比较优势,挖掘国外市场和资源潜能,让上海航空国际化转化为国家竞争优势和国家影响力。

(三) 加强政策资金保障

一是拓宽融资渠道。目前,上海航空产业的发展主要是以国有大型企业集团为主,民间资本进入该领域还存在一些体制机制障碍,需要在发展过程中进一步明确政府投资范围,优化政府投资安排方式,规范政府投资管理,保持政府经费支持的持续稳定。进一步完善准入和退出机制,建立航空投资项目清单管理制度,鼓励引导民间资本和社会力量有序参与建立航空科研生产等活动。推动政府与社会资本合作,完善政府购买航空产品与服务机制。

二是加强财政支持。完善财税、人才、土地出让、知识产权保护等方面的政策措施,加快完善航空制造业产业发展的政策体系,为航空制造业集群的持续发展创造良好的政策环境。具体措施包括:加大对航空制造业的税收减免力度,加强对产业核心部件、关键技术研发的财政补贴扶持,鼓励航空制造业企业增加研究开发的投入与力度;积极推进科技成果转化与技术创新平台建设,建章立制,规划好、建设好有良好回报预期的科技投入机制;可以通过土地出让、收费减免简化审批手续等方面制定一系列的优惠政策,吸引外来资金,强化对民用航空制造业投资的引导和支持。

三是加强法律保障。政府应出台相关的法律法规,加快航空立法,保障航空产业的有序发展。目前,我国在航空方面的立法存在欠缺,应通过航空立法,建立商业航空市场准入退出机制、公平竞争机制、保险与赔偿机制、安全监管机制等,创造有序、良性竞争的市场环境。同时,国家应通过立法为商业航空提供比政策更为稳定和持续的法律支持。

四是简化审批程序。借助上海自贸区改革创新平台,构建具有国际竞争力的航空产业发展监管模式,简化高技术航空产品、技术进口,以及国产航空装备出口的审批、清关程序。

执笔:
  耿梅娟 上海交通大学管理学博士、副教授,选培办主任
  赵文斌 上海社会科学院新经济与产业国际竞争力研究中心特聘研究员
  张福明 上海交通大学管理学博士

2017年上海纺织品服装业国际竞争力报告

一、趋势背景

纺织服装产业是重要的民生产业,也是战略性新兴产业的重要组成部分。近年来,纺织服装行业发展环境依旧严峻,高科技化、智能化、绿色化、时尚化、融合化已成为全球大趋,推动纺织产业由低附加值向高附加值攀升。2017年,我国纺织服装行业积极推进结构调整和转型升级,努力克服成本上涨、内外棉差价大、需求低迷等各种外部风险,总体上保持了稳中有进、稳中提质的发展态势。2018年国内外经济仍有较大不确定性,国际竞争加剧,环保压力加大,行业下行压力依然较大。

(一) 行业继续保持稳健增长,转型升级投入持续增加

生产规模保持平稳增长,化学纤维产量增速提高。为满足国内外纺织品服装市场需求,近年来我国纺织行业的生产规模持续扩大。2017年我国纺织纤维加工量为5 420万吨,5年间年均增速4.5%,占全球纤维加工总量的比重超过50%。其中,纱、布、化学纤维主要大类产品生产规模不断扩大,化学纤维增幅最大。2017年我国全社会纱、布、化学纤维产量分别为4 050万吨、696亿米、4 920万吨,5年间复合年均增长率分别为5.0%、1.2%和5.6%。

投资增长保持稳健,东部地区转型升级投入力度大。受行业发展环境平稳、行业结构调整加强等因素影响,我国纺织行业的投资信心持续增强。近5年我国纺织行业500万以上项目固定资产投资额复合年均增长率为13.29%,高于全社会投资额年均增长率0.5个百分点。2017年,全行业固定资产投资总额同比增长5.2%,达13 507.3亿元。其中,东部地区投资额同比增长7.9%,较上年同期加快2.4个百分点,占全国投资增量的87.2%。由于东部新增产能较少,因此投资增长较快表明东部地区用于转型升级投入较大、企业

转型升级积极性较高。

(二) 行业运行质量不断改善,化纤、女装、家纺表现居前

近年来,我国纺织行业积极开展结构调整,加强企业市场反应能力,行业质量效益得到持续改善,纺织行业占全国工业主营业务收入比重、利润比重持续提升。2017年规模以上纺织企业完成主营业务收入68 935.6亿元,同比增长4.2%,增速较上年提高0.1个百分点,占工业主营业务收入的比重较2012年提升了0.2个百分点;实现利润总额3 768.8亿元,同比增长6.9%,增速较上年提高2.4个百分点,占全国工业利润比重也由2012年的5.5%提高至5.8%。利润率5.47%,同比提高0.01个百分点,而近5年行业平均利润率为5.67%,较之前有所提升,显示出我国纺织企业盈利能力在稳步提升,运行质量在不断改善。

从各纺织子行业看,化纤行业依托科技进步利润增长较快,2017年利润总额同比提高38.3%,增速比去年提高18.4个百分点;受益于2017年以来消费升级不断深化,服装家纺等零售情况向好,行业去库存及品牌终端渠道调整渐入尾声,以及制造端持续扩产、通过海外产能转移降低成本,品牌服饰多品牌稳步推进等有利因素,中高端消费市场自2016第四季度率先出现回暖迹象,其中高端服饰景气度最佳,2015—2017年近3年收入增速持续提升,2017年收入保持50%以上增长趋势。2017年纺织服装业的收入与净利润增速呈现向好态势,其中女装、家纺表现居前,主营业务收入同比增速分别为99.8%、32%;利润同比增速分别为52%、45%。

(三) 结构调整持续深入,产品结构、区域结构优化

2016年,我国服装、家纺、产业用纤维消耗量比重由2012年48.46∶29.30∶22.25调整为45.57∶27.68∶26.75,产业用纺织品应用领域进一步扩大。2016年,我国化纤产量4 565万吨,占全国纤维加工总量84%,比2012年提高7个百分点,化纤产品的差别化率提高到约60%。化纤品种结构持续改善,高性能纤维的产业化技术也取得了重大突破。目前我国已成为全球高性能纤维生产品种覆盖面最广的国家。应用高性能纤维研发出一批结构增强材料,半刚性玻璃纤维网隔经编材料成功应用于"天宫一号"航天器,芳纶蜂窝材料已应用于大飞机、直升机等军工和航天领域,碳纤维风力发电叶片大幅减轻了叶片重量并延长了使用寿命。

全行业不仅在产品结构方面不断优化,在区域结构调整方面也在持续推进。"一带一路"、京津冀协同发展、长江经济带三大战略实施,为促进纺织区域协调发展提供新机遇;国内中西部地区,尤其是新疆地区成为纺织服装业新的投资热点。与此同时,我国纺织服装海外投资呈提速态势,行业骨干企业积

极打造"中国+周边国家"制造基地,在发达国家开始向产业链高端领域渗透。在"一带一路"国家战略的指导下,国内骨干企业加快国内产能布局优化和全球资源整合,产能合作呈现多区域、多形式、多层次的推进态势。许多企业经过数年打拼,已站稳海外,并开始逐步起到传帮带作用,抱团发展、互利共赢。

(四) 科技创新能力提升,两化融合深度发展

近年来,纺织行业大力推动行业科技创新和成果转化,加大科技投入,在纤维材料、纺织、染整、产业用纺织品、纺织装备、信息化各领域取得了一系列创新成果,实现了全行业关键、共性技术的突破,行业自主创新能力、技术装备水平和产品开发能力整体提升。2012—2016 年,全行业共有 17 项成果获国家科学技术奖,其中"数字化筒子纱染色成套技术装备"获国家科技进步一等奖,643 项成果获中国纺织工业联合会科技进步奖,同时取得了一批省部级科技奖励。

纺织产品的加工技术、装备水平都得到提升,两化融合深度开展。紧密纺、喷气涡流纺、细络联、自动络筒等纺织工艺技术及装备的进步为高品质面料开发奠定基础,新型纺纱技术在毛纺企业的推广面达到了 60%;精细印花、数码印花技术取得较大突破并推广应用。纺织机械行业通过产学研结合,技术创新和产品研发能力进一步提升,已从引进技术、消化吸收国产化进入再创新、自主开发创新的新阶段,国产纺织机械国内市场份额达到 70% 以上。适应纺织行业管理特点的企业管理信息系统功能日趋完善,可完全实现模块化应用,纺织行业中等规模以上企业管理信息化应用综合覆盖率达到 75% 以上。

(五) 品牌发展取得进步,品牌价值有所提升

近 5 年来,我国纺织服装品牌市场细分化、差异化、专业化发展已成行业共识。品牌企业通过优化渠道布局、变革终端形态、改善消费体验,深度挖掘品牌市场效益;协同效应更加明显。国际化发展积极探索,全球资源配置能力显著提高,分工协作不断深化,形成了大品牌做强、做优,中小品牌做专、做精、做特的品牌生态。品牌企业根据消费需求变化,从科技创新、产品创新、设计创新、管理创新、服务创新等多方面着力提高品牌和产品对市场的适应性,积极从时尚美学、服用功能、生态环保、自然健康等方面满足消费新需求。

品牌的文化号召力正在积极提升。随着"中国风"在世界时尚舞台的异军突起,中国服装品牌正将"中国文化"与时尚进行结合,变成一种相对强大的号召力,引领行业进入新的竞争时代;挖掘传统工艺,提升品牌价值。中国的传统手工艺术具有极高的美学价值与文化内涵,目前将传统非遗文化和服装设计融合创新已成为国内服装品牌设计创新和文化塑造的一大主流趋势。把民族技艺变成产业、变成商品,既将非物质文化遗产活态传承,又提升了品牌自身的文化价值和影响力。

(六) 绿色生产总体达到国际先进水平

目前全行业各个产业链环节坚决践行绿色发展,积极推进节能减排、清洁生产、循环再利用等工作。比如,印染行业在环境治理和从源头上控制有害物质的使用与排放方面取得了相当的进展,中国纺织品服装的生态安全性能总体上已经达到了国际先进水平。国内企业积极进行 ISO9000 质量管理体系认证、ISO14000 环境管理体系认证和 Oeko-Tex100 认证,许多企业已通过生态安全认证。印染行业通过全面推进结构优化,提升技术、管理水平,从生产全过程减少资源、能源消耗和污染物产生,同时加大末端治理力度,提高污染治理水平,行业节能减排取得显著成效。2010—2015 年,印染行业单位产品水耗下降 28%,由 2.5 吨/百米下降到 1.8 吨/百米;单位产品综合能耗下降 18%,由 50 公斤标煤/百米下降到 41 公斤标煤/百米;印染行业水重复利用率由 15% 提高到 30%,提高 15 个百分点。化纤行业积极推进绿色制造,推广先进的绿色制造工艺技术、节能减排和循环再利用技术,加快推动淘汰高能耗、高污染、低效率的生产工艺和设备,推广重点节能减排技术 40 余项。循环再生纤维领域注重结合现实回收过程的实际问题对回收路线进行优化,实现系列关键技术的突破,研发出领先国际的废旧聚酯回收再生生产线。为了适应新形势,行业内持续调整完善清洁生产标准、节能减排、绿色纤维标志认证、消费安全保障等工作,为实现绿色发展保驾护航。

(七) 质量好、性价比高和设计个性的消费需求尚难满足

在"消费升级"的当下,消费者对于纺织品的需求也在发生着改变,根据麦肯锡发布的《2016 年中国消费者调查报告》显示中国消费者对于把钱花在何处更为挑剔,普遍的快速的市场增长已经不复存在,消费者开始增加提升生活品质及体验的开支。据工信部信息显示 2015 年中国海外旅游消费达 1 045 亿美元。另据统计,2014 年中国游客境外人均消费额排名世界第一,为世界平均水平的 3—5 倍。购买的物品中服装、鞋类等纺织品不在少数,且近半数为奢侈品,体现较强的消费能力及需求。与此同时,近几年纺织品电商交易额虽然逐年上涨但是增长率却呈现不断下滑态势。造成如此反差的主要原因在于,现阶段中国纺织行业在品牌、设计等方面,与国外水平还是存在着一定的差距。其次,据艾瑞咨询和德勤数据显示,目前中国年轻一代消费者对于质量过硬、性价比高和设计个性这三个方面比较看重,由此可见,追求个性的消费已经取代价格成为现阶段消费者的主要考量标准。

(八) 出口竞争优势主要依靠数量拉动、传统市场份额仍在流失

在全球经济复苏外需回暖、美国退出 TPP、国内经济持续向好、去年同期基数较低的共同作用下,2017 年中国纺织服装对外贸易扭转了连续两年来的

负增长,呈现出回升态势。2017年中国纺织服装出口2 686亿美元,同比增长0.8%,仍是全球最大纺织服装出口国。

从量价关系上看,总体呈现量增价减,主要依靠数量拉动。2017年我国纺织品服装出口数量同比增长6.63%;出口价格降幅收窄至－6.3%。量增价减现象说明我国纺织依然以低价占据国际市场,出口量虽大,但产品附加值明显较低。

2017年我国纺织行业在传统市场所占份额仍在流失,在美、日、欧三大纺织品服装进口市场所占份额较上年同期分别下滑0.4、0.9和0.9个百分点。5年间,中国在这三大纺织品服装进口市场所占份额分别下降了2.5、10、4个百分点。这一趋势在2018年仍可能延续。在我国纺织品服装出口市场结构中,对"一带一路"国家地区的纺织品服装出口占比达33.36%,欧美日分别为18.09%、17.43%及7.8%。

(九) 成本高企压力并未缓解,劳动力成本、环境治理成本压力最大

近年来,我国纺织业成本上升明显,与印度、越南等国相比仍明显过高,成本优势不再。中国纺织业面临四大高成本。首先是劳动力成本。随着中国廉价劳动力的人口红利远去,东南亚等地纺织业崛起,国外环境给国内纺织企业带来了严峻挑战。2014年,中国劳动力成本已经是越南的3倍。发达国家"再工业化"和发展中国家加快推进工业进程的双重挤压,亚洲、非洲地区的发展中国家劳动力成本优势明显;我国纺织业的国际比较优势正在削弱。其次是环境治理成本。2018年1月1日起,《中华人民共和国环境保护税法》正式实施,环保成本由费改税,确立了治污减排受益,超标排放受损的市场规则。同时,全国碳排放交易体系正式启动,排污许可制度在全国推广,环保要素价格纳入到生产体系,责任资产化进入到快车道。这些变化意味着国内环保监管措施更趋严格,纺织企业需加大环保投入。在绿色生产的国际大趋势下,环境治理成本将成为我国纺织全行业平稳发展的突出瓶颈制约。另外两个高成本分别是:能源成本和运输成本。

(十) 外贸形势严峻,贸易摩擦案件增多

由于劳动力成本问题,加之跨太平洋伙伴关系协定(TPP)的影响,欧美等制造业强国已经将重心转移至印度、越南、孟加拉国、巴基斯坦等发展中国家,且TPP成员国的纺织服装业都在快速发展,无论是设备还是技术,升级步伐都很快,甚至有个别外商投资的工厂设备,比国内泉州等地的企业设备更为先进,中国纺织品出口遭受到不小的挑战。尽管随着美国的退出,情况稍显好转,但整体依旧。

2017年针对纺织服装行业的救济案件仍然呈现活跃和上升的趋势。全年

共新立案例 11 起,新立案件涉及金额 5.1 亿美元,比去年增长了 22%。案件涉及到美国、印度,哥伦比亚、土耳其和印尼等多个国家和地区。贸易救济形式主要呈现以下几个特点:一是案件主要集中在发展中国家和化纤产品。2017 年除美国一起案例外,其余的都是来自发展中国家的案例。二是印度发起数量比较多,11 起案件中,有 7 起案件发起国是印度,且涉案金额大,影响范围广。三是低价倾光问题比较严重,一些低价倾光现象在南美等国发生较多,比较容易引起贸易救济案件。四是贸易救济案件形式进一步多样化,除传统的反倾销调查外,美国的双反案件、土耳其发起反规避案件对我们行业的应对专业性提出了要求。

(十一)政策利好,"三品"战略打造"纺织强国"

2016 年国家提出"三品"战略,结构调整、科技进步、品牌建设、绿色发展、文化传承、人才培育等成为纺织行业发展着力点。2016 年 9 月 28 日,工信部印发了《纺织工业"十三五"发展规划(2016—2020 年)》。《规划》提出,要以提高发展质量和效益为中心,以增品种、提品质、创品牌的"三品"战略为重点,增强产业创新能力,优化产业结构,推进智能制造和绿色制造,形成发展新动能,创造竞争新优势,促进产业迈向中高端,初步建成纺织强国。《规划》从提升产业创新能力、大力实施"三品"战略、推进纺织智能制造、加快绿色发展进程、促进区域协调发展、提升企业综合实力等六个方面提出了具体任务。《规划》作为"十三五"时期指导纺织工业发展的专项规划,将促进纺织工业转型升级,创造竞争新优势。预期随着"三品战略"持续推动,将促进纺织企业加快调整提升,不断丰富产品品种,改善品质,提高品牌附加值,为纺织品服装国内消费提供更多选择空间,更好挖掘内需潜力。

二、指数分析

(一)总体情况

纺织服装产业是重要的民生产业,也是战略性新兴产业的重要组成部分。2016 年,中国经济运行下行压力有所减缓,但国内外环境对纺织服装行业持续发展依旧严峻,欧美等中国传统出口市场对华纺织订单持续减少,东南亚国家的制造能力逐渐威胁中国纺织出口大国地位,同时,我国纺织服装产业面临节能减排、劳动力成本上升、贸易壁垒等不利条件,中国纺织服装行业继续承受巨大挑战。在此大环境下,上海纺织服装产业一方面促进纺织服装产业转型升级,另一方面倒逼产业深度洗牌。推动纺织产业由低附加值向高附加值攀升成为上海发展一项重要议题,同时上海纺织服装产业也进入"新常态",主要表现有:

一是产业结构优化成效显现。经过十多年压缩生产总量、压缩初级加工产企业的产业结构调整,上海纺织服装产业结构日趋优化。在近年来行业总产值持续下滑的态势下,产业用纺织品行业、纤维素纤维原料及纤维制造和合成纤维制造这3个技术密集型行业的产值保持连续四年增长,并且增幅较大,年均增速分别为10%、103%和5%。而棉纺、服装等传统劳动密集型行业的产量则连年下降,但产销基本平衡,这体现出上海更重视产品的品牌价值,制造环节则逐渐外溢。2016年上海服装、家纺、产业用纺织品消耗量比重由2014年72.31∶14.38∶13.31调整为69.63∶14.60∶15.77。产业用纺织品、合成纤维等高端纺织品需求市场稳定。在汽车毛毯、汽车内饰面料及汽车安全带三大汽车纺织内饰板块继续保持领先地位,市场占有率分别达30%、25%与40%左右。同时,上海纺织服装产业从纺织制造业为主向国际贸易、品牌营销、时尚产业等现代服务业延伸,带动传统产品也正在向高端化发展。

二是行业保持高度外向型特点,出口产品仍处于价值链低端。近年来,在全行业出口比例不断下降的环境中,上海纺织服装产业的出口比例连续7年保持在25%—28%。近3年间,出口占比保持高达50%以上的服饰制造行业,出口交货值连年走低,年均降幅11.61%,而出口率却稳定在50%以上的高位,说明该产品依然是以价格竞争方式占据市场份额。其他绝大多数行业也均如此,出口率保持基本稳定,但出口交货值都不同程度地处于下降趋势。体现出上海纺织服装外贸产品出口竞争走的依然是低端化路线。

三是经营成本居高不下"倒逼"转型。近年来,中国制造业整体的商务成本正在迅速接近发达国家,而上海纺织服装产业的三费比率一直保持在全国水平的3倍左右。2014—2016年,上海纺织服装产业三费比率连年走高,年均16.30%,为全国平均水平(6.17%)的2.64倍。在环保要求不断提高、劳动力成本持续上升、贸易壁垒日益高筑等客观条件持续作用下,上海纺织服装产业将加速向高端纺织制造业转型,同时将产业链向生产性服务业延伸。

四是品牌发展难突破。上海纺织服装企业在上海市具有国际影响力的时尚之都战略培育下,努力加强品牌建设,已初步形成了一批有一定知名度的服装服饰品牌,如恒源祥、海螺、Lily、Prolivon等。这些品牌在国内已经有一定的消费者基础,有些在国际市场已崭露头角,但远远难以满足国内日益旺盛的高端消费需求,仍有高达52%的消费者更倾向于购买国外服装品牌,尤其是高档服装。这体现出上海行业品牌培育能力总体偏弱,"洋化"现象严重,核心竞争力不强。随着消费渠道的丰富,本土品牌的渠道优势便随之逐渐丧失,品牌竞争力的不足使得对消费者拉力微弱。而在国际市场上,实力雄厚的本土品牌只能勉强立足;小品牌发展更为艰难,仅能靠打价格战分得微薄收益,上海品牌竞争力培育陷入困局。

五是科技创新能力尚未充分释放。上海虽然拥有在全国有较高水平的纺织研发人才队伍,但科研成果的转移及产业化效率却明显偏低。即便在国内最强科研实力的纺织纤维的成果转化情况也是如此。总体看,行业专利的含金量不高,在核心技术、重大关键共性技术和前沿引领技术方面创新仍显不足,科技创新对行业发展的战略支撑作用有待进一步加强。同时,科技成果转化率低,大多数专利处于闲置状态。创新应用不充分形成了对行业创新资源的极大浪费。

（二）综合指数

纺织服装产业国际竞争力综合指数,从"行业增长驱动""产业国际表现""价值链提升"三个方面进行诠释,形成反映国际竞争力的二级指标,运用定量数据形成15个三级指标。选择近5年纺织服装出口交货值排名前10的省市和4个直辖市,共14个省市作为测算对象。

对纺织服装产业的数据按照构建的指数体系进行整理计算,上海及其他纺织服装产业主要地区的国际竞争力结果如下图所示：

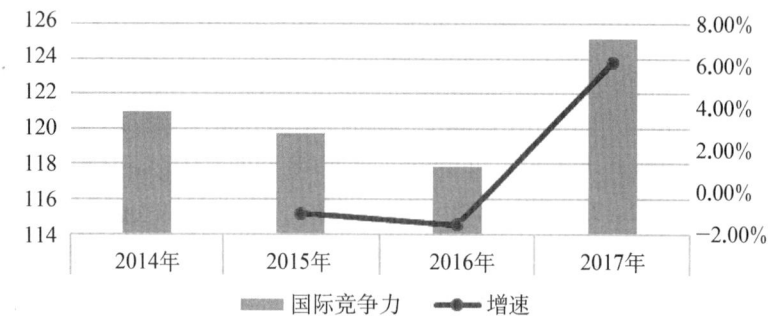

图 1　上海纺织服装产业国际竞争力综合指数表现

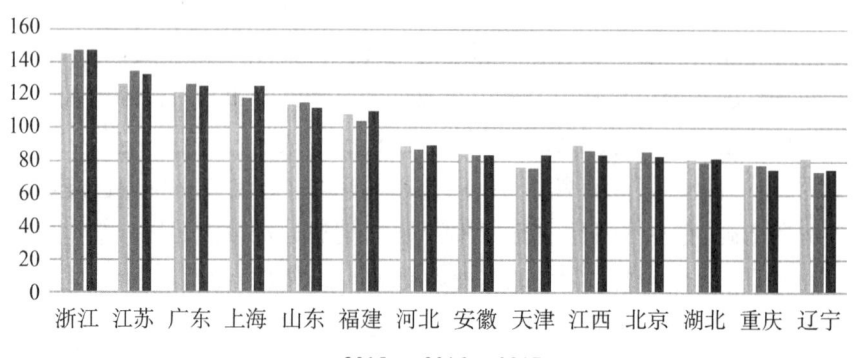

图 2　全国主要地区纺织产业国际竞争力表现

2017年上海纺织服装产业国际竞争力出现大幅回升趋势。从表1看，2017年上海纺织服装业国际竞争力综合指数为125.13，增幅较大，为6.15%；不仅止住了2015—2016年间持续的下滑趋势，且回升并超过了2014年国际竞争力水平120.97。上海纺织服装产业国际竞争力的提升，受益于价值链提升能力和产业国际表现。近3年，这两项指标不仅超过了全国水平，且达到了山东、浙江、江苏、福建、广东五大纺织强省的平均水平。其中，价值链提升能力表现尤为突出，从2015年149.36提高至2017年156.49，年均增速0.26%，远在五大纺织强省平均水平之上。

2017年上海纺织服装产业国际竞争力全国排名第四，位于浙江、江苏和广东三省之后。与广东国际竞争力水平相近，与江苏差距较小，与浙江仍有一定差距。但与其他省保持着较大的领先距离。从2015年到2017年综合指数看，上海与排名前三的纺织强省的差距总体上呈缩小趋势，但易受外部环境影响发生波动，增长稳定性不比浙江、江苏和广东三省。

从指数分布情况看，我国纺织服装行业区域布局和产业专业度总体上呈现向东部沿海地区高度集中态势，形成江浙鲁粤闽五省主体区域。中国纺织服装产业主要集中在浙江、江苏、山东、广东、上海、福建六大省份，出口额占全国80%左右。浙江以产业集群优势和区位优势，占据较大的市场份额，但出口产品附加值不高；江苏、山东以棉制品为主，利润较高；福建以针织、机织服装成衣为主；上海、广东处于从传统行业转向新兴产业的调整转型期，一些细分行业保持在较高水平；目前主要凭借口岸优势、以服装服饰成品出口维持贸易增长。这些城市都集中在长三角、珠三角、环渤海这三大极具活力的沿海经济圈，形成一个个"航母"式的产业集群。其中，山东纺织业在环渤海经济圈已显示出强大的领头作用，具有很强的发展潜力；上海纺织业发展在产业结构调整中明显减速，江浙两省在上海的产业外移中快速发展填补了上海留下的大量空白。市场和效益区域集中化趋势明显，效益好的企业集中在浙江、江苏、广东、山东、上海地区，销售收入占全行业的84%，实现利润占全国的90%。整体而言，长三角纺织服装业的成功得益于在宏观上利用区位优势、要素禀赋优势等比较优势战略，同时又在中观层面上发展了强大的产业集群。

然而，上海乃至长三角地区纺织服装业发展仍未摆脱"比较利益陷阱"的困扰：比较优势所要求的要素禀赋，如自然资源和劳动力价格优势正在逐渐消失，而新的竞争优势尚未形成；自主创新能力因过度依赖技术引进而长期未能提高；产业结构升级缓慢，集群内和地区间存在严重的产业低水平同构和过度竞争；在国际分工中虽能获利但经常处于不利地位，不断遭遇国际"反倾销"的外部压力。调整发展战略，突破传统比较优势战略的某些束缚，实行竞争优势战略，以技术进步和制度创新为动力，实施主动的产业转移和产业结构调整升级，打破区域分割积极推进合作分工，全面提高产业的国际竞争力，是上海乃至长三角地区纺织服装业未来发展的重点和难点。

(三) 产业国际表现

纺织服装产业国际竞争力的二级指标"产业国际表现"指数包括的三级指标有：1. 国外市场占有力；2. 出口竞争力；3. 贸易特化能力；4. 国际市场拓展力。

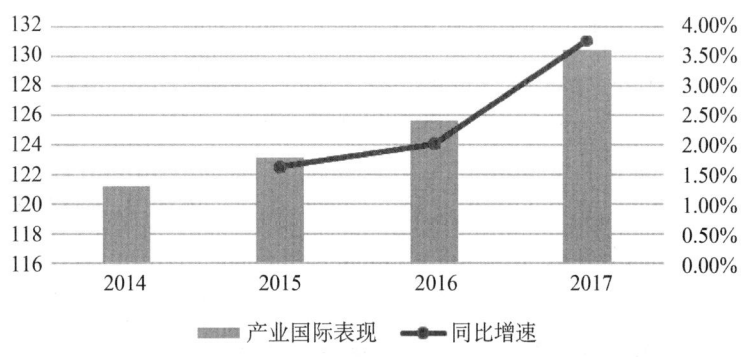

图3 上海纺织服装业产业国际表现情况

2017年上海纺织服装业产业国际表现指数为130.41，全国排名第三位。近三年，产业国际表现力指数排名前五位的省市位次稳定，依次为浙江、广东、上海、江苏和福建。期间，上海产业国际表现指数保持稳步增长，以2014年为基期，2015—2017年增幅分别为1.63%、2.01%和3.77%，并以年均2.93%的增速逐步缩小与浙江、广东的差距。这反映出上海纺织服装产业外向型发展模式得到了不断巩固。

2017年影响上海纺织服装产业国际表现指数上升的因素是持续增强的贸易特化能力。2015—2017年上海贸易特化指数分别为0.93、1.03和1.14，呈现持续上升的趋势，连续3年排名全国第一；且增幅较大，整体增幅为22.58%。影响贸易特化能力提升的关键因素是产品出口率，上海在贸易特化能力方面表现突出，说明上海纺织服装业的出口水平高于全国平均出口水平。近年来，虽然受到国内外市场需求低迷的影响，上海纺织服装大部分行业的出口交货值都出现了不同程度的下降，但出口率仍保持在较高水平，8年来出口比例保持在25%—28%，体现了上海纺织服装外销多于内销的特点。其中出口比例达50%左右的两大类产品分别是针织或钩针编制服装和服饰产品，近3年平均出口率分别为42.92%和57%。上海纺织产业在外向能力方面的突出表现，一是得益于上海"四个中心"建设和自贸区的较大发展，上海成为长三角地区纺织服装出口的重要口岸；二是得益于大虹桥服装服饰出口创新基地在推进上海纺织服装出口企业转型升级方面所取得的成效。

即便上海产业国际表现指数有所上升，但较为严重的问题依然影响着上海纺织服装产业出口的持续发力。一是处于价值链低端。2015年、2016年和2017年上海国外市场占有率分别是2.65%、2.46%和2.47%,略高于全国平均水平2.41%,出口增长速度相对平缓,出口市场份额无法出现趋势性上升。原因在于上海纺织外贸出口产品仍停留在低端价值链上,技术密集型产品地位低,缺乏竞争力;仍是与同行竞争者之间进行价格、款式等的竞争;主要以国外批发市场、超级市场为主,走得是低端路线。RCA指数也反映出这一问题。2017年RCA指数为2.15,根据指数显示,纺织服装产品在上海出口中占据主导地位,具有较强的出口竞争力,然而2017年出口交货值继续保持着下跌状态,反映出上海出口竞争优势依然是以量取胜而非价格。二是"碎片化"问题严重,国际市场开拓能力有限。近年来,我国纺织品服装出口的三大传统市场,美国、欧盟、日本出口额均呈下滑趋势。上海也因出口过分集中在这些国家和地区,出现企业产能过剩、大量库存积压,开拓新兴市场是必然选择。在"一带一路"倡议机遇下,各地区同行企业纷纷在"一带一路"沿线国家布局抢占外贸市场。2017年在我国纺织品服装出口市场结构中,对"一带一路"沿线国家地区的纺织品服装出口占比达33.36%。其中,出口占比排名前三位的省市是浙江、广东和江苏,出口占比分别为25.94%、21.93%和16.31%;而上海作为"一带一路"桥头堡,出口占比却仅为2.74%,远低于全国平均水平6.42%。

上海国际市场开拓能力不足的主要原因是:行业"碎片化",龙头企业势微。开拓新兴市场,需要政府企业抱团以应对海外投资风险。上海纺织服装产业民营资本占绝对比例,分散的中小企业居多,利益驱动、同业竞争、盲目投资、资源浪费情况时有发生,近年来为应对国内外市场环境变化、经济增速减缓、原材料成本和劳动力成本增加、企业用地成本上升、节能减排压力加大等生存问题已显疲态,无法在"一带一路"新兴市场现显示竞争力优势;龙头企业,如上海纺织集团有限公司,占上海纺织工业的比例不到5%,行业引领作用相当有限。

(四) 行业驱动增长

纺织服装产业国际竞争力的二级指标"行业驱动增长"指数包括的三级指标有:1.产业集聚水平;2.区域产业集群水平;3.行业增长速度;4.行业盈利能力;5.生产效率。

在行业驱动增长力指数方面,上海近年来保持在85左右的水平。2017年上海行业驱动增长力指数升至85.99,仍不及全国平均水平100.65。近3年年均增幅仅为0.59%,增长缓慢。行业驱动增长指数主要衡量地区现有产业基础,该项指标表现不佳,反映出上海纺织服装产业结构调整还未到位,产业基础还不能为上海纺织服装产业提升国际竞争力提供有力支撑。

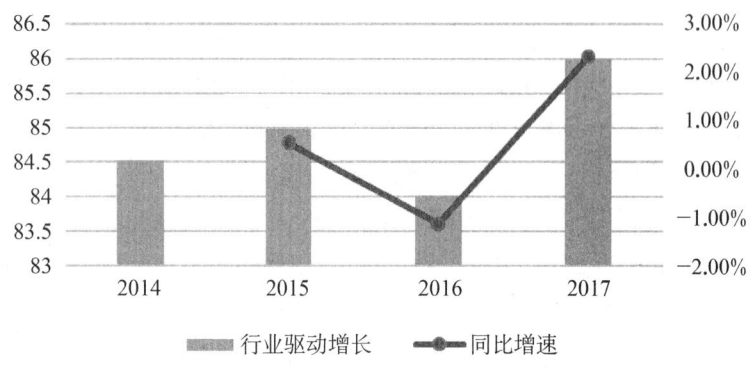

图4 上海纺织服装业行业驱动增长情况

从具体指标上看,除了区域产业集群指数,产业集聚、行业成长速度、盈利能力、生产效率虽有小幅上升但仍均低于全国水平,产业基础是上海纺织服装产业发展的短板。2017年上海区域产业集群指数38.97%,位列全国第一,反映出上海所在的泛长三角经济区拥有全国最高水平的纺织产业集群。在这片不足全国面积4%的土地创造了近1/4的国内生产总值,经济基础雄厚,且具有地理发育的延展性,产业结构的差异性和发展水平的梯度性,为高层次的区域一体化夯实了基础。然而,目前在长三角纺织集群中,上海尚未形成差异化优势与其他省份进行有效的资源互补、产业联动和生产要素互动,原因在于:

一是产业结构调整尚不到位。2017年上海纺织服装产业集聚度为0.76%,远低于全国水平的6.20%,近三年仍持续连年走低趋势,2016年同比下降13.62%,2017年同比下降11.26%。产业成长速度指数也连续下滑,从2015年13.32降至2017年12.38,年均降幅7.06%。上海纺织服装的产业集聚度下降和成长速度增速放缓,反映出上海正处于产业转型的中后期调整阶段。具体表现在:在产业结构方面,制造业逐步"空心化",而符合上海特色的高端纺织产业尚未形成,集品牌运作、创意设计、国际贸易和高级定制等多种经济形态为一体的纺织产业链的整合与完善有待提高;要在国际贸易、品牌营销、设计研发、核心生产等方面确立行业引领地位还有很大差距;新兴产业开发度不够,尤其是跨界产业尚未形成规模。在产品结构方面,中低档产品产能严重过剩,个性化、差异化、高科技、高品位、高档次的新型功能性化纤,拥有自主品牌和创意设计的个性化、定制化的服装及内衣、低碳环保和经典时尚的家用纺织品等能进军国际市场的产品较少。

二是成本增幅高于生产力提升,正在经历成本之困。2017年上海纺织服装产业的盈利能力指数为3.85%,低于全国平均水平8.80%。上海盈利能力指数继续下行,主要原因在于成本支出居高不下。2015—2017年上海年均三费比率为 15.30%,为全国的近 3 倍,同时亏损面也几乎达到全国水平的 3 倍。其中,作为传统劳动密集型产业,劳动力成本高问题尤为突出。在国际市场的价格竞争上比不过周边发展中国家,如印度、孟加拉、柬埔寨等国。以印度为例,2012 年印度阿默达巴德、孟买的最低工资分别为 54 美元、103 美元,而上海最低工资则为 227 美元。与纺织发达国家相比,上海乃至中国纺织业还存在劳动力成本高于生产力增速问题。中国制造业劳动力成本在 2005 年至 2015 年的十年间上涨了五倍,仅仅比美国低 4%,而美国的生产力比中国高出 80% 至 90%。上海的劳动力成本与生产率配比问题更为突出,说明新的竞争优势尚未形成,高新技术、品牌产品生产存在短板,内销和外贸成本持续上升。

三是中高层次专业人才缺乏。2017 年上海纺织服装产业全员劳动生产效率为 55.78 万元/人。近三年上海生产效率虽有小幅上升,年均升幅 6.53%,但仍低于全国平均水平 69.03 万元/人。主要原因在于上海纺织服装产业以中小企业居多,占全行业 95% 以上,普遍缺乏高素质的服装创新设计人才和管理人才,尤其是缺乏具有国际水准的行业领军人物。同时,纺织工人逐年稀缺,熟练工呈供不应求的态势。青年一代较不愿意从事纺织等技术行业,工人不再是青年人就业的首要选择,纺织工厂呈青黄不接态势。总体而言,纺织服装产业专业人员的缺乏,特别是高层次专技人员的短缺已严重制约上海纺织服装产业的发展。

(五) 价值链提升

纺织服装产业国际竞争力的二级指标"价值链提升能力"指数包括的三级指标有:1. 科技成果转化能力;2. 品牌竞争力;3. 智能化程度;4. 核心产品国际市场占有率;5. 核心产品出口竞争力;6. 核心产品发展成熟度。

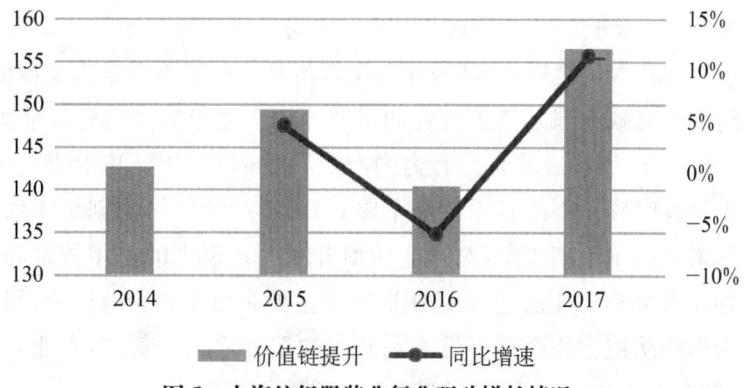

图 5 上海纺织服装业行业驱动增长情况

在价值链提升能力方面,2017 年上海纺织服装产业价值链提升指数为 156.49,位列全国第一。四年间,上海该指数从 2014 年的 142.77 年升至 2017

年 156.49,以年均增速 3.20% 的增速保持总体上升趋势。

从具体指标看,上海价值链提升指数得以提高受益于:核心产品较强的出口竞争力。选取核心产品是基于进口替代的思路,即在上海近 5 年进口纺织服装进口排名前 20 的商品中选取附加值较高的产品。经过统计测算,高档织物、特种纤维和服装三类产品入列核心产品范围。2017 年核心产品国际市场占有率和 RCA 两项指数,均显示出上海在这三类核心产品出口中具有较强的贸易竞争优势。2017 年上海核心产品国际市场占有率为 11.89%,近 3 年基本保持在 12% 的水平,位次从 2014 年的全国第二升至全国第一;上海 RCA 指数超过了 2.5,体现出核心产品具有强竞争优势;2017 年上海核心产品出口对全国核心产品出口贡献已达 1/3 以上。体现出上海的纺织服装核心产品(高档织物、特种纤维和服装),此类高附加值产品国际市场开拓能力较强,未来发展潜力较大。

即便上海价值链提升指数较高,但核心问题依然凸显。

一是品牌竞争力未能充分发挥,对本地区直接消费者的拉力非常微弱。2015—2017 年上海品牌竞争力指数分别为 0.09、0.03 和 0.21,整体增幅 133.33%,其中,2016 年降幅较大,为 -66.67%。期间表现出剧烈波动,反映出上海品牌基础较弱,缺乏稳定的品牌支撑问题。核心产品发展成熟度指数也反映出这一问题。2017 年上海核心产品发展成熟度指数为 0.90,位列全国第七。近 3 年上海该指数保持在 0.89 左右水平。核心产品国际市场占有率、RCA 指数名列前茅,而发展成熟度指标却处于中游,原因在于核心产品进口额远高于出口额。一方面,说明随着生活品质的提高,上海人民内需强劲,对进口商品的消费需求和购买力较高;另一方面,说明上海拥有具有品牌效益的纺织服装品牌数量少,对本地区直接消费者的拉力非常微弱。

二是产品开发能力和开发深度不足。2017 年上海纺织服装业科技成果转化指数为 0.28,低于全国水平 0.63,近 3 年均保持在这一水平。上海纺织产业科技成果转化能力之弱,产品的开发能力与开发深度不足是重要原因,这也是上海纺织产品缺乏国际竞争优势的重要原因。而导致产品开发能力、深度不足的症结在于:其一,缺乏强有力的产业科技创新支撑,基础研究薄弱;行业中缺少具有引领作用的若干创新主体。其二,产学研协同创新体系作用的发挥远远未能达到预期效果,对行业转型升级关系重大的实用技术和成果的转化瓶颈尚未突破。其三,上海纺织服装业主要是由中小企业构成,研发投入不足成为影响纺织服装企业研发顺利开展的重要原因。其四,专业人才外流严重,未能对上海本土产业发展提供智力支撑。

三是智能化程度有待提高。2017 年上海智能化基础指数为 0.73,高于全国平均水平 0.63。近年来,上海纺织服装行业智能化发展速度较快,越来越多的先进智能设备被研发和引进,已覆盖了纺织行业产业链上的各个行业。然而,目前上海与智能化基础指数排名前三位的江苏(1.75)、广东(1.66)和北京(1.25)相比还有较大差距。纺织生产制造智能化水平的提高,将有益于纺织行业加快产业升级步伐,不断提品质、创品牌、增品种,使得迈向中高端将成为可能。上海应根据纺织行业现状,通过培育或选择试点,围绕智能化生产线、网络协同等主题,开展不同模式和不同技术方案的示范,形成有效经验,加快推进上海纺织服装产业智能化发展。

三、发展路径

(一) 发展方向

1. 时尚龙头:打造全球时尚产业高地

上海纺织服装产业向纺织时尚产业转型,是进一步促进上海城市产业升级发展的源动力。一是纺织时尚产业,是沟通现代服务业和先进制造业的桥梁,可推进现代服务业和先进制造业健康协调发展。纺织时尚产业,既是以制造业为后盾的服务业,因其所需的商品与服务大多须由制造业生产提供;又是以服务业引领的制造业,因为时尚产业易变性、流行性、创造性、和谐性等特征可以为制造业提供源源不断的新创意、新需求,为制造业注入新的灵魂与广阔的市场空间,同时促进制造业现代化。例如,纺织时尚产业可以带动与延伸周边的相关产业,包括酒店宾馆业(房饰业)、汽车游艇业(车舟饰业)、家具装潢业(居饰业)等制造业,还可以带动时尚文化、时尚传媒、时尚设计、时尚会展等一大批与时尚创意产业及相关联的服务行业与产业。在过去30年间,时尚产业的发展速度远超世界各国GDP的增长速度。服装、化妆品、钟表、消费类电子产品、箱包、眼镜等纺织、轻工产品在高附加值的时尚化升级过程中,给纺织时尚产业发达的国家和地区提供拉动内需的新型消费市场,推动高科技研发,并促进当地服务经济的兴盛。二是随着国际国内经济发展环境和城市环境的变化,上海发展面临着城市转型的巨大压力,亟需加快转变经济发展方式。一方面,要改变以土地、资本为驱动的经济发展方式,转向以创新、智力为动力的经济转型;另一方面促进产业结构向高质量和合理化转变。"科技+时尚"为特征的纺织时尚产业正是符合上海产业转型方向的典型代表。它将推进传统制造业向制造业后续服务价值链延伸,形成集科技纺织、绿色纺织、品牌纺织、时尚纺织集一体的现代纺织服务业,形成城市发展新动能,创造竞争新优势。

上海具有成为国际时尚之都、时尚产业龙头的先占优势。世界级时尚之都的形成,如巴黎、伦敦、纽约、米兰,都有着许多相同或相似的背景:工业文明发祥地和工业经济奠基地、文化名城、世界文化交汇地、国际大都市、社会生活中心、时尚流行中心、经济中心、商业和贸易中心、基础设施水陆交通枢纽、产业链的中心环节、金融中心及信息传输中枢。纺织产业是上海的"母亲产业";上海中西交融的"海派文化"所天然具有的包容性让上海成为一座具有丰富服饰文化传统的城市,近年来上海向"四个中心"的转型发展使得上海在我国经济、交通、科技、工业、金融、贸易、信息、会展和航运方面的中心地位更加突出,而这些都为上海成为中国时尚产业龙头、成为全球时尚产业高地奠定了优势基础。上海应在充分传承上海纺织产业传统优势的基础上,发挥上海由于政策、区位、信息和技术等优势条件而产生的强大吸力,集聚国内外包括人流、物流、资金流和信息流等各种高级生产要素,促进上海崛起为世界第六大时尚之都,形成区域经济的新增长点与催化剂。

2. 品牌码头:打造全球时尚品牌发布地

全球品牌发布地建设将有益于上海赢得产业话语权、促进上海纺织服装产业高质量发展、加快消费升级,打响上海纺织服装产品品牌和"上海购物"品牌。全球时尚品牌发布地建设,是会展业这一纺织服装生产性服务业的扩展版,作用是多方面的:其一,它将发挥产业发展风向标作用,展示代表了最新、最高纺织服装发展水平的纺织品和服装,带动上海乃至全国纺织服装设计理念、选料配件、做工工艺、款式造型等升级发展;其二,它将是一个信息化搭载的产业化交流和交易平台,可实现线上线下互通交易。在这里将汇集全球最优质的时尚资源、人才培育平台和世界顶级品牌,结合中国独有的时尚产业优势基础,让国人的奢侈品消费引流回国,也通过它让中华民族的时尚精髓真正走向世界时尚舞台中心;其三,它对于全球原创设计师而言将是一个提供创新创业的平台,同时也是涵盖设计、采购、生产、销售、服务等全过程高效协同的孵化地,促进设计创新资源的集聚与整合。

为打造全球时尚品牌发布地,成为品牌码头,上海将在七个方面全力推进:一是鼓励支持全球有国际影响力的高端知名品牌、设计师品牌、高级定制品牌等来沪首发全球新品;二是扶持一批原创自主品牌在沪首发。打造具有强烈时代气息和鲜明上海特色的新品牌。对国内自主品牌、原创品牌、特色消费品牌企业在上海首发新品提供必要支持;三是将上海时装周打造成为全球第五大时装周,加快建设中外时尚设计集聚平台、时尚品牌发布推广平台,建设本土设计师孵化基地,放大进口博览会的带动效应和溢出效应;四是构筑"点线面"相结合的全球新品发布载体布局,充分用好外滩、上海展览中心等核心地标资源,强化国际高端时尚新品发布功能;五是发挥主流媒体、社交媒体等全媒体资源作用,对有影响力的品牌发布活动给予积极的宣传报道;六是提升全球新品进入上海的贸易便利化水平,建立绿色通道,压缩通关时间,着力为新品发布活动营造最优环境;七是支持引进国际一流专业服务机构,健全全球新品发布的创意策划、宣传推广、中介经纪、培训咨询等专业服务体系。

3. 技术源头：打造全球高科技纺织技术和中试基地

进入 21 世纪高新技术纺织品,已成为国际纺织品市场的一个竞争点,同时也是纺织行业经济效益的新增长点。当前,面对世界经济一体化和产业结构的调整,发达国家纷纷投入巨额资金和人力,用以开发高新科技纤维和制品,抢先占领该类产品的国际市场。目前国际投入较大关注与研发力度的高科技纺织成品有高功能性和高性能纺织品、环保型纺织品、智能型纺织品三类;高科技原料产品三类,包括高性能材料,如碳纤维、芳纶纤维;卫生保健功能性原料,如抗菌纤维芳香纤维等;绿色环保型纤维,如 Lyoceell 纤维、甲壳素纤维、聚乳酸纤维 PAL 等。在这些高新技术领域,美国、日本、欧洲处于领先地位。

上海凭借纺织服装这个"母亲产业"长期发展积淀下来的产业技术知识和专业人才经验,在多元全球战略助力下向高科技行业转型取得较好成绩,在一定领域成功实现了高新技术的成果转化。近年来不断转型升级的上海纺织与汽车的产业融合取得较大成功,上海实施了纺织装饰产品高端化、多元化战略,通过投资参股以及与国际著名汽车厂商合资合作方式,兴建了 11 家汽车内饰纺织品生产企业,成功融入了汽车产业的产业链。目前,国内汽车中大量使用的纺织材料,近半来自"上海纺织"。据统计,中国投入运营的数以千万计的乘用车、商用车中,约 40% 的汽车地毯、40% 的安全带和 30% 的汽车顶篷面料,由"上海纺织"制造,甚至涵盖德、美、日系高端汽车品牌。除了在汽车领域,用高科技开发的功能性纺织品在航天航空、防灾救援领域也大展宏图。大量产业用纺织品的关键品种,都由"上海纺织"提供。救援冲锋船和救援直升机等防灾救灾领域上也有广泛使用。而在建筑领域,新型膜结构材料参与了新一轮城市建设。北京奥运会场馆 1/3 的膜结构材料由上海纺织制造,世博会场馆建设中也有大量的上海纺织产品。此外,上海纺织还为墨西哥湾事故救援提供了 200 多平方米围油栏。上海纺织服装产业现致力于立足高端,开发市场前景巨大的产业用纺织品等高新技术产品。多项高新技术研发成功并被成功投入到应用领域,填补了我国高新技术材料的空白。在高新技术为王的国际竞争环境下,上海纺织服装产业应进一步抢占全球价值链高端,依托上海制造业布局,选择若干制造领域,开发新技术,形成技术源头。目的就是从点到面、从单项技术到系统、从技术积累到技术输出,最终成为高新纺织技术领域标准的制定者。

（二）上海纺织服装产业转型升级基础

1. 产学研相结合的科技研发新模式已成雏形

近年来,虽然上海纺织制造产业规模逐年缩减,但纺织服装研发能力与技术水平仍保持着国家领先水平,并具有一定的成果转化能力。

上海纺织服装产业正在形成一个高水平的人才梯队。一是上海拥有东华大学、上海合成纤维研究所、上海纺织科学研究生院等代表中国化纤行业最高水平的研究机构。二是 R&D 人才集聚程度逐步提高。2016 年上海纺织服装产业 R&D 人员为 1 401 人，占科技活动人员的比例为 60.86%，较 2015 年的 52.93% 实现较大幅度增长。三是纺织服装行业企业正在积极调整人才结构，培育新生中坚力量。

产学研合作初具规模，大型龙头企业产业链一体化基本形成，优势明显。这类企业一般都形成了以研发、生产、销售、服务为一体的布局。如上海纺织（集团）有限公司构建了以"中央研究院"——上海市纺织科学研究院为核心的一体化技术创新体系，形成集科研、信息、设计、检测、工程、试验为一体的紧密型科研布局结构。上海水星家用纺织品有限公司采取与国内专业院校、科研机构合作，建立家纺技术中心、家纺实验室、研究生实习基地，通过整合社会行业资源、优势互补、互惠互利，推动行业技术攻关和突破。

2. 转型升级产业基础基本形成并初现成效

经过 10 年的产业结构调整，"二头在外"的生产格局逐步形成，并正向高端制造业发展。随着上海纺织产业结构的调整，上海纺织制造业向外地转移，逐步形成了"二头在外"的生产格局，并正在向产业用纺织品、新型功能性化纤等高端制造业转型发展，同时从纺织制造业为主向国际贸易、品牌营销、时尚产业等现代服务业延伸。在纺织传统的棉纺、服装生产均下降的同时，新的纺织领域保持稳步增长。产业用纺织制成品制造的工业生产总值为 62.79 亿元，同比增长 7.58%。合成纤维制造 39.37 亿元，同比增长 7.58%。在汽车毛毯、汽车内饰面料即汽车安全带三大汽车纺织内饰板块继续保持领先地位，市场占有率分别达 30%、25% 与 40% 左右。传统产品也正在向高端发展，走差异化路线，着力新材料、新工艺、新技术，推进高附加值的功能型、环保型面料生产。

3. 生产性服务业等新业态、新模式发展迅猛

一是应对新渠道拓展需求和新消费行为倾向，电子商务已日益成为发展新亮点和转型升级新动力。2016 年上海电子商务交易总额达到 20 049.3 亿元，同比增长 21.9%。其中，大宗商品电子商务交易向各领域拓展，B2B 交易额 14 445.6 亿元，同比增长 17.3%。与此同时，网络购物（B2C/C2C）交易规模增长迅速，交易额 5 603.7 亿元，同比增长 35.4%，高于全国网络零售增长率的 36.3%。外贸跨境电子商务同样发展迅速，跨境公共服务平台入驻企业超过 1 000 家，日均订单约 3 万单。近年来，上海纺织服装品牌企业顺势而为，大力促进线上线下融合发展的运营机制，开拓网络销售市场。

二是创新商业模式与个性化定位初露锋芒。探索渠道新路径，拓展专卖店、商场、卖场渠道。近半年，专业市场已经成为纺织、服装企业市场渠道拓展

的优视平台;采用类直销式渠道销售模式,与经销商共建渠道,对下游利润分配模式也进行改革,如以销售回报划分作为标准;在商品经营模式上尝试"买断制"。个性化定制引领示范效果初显。

三是全球化布局外延发展。在全球价值链革命正在成为不可逆转的大趋势下,上海纺织服装产业的部分企业已经并且继续积极与国际接轨、借船、造船出海,构建跨境生产和贸易供应链、公共服务供应链,打造新的全球化战略融合格局。上海纺织集团构建了覆盖全球的"6+6"区域公司,其中国内包括北方、南方、西南、华中、华东、新疆公司,境外包括欧洲、非洲、拉美、香港、美国、日本公司,提升企业的主业能力和竞争优势。如香港慧联拥有2200万/年的羊毛衫产能,是亚洲排名前5的毛衫出口商,上海纺织已收购其51%的股份,成为该公司的第一大股东;收购美国NYX公司35%的股权,实现公司的产品范围从纺织内饰件(软饰)向附加值更高的汽车内饰件(硬饰)拓展。"十三五"期间,上海纺织集团将继续投入100亿元资本继续进行全球收购,预期收购300亿资产规模,形成"用非洲资源、有欧美设计、在亚洲与拉美制造、由中国集成、向全球销售"的全球化布局,实现从贸易商向供应集成商的转型。上海纺织集团是一个上海纺织行业"走出去"的缩影。目前上海纺织有实力的企业已进入跨国布局的新阶段。

四是会展业已经成为新业态的新亮点。纺织服装会展业展示的纺织品和服装,无论是设计理念、选料配件,还是做工工艺、款式造型,都代表了纺织服装发展水平,是产业发展的风向标,也是企业展示实力进入市场的桥梁。上海是大部分国内国际性的纺织、面料、服装、纺机等会展集中地,是国际纺织行业高端发展论坛首选举办地,现已成为国际国内产业流行强趋势信息发布中心。如上海时装周,其已确立了在中国、在亚洲的领先地位。目前,在全国数十个时装周中,上海时装周影响力和国际化水平全国第一。每年每季发布已达100场次,现场观众达到20万人次。并与米兰、巴黎、伦敦建立了战略同盟,跻身于世界五大时装周行列。近年来,上海时装周由单一秀向多元功能的服务型平台转化,2018年上海时装周将助力打造上海"全球新品首发地",上海将是悉数SIFS的国际品牌的亚洲首发地。通过吸引国际国内名牌新品、老牌新品、名家新品和新人新品在沪发布,加快国际消费城市建设,推动高质量发展,创造高品质生活,顺应消费升级趋势,加速"上海购物"品牌发展。

4. 品牌发展具有良好环境基础

随着人们收入水平的提高,生活消费水平的多元化发展,上海居民社会消费品支出及衣着类支出水平总体呈现上升态势,消费潜力大,且对中高端产品需求增大。主要表现为:

其一,上海市服装消费市场潜力大。2017年上海社会消费品零售总额达16 337.79亿元,环比增长9.3%。其中,穿类商品销售额2 165.34亿元,环比增长21.9%。穿类商品消费占消费品总额的比重为57.8%,环比增长12.8%,服装类商品消费的增长率明显高于其他类商品消费的增长。上海城市居民人均可支配收入58 988元,环比增长8.6%;2017年人均消费支出39 792元,环比增长6.2%,其中衣着类人均消费支出3 516元,环比增长14.9%,再创历史新高。衣着类消费支出占人均消费支出比重8.8%,环比增长8.2%。仅次于食品、居住、娱乐教育文化服务和交通通信支出。

其二,消费水平稳步提升,价格稳定且有小幅上升。2009—2017年,各服装类的平均单价呈现上升趋势,尤其是女装。2017年女装累计平均销售价格为842.0元/件套,平均销售价格同比增长6.4%。销售收入占总体服装销售收入的39.1%。2017年,女装由于销售量的绝对增加,尤其部分高端产品销售量的结构变化,直接影响销售额增加2.01亿元。

在这种良好商业环境的孕育下,企业品牌意识普遍大幅度增加,努力打造产品品牌、企业品牌、区域品牌和国际品牌,增强企业软实力。纺织服装自主品牌大量涌现。2015年,仅上海大虹桥基地31家企业就拥有自主品牌数量156个,其中获国家及上海市级著(驰)名品牌49个,被评为国家级上海市著(驰)名商标11个,在国外注册商标数量644个,获主要出口国(地区)的认证数量11项。

5. 龙头企业表现突出

在推动产业创新发展方面,龙头企业具有协作引领、产品辐射、技术示范、知识输出和营销网络等方面的核心作用,有益于带动越来越多的中小企业朝规模化、集群化、专业化、高端化方向发展。上海纺织服装产业已形成了一批龙头企业,如上海纺织集团是中国纺织业最大的集团之一,有申达股份、龙头股份2家上市公司。2016年上海纺织集团位列中国纺织服装行业百强企业第4位,保持中国纺织服装进出口500强企业第1位;已设立6大海外公司,从外贸龙头正迈向千亿级国际化集团。恒源祥(集团)有限公司,是一家具有近百年历史的上海品牌和企业,致力于文化创新、模式创新,实现系统的品牌战略,将积累的资源转化为具有社会价值、商业价值、文化价值。目前,恒源祥羊毛衫已连续5年保持中国第一,其他很多产业也已步入中国前10名的行列。上海水星家纺是一家专注于纺织品专业化、多品牌的企业,公司生产、销售、渠道规模即综合实力现居行业第三。

6. 总部经济已成气候

上海作为国际化大都市,丰富的教育、人才、技术、新材料资源以及庞大的消费群体对吸引国内外纺织服装企业和采购商具有绝对优势。目前,跨国零售业巨头、国际纺织品牌供应商和品牌公司几乎都在上海设立了公司部门或采购中心。上海也是国内服装品牌企业总部与销售首选地。中国纺织服装行业的领袖品牌 80% 以上都将总部或设计中心、销售中心设在上海。国际前 100 位的顶尖纺织服装品牌也有超过 70% 落地上海。

(三) 重点发展领域

目前,上海纺织制造正在向高技术纤维材料、服装、家纺、产业用纺织等现代纺织制造方向发展。尤其高技术含量、高性能纤维研发能力表现突出,发展迅猛且走在全国前列,现已实现产业化,对服装、家纺、产业用纺织领域发展高性能、多功能和创意设计的纺织产品形成支撑力。基于此,上海纺织服装产业发展的重点领域具体应聚焦为以下几种行业及产品:

1. 高档面料、高端服装、定制服装等高附加值产品

服装品牌目前主要为两种运营模式:走大众品牌和走专业品牌。消费升级推动产业升级,消费市场日益增强的个性化的需求和对品质的追求,会促使越来越多消费者选择高档服装,甚至定制服装。近年来,随着国人购买力的不断增强,较强的消费需求随之产生。据有关资料显示,中国消费者买走了全球近半数奢侈品,且多为海外消费:2015 年中国海外旅游消费 1 045 亿美元,同比增长 16.5%。另据统计,2014 年中国游客境外人均消费额排名世界第一,为世界平均水平的 3—5 倍。国际上很多大牌在中国已经随处可见,由品牌带来的增值感不断下降,有些带明显标识的奢侈品甚至给消费者减分,因此,定制市场尤其是高级定制市场是一个全新的蓝海。而同质化、高库存也是近年来服装企业普遍面临的棘手问题,在 2015 年年底,服装行业 42 家上市公司的存货总量高达 483 亿元,普通服装市场库存严重过剩。为了在"红海"中突围,拓展业务领域,提升产品附加值,高档服装、定制服装业务逐渐成为不少企业的选择。而且满足个性化、时尚化、多元化的定制消费还将推动服装产业发生深度变革。由于定制的理念以服务为先,服装业也将通过定制业务的拓展,从商业走向服务业,更好地服务消费者。

上海高端服装、定制服装虽然与国际著名高端品牌有很大差距,但在国内名列前茅。服装和面辅料展示已经成为全球的中心之一。高端消费市场潜力巨大,近几年上海高端定制业发展越来越红火,对高级裁缝的需求也在持续走高。一个有 4 年左右工作经验的高级裁缝,月薪可以达到 6 000—8 000 元;而在外企,高级裁缝的月薪可以上万。服务对象主要是都市白领和城市新贵。

2. 家用纺织品

据行业机构判断,未来几年,中国家纺市场预计将净增加 2 000 亿—3 000 亿元的市场。家用纺织品早已突破了"家用"的范畴,远非单纯的"床上用品""家具布"或"装饰织物"的概念所能包含,而是涵盖了盥洗、寝卧、家具、装饰、

舞美等诸多的应用领域,其应用场合也从室内延伸到室外,从家庭延伸到公共场所。随着科技的进步和人们生活水平的不断提高,床上用品等也已不再被视为"耐用品",而是集功能性、装饰性、保健性、环保性于一身的高科技产品。开发具有高附加值的家纺产品,除了采用天丝、Modal 等新型纤维材料外,现在还运用新型纺纱织造技术和后整理技术。如用于提高产品的科技含量和附加值的高支高密织物的加工、生态染料和助剂的使用、涂层整理、复合技术、生物技术、微波等离子处理等技术的运用。而对于面向出口市场的功能性产品来说,还必须符合输入国强制性安全法规和标准的要求,以免整理剂中有毒有害物质对消费者的身体健康产生危害。目前,具有拒水、拒油、阻燃、抗静电、抗菌、特殊保暖、吸湿排汗等功能的产品都已陆续见诸市场。

上海家纺行业发展有较好基础。主要表现为:一是转型升级初见成效,出现了一批强势企业。近年来上海家纺行业引用新材料、新工艺、新技术,开发健康、功能、环保型产品,提高产品附加值,提升了品牌效应;探索互联网技术在设计、销售、物流、管理等方面的应用,探索线上线下融合和资源融合。充分的市场竞争筛选出一批强势企业。2015 年,实现销售 5 000 万元以上大户增加到 35 家,实现销售 1 387 378 万元,占行业销售总额 97%;实现利润 45 818 万元,占行业利润总额 100.3%。主要经济指标均高于行业平均水平。这对上海纺织服装行业整体良好发展和稳定发挥着重要作用。二是强大的长三角家纺产业集群。仅江苏南通,家纺企业便有近 2 000 家,占据了全国家纺行业的 70%,形成了国内最大的家纺产品研发、生产、集散基地。而上海,近年经结构调整,形成了以"四个中心"为核心的现代服务业,与江苏、浙江形成以"上海为中心,江浙为两翼"(上海为营销、设计、研发、品牌的中心,江浙为生产基地)的家纺产业集群,并以此带动全国的家纺行业的发展。三是政府有力扶持。上海市政府将家用纺织品作为都市型发展产业之一给予大力支持,在现代纺织工业的发祥地——杨浦区,建立了上海国际家用纺织品产业园,为上海家纺产业的飞跃注入了强劲的动力。

3. 产业用纺织品

产业用纺织品广泛应用于医疗卫生、环境保护、土工建筑、交通运输、航空航天等领域,技术含量高、应用范围广、市场潜力大,是战略性新材料的组成部分,也是全球纺织领域竞相发展的重点。过去 5 年,我国产业用纺织品行业规模迅速扩大。其中,有 3 个行业表现尤为突出:

其一,安全防护产业,是中国产业用纺织品行业发展最为迅速的领域之一,其中应急产业、军民融合产业得到业内人士广泛关注。2017 年工信部发布应急产业"3 年计划",通过培育应急产业骨干力量,形成大中小企业相互支撑、协同合作的产业格局。到 2020 年末,实现培育 10 家左右龙头企业、100 家左右骨干企业的目标。

其二，过滤膜材料行业，是中国产业用纺织品行业另一个被看好的拥有千亿元市场的领域。2010年以来，随着国产膜材技术逐渐成熟，价格下降，以及环保标准日趋严格和民众环保意识增强，膜法水处理技术在全国多地开始商业化应用。国内膜法水处理领域呈现出膜元件销售、膜组件销售、EP、EPC、BT、BOT、PPP、BOO等多种商业模式并存的局面。预期2020年之前，中国膜法水处理行业产值5年复合增速基本会维持在10%—15%之间，到2020年我国膜法水处理行业市场规模将达1600亿元左右。

其三，碳纤维及其复合材料是国内产业用纺织品行业，甚至整个新材料行业的关注热点。经过近10年的发展，国内碳纤维相关产业正在逐步进入正常轨道。但"整体黯淡，部分亮点"是该行业的特征。原因在于国内相关产业缺乏航空航天军工的龙头牵引，绝大部分碳纤维企业靠着狭小的分市场做海量投入。中国现有具备工程生产能力的20余家企业中，真正活跃生产并有市场影响力销售的厂家（不含航空航天）只有5家。可喜的是，已经有企业可以突破盈亏平衡，具有储备低成本碳纤维原丝能力。鉴于产业用纺织品的需求多元化，部分领域需求呈现出一定的刚性。2017年工信部、国家发改委联合印发《产业用纺织品行业"十三五"发展指导意见》，引导并加快推动产业用纺织品行业向中高端升级。《意见》提出：2016—2020年规模以上企业工业增加值年均增长9%左右；到2020年，培育5—8个超百亿元的产业集群。战略新材料产业用纺织品、环境保护产业用纺织品、医疗健康产业用纺织品、应急和公共安全产业用纺织品、基础设施建设配套产业用纺织品、"军民融合"相关产业用纺织品是重点发展方向。

上海产业用纺织业发展前景较好，应用于汽车、轨道交通、大飞机、航天航空、医疗健康产业方面的产业用纺织产品是发展重点，尤其是高技术纤维材料行业。一是从全国复合材料的重点应用看，应用于汽车行业、航空航天行业的增强性材料逐步成为市场刚需，市场容量巨大，而上海具有先占优势。尤其是汽车行业内饰行业。中国汽车产销量连续9年蝉联全球第一，成为全球第一大汽车市场。2017年，我国汽车产量2901.54万辆，同比增长3.19%；销量达2887.89万辆，同比增长3.04%。2013年以来曾连续5年超过2000万辆。我国最大的车企如上汽、一汽、东风及自主品牌最大车企奇瑞等汽车内饰均为上海生产，上海制造的汽车地毯、安全带及内饰面料的市场占有率为30%、40%与25%左右。二是从外销产业用纺织产品结构看，医保卫生材料（包括擦拭巾）产品出口稳定增长。由于医疗卫生保健相关法规（如减少医院内获得性感染-HALs）实施，对卫生保健系统提出更高要求，以及老龄化人口对失禁和护理的日益重视。从上海口岸出口的产业用非织造医疗材料量继续增长，2016年实现7%的增长。三是从产业链前端产品中，发展现代纤维行业上海最具优势。一方面，上海是国内较早开展碳纤维研发、生产的地区，具有先发优势。另一方面,具有研发人才优势。目前上海在现代纤维产业研发方面,高水平、已掌握多项行业发展关键技术的研发单位众多。再一方面,具有扎实丰富的下游应用领域的优势。上海拥有比较完整的工业体系,尤其在飞机、汽车、造船海工、新能源、石化、生物工程等现代纤维应用前景广阔的领域,应用领域的产业基础较为雄厚,为上海率先形成现代纤维产业集群提供雄厚的产业基础条件。

四、对策建议

(一) 加强顶层设计,防止产业边缘化、空洞化

欧美发达国家的纺织服装业不仅是这些国家城市化、工业化赖以起步的部门,还是任何社会形态、任何发展阶段都普遍需要的消费品生产部门,也是带动地区再发展和转型的重要产业。全球国际大都市均保留了拥有自主品牌和创意设计的纺织服装业、低碳环保、经典时尚的家用纺织品等特色优势产业,并形成产业链,成为这些城市的"名片",这些经验值得借鉴。政府应切实把发展纺织服装业放在适当位置,防止纺织服装业边缘化、产业空洞化。

建议对上海纺织服装产业的发展设计更系统、长期、明确的指导性意见。市政府应重点加强对分散在各区的行业进行规划指导,实现市、区联动。根据行业相对集中在某些区的特点,进行统一规划,完善工业园区建设,发挥行业集聚效应;积极提供公平竞争、利于服装产业发展的体制环境;大力支持公共平台的建设,指导和扶持各类中介机构发展,为服装行业提供技术支撑。考虑设立中小企业科技攻关技术推广扶助基金。确实制定并落实支持措施,鼓励服装行业走出去,不断提升上海纺织服装行业的国际竞争力。

(二) 建立多层次人才体系,重点补缺高层次专技人才

近年来,上海纺织服装行业专业技术人员、中高层次人才比例逐年走低。创新性设计人才缺乏,纺织服装行业中专业技术人员,特别是高层次装业技术人员短缺已经严重制约了行业科技的发展,信息技术与专业技术相结合的复合型人才严重匮乏,制约了上海纺织产业的两化深度融合。建立多层次人才体系,集聚人才力量迫在眉睫。

建立多层次人才体系,一是依靠大专院校、企业集团着重深化科教结合、工学结合的合作培养模式,提高人才对纺织专业工作的适应性;二是建立合理的薪酬制度,建立激励机制和考核机制,鼓励人才发挥创造性;三是大胆引进国外专业人员,吸引出国留学生回国效力;四是健全公共服务体系,提供人才资源流动、专业能力论证的专业服务,努力在全行业形成卓越领军人才、优秀创新型人才和高素质专业技能人才有机结合的现代化人才体系,全方位地发

挥人才资源对产业转型升级的贡献作用。

(三) 完善科技创新支撑体系,提升科技成果转化能力

虽然上海拥有全国有较高水平的纺织研发人才队伍,但科研成果的转移及产业化效率明显偏低。即便在国内最强科研实力的纺织纤维的成果转化情况也是如此。主要原因有:一是研发机构较难获得专项经费支持。上海一般不设立纺织开发专项支持;在项目经费申报上,受纺织产业的传统观念影响,相较于其他高新技术开发项目,纺织研发很难获得财政支持。二是科研成果转换及产业过程中财务支持力度较弱,企业无激励不愿承担开发风险,而宁愿购买国外同类高价产品。三是纺织研发单位在上海难以找到合作对象。目前,上海纺织制造不断萎缩,科研成果无法在上海落地,成熟的科研成果都转移到了其他省市。

高技术纺织产业是城市发展的重要组成部分,应得到更多关注和有力支持。(1)通过"基地+基金+实训基地+创新联盟"相结合的新模式,打造产业生态系统。推进"四新"(新技术、新产业、新业态、新模式)企业与投资机构相对接;搭建创投机构和"四新"企业投融资平台;依托行业协会、龙头企业、产业园区和相关教育机构,建设"四新"高技能人才实训基地;继续做好支撑产业发展的基础研究,特别是标准的完善、技术导向与市场需求相结合的流行趋势研究等。(2)创新"产学研"科技创新合作模式,提升成果转化能力。有两种模式可供选择:一是建立行业科技创新公共服务平台。由行业专业协会与相关企业提出基础性攻关项目,向市有关部门申请立项,委托中介机构招标、政府有偿购买服务的方式,或政府补贴部分、中标单位出资部分。二是依托大中型企业的科技中心,联合相关企业,对企业的关键技术联合攻关。对能促进转型升级的项目,政府给予支持。

(四) 加大支持与推广力度,激发品牌优势

虽然近几年,上海政府和企业都加大了对自主品牌建设的支持力度,企业也逐步注重品牌培养,并取得了一定成效,但效果不明显。原因在于:一是缺乏品牌故事支撑,"洋化"现象严重;二是品牌产品缺乏独特的亮点和个性,缺乏拳头产品,没有强有力的卖点;三是忽视"自主品牌"的持续塑造、宣传与发展;四是品牌管理不当,市场认可度不高。

品牌是企业综合实力的市场表现。在上海建立"四大品牌"战略背景下,建议:(1)继续加大对品牌建设的支持力度,增强自主品牌的影响力。一是保护一批老品牌、老字号,重视这些具有历史底蕴和民族特色的老品牌的市场价值,激发民众对中华传统文化的情节;并按照"市场经济法则"进行开发性保护,做好"中华老字号""上海名牌"的创新发展。上海拥有很多曾享誉全国的

老品牌,在纺织品行业中,现有"宝大祥""协大祥""信大祥""老介福""金龙"5个中华老字号,上海真丝大王"绮芳"牌商标是上海市名牌产品。要总结老品牌沉浮的原因,并通过观念创新、技术创新、管理创新等途径,使其焕发新的魅力。二是通过市场化运作做强一批优质品牌。三是培育一批新品牌,根据纺织产品消费多样化、差异化、高档化的趋势,推出高品质、个性化品牌。四是加快制定产品质量标准,加强对品牌产品的质量监控。(2)整合上海纺织服装设计师品牌资源,大力推广上海设计理念。一是建议打造"设计师品牌推广和营销平台",以一站式服务平台模式,推动上海设计师品牌落地营销,帮助上海设计师品牌拓展国内市场,设计师能接轨国际前沿的最新设计理念,提升设计师设计能力和时尚敏锐度,增加品牌市场化运作的经验和水准。二是通过租金补贴等方式,引进设计师品牌;建设设计师品牌集成专营店,扩大产品营销渠道。扶持纺织服装企业及设计师建立设计和品牌管理中心。

(五) 加快绿色化发展,缓解环保成本压力和贸易摩擦

在当前国际国内环境下,绿色是引领发展的前提。随着国内 2015 年《纺织印染工业大气污染物排放标准》的出台,2018 年上半年我国出口欧盟的纺织服装和时尚产品因化学物质限量超标问题频遭通报和退运,在此局势下,纺织产业环保任务压力加大。国际国内高标准严要求的环保标准与广大中微纺织企业有限的应对能力形成明显矛盾。

在"十三五"规划设定治污时限的紧迫性下,一是建议针对污染物排放要求,加大节能环保相关技术改造投入,扩大纺织清洁生产技术、污染物治理技术的推广应用。二是引导企业加快"减碳先进技术"的推广应用,完善节能低碳关键技术遴选、评定及推广机制,以发布目录、召开推广会等方式向纺织企业推广一批重大节能低碳技术及装备;并辅以政策鼓励措施。三是加快纺织低碳加工、环境治理、再生循环新技术的研发创新与产业化应用;继续完善行业节能环保标准体系;发展专业化的公共服务体系,提供基础保障和支持。

(六) 促进金融创新,缓解产业融资难

上海纺织服装业主要是由中小企业构成,研发投入不足成为影响纺织服装企业研发顺利开展的重要原因。因此,上海相关政府机构、金融机构要切实发挥应有的作用。一是强化财税政策扶持作用,制定相关配套政策措施,使政府的相关优惠便利措施能够真正发挥效应,落地有声,惠有所急,惠有所得。二是充分利用上海民间大量的闲散资金,由政府引导、行业协会搭台、民间资本唱主角,建立风险分担、利益共享机制,切实解决烦扰纺织服装企业科技创新投入缺口问题。三是积极推动金融机构进行金融体系改革创新、金融产品

创新和金融制度创新,对用于科技含量高的纱线、面料及产业用纺织品等项目给予倾斜的借贷便利政策,建立有效的金融监管机制,专款专用,切实保障纺织服装企业的科技投入实效。

附件一

2017 全球纺织服装产业新趋势

（一）智能化

智能纺织材料正在成为全球纺织业发展的一大亮点。智能纺织材料融纺织、电子、医学、计算机、物理、化学等多技术于一体,可感知环境变化并作出反应,在提高生活质量,改善劳动条件,满足特种行业需要等方面发挥着重要作用。近年来,全球纺织产业正着力推进智能调温、形状记忆、智能变色、电子信息等智能纺织材料从"戴"向"穿"及更宽领域发展。目前,智能纺织品在终端用户行业应用不断扩大,其全球范围内的需求不断增加。全球著名咨询公司 Gartner 数据显示,智能服饰从 2013 年、2014 年出货量几乎为零的冰冻状态,攀升到 2016 年的 2 600 万件,智能服饰正成为一股新潮流。市场调研公司 Allied Market Research 预测,到 2022 年,全球智能纺织品市场规模将从 2015 年的 9.43 亿美元,增长到 53.69 亿美元,2016 年到 2022 年年间的复合年增长率为 28.4%。目前,日本、美国、英国、意大利、荷兰等国,对于智能纺织材料的研究已取得很大进展。

附表 1　全球智能纺织材料(品)发展情况

材料技术类别	当前国际水平	主要发展方向	典型研发技术及功能
智能调温纺织材料	在技术研发和产业化方面已经相对成熟,服装耐久性好、产品性能稳定,智能温控纺织材料的应用已可进行规模化生产	高性能、高技术水平、大规模产业化方向发展	PCM(相变)材料技术,具蓄热调温功能(技术代表:美国 Outlast 公司);微胶囊技术,具恒温功能(技术代表:美国 Triangle 公司、葡萄牙纳米技术和智能材料中心)
智能形状记忆纺织材料	整体技术水平高、数据源丰富、用料多元化、智能化程度高	绿色环保材料的设计、高记忆性产品的研发以及产品的批量化生产	聚氨酯类新材料 Diaplex 技术(技术代表:日本三菱重工),具高拒水性,智能调温功能;高温形状记忆合金类智能纺织材料技术,具防烫伤功能(技术代表:英国纺织机构)

续表

材料技术类别	当前国际水平	主要发展方向	典型研发技术及功能
智能变色纺织材料	已实现规模化生产,并已有一定市场份额	向高实用性、高安全性、高智能化方向发展;从变色纤维的结构设计、功能设计以及智能化设计等全方位满足产品应用的需求	Radiate 运动衣,具热敏感应功能,散发热量不同,对应部位显现不同颜色(技术代表:美国国家航空航天局技术);光敏变色T恤衫,光敏物质、微胶囊与印花工艺结合应用(技术代表:日本 Kanebo 公司)
电子信息智能纺织材料	在互联网、大数据的背景下,国外对于电子产品与服装的融合,已达到了较高的技术水平	多系统结合、多功能化、优异产业结构与产品类型的方向发展	能追踪心率、呼吸频率、呼吸量、运动状态、热量消耗、运动强度以及心率等信息的智能服饰(技术代表:加拿大 OMsignal 智能服装开发公司);具有可穿戴超小型计算机系统的智能服饰(技术代表:美国国家航空航天局、剑桥大学石墨烯中心);衣服可随穿着人心跳、体温等人体生理信号变形的响应式服装(技术代表:英特尔 & 建筑学运动服装设计师 Chromat)

设备是产业智能化的基础。随着人口红利消失以及人工成本逐步提升,纺织产业不再是劳动密集型产业,智能制造将大势所趋。在此背景下,纺织行业对自动化、智能化的高端纺机设备需求更为迫切。从全球范围来看,世界纺织机械的研发、生产主要集中在欧洲和亚洲。欧洲作为动力纺织机械的发源地先发优势明显,技术水平一直全球领先,其中德国、日本、意大利、瑞士等国为研制纺织机械的传统强国。当前全球纺织机械行业聚焦于科技创新和新技术的推广,纺织机械的配件制造技术、电子数控技术、生产过程的自动化和智能化在线控制技术等方面均大幅提高,呈现高速化、高效化、用工少、成本低和低能耗的发展趋势。

(二)高科技化

在全球经济增速放缓、传统纺织品市场普遍不景气的形势下,欧美和日本等经济发达国家的纺织业为提高产品附加值、扩大产品销售额,充分利用先进的科学技术,积极开发高科技纺织品服装,并取得了显著的成果。目前,高科技纺织品主要有高性能的化学纤维、高技术的产业用纺织品、特种医疗和保健用纺织品等,广泛应用于国防、航天、水利、汽车制造、医疗、农业等领域。

美国纺织业推出了一系列"聪颖衣物"。所谓"聪颖衣物"是指一种高科技、多功能面料,它具有排汗、去污、湿润和按摩身体的功能,并能减少人体脂肪的堆积。如美国斯特劳斯公司采用微纤维制成、具有排汗去污功能的牛仔裤;麻省理工学院军人纳米科技学院正在研制可以防弹、防毒气、自动疗伤、根据现场环境变换颜色的士兵制服。

在欧洲地区,法国"纺织俱乐部"推出了以光纤和传统织纱交织而成"发光布",可广泛应用于信号标志、安全警示和卡车后部的后篷布;瑞典TEXCOTE公司利用纳米处理技术开发出可用于棉、麻、丝、羊毛等织物上的防水、防皱、防污涂料。

在亚洲地区,日本纺织企业开发出一种全棉中空纤维的特殊面料,具有防风、防水和排汗功能,成本比一般羽绒保温材料低,热系数和保温效果佳;富士纺织公司研制出一种含有特殊化学物质的布料,可以帮助人们摄取每日所需维生素C。韩国服装企业推出超强漂浮纺织品,只要用300克这样的纺织品,体重130公斤的人就可以在水中轻松地漂浮起来。

近年来,世界主要国家都在加大科技创新投入,充分利用科技革命和产业变革机遇,加快培育新动能,以抢占未来经济和产业竞争的制高点。最近5年,发达国家高科技纺织品的市场份额增长了1倍多。在欧洲纺织品市场上,高科技纺织品的市场占有率已达40%以上。相关研究表明,从现在到2040年前后,将是新科技革命孕育发展的关键时期,带来世界发展格局的深刻变化。

(三)绿色化

近年来,美国等发达国家和地区对服装、地毯等多种日用品所含化学物质的关注度持续提高,监管力度也不断加大,越来越多的化工原料相继被禁用。绿色发展已经上升为国家战略。从全局来看,其现已贯穿于全产业链制造环节,渗透到产品生命周期的各个阶段。绿色产业链从资源提取到生产、消费,再到废弃物处置、循环利用的价值链上各环节都体现出环境友好特征,主要包含绿色原料和绿色加工技术两方面内容。

在绿色原料方面,主要指新型纤维资源(如生物基纤维等)、原液着色纤维的开拓与研究,其中,生物基纤维是全球关注的重点内容。据美国儒士咨询公司最近报告指出,21世纪将会出现生物基经济产业。生物技术纤维,是指原料来源于可再生物质的一类纤维,包括天然动植物纤维、再生纤维及来源于生物质的合成纤维,被视为工业时代下天然纤维的延续。生物基纤维具有绿色、环境友好、原料可再生以及生物降解等优良特性,并有特有的多方面功能,引领全球纺织品及其他产品新一轮的消费趋势。

欧美日等国家和地区已采取行动鼓励开发与使用生物基纤维。如美国能源部和美国农业部赞助"2020年植物/农作物可再生性资源技术发展计划",目标是2020年从可再生的植物衍生物中获得10%的基本化学原材料。为支持生物基纤维材料的研发应用,美国能源署(DOE)拨款1130万美元,支持以农业废弃物或木质生物质为原料,研制造价低廉、性能优异的再生碳纤维材料。据悉,该种材料一旦成功问世,将会有效降低生产成本。日本化纤制造商一向以功能性纤维见长,目前正全力聚焦于个人健康、卫生与舒适性的生物基纤维与纺织品方面的发展。早在2002年,日本政府便通过了"纤维制品新机能评价协议(JAFET)",对经过生物基技术生产、加工、纺织的化学纤维及成纤聚合物制品的表示用语、评价方法、评定基准等进行了统一,并确立了标志的认证制度。并建立专门组织推进满足生物基市场新需求的高性能、新功能,并且兼顾与环境相协调的新型生物基纤维及其制品的研制、质检、知识产权保护和产品宣传等工作。在欧洲,意大利政府颁布《环境保护和减排规划》规定,到2025年服装鞋帽产业与纺织业必须全面使用天然纤维与生物基纤维。德国、比利时、荷兰等国家也纷纷效仿并制定税收上的优惠政策,以鼓励生物基纤维的应用。2011年欧共体就生物聚合物及其纤维的潜在市场制定了有针对性的生物纺织(Biotext)研究计划。组织了德国的ITA、ITCF和Dechema,比利时的Centxbel以及西班牙的Aitex等5家知名的公司与研究所,选择生物聚合物PLA、PHB和淀粉基聚合物为研究对象,开展单丝、扁丝、复丝(BCF、FDY和POY)以及生物增强复合材料的应用研究。Biotext研究计划的目的是为生物高分子材料在高端纺织品上的使用提供技术支持。

当前在国际利用生物基技术的开发中,最热门也最有市场应用潜力的生物基纤维材料包括纤维素聚合物、生物基聚酯类(PLA、PHB、PTT、PBT、PET等)、生物基聚酰胺类(PA11、PA6、PA56、PA66、PA69、PA610)、生物基聚乙烯类、生物基聚丙烯类、生物基PVC类、生物基TPU类以及淀粉基聚合物等。这些生物基纤维在环保、节能、康健、亲肤与安全应用领域的无限效益与功能。

附表2 全球绿色纤维发展进程

聚焦内容	涉及的主要技术问题	全球发展重点
1. 生物基纤维	1. 生物质原料高效合成制备技术; 2. PA56、PLA、PTT等生物基合成纤维产业化技术; 3. 熔融纺制纤维素纤维等新型高效清洁加工关键技术; 4. 海藻酸纤维、壳聚糖纤维等海洋生物基纤维产业化技术。	1. 开发生物基合成纤维关键技术,包括PEF、PTT、PDT、PBT、PLA、PA56等单体、聚合、纺丝等; 2. 推进生物基再生纤维技术资源化、连续化、规模化、低成本化、功能化,包括生物基再生纤维素纤维、蛋白纤维、海藻纤维、壳聚糖纤维; 3. 重构产品标准化工艺体系,实现规模化生产,开发低成本、高品质生物基纤维及制品。

续表

聚焦内容	涉及的主要技术问题	全球发展重点
2. 原液着色纤维（属"绿色纤维"：该种纤维在生产过程中赋予颜色，下游生产省去了耗能污染的印染环节）	1. 高比例颜料，颜料与功能粉体的分散与稳定技术； 2. 色母粒流变性质调控与专用树脂制备技术； 3. 纺丝熔体/原液中的高比例在线添加与动态分散技术； 4. 多功能原液着色聚酯连续聚合技术； 5. 短纤维色纱色彩均一性控制技术； 6. 纯纺与混纺纺织品的整理技术； 7. 色彩的数字化技术； 8. 典型织物结构纺织品色彩仿真技术。	1. 提高品质。突破高品质色母粒及其专用颜料、分散剂和专用树脂，开发出超细旦、深染、多功能复合的新一代原液着色纤维，提升色彩鲜艳度、色牢度、均匀性、性能和功能的均匀性、稳定性和安全性； 2. 扩展功能，开发超细旦和抗菌、抗静电、阻燃等功能性原液着色纤维； 3. 降低能耗和低排放，重点开发新型高效、安全着色剂，提高母粒的颜料含量，开发着色剂高效、精确的在线添加技术，开发高效混合技术提升单线产能等。

绿色加工技术，主要指实现加工过程的低能耗、低排放、低污染、高效率，包括高效纺丝技术、有色纤维加工技术、纤维生态加工技术；无水少水染整技术、节能降耗染整技术、无害安全纺织化学品等。在环保要求日益严格的国际环境下，纺织类企业，尤其是最为污染和能耗大的纺织印染企业，得到了重点关注和革新发展。伴随着传统连续式和间歇式染色设备的升级换代，新型染色技术和装备也逐渐跨过科研阶段，迈向工业化应用。荷兰DyeCoo公司开发的DyeOx超临界CO_2染色设备被认为是首台使用超临界CO_2替代水的商业染色机。使用DyeOx进行染色，无需用水和助剂，上染率达98%，且95%的CO_2可回收利用。在牛仔后整理领域，西班牙Jeanologia公司则通过激光、臭氧、泡沫等技术的综合运用，实现减少水和化学品的用量达90%，节约能源50%。目前，国际纺织业界在生态染整技术方面发展很快，聚焦于绿色低污染的染化料，短流程加工工艺、无水加工技术、无制版印花技术、低温等离子处理等技术的发展。

（四）时尚化

时尚化是提升纺织业核心竞争力和国际话语权的重要渠道。而时尚程度能体现一个国家或地区在文化、科技、创意设计等方面的软实力，某种程度上也代表着国家或地区的产业国际竞争力。目前公认的世界城市伦敦、巴黎、东京、纽约等，无一例外都是世界时尚中心，而这些国际时尚之都也都曾是纺织业较为发达的城市，目前在当前国际纺织品供应中仍占据着重要地位，引导着全球纺织产业的发展方向。不仅如此，高附加值的时尚化升级还带动了其他产业的兴盛发展。过去30年，时尚产业的发展速度远远超过世界各国GDP

的增长,服装、化妆品、钟表、消费类电子产品、箱包、轻工产品在时尚化升级过程中,给英国、法国、意大利、美国等发达国家提供了拉动内需的新兴消费市场,推动了高新科技研发,并促进了这些国家服务经济的兴盛。

2017年,全球时尚行业经历了新一轮的大洗牌,优胜劣汰的步伐加快。从消费群体看,接近全球人口1/4的千禧一代正在决定品牌未来的话语权;从营销手段看,社交媒体让品牌有机会直接与消费者对话。同时,各种品牌与明星、时尚博主和名流等跨界合作也层出不穷;从产品创意上,年轻化改革日渐大胆;渠道方面,数字化与电商也成为各大奢侈品牌新的发力点;从品牌细分上,快时尚品牌日渐下滑,潮牌日渐兴起……时尚化新趋势逐渐形成,主要呈现出七个特点:

附表3 全球纺织时尚化发展趋势

趋势	表现
收购与并购	2017年,时尚产业正通过收购、并购,强强联手,加快产业布局。据统计,2017年品牌收购交易活跃,获确认的奢侈和时尚品牌收购交易已超过30起,涉及金额超过300亿美元。 如奢侈品行业,LVMH集团65亿欧元买下Dior时装部门。收购消息传出后,Christian Dior股价当日收盘大涨15%,LVMH集团老板Bernard Arnault的个人资产在短短一小时内猛涨了50亿美元。又如轻奢行业,2017年上半年,Coach母公司斥资24亿美元收购了Kate Spade、Michael Kors,又以12亿美元买下英国奢侈鞋履品牌Jimmy Choo。目前已拥有三个不同著名品牌的Coach母公司已正式改名为Tapestry,以更好地布局奢侈品市场。
年轻化趋快	1. 引入年轻人青睐元素。Gucci对产品的设计审美进行了一系列改造,甚至重新设计了Gucci经典的双G标志,大胆引入了动物元素的品牌标志和异想天开的印花和亮片,并多次进行跨界尝试。2017年第三季度,Gucci收入销售额飙涨49.4%,收入录得15.5亿欧元,再次超过爱马仕的13.37亿欧元。 2. 植入年轻化咨讯手段。爱马仕顺应年轻化的数字化潮流,首次在微信公众号开设限时店,发售爱马仕与Apple合作系列智能手表Apple Watch Hermès Series 3。随后,爱马仕在微信限时体验店发售四款男女装鞋履。 3. 迎合年轻化消费趋势,充分利用流量。数据显示,意见领袖(KOL)已经领先于全球其他国家,率先成为一种真正的媒介载体,尤其是在中国。为赢得年轻人市场,除adidas与Puma依靠Kanye West、Rihanna等名人推动外,另一运动巨头Nike也在2017年邀请中国90后明星王俊凯参与Air Max Zero鞋款设计,试图通过引流实现变现。Burberry和积家手表等奢侈品牌都竞相通过聘请如吴亦凡、鹿晗以及papi酱等明星或网红来宣传商品。Dior为吸引年轻一代,2017年先后任命了angelababy、黄轩、赵丽颖三位明星为其中国区形象大使,也成为今年在任命形象大使方面最具争议的奢侈品牌。意大利设计师品牌Dolce & Gabbana不惜消费者与业界人士的抨击与质疑,更是把网红和明星效应利用到极致,不仅邀请各国明星、网红和富二代走秀,连广告大片也是用网红明星来代替传统的模特。

续表

趋势	表现
快时尚放缓	1. 营销优势逐渐消失。一些快时尚服饰品牌正在慢慢丧失谈判的"优先级",出现"疲态",诸如 Forver21、Topshop 等。"从大环境来说,这些品牌面临了一些问题,首先是消费者没有以前那么追星了。"换言之,在经历了十年快时尚品牌的狂轰滥炸之后,消费者已经成长与成熟,也随之挑剔起来。 2. 同类竞争日益激烈,低价策略弊端日益凸显。走低价路线的快时尚品牌的供应链一直未能摆脱道德困境,而价格战或将令这样的状况雪上加霜。2017 年"快时尚近半数紧身运动衣功能不达标"又再次引起关注。在全球零售环境依旧不景气的大前提下,加之消费者的生活习惯被迅速崛起的移动互联网深度改变,同样走低价策略并能吸引价格敏感的年轻消费者的品牌加速,快时尚品牌将继续放缓。
奢侈品电商化	数字化与电商也成为 2017 年各大奢侈品牌新的发力点。2017 年 6 月 6 日,LVMH 集团正式上线自营多品牌电商网站 24Sèvres.com,LV 和 Gucci 两大奢侈品牌也先后正式推出线上选购服务。以保守著称的爱马仕也开始关注更新其在线官网,并于 2017 年 10 月 23 日在微信公众号开设微信限时店。一向远离数字化渠道的奢侈品牌 Céline 也近日正式推出具备电商功能的新版官网。 在国内,腾讯旗下的微信新版本 6.6.0 正式上线官方精品店,正式向奢侈时尚领域发起了进攻。2017 年 10 月,刚成为英国奢侈时尚购物平台 Farfetch 大股东之一的京东便推出奢侈品电商平台 TOPLIFE 直接对标天猫的内置奢侈品平台 Luxury Pavilion。
街头潮牌崛起	新崛起的年轻消费者是一群对独特性、设计感、质地、文化内涵等有着挑剔眼光的人群,潮牌生意的发展正面对前所未有的机遇。与街头潮牌合作成为品牌年轻化的捷径之一。设计乏力、供应链及运营模式僵化的奢侈品牌近年来在年轻消费者中热度减弱,充满活力、创意的 Supreme、Bape、OFF-WHITE 和 VLONE 等街头潮牌成为这一现象的受益者。2017 年 2 月奢侈品牌 LV 与 Supreme 的联名系列引起业界与消费者的高度关注,被称为是奢侈时尚界 21 世纪最高级别的联名系列,并获得了积极的市场反响。2017 年 10 月,美国私募股权投资公司 The Carlyle Group 凯雷集团计划以 5 亿美元的价格收购 Supreme 50%的股权。OFF-WHITE 的设计师 Virgil Abloh 则成为 2017 年最受品牌喜爱的合作对象,2018 年巳和 Nike、Riomowa 等多个品牌推出联名系列。I.T 集团也在 2017 年利润大涨 50%。
可持续时尚	随着动物环保理念渐渐深入人心,时尚圈也兴起一股用仿真皮草代替动物皮草的风潮。英国人造皮草品牌 Shrimp 创办人 Hannah Weiland 则认为,人造皮草已经不再只是单纯的趋势,而是作为一种全新的消费选择。新一代更关注环保及人文的消费者和洞悉未来潮流的品牌正实现交互影响。 2017 年 10 月 11 日,奢侈品牌 Gucci 突然宣布加入国际零皮草联盟(Fur Free Alliance),承诺从 2018 春夏系列开始不再使用动物皮草。消息传出后,获得大量消费者的肯定,纷纷表示将会购买 Gucci 的产品。随后美

续表

趋势	表现
	国轻奢集团 Michael Kors 于 2017 年 12 月 16 日宣布将不再使用动物毛皮材料,旗下 Michael Kors 与 Jimmy Choo 两个品牌在 2018 年 12 月底前会彻底告别动物毛皮材料。除上述品牌外,近年来已有数百个时尚品牌宣布弃用皮草,包括 Calvin Klein、Armani、Hugo Boss、Ralph Lauren、Stella McCartney、Tommy Hilfiger 等。该决定意味着业界在创新材料的研发使用上已获得标志性的成果。
中高端化	低价一直以来被认为是万灵药,能让过剩库存快速周转,让利润率迅速增长,欧洲和亚洲的时尚品牌一直都喜欢以低廉的价格打价格战,但美国饱和的市场是对这种策略的警告。 韩国的总出口市场在 2017 年增长了约 5%,高端出口市场增长最多,约为 12%。在美国,一些利用低价策略来扩大销量的品牌已经尝到了恶果,他们的品牌形象或利润率受到了影响,因为不合理的低价也会影响他们中高端产品的销售。 麦肯锡调查结果显示,全球 25% 的时尚业高管表示,增强品牌形象以提高全价商品的销售额,是他们关心的重点领域之一。

(五)融合化

跨界融合,是近几年被反复提及的热门词汇,也是各行各业转型升级的重要"手段",纺织业本就是一个强延展性产业,跨界融合是其升级发展的重要特征之一。跨界融合是根据不同行业、不同产品、不同偏好的消费者之间所拥有的共性和联系,把一些原本毫不相干的元素进行融合、互相渗透,使产业内在的生命得以延展,进而彰显一种新锐生活态度与审美方式,赢得目标消费者的好感;使得跨界合作的品牌更具立体感和纵深感,以激发消费需求动力,扩容市场价值。

附表 4 全球纺织服装业跨界融合主要表现模式

融合模式	特点	例证
产品跨界融合	是一种最常见的跨界融合模式。即将两个或多个不同领域的品牌产品依据自身优势,进行产品研发,实现营销双赢,强强联合得到产品协同响应。	奔驰与阿玛尼、彪马与德国高档服饰品牌 Jil Sander 的合作、东风雪铁龙 C2 与意大利知名时尚运动品牌 Kappa 的合作等。
技术跨界融合	是产业跨界融合的先导。新技术、新工艺跨界融合已成为纺织服装行业的重要特征。	工业智能化产品在纺织生产中的应用,如机器人;冷转移技术与数码印花机的结合。

续表

融合模式	特　点	例　证
品牌跨界融合	实现品牌跨界融合的关键,是双方或多方理念的一致性,即跨界或融合的品牌在内涵上有着一致性或相似诉求点或代表相同的消费群体、特征。只有品牌理念一致,才能在跨界融合的实施过程中产生由 A 品牌联想到 B 品牌的作用。	Lanvin for H&M 是由法国高级时装品牌 Lanvin 专为 H&M 设计的系列时装产品,消费者能以超低价格享受"高级时装"的设计。Lanvin 与 H&M 两者的跨界合作产生了协同效应:H&M 借助 Lanvin 的声名赢得大量客户,而 Lanvin 则通过 H&M 的产品渠道扩大品牌知名度。
营销跨界融合	跨界营销让不同行业的企业或品牌之间有了共同的联系。一能充分发挥企业或品牌各自的协同效应,让营销发挥更大效用。二能帮助不同行业的企业或品牌跳出本领域,摆脱价格战,在激烈竞争中寻求新的合作共赢。三能解决品牌与消费者多方面的融合问题。	跑车品牌卡迪拉克与男装品牌 Zegna 的合作是跨界营销的经典案例:身穿男装极品 Zegna,驾着顶级跑车卡迪拉克 XLR,由两大顶级品牌共同演绎"锋尚汇"。
人才跨界融合	是行业跨界融合发展的重要支撑,也打破产业边界,融合各类高素质人才是纺织产业升级的基础。	产学研专业人才跨界融合模式等。
产业跨界融合	产业跨界的关键在于拥有核心竞争力。无论企业的产业延伸将涉及多少不同行业,都必须形成系统融合,而系统融合需构建在自身核心竞争力基础上。	以产业延伸为起点的产业多元化发展战略,如互联网+纺织、文化创意产业与纺织产业结合、医药企业向传统保健、日化、食品饮料行业的产业延伸。

附录文字由作者根据以下资料整合:

1. 转引自 DT 新材料-DT 高分子在线:《DT 原创 | 行业研究:一文读懂全球智能纺织品市场前景》,2017-12-14 06:40,http://www.sohu.com/a/210470873_777213。

2. 转引至印染在线交流:《如今绿色纺织科技理念已成为主打》,2018-05-19 07:01,http://www.sohu.com/a/232135391_368281。

3. 转引至云娟娟:《2018 年全球时尚行业六大发展趋势必看》,载《中国服饰》,2018-01-07 07:46:04,http://www.xinhuanet.com/fashion/2018-01/07/c_1122215131.htm。

4. 转引至中国纺织机网《美国纺织业大力开发"聪颖衣物"》,2002-3-25 http://www.ttmn.com/school/schoolshow.asp?id=49937。

执笔:

范　博　上海社会科学院中级研究助理

2017年上海化工产业国际竞争力报告

一、发展背景

经过几十年的快速发展，中国石化产业已经成为世界石化产业的重要组成部分，截至2017年年底，中国石油和化工产业规模已占世界石化产业的30%。但是，中国石油和化工产业面临着一系列新矛盾和新问题，对产业发展形成了严峻挑战。未来十年，是世界石油和化学工业发展的关键时期，也是上海乃至中国石化产业转型发展的机遇期。上海石化产业作为中国石化产业的重要部分，如何顺应全球石化产业发展的大趋势，走出一条具有中国特色的创新发展之路，培育新的竞争优势和新的经济增长点，加快由石油和化学工业大国向强国的跨越，是上海石油化工产业发展面临的一系列难题。

2017年是供给侧改革深化的一年。当年，中国经济发展整体态势符合预期，但经济运行中存在的固有矛盾没有解决，经济发展的"L"型态势仍将持续。石化行业发展的总体状况与国家经济运行状况相吻合，行业运行基本平稳、走势趋于分化，新旧发展动力正处在转换之中。作为当今化学工业中最具活力的新兴领域之一，精细化工产品种类多、附加值高、用途广、产业关联度大，直接服务于国民经济的诸多行业和高新技术产业的各个领域，大力发展精细化工已成为世界各国调整化学工业结构、提升化工产业能级和扩大经济效益的发展战略重点。精细化工产业作为石化行业的下游产业，在供给侧改革与行业结构性调整的背景下，必将成为促进经济增长的战略制高点。研判国际行业发展趋势、摸清行业发展现状、发现问题和瓶颈，有助于客观研判上海精细化工产业国际竞争力，找准比较优势，寻找突破口。

(一) 国外化工产业发展动态与趋势

1. 发展动态

从行业发展近况看,得益于较低的原料价格和强盛的需求,2017年世界化工产业盈利普遍高涨,化工产能强劲扩张,行业收益较2016年明显改善。具体来看,欧盟制造业呈现出良好的增长态势,在经济增长、消费需求强劲、新增产能投资等多重利好因素推动下,欧盟化工产业复苏迹象明显。但由于产业竞争力落后以及区域政治、经济风险上升,导致产业的未来发展有限并充满不确定性。欧盟石化行业的发展在很大程度上依赖于下游民用消费品的出口,因此欧盟与其他主要经济体的贸易关系将继续决定其化工产业的表现。北美化学品国内需求在其强劲的经济推动下也在加速。随着美国新总统特朗普上任,"优先能源计划"(特朗普支持化石能源发展的政策)随之推出,促使美国石油和化工产业加大资金投入,化工行业得到了快速发展。对于中东而言,2017年油价的回升使得其石油供应商盈利能力大幅提高。但由于美国频繁向亚洲市场出口石油并开始影响其供应格局,中东供应商开始重新制定战略方针,以巩固客户群,确保中东石油出口安全;其下游石化企业则致力于多元化、差异化发展,以提升高附加值产品产量,提升品牌识别度,深化行业整合。而亚洲则担当了世界化工业的增长引擎,2017年。亚太地区经济体(包括东北亚和东南亚在内)对民用消费品的强劲需求支撑了全球化学品需求的增长,亚洲(包括印度次大陆)已占全球化学品需求份额的60%。得益于较低的原料价格和强盛的需求,亚洲地区化工盈利普遍高涨。未来,亚洲国家仍然是全球发展最为迅速的经济体和全球最大的制造业基地,也是最主要的化学品材料需求增长区域。

2. 发展趋势

从行业发展趋势看,一些石油大国与地区普遍采取了转移国民经济产业重心以提高石化产业和产品国际竞争力的措施。目前,中东和北美地区的产业调整和发达国家工业化方面展现出的新特征都是由石化产业重心转移驱动的。未来5—10年,将充分重视原料结构轻质化、低碳化和多元化,全球石化贸易(如美国页岩气、中东轻烃和凝析油)也将进入低碳资源贸易的活跃时期。同时,未来市场将更加凸显差异化、特色化、高端化的产品需求,通过发展高端差异化产品来降低企业的市场风险;绿色、节能和环保也将得到充分重视,将更加关注清洁生产应用和安全生产监控问题。值得注意的是,化工产业整合和企业并购也将趋于高端化,体现出强强联合、优势互补的特点。高质量的重构是石化产业发展的重要推手,联合创新也将成为发展重点。

从最近愈演愈烈的中美贸易战来看,其对上海化工产业提升竞争力也提出了紧迫的需求。各类行业受到贸易保护负面影响程度的排序如下:钢铁＞化工＞其他金属制品＞纸制品、橡胶木纸制品、橡胶木＞农产品＞机电类、纺织服装,化工排在相对较前的位置。其中,受影响最大的产品门类为塑料、有机硅、卤化丁基橡胶、液化丙烷、PA66、丙烯腈等,大量集中在精细化工领域,对上海化工产业有较大影响。2018年4月3日,美国贸易代表办公室发布拟加征关税的中国商品清单,对来自中国的相关产品加征25%的关税,这其中就包括"化学工业及其相关工业的产品"(第六类)。从中美在化工产业的产业分工来看,中国凭借产业链配套和成本优势在基础化工品领域拥有较强竞争优势;而美国在精细化、功能化和特种化方面有较高壁垒,双方产业互补性较强。美国从中国进口化工品金额在贸易逆差中占比较小,不会成为美国挑起争端的重点领域,但也不排除部分对美出口、在美国进口量中占比较高的产品被贸易战所影响。从化工产品进出口结构来看,由于上海精细化工产品贸易逆差较大,且出口影响顺序为电子设备>机械设备>服装制造>金属制品>家具>化学制品>塑料橡胶制品>食品,因此,美对中贸易战对上海化工产品出口的影响在可控范围内。而作为对美国发动贸易战的回应,中国对美也制定了加征关税化工商品清单(表1),其中涉及品种较多的是基础性化工原料与高端化工材料,这将在一定程度上加大上海化工企业的生产成本,从而也在一定程度上削弱产业竞争力。

表1 对美加征关税化工商品清单

序号	税则号列	商品名称
62	27111200	液化丙烷
63	39074000	初级形态的聚碳酸酯
64	38151200	以贵金属及其化合物为活性物的载体催化剂
65	38220010	附于衬背上的诊断或试验用试剂,但税目32.02、32.06的货品除外
66	38249999	其他税目未列名的化学工业及其相关工业的化学产品及配制品
67	38248700	含全氟辛基磺酸及其盐,全氟辛基磺胺或全氟辛基磺酰氯的本章子目注释三所列货品
68	38248800	含四、五、六、七或八溴联苯醚的本章子目注释三所列货品
69	38248500	含1,2,3,4,5,6-六氯环己烷[六六六(ISO)],包含林丹(ISO,INN)的本章子目注释三所列货品
70	38249100	主要由(5-乙基-2氧代-1,3,2-二氧磷杂环己-5-基)甲基膦酸二甲酯和双[(5-乙基-2-甲苯-2氧代-1,3,2-二氧磷杂环己-5-基)甲基]甲基膦酸酯(阻燃剂FRC-1)组成的混合物及制品
71	38248600	含五氯苯(ISO)或六氯苯(ISO)的本章注释三所列货品
72	38248400	含艾氏剂(ISO)、毒杀芬(ISO)、氯丹(ISO)、十氯酮(ISO)、DDT(ISO)[滴滴涕(INN)、1,1,1-三氯-2,2-双(4-氯苯基)乙烷]、狄氏剂(ISO,INN)、硫丹(ISO)、异狄氏剂(ISO)七氯(ISO)或灭蚁灵(ISO)的本章子目注释三所列货品

续表

序号	税则号列	商品名称
73	38151900	其他载体催化剂
74	39079999	其他聚酯
75	38159000	其他未列名的反应引发剂、促进剂
76	39011000	初级形态比重是<0.94的聚乙烯
77	29261000	丙烯腈
78	34039900	润滑剂(不含有石油或从沥青矿物提取的油类)
79	38220090	无论是否附于村背上的诊断或试验用配制试剂,但税目32.02、32.06的货品除外
80	38112900	不含石油或从沥青矿物提取的油类的润滑油添加剂
81	39073000	初级形态的环氧树脂
82	39206200	聚对苯二甲酸乙二酯片膜箔扁条
83	39199090	其他自粘塑料板、片、膜等材料
84	39209990	其他塑料制的非泡沫塑料板片
85	39269090	其他塑料制品
86	39019090	其他初级形状的乙烯聚合物
87	39014090	其他乙烯-a-烯烃共聚物,比重小于0.94
88	39069090	其他初级形状的丙烯酸聚合物
89	39041090	其他初级形状的聚氯乙烯
90	39100000	初级形状的聚硅氧烷
91	39119000	其他初级形状的多硫化物、聚砜及39章注释所规定的其他税号未列名新产品
92	39219090	未列名塑料板、片、膜、箔及扁条
93	29031500	1,2-二氯乙烷(ISO)
94	40023990	卤代丁基橡胶板、片、带
95	29349990	其他杂环化合物
96	35069190	以其他橡胶或塑料为基本成分的粘合剂
97	39081011	聚酰胺-6,6切片
98	39072090	其他初级形状的聚醚
99	39121100	初级形状的未塑化醋酸纤维素
100	39089010	芳香族聚酰胺及其共聚物
101	39089020	半芳香族聚酰胺及其共聚物
102	39089090	初级形状的其他聚酰胺
103	39201090	其他乙烯聚合物制板、片、带

续表

序号	税则号列	商品名称
104	34021300	非离子型有机表面活性剂
105	34031900	润滑剂(含有石油或从沥青矿物提取的油类且按重量计<70%)

(二)国内化工产业发展动态与趋势

1. 发展动态

近年来,国内化工产业的发展一直呈波动态势,2008—2015年,先后由于化工产品价格大幅波动及之后的产品价格下行,生产企业库存持续上行,在产能过剩的背景下进一步打压价格,从而使得整个行业发展受到影响。到了2016年,行业阶段性拐点出现,受益于供给侧改革,开始持续去库存化,而长期低迷的价格使得供需格局得到扭转。到了2017年,化工品价格持续上行,伴随着库存不断减少,供需格局紧平衡状态下的基本面得到持续改善;受益于化工产品价格的持续上行,整个化工产业盈利普遍上涨。值得注意的是,我国石化行业增长率变化幅度较大,在一定程度上反映了行业发展存在不稳定性。特别是在产业高速增长时期,产能增长超出市场和GDP发展需求,容易导致部分行业和产品形成过剩产能。

从行业发展近况看,2017年,我国化工产业价值观继续发生变化,主要体现在社会体系对化工发展成功与否的判定标准和取向方面。当前,石化行业需求已从生存型阶段进入到生活型阶段,下一步将要进入到生态型阶段,需求层次、需求内容、产业映射和核心价值等各方面都在发生变化,这些都依赖于更多利用高端技术和清洁资源。从产品门类来看,烯烃、芳烃、现代煤化工、化工新材料是2017年支撑全行业发展的重要领域。当年,化工传统产业产能控制取得成效,合成材料、专业化学品、精细化学品等附加值较高的行业引领增长,基础化学原料增速放缓。基础石化原料保障能力优化度不够,乙烯、芳烃原料成本高;产品结构性矛盾突出,基础产品产能过剩,高端化学品大量依赖进口;此外,还存在资源、环境和安全等问题。

具体到行业门类,烯烃行业原料轻质化趋势明显,产品呈现多元化发展态势;煤/甲醇制烯烃等新原料行业有序推进,在产业定位和布局上与传统石脑油裂解制乙烯工业实现错位发展;乙烷裂解制烯烃、丙烷脱氢制丙烯、碳四资源综合利用等低碳产业开始布局。芳烃行业调整优化布局,"宜油则油""宜烯则烯""宜芳则芳",炼化一体化统筹发展。现代煤化工注重提升示范升级水平、解决环保问题、关注竞争力、减少产品物流成本、关注碳排放权交易、预算碳成本是工作重点。化工新材料和高端化学品领域由于市场前景好、发展成长性好、技术含量高,并广泛应用于国民经济和国防军工的众多领域中,近年来很多产品的消费量年均增长都在10%以上。但是,受技术水平制约的影响,其目前仍是我国化工体系里国内自给率最低、最急需发展的行业门类;高端专用化学品约占专用化学品总量比重30%以上,其中大约1/3依靠进口,其发展方向是高性能和环保型。在空间分布上,化工产业集群主要集中在山东、江苏、广东、浙江、辽宁等地,中西部地区增长速度较快。

2. 发展趋势

(1) 绿色环保奠定行业基调

为贯彻落实党的十八届五中全会提出的绿色发展新理念,加快推进行业供给侧结构性改革,促进行业实现绿色可持续发展,推动我国由"石化大国"向"石化强国"跨越,我国政府颁布了一系列法律法规来保证化工产业的绿色健康发展。2016年11月10日,国务院办公厅印发了《控制污染物排放许可制实施方案》,旨在进一步推动环境治理基础制度改革,改善环境质量。2016年12月23日,环境保护部组织编制了《排污许可证管理暂行规定》。在政策的推动下,国内首批排污许可证于2017年3月落地。2017年7月27日,工业和信息化部、发展改革委、科技部、财政部、环境保护部等五部委联合发布《关于加强长江经济带工业绿色发展的指导意见》,该《指导意见》确立的目标是:到2020年,长江经济带绿色制造水平明显提升,产业结构和布局更加合理,传统制造业能耗、水耗、污染物排放强度显著下降,清洁生产水平进一步提高,绿色制造体系初步建立。2017年12月5日,国家发展改革委、工业和信息化部两部委联合发布《关于促进石化产业绿色发展的指导意见》,从更高的层面完善行业绿色标准,建立绿色发展长效机制,推动石化产业绿色可持续发展。自2017年4月以来,中央环保督察组分两个批次对15个省市进行督查,持续的环保高压使化工产业中一些未上环保装置的企业或环保不达标的企业面临巨大的压力;尤其是一些小企业面临被动去产能,或停产、或关停,以此来提高行业的绿色发展水平,改善供求关系。未来,绿色依旧是化工产业发展的主基调,一切企业的发展都将以绿色发展为前提。

(2) 智能化是行业发展方向

国家除了逐渐提高化工产业环保要求以外,行业智能化发展也得到了充分的重视。2017年3月5日,李克强总理在十二届全国人大五次会议上作政府工作报告,报告指出:深入推进《中国制造2025》,发展战略加快大数据、云计算、物联网应用,以新技术、新业态、新模式,推动传统产业生产、管理和营销模式变革;将发展智能制造作为主攻方向,推进国家智能制造示范区、制造业创新中心建设,加快实施工业强基、重大装备专项工程,大力发展先进制造业,推动中国制造向中高端迈进;完善制造强国建设政策体系,以多种方式支持技术改造,促进传统产业焕发新的蓬勃生机。2017年2月,上海市政府正式发布《上海市工业互联网创新发展应用三年行动计划(2017—2019年)》,计划对化工产业提出的目标是：推动化工生产型企业在互联网与大数据环境下的协同研发、精益生产、精准营销、智慧物流、数据服务、供应链金融等方面的集成创新，实现由生产制造向服务制造转变。

（3）聚焦化工新材料

新材料是我国"十三五"时期八大战略性新兴产业之一，也是我国石化行业加快转变发展方式的重要着力点。"十三五"时期，新材料行业研发水平、生产技术有望进一步提升，加之国内政策的大力支持以及相关产业的带动，我国新材料行业将面临难得的发展机遇。上海也不应错过这一发展机遇，在策略上应优先发展化工新材料产业，以应用为导向，促进上下游融合发展，为电子信息产业、高端装备、节能环保新要求、人口老龄化等新市场提供化工新材料。大力发展新材料是我国化工产业实现高端化的重要途径之一，将在一定程度上缓解石化产品结构性矛盾，改善低端石化产品产能过剩；此外，发展高端新材料还将为汽车、生物医药、航空航天等相关制造业部门提供有效供给，增强下游产业的产品竞争力。

（三）2018年化工产业发展宏观经济形势分析

一是全球经济持续复苏。发达国家保持稳定的复苏态势，消费者支出、商业和投资增长支撑美国经济增长高于上年；欧元区经济实现连续19个季度的经济扩张；日本经济总体维持持续改善态势。国际油价的提升以及我国出口的增长都为化工产业的发展提供了一个稳定的环境。

二是国内经济稳定向好。我国经济引领新兴经济体发展。随着供给侧结构性改革不断深化，国内工业经济发展势头良好，转型升级步伐进一步加快，为化工产业营造稳定的发展环境。在环保高压常态化、安全生产常态化以及供给侧结构性改革的推动下，化工产业投资持续放缓，生产活动保持平稳，行业经济效益不断改善，运行质量也有所提升。

三是改革效果逐渐显现。由于近年来供给侧改革力度的加大，行业结构的加速调整，以及国家对环保的重视，更多技术落后、环保要求不过关的产能陆续退出市场，对整个化工产业形成利好。

四是周期力量推动化工市场逐步回暖。从化工指数的变化来看，2017年的化工市场结束了自2012年以来的持续下跌状态，自此开启了发展新周期。

另外，在世界原油价格上涨、煤炭等黑色系产品价格上涨、人民币汇率贬值等因素的综合作用下，未来化工产业发展仍将充满机遇。

二、上海化工产业发展竞争力分析

（一）指标体系建立与数据处理方法

本报告采用的指标体系如表2所示：

表2 指标体系与数据来源

一级指标	二级指标	三级指标	数据来源
产业国际竞争力	行业增长驱动	产业集中度	中国工业统计年鉴
		区域产业集群水平（全国八大区域，同区域数据一致）	中国工业统计年鉴
		行业成长速度	中国工业统计年鉴
		行业盈利能力	中国工业统计年鉴
		生产效率	中国工业统计年鉴
	产业国际表现	国外市场占有	中国工业统计年鉴；WTO数据库
		出口竞争力	中国工业统计年鉴
			中国工业统计年鉴
		贸易升级水平	中国工业企业数据库
		贸易特化能力	第三产业年鉴
	价值链提升	研发强度	地方科技年鉴
		新技术生产力	地方科技年鉴
		核心产品市场占有率	Comtrade和海关统计
		核心产品出口竞争力	Comtrade和海关统计

在数据处理方法上：采用标准差标准化法（Z-score方法）对数据做规范化处理，采取客观赋权和主观赋权相结合的方法，对二级指标与三级指标确定权重，并进行逐级加权平均，得到化工产业国际竞争力综合指数。

（二）计算结果与分析

1. 综合竞争力基本情况分析

上海化工产业正处于产业转型升级的关键时期，石油化工既是上海的基础产业，也是上海的六大支柱产业之一。从上海的发展情况看，2017年上海石油化工与精细化工产业完成总产值3 798.68亿元，同比增长1.8%。主营业务收入4 053.63亿元，同比增长18.4%。利润总额达494.32亿元，增幅达65%，利润占上海六个重点行业总利润的21.66%，占所有规模以上企业总利润的15.45%。总体而言，在供给侧改革效果逐渐显现的背景下，上海整个化工产业环境都在向好，产品价格不断提升，企业生产效益也逐渐改善，基本形成了以上海化学工业区及上海石化公司为龙头、其他园区发展下游产业链及相关配套产业的格局。

图 1 展示的是 2014—2016 年各省市化工产业综合竞争力指数,由行业增长驱动、产业国际表现、价值链提升三个一级指标综合计算得来。从图中可以看出,上海化工产业的综合竞争力排名基本稳定在第五、第六的位置上,且与排名靠前的江苏、广东、浙江、山东等省份的综合竞争力指数差距明显,湖北、辽宁、天津等省市综合竞争力排名紧随上海之后。三年间,上海化工产业综合竞争力水平先增后减,深入来看,综合竞争力的变动主要由行业增长驱动变动造成,受产业国际表现与价值链提升的影响不大。一方面,自 2014 年开始,由于国内化工产业过去十年的粗犷式发展,产生了一大批耗能高、污染重、收益低的企业,而随着国家逐渐重视化工产业的绿色环保问题,大批落后、过剩产能都将遭到清除,从而使得其他各省市的化工产业受到不同程度的打击;同时,随着世界经济复苏缓慢、贸易保护主义兴起,世界范围内的进出口也受到不同程度的影响,产业结构更加精细、绿色的上海化工显示出一定优势。另一方面,化工产业经济向好催动石化产能放量,产品价格上涨,推动了化工产业盈利的大幅增长。以上海化工区为例,其聚氨脂、异氰酸酯等新兴产业总产值占比达 80%,产业高级化结构已经开始显现;市场需求带动满产满销,化工市场全面动销,市场呈现供不应求的态势,上海许多重点化工企业的产销率都超过 100%,出口量也趋于稳定;多重因素推动化工股产品价格上涨,在原油价格上涨的带动下,上海化工产业经济运行提质增效。这些因素都对上海化工产业综合竞争力提升产生了积极影响。

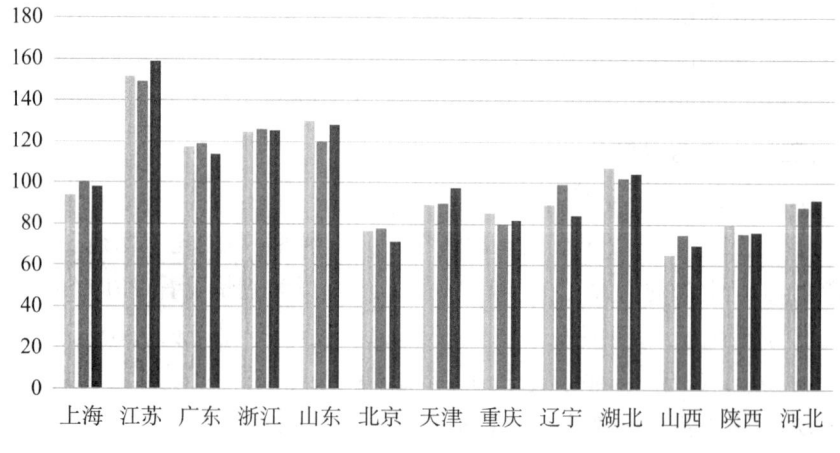

图 1 各省市综合竞争力指标

此外,随着供给侧改革进程加速及实施更加严格的环保核查,更多技术落后、环保要求不过关的化工产能的退场力度将会进一步加大,将继续对上海整个化工市场形成利好。并且,人民币贬值、美联储持续加息等事件概率增大,对于一些自给率较低的化工产品而言,由进口成本增加而带来的价格上涨将会进一步催生国内市场繁荣,上海在高端石化产品的供给方面,显然具有难以替代的竞争优势。

2.3 个二级指标分析

(1) 行业增长驱动的变动状况

2014—2016 年,上海化工产业的行业增长驱动呈先升后降的态势(图 2)。就行业成长速度、化工产业集中度、行业盈利能力、行业生产效率方面分析,原因在于:

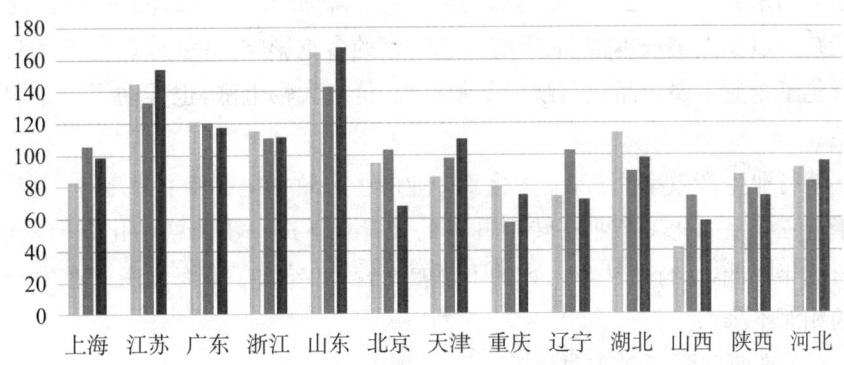

图 2 各省市行业增长驱动指标

就行业成长速度而言,2014—2016 年,上海化工产业的行业成长速度从 −1.18 变为 2.44 再回落到 −1.12,行业成长速度在 2015 年有着较大的提升,在 2016 年再次下落。造成这种现象的原因是 2015 年全国范围内化工产业的升级压力较大,国家也出台了一系列的环保政策来保证化工企业向着绿色环保方向发展。上海由于自身行业发展基础较好,清除落后产能、产业转型升级的压力相对较小,对于产业增速的影响也相对较小;到了 2016 年,全国清除过剩产能、淘汰落后产能取得了一定成效,各地化工产业的发展态势逐渐进入稳定状态,一些项目开始重新布局投产,造成行业增速相对于全国相对降低。上海化工产业小规模企业在下行周期中叠加日益提高的环评标准,产能逐渐出清;大企业利用规模优势形成较高壁垒,继续通过补充现金流或资本市场融资扩大生产规模;龙头企业更是注重环保因素,提前几年进行环保投入布局,进一步拉开成本差距,形成行业竞争优势。

就产业集中度而言,近三年来上海化工产业集中度呈逐年下降之势,总体从 0.31 下降到 0.27,且下降幅度增大。造成这种现象的主要原因是化工板块中石油加工、炼焦和核燃料加工产业的萎靡,该行业产值从 2014 年的 1 401 亿元下降到 2016 年的 1 024 亿元;由于石油加工、炼焦与核燃料加工产业是产能过剩、环境污染的重点治理对象,该类企业在环保与转型升级上有着较大的压力;加之 2014 年、2015 年由于石化行业需求较为低迷,化工产品价格疲软,众多企业主要化工产品价格同比出现较大幅度下跌,一批企业退出市场,从而使得产业集中度有所下降。

就行业盈利能力而言,上海化工产业的盈利能力近年来持续提升,且提升幅度较大,三年间行业盈利能力从 3.7% 提高到了 9.3%,达到了全国领先水平;2017 年上海化工产业的利润更是比上年增加了 65%。以上海化工区为代表的上海化工产业集聚区自 2015 年开始,总产值增速就一直保持在两位数水平;2017 年,上海化工区增速更是达到 23.85%,并实现突破千亿元大关。从企业方面来看,国资化工企业营收与归母净利润都大幅增长;同时,受国内外产能减少以及上游成本推动、下游需求旺盛的多重影响,许多外资化工巨头与国资化工企业主要产品供需缺口不断扩大,价格大幅上涨,也推动了行业增长驱动。

就行业生产效率而言,上海化工产业的生产效率呈逐年下降态势,主要是由于近三年上海化工产业在转型升级的大背景下进一步向精细化方向发展,产值逐年降低,而行业从业人数的下降幅度较小,导致了上海化工产业生产效率的相对下降。

(2) 产业国际表现变动分析

从图 3 可以看出,近三年来上海化工产业的产业国际表现呈先降后升的态势。

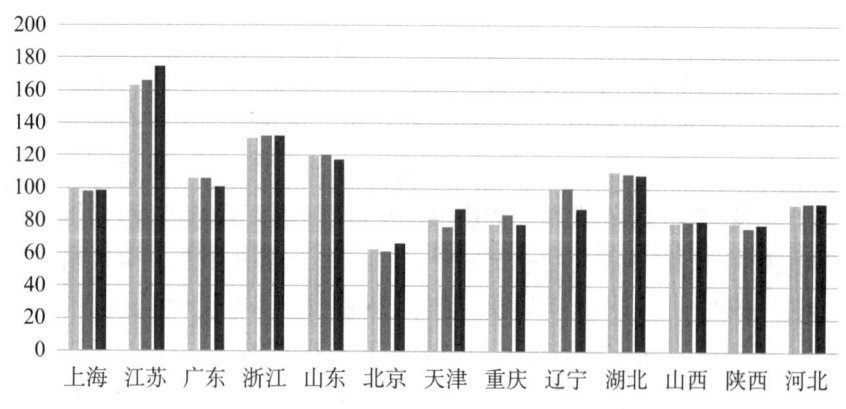

图 3　各省市产业国际表现指标

就全球市场占有率来看,上海化工产品的全球市场占有率正逐年下降,从 0.001 78 下降为 0.001 70 进而下降为 0.001 60。虽然近年来国际出口一直保持低迷,但江苏、浙江、山东等省份化工产品的出口量仍然保持着较高增长速度,上海化工产业的出口与传统化工强省仍然有着较为明显的差距。近年来,上海化学原料及化学制品制造业固定资产投资略有下降,从产品内部结构看,下降比例比较多的产品为橡胶和塑料制品业、石油加工/炼焦及核燃料加工业,增长较多的行业为化学纤维制造业。

就贸易升级水平来看,上海化工产业的贸易升级水平在三年间从 0.067 下降到 0.060,化工产品出口量从 364 亿元下降到 331 亿元。一方面,上海化工产业转型升级走在全国先列,对不符合环保要求企业的淘汰不可避免地对行业整体生产力水平产生影响;另一方面,近年来在高端化工产品上的贸易摩擦也对上海化工产品出口比重产生了波动性影响。随着国际贸易保护主义风潮兴起和中美贸易摩擦的持续升级,此类影响将会持续和加剧。

就贸易特化能力来看,从 2014 年的 2.129 上升到 2016 年的 2.203,仅从这一项指标来看,上海化工产业的贸易特化能力稳居全国首位,在数值和增幅上与其他省市拉开了较为明显的差距。由于贸易特化能力反映的是产业在全国的相对竞争优势,因此,在抛开体量因素后,上海化工产品的出口能力在全国处于领先水平,这与上海发展较为高端的行业门类技术与产品有关。

就行业 TC 指数来看,上海化工产业竞争力指数从 -0.0044 下降到 -0.0058,说明上海的化工产品进口的比重不断加大;并且从全国范围来看,上海化工产品的贸易逆差值居全国首位。但这并不能说明上海化工产品的贸易竞争力相对于其他省市偏低,而是由两方面原因造成。一方面,随着近几年化工产品下游新兴应用的不断兴起,化工新材料衍生出的许多新的产品大类(如半导体材料、锂电池材料、太阳能电池材料、面板显示材料等),涉及众多纯度净度更高、产品一致性和稳定性更加出众的常规化学品的高端应用,如电子级硫酸、盐酸、硝酸等电子试剂,这些试剂的自给率低,仍然需要依靠大量进口。上海本身是这些产品的重要消费市场,且是进口的重要口岸。另一方面,上海是国内较早向精细化工品生产转型的地区之一,重点发展以烯烃和芳烃为原料的中下游石油化工装置以及精细化工深加工系列,以及各类催化剂、助(溶)剂、食品添加剂、电子化学品、造纸化学品和生物化工等新领域精细化工产品。这在一定程度上加剧了上海出口商品在国际市场上的竞争,从而处于相对劣势。

就显示性比较优势指数 RCA 来看,上海的 RCA 指数从 2014 年的 0.365 下降到 2016 年的 0.340,且远远低于居于全国领先水平的浙江、湖北、辽宁等省市;从该指标代表的意义来看,上海化工产业与其他产业相比仍然不具备发展的比较优势。一方面,上海在三次产业结构的演进中处于先发优势;另一方面,上海近 3—5 年在制造业领域加快布局了船舶、飞机、重型装备等新兴重工门类,化工产业的发展优势相对减弱;再一方面,本次计算因数据可得性原因,未能区分出口商品中传统大宗化工产品与精细化工产品,即 RCA 指数难以看出出口产品的质量差别,导致浙江、湖北、辽宁等传统化工大省的计算结果显示出较大的比较优势。

(3) 价值链提升变动分析

从图 4 可以看出,上海化工产业价值链提升这一指标三年来变化不大,总体一直排在 5—6 位。具体情况如下:

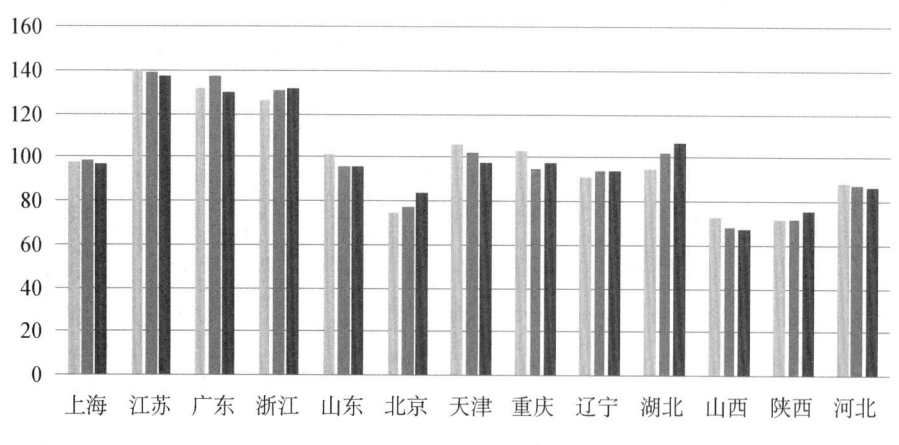

图 4　各省市价值链提升指标

从研发强度指标来看,上海的研发投入正逐年增加,从 2014 年的 0.72 到 2015 年的 0.74 再到 2016 年的 0.88;2016 年,上海化工产业的研发强度指标也显著超过了全国化工产业 0.81 的平均水平;而在前两年,上海的研发强度与全国平均水平仅仅持平。化工英才网公布的《2018 年上海市场分析/调研平均薪酬调查》反映,近年来,化工产业投入中的软要素逐渐增强,上海化工产业 2018 年热门职业包括:工艺设计、项目工程师、化验/实验、现场工程师、工艺员/工艺工程师、销售代表/助理、销售经理/销售主管、项目经理/主管、工艺工程师、管道设计、化学工程师、设备工程师,智力密集因素大大增强。

从新技术生产力指标来看,得分从 0.074 上升到 0.090 又降为 0.081,但总体呈现上升趋势。尽管与全国其他化工强省在数值上相比还相对落后,也小于全国化工产业平均水平,但在一些精细化工领域仍然取得了较好的突破。反映竞争力的产品主要集中在电子化学品方面,这得益于上海电子信息产业与化工产业发展水平均较高。作为电子材料与精细化工相结合的高新技术产品,电子化学品离终端用户的距离大大缩短,并直接为客户提供技术服务,附加值最高,这在一定程度上反映了上海化工产品的技术水平。

从核心产品的全球份额来看,在以精细化工和专用化学品为主的核心产品竞争力上,上海不仅增速明显,且已经处于全国领先水平。从数据反映来看,上海多种化工产品出口全球份额居于全国前列,在20种核心产品中,上海生物医药中的激素药物(300432)出口已占据全国出口份额一半以上(51.77%),还有多种核心产品如非石油类润滑剂(340399)、混合药品(300490)、美容品化妆品(330499)、聚合物油漆(320890)出口的份额均占全国25%以上,这些产品都极具国际市场竞争力。

从核心产品的TC指数来看,上海核心产品的国际竞争力稍显不足,多数核心产品在商品国际贸易中处于贸易逆差的状况。造成这种局面的原因还是受限于上海化工产业所处的发展阶段,其以精细化工品为主的核心产品在国内具有较大的竞争优势,但仍多处于精细化工产品的低附加值环节,有些产品缺乏独创性;在短期内,上海还无法与发达国家跨国公司所具备的技术、贸易和投资综合优势相抗衡,占领化工产业高科技和高附加值产品的市场还有待时日。

(4) 区域指标分析

从行业增长驱动的区域比较而言,上海排名5—7位,与排名靠前的江苏、山东差距较大。主要原因是上海的产业集中度与江苏、浙江、山东、辽宁等省份相比有着较大的差距。一方面,山东、辽宁是我国重要的能源基地,石化初级产品比重较高;另一方面,江苏、浙江一直都是我国石化产业集聚度较高的区域。相对而言,在统一统计口径下,上海石化产业集中度较低。但同时需看到,较低的产业集中度不利于生产要素的聚集、资源的配置、产业链的形成,形成更加完整、紧密的化工产业链,推动化工产业向高端化、高质化、高新化发展是上海石化行业发展的重点任务。

就产业国际表现的区域比较而言,上海排5—7位,江苏化工产业的国际表现领先其他省市。具体来说:(1)江苏省化工产品国外市场占有率大幅领先其他省份,2016年其所占全国出口份额更是达到将近40%,而上海只占到8%左右。(2)从行业TC指数来看,有将近一半的省市为负值,说明我国化工产业整体仍然存在着产品结构性过剩和结构性短缺的矛盾。一方面,低附加值基础性化工原料的生产能力过剩,在国际市场上供大于求;另一方面,高附加值与高技术含量产品生产比重低,仍需从国外大量进口。(3)从贸易特化能力来看,上海三年来一直居于首位,并且逐年增加,而位于第二位的江苏省,在此项指标上也与上海差距明显。由此说明,抛开化工产业的整体规模而言,上海化工产品在精细化与绿色化方面仍然具有较大优势,其出口比例仍处于全国领先地位。

就价值链提升的区域比较而言,上海排第4—6位。江苏、广东、浙江在这一项指标上稳稳居于前三位。具体状况:从研发强度来看,上海在研发上的投入从29.35亿元提高到30.96亿元,研发强度从0.72增加到0.88,虽然有所增加,但跟江苏、广东、浙江、天津等省市相比还有一定差距。从新技术生产力来看,统计数据显示排在全国前列的仍然是江苏、广东、浙江等省市,上海与以上各省市的差距较为明显。但从实际情况看,上海已经在新技术生产力的研发和应用方面走在了前列,较为突出的表现就是运用数字化参与化工生产。例如,使用数字支持来改进企业的业务流程,实现流程优化;运用数字化影响到终端市场的需求模式,从而整体提升化工产业价值链;同时,还将数字化应用到商业模式中,增加获取客户和为客户创造价值的机会。相比之下,其他省市在这一方面做的要相对滞后一些。从核心产品出口份额来看,上海精细类化工产品显示出独特的优势。多项化工产品出口份额均处于全国领先地位,如生物医药中的激素药物、非石油类润滑剂、混合药品、美容品化妆品、聚合物油漆等,都在国内形成了一定的出口优势。从核心产品TC指数来看,全国范围内80%以上核心产品的TC指数都为负,说明我国化工产业整体发展水平不高,化工产品多处在生产链的中下游,产品附加值偏低,对于高附加值、高技术含量产品的出口仍依赖进口,处于竞争劣势。从上海的具体情况看,其核心产品精细化程度较高,出口在国内占据一定优势;但跟国外相比还存在着较大的差距,绝大多数的核心产品仍然处于贸易逆差状态。

就区域产业集中水平而言,更高的产业集中度对于生产要素的流动、生产成本的降低等都有着较大的影响,产业集中度越高,越能够促进行业盈利的持续好转,为行业发展提供新动能。将我国各省市分为八大地区,分别为东部沿海地区:上海、江苏、浙江;南部沿海地区:福建、广东、海南;北部沿海地区:北京、天津、河北、山东;长江中游地区:湖北、湖南、江西、安徽;黄河中游地区:陕西、山西、河南、内蒙;西南地区:云南、贵州、广西、四川、重庆;西北地区:甘肃、辽宁、青海、西藏、新疆;东北地区:辽宁、吉林、黑龙江。从计算数据看,东部沿海与北部沿海地区产业集中度最高,两个地区化工产业产值共占全国化工总产值的53.8%(表3);但东部沿海地区的产业集中水平逐年减少。西北地区、西南地区产业集中度较低,东北地区的产业集中度逐年下

表3 各地区区域产业集中水平

年份 \ 地区 区域产业集中水平	东部沿海	南部沿海	北部沿海	长江中游地区	黄河中游地区	西南地区	西北地区	东北地区
2016	168.34	88.06	165.03	95.35	82.85	73.21	57.58	69.58
2015	169.87	89.28	163.38	94.45	81.80	71.45	56.47	73.29
2014	171.91	89.94	161.37	91.20	82.08	67.67	56.57	79.25

降。如图5所示,在产能过剩的大背景下,这些地区的石化市场没有得到很好发育,加之缺乏在产业链上的延伸,产品附加值低,化工产业发展迟缓,竞争力也较差。

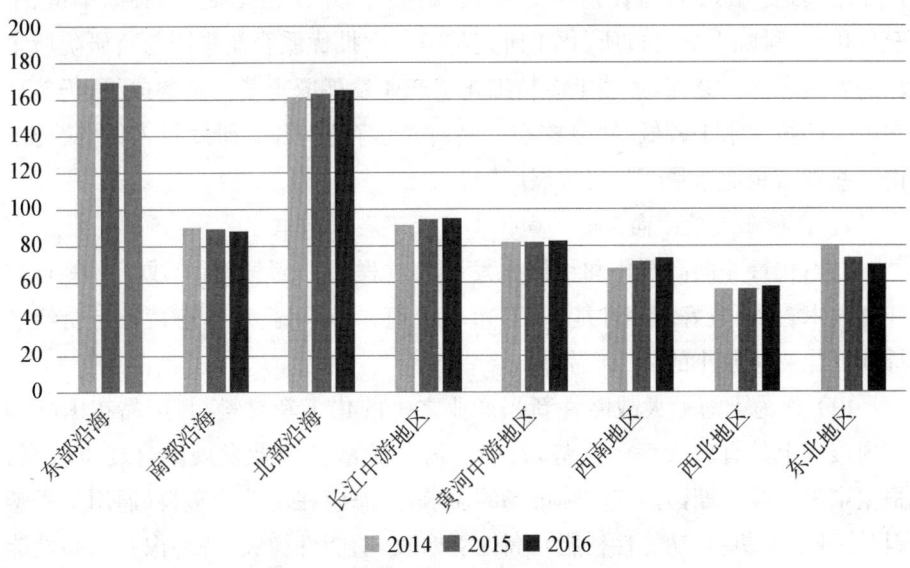

图5　各地区区域产业集中水平指标

三、发展路径

(一) 总体方向

"十三五"时期是上海转变经济发展方式的关键时期,围绕建设具有全球影响力的科技创新中心战略,上海产业结构转型进入调整、提升的新阶段。随着土地、能源、环境等刚性约束不断趋紧,产业与城市深度融合的要求更为明显,这就要求石化行业也必须继续加大产业结构调整力度,提高行业发展质量,积极淘汰落后产能,合理控制行业发展规模,推动行业向产业价值链高端跃升。

未来,上海化工产业的发展方向为:实现产业发展的高端化与高附加值化,即生产高附加值的高端化工产品,主要就是精细化工产品。通过积极推动调结构、转方式,加快推进新产业、新技术、新业态、新模式"四新"发展战略,努力实现上海石油和化工产业由重变轻、由污变绿、由粗变细、由散变聚、由量到质的精细化发展,形成石化先进制造业与现代服务业融合发展的新局面。未来,上海化工将向产业链两端延伸,重点发展绿色、低碳的高附加值环节,加快行业绿色、循环、可持续发展,增强产业发展的国际竞争力。

(二) 提升路径

上海很早就建立了精细化工产品生产园区,试图依靠上海化学工业区与上海石化两大化工产业基地资源优势,构建精细化工品产业链,打造精细化工产业聚集地。截至目前,已形成亨斯迈、朗盛、三井、花王、雅宝、日邦、华谊、中轻日化、中科院上海有机所、化工研究院等一大批优质企业集团与科研院所集聚的发展态势。然而,虽然上海精细化工产业发展取得了一定的成果,仍然存在着生产技术水平较低、部分核心产品对外依存度较高、研发投入偏弱、与国内一些省市相比增量不足等发展问题。

1. 在行业发展方向上——向化工产业下游深加工

在石化行业向高端化和精细化发展的过程中,上海逐渐形成了一些具有较高技术含量、较好应用性能、较高市场价值、具有可持续生态特性与受经济周期变化影响较小的化工产品。

(1) 作为上海七大战略性新兴产业之一的化工新材料,其产品在国际和国内市场上具有较大竞争优势,且与上海其他战新产业发展融合度也较高。根据未来一段时期国内与国际市场的需求,上海应在高性能塑料(通用工程塑料、特种工程塑料、功能性树脂)、高性能橡胶(功能性橡胶、特种橡胶)、高性能纤维(功能型纤维、特种纤维)等化工新材料领域继续加大研发与生产力度,提高国内市场关键化工新材料的自给率。

(2) "十三五"期间,增长较快的化工产品领域有工业和公共设施清洁剂(预计增速12%)、建筑化学品/润滑油/催化剂/水处理化学品/电子化学品(预计增速6%—9%),上海应在高端传统专用化学品、新型专用化学品、高端制造专用化学品方面取得突破,以配合上海汽车、装备、飞机等大工业制造基础。主要途径是:提高传统专用化学品的高端化率,主要产品涵盖高端洗涤用化学品、新型农用化学品、高端染料与颜料化学品、新型催化材料、新型含能材料、高性能涂料和胶黏剂等。同时,加大新型专用化学品的研发,在膜材料、电子化学品和新能源化学品、新型(3D)打印材料、新型纳米碳材料、高性能工业涂料、生命医学工程材料方面取得重大突破。

(3) 服务于上海建设具有全球影响力的科创中心,以及长三角具有全球影响力的世界级产业集群,上海应夯实高端制造专用化学品的研发生产能力。在汽车用高端化学品方面,加大高端密封材料、高端轮胎与皮带材料、高端内饰材料、高端部件与结构材料的研发;在装备用高端化学品方面,加大改性天然橡胶、卤化丁基橡胶、聚醚酯热塑性弹性体、耐高温尼龙、先进树脂基复合材料、高端涂料等的研发。

2. 在行业发展保障上——改善技术获取手段,加强调研与服务

(1) 转变研发思路,选择重点突破。主要途径:一是鼓励化工企业技术创新中工程技术研发与新产品研发并重,以产品为目标部署研发配套工程技术。

可尝试改变现有企业承担的工程研究中心与重点实验室模式,转型为特定精细化工产品的技术工程和研究中心;二是制定上海市化工产业精细化工产品名录,结合上海制造业领域发展要求,选择一批重点产品进行研发,实现重点突破;三是对目前尚无自主技术,从头研发又赶不上市场急需的高端精细化工产品,要敢于购买技术、引进企业、上项目,合理选址、做深做久。

(2)加强市场供需调研,明晰精细化工产品供需结构。主要途径:一是摸清市场对通用-精细石化产品的需求,确定"精通比"。从市场侧与供应侧两个方面入手,了解市场对精细化工产品的种类、数量与价位,以便预测总需求量与比例;二是需进一步丰富市场调研对象,开展大型生产企业、大用户、海关进出口统计数据、代理中间商网上推销目录、企业产品结构调研,将调研细致到精细化工产品的种类、品种、牌号、数量与生产商;三是明晰进口来源国家或地区的进出口贸易政策,包括关税制定、变动细则。

(3)加快推进精细化工产品服务能力建设,实现化工制造与服务的高度融合。主要途径:一是加强资本运作,通过合资、并购、合作来保障精细化工研发、生产强强联合的发展需要。资本的合作在一定程度上也改善了企业获取高端产品技术的模式,可以在很大程度上改善当前上海化工产业研发投入水平较低、因基础研究薄弱参与全球资源利用与竞争不足、介入前瞻性领域开发力度不够等问题;二是调整化工产业生产组织,以贴近需求、细分市场的战略业务单元为重要业务组织形式,可尝试成立高端精细化工产品的专业公司,满足高端化工产品弹性专精的生产需要,推行差异化的业务运营模式和客户服务模式。

3. 在行业空间布局上——加强各园区之间的分工协作

随着《大气污染防治行动计划》《水污染防治行动计划》《土壤污染防治行动计划》陆续出台,被称为"史上最严"的新环保法从2015年开始实施。这迫使更多的城市实施了重化工企业"退城入园"规划,化工园区的建设被提上重点议程。

(1)加强化工园区之间的水平分工。化学园区的主要功能是使园内企业在最大限度上聚集发展,而企业聚集的形式是由园区的产业定位决定的。上海三大化工园区的定位分别为大型石化综合型园区、精细化工专业园区和集团企业园区,这三种定位分别代表了三种发展模式,即以生产链为核心的上下游协同发展模式、以同类产品为核心的平行发展模式、以龙头企业为核心的环绕式发展模式。未来上海应继续遵循这三种不同的发展模式,深化各园区之间的分工协作。以上海化学工业区为代表的链式发展模式,要求园区内资金雄厚、技术先进的大型企业实现对原料的逐级加工,吸引生产烯烃、芳烃等低成本基础化工原料的下游加工企业进入,实现产业链的逐级延伸和产业链叠加。以上海精细化工产业园区为代表的平行发展模式,要求园区内的企业生产同类不同质的精细化工品,不参与上中游石化产品的生产,原料以外购和深加工为主,生产不同用途的专用化工产品,以此避免企业之间的同质化恶性竞争。以吴泾化学工业区为代表的环绕式发展模式,通过园区内龙头企业(华谊集团)提供的化学原料,供园区内的其他企业来生产下游产品,龙头企业掌握有限的资源,从而实现利益最大化。

(2)增强化工园区之间的垂直合作。由于上海各个化工园区之间具有不同的生产功能定位,使得园区的跨区域合作成为可能,各园区之间可形成以生产要素为纽带,相互分工协作、连接紧密的完整产业链,共同形成一个结构互补、产品多样、协作紧密的现代产业生产体系。应提高各园区之间的产品关联度,形成"隔墙供应"的产业上下游关系,从而延长产业链链条,保证下游生产企业的原料供应;节省物流费用,减少运输成本和储存费用,减少营销费用。

四、政策建议

(一)破解产业"邻避困境",保留关键产业链环节

应对行业发展趋缓、产业集中度下降的情况,上海应通过提高发展质量,从源头上破解化工产业发展的"邻避困境"。从德国的发展经验看,截至2016年底,全德境内共有32个化工园区,主要分布在莱茵河-美因河流域、易北河流域,如:赫斯特工业园区横跨莱茵河支流美因河,卡勒-阿尔贝特工业园区、巴斯夫路德维希化工区、拜耳勒沃库森园区都是紧邻莱茵河,此外,有些园区离居民区仅300—400米。作为世界重化工产业发展的先行典范,德国的经验为我们提供了有益的启示:化工产业不是"高污染"的代名词,关键在于降低化学工业事故率,提前布局完善的危化品管理制度及事故风险防范、应对体系。

上海的化工产业应保持一定的产业集聚度,并在一定程度上保留关键制造环节(基于产业公地保护的思路,并非一定是高端环节),以更大的优势完成资源配置与产业协作。同时,重视区内外化工产业园区之间的联动,以更加完整、紧密的化工产业链应对可能面临的国内外产业发展形势变化,以及由此带来生产与贸易风险。为此,建议尽快推动GHS对标和落地工作,建立全产业链的危险化学品安全监管综合信息平台,启动危险化学品全生命周期管理试点,鼓励危险化学品企业进行信息化、智能化改造,提升危险化学品本质安全水平。

(二)以智能化促化工产业的精细化与绿色化发展

应对化工产业精细化生产与绿色化发展的趋势,策应《上海市工业互联网创新发展应用三年行动计划(2017—2019)年》,上海市化工产业应推动化工生产型企业在互联网与大数据环境下的协同研发、精益生产、精准营销、智慧物

流、数据服务、供应链金融等方面的集成创新,实现由生产制造向服务制造转变。可通过建立石化和化学工业智能车间、智能工厂以及智慧化工园区标准应用体系,加快智能工厂和智慧化工园区试点示范。推动工业互联网、电子商务和智慧物流应用,实现石化和化学工业研发设计、物流采购、生产控制、经营管理、市场营销等全链条的智能化,大力推动企业向服务型和智能型转变,在最大程度上适应化工业精细化生产弹性化和绿色化发展服务化的要求。其中,要将"互联网+"工具运用到极致("互联网+"的概念在德国首先服务的就是以能源、化工、机械为代表的重化工业),在技术服务、售后服务、信息服务等综合性服务平台领域深耕。

在新一轮的长江经济带化工污染专项整治工作中,除淘汰落后产能外,重点应聚焦在提升专业化工园区产业能级上,主要手段是搬迁改造、兼并重组、流程再造与上海制造品牌建设。在空间上,重点建设上海化学工业区、上海石化地区、上海化学工业区奉贤分区、金山分区等化工产业集聚区,重点打造杭州湾北岸化工经济带,建设绿色发展、产业联动、产城融合的"具有国际竞争力的循环经济示范基地"。

(三)服务"一带一路"倡议,鼓励化工企业实现战略布局

新形势下,全国与上海的经济发展均步入新常态,要加快化工产业结构调整与升级、推进供给侧结构性改革,须以更加开放的姿态深化同其他国家与地区的务实合作,协调联动发展。根据《上海服务国家"一带一路"建设发挥桥头堡作用行动方案》,结合上海石化产业发展水平现状,目前能够参与建设的国家和地区面临着地缘政治复杂、政治稳定性差、基础设施薄弱等诸多挑战。在优化产业布局的同时,应强化风险管理,以产业联盟的形式分散、降低风险;合作建设特色明显、产业集聚、绿色安全、优势互补、产业链上下游配套的国际产能合作园区;建立行业协会牵头,企业和金融、法律、咨询等机构协同参与的国际产能合作平台,引导企业联合"抱团"走出去,打造具有国际竞争力的跨国企业和企业集团。

执笔:

林 兰 上海社会科学院城市与人口发展研究所研究员

新兴领域

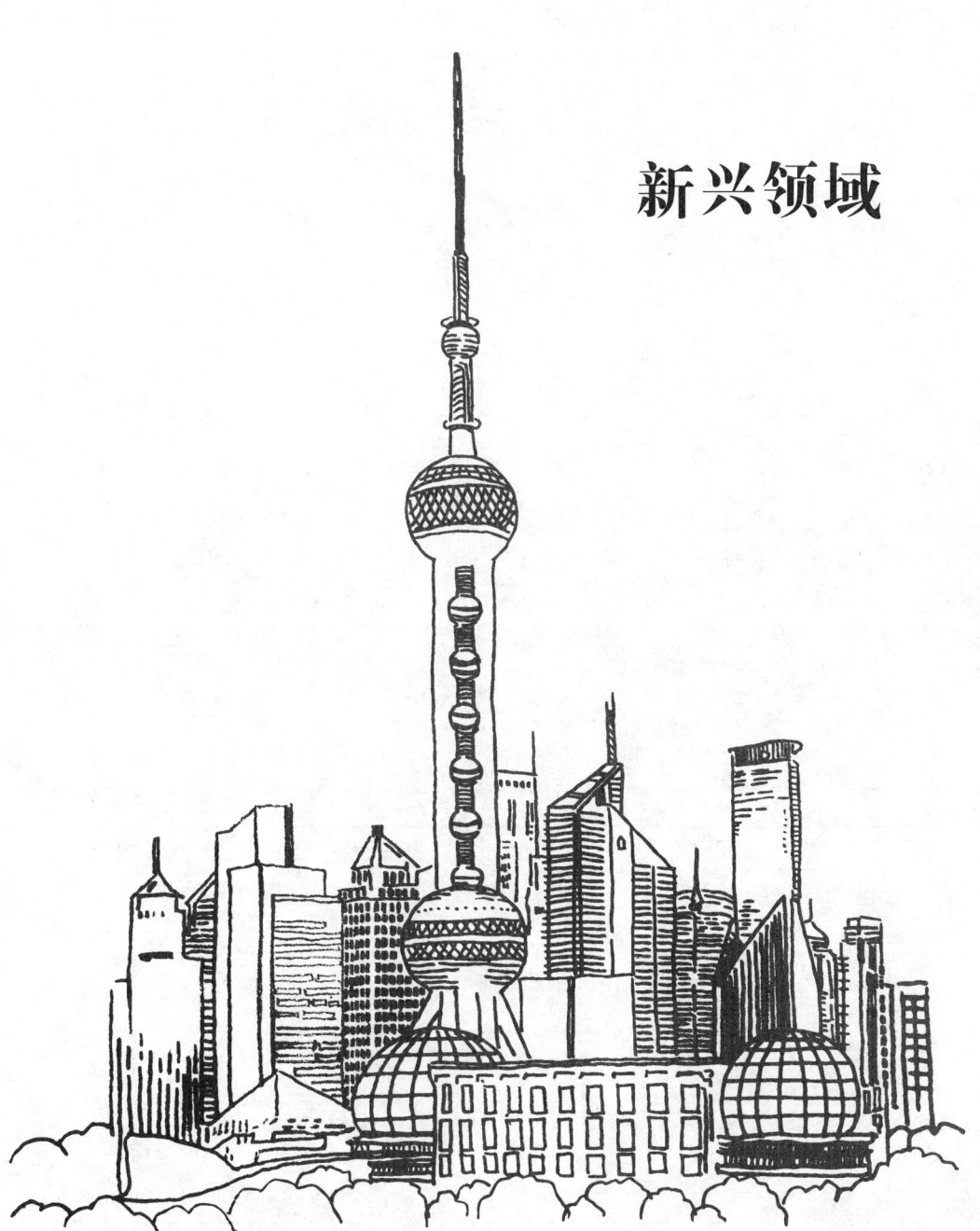

2017年上海电子信息产品制造业国际竞争力报告

一、背景趋势

(一) 全球发展

1. 全球电子信息产品市场增长活力逐渐恢复

2016年世界电子产品产值为17 276亿美元,同比增长0.24%,销售额为17 217亿美元,同比增长1.04%,2014年产值和销售额分别为18 047亿美元和18 109亿美元,与之相比,2016年电子信息产品产销尚处于复苏过程。在各类电子信息产品中,市场份额最大的是电子元器件,占比32.04%,电子数据处理设备、无线通信设备、控制与仪器设备位居其后,占比分别为25.23%、18.76%和8.27%。销售额方面,除办公设备、消费电子产品外,其他各产品门类均实现增长,无线通信设备销售额增速最快,增长了2.81%,办公设备销售额下滑最严重,下降了4.94%。产值方面,除办公设备、电子数据处理设备、消费电子产品,其他各产品门类均实现增长,医疗与工业设备、控制与仪器设备增长最快,分别增长3.86%和3.71%,办公设备、电子数据处理设备下滑最厉害,分别下降4.83%和4.62%。

2. 发展中国家电子信息制造业发展势头迅猛

2016年电子产品产值位居前十的国家中,产值正负增长各占一半。中国依然是产值最大的国家,达到6 757.79亿美元,同比增长1.11%;排名第二的美国产值为2 313.52亿美元,约为中国的1/3,增长率由负转正,同比增长0.13%;第三位的日本产值为1 136.05亿美元,依然陷于负增长,同比下降0.17%。越南成为排名前十的国家和地区中电子产品产值增长最快的国家,2016年电子产品产值增长率达到3.95%,德国电子产品产值增速排名第二位,产值增长2.47%,是发达经济体成长的重要动力。电子产品市场规模方面,除巴西、英国和日本外,世界主要国家和地区市场均保持增长态势。中国电子产品市场规模达到 4 361.78 亿美元,继上年超过美国成为全球最大电子产品市场以来,市场地位进一步稳固,增速仅次于印度,同比增长 2.21%,印度是本年电子产品市场规模增长最快的国家,增速高达 7.92%,市场规模超过英国排名全球第七,美国市场规模为 4 240.38 亿美元,同比增长 0.54%,巴西成为衰退最为严重的国家,电子产品市场规模下降 11.87%,但市场规模仍居全球前十。

3. 科技创新、并购重组深刻改变产业格局

随着两化融合的不断深入,云计算、大数据、物联网、人工智能等新一代信息技术的蓬勃发展,极大地影响了电子信息产品生产制造方式。电子信息企业间并购重组活跃,2016 年,半导体并购创下超过 1 400 亿美元的历史新高,戴尔收购 EMC,成为全球最大私人控股科技公司,高通并购汽车电子龙头恩智浦半导体,由此从移动领域芯片设计企业跨界成为汽车电子巨头。软银收购英国芯片 IP 公司 ARM,致力于确立 ARM 在未来物联网领域的潜在领先地位。并购重组已深刻改变了现有电子信息产业格局。

4. 我国电子信息制造业发展机遇增多,部分产品实现"弯道超车"的可能性增大

目前,全球共有 9 条 10.5 代显示面板生产线,中国占了其中 7 家,这意味着中国拥有全球面板生产最大产能。从 2009 年到 2017 年,全球共有 92 座晶圆厂关闭或变更用途。这些晶圆厂产能多为 8 英寸及以下,由于半导体产业持续传出并购案,而且新建晶圆厂成本高,制程设备价格也越来越贵,未来订单将会由晶圆代工厂接手,台积电、联电、世界先进、中芯国际等代工厂有望直接受益。

(二) 技术趋势

1. 电子信息产品制造业的发展与新兴领域将会形成更密切的联系

在 2018 年世界移动通信大会(MWC)展会上,LG 发布的 V30s 手机,在拍照技术中加入了 AI 算法,拍照时,手机可自动识别拍照场景,调节出该场景下的最佳视觉效果。微软积极进军虚拟现实(VR)和增强现实(AR)领域,为全息计算机 HoloLens 配备 VR 头戴显示器。IBM 正努力从硬件制造公司转型为提供解决方案的云平台公司。英特尔积极参与无人驾驶汽车开发,收购深度学习企业 Nervana Systems 以及计算机视觉处理芯片公司 Movidius。

2. 软件、硬件和服务的结合程度不断深化

最为典型的是汽车工业因 AI 而产生的新变化,比如当前基于柔性制造的汽车无人工厂、自动驾驶技术。智能网联汽车电子领域已初步形成了涵盖芯片、车载终端、关键零部件、应用软件、知识产权等环节的完整产业链。事实

上,如今国内软硬件结合并不理想,兆芯(x86)、龙芯(mips)、海思(arm)等CPU都是基于外国的CPU技术或构架的,且分别适用于不同行业,现在一拥而上,而基础软件企业为了适配这些不同的CPU,不得不重复低水平工作,这些不同的CPU也分散了用户,抑制了软硬件生态系统的平衡。

3. 新兴经济体逐步成为拉动产业复苏的主导力量

2016年,在美国、日本等发达经济体电子信息产品产值陷入衰退、市场增长趋缓的情况下,受新兴市场快速增长的影响,世界电子信息产品市场保持增长态势。以印度为例,2016年印度电子产品市场规模在全球排在第7位,达到424.18亿美元,同比增长7.92%。印度一直大力倡行"印度制造"经济政策,吸引各国制造企业在印度投资设厂,印度也在积极推行电子支付,意图打造无现金国家,印度已建成全球最大的太阳能光伏电站,积极推动太阳能产业发展。2016年,韩国电子产品产值和市场规模均位居全球第四,其芯片技术与面板技术一直领先全球,18纳米内存技术已经掌握,OLED产品良品率也不断提升,韩国也正积极推动量子产业发展。

(三) 2017中国电子信息制造业现状

2017年中国规模以上电子信息制造业收入超过13万亿元。规模以上电子信息制造业增加值同比增长13.8%,增速比2016年快3.8%;增速较全部规模以上工业快7.2个百分点,占规模以上工业增加值比重为7.7%。规模以上电子信息制造业利润总额超过7000亿元,同比增长15%以上,行业平均利润率达到5.4%,比上年提高0.2%。

中国作为全球最大电子信息产品制造基地的地位更加稳固。生产微型计算机设备30 678万台,比上年增长6.8%,其中笔记本电脑17 244万台,比上年增长7.0%;平板电脑8 628万台,比上年增长4.4%;生产彩色电视机17 233万台,比上年增长1.6%;生产手机19亿部,比上年增长1.6%。等等。这些产品产量保持全球首位。

中国电子信息制造业创新能力显著提升,创新环境优化。第一条6代柔性AMOLED生产线在成都京东方实现量产,打破外国企业在柔性手机屏的垄断地位;人工智能芯片发展稳步向前,3D NAND闪存芯片(三维闪存芯片)从无到有,华为麒麟970智能芯片发布,飞腾、龙芯、兆芯等国产CPU性能持续提升;电池隔膜材料、微电机系统传感器、石墨烯等基础产品自主能力提高,解决了一批"卡脖子"问题。国家制造业创新中心建设取得新突破,新增信息光电子、印刷及柔性显示、机器人等三家国家制造业创新中心,创新环境不断优化。

电子信息产品内需企稳回暖,外需逐步复苏。2017年,电子信息制造业500万元以上项目完成固定资产投资额比上年增长25.3%,通信设备投资同比增长46.4%,家用视听行业投资同比增长7.6%,电子器件行业投资同比增长29.9%;电子元件行业同比增长19.0%。2017年,出口交货值同比增长14.2%(2016年为下降0.1%)。通信设备行业、计算机行业、家用视听行业、电子器件行业出口均实现增长,出口交货值分别同比上涨13.9%、9.7%、11.8%和20.7%。

资源整合与共享平台建设不断深化。2017年,电子信息产业在政府部门、行业组织和龙头企业带动下,国家工业信息安全产业发展联盟、国家大数据创新联盟、中国VR产业应用创新联盟、中国云服务联盟、中国智慧交通车联网产业创新联盟、中国人工智能产业发展联盟相继成立。这些联盟的组建,有利于政府和产业界的协同联动平台,将有效推动资源整合共享,促进产学研用相结合,以进一步提升产业的创新能力和竞争实力。

(四) 上海电子信息制造业发展基础和目标

上海电子信息产品制造产业实现高端发展的成败是关系到上海战略性新兴产业能否成功实现整体性升级的关键性问题。战略性新兴产业(包括新兴产业制造业和新兴产业服务业)在上海市的经济组成中占据越发重要的位置。2016年,战略性新兴产业增加值为4 182.26亿元,占上海市生产总值的15.2%。其中,战略性新兴产业制造业(主要由节能环保、新一代信息技术、生物医药、高端装备、新能源、新材料和新能源汽车等组成)完成工业总产值8 307.99亿元,较上年同期增长1.5%,电子信息产品制造业作为战略性新兴产业的重要组成,实现工业总产值为6 045.08亿元,占上海6个重点行业工业总产值的28.8%,负增长2.2%,但行业发展质量得到明显提升,全年实现利润总额211.94亿元,同比增长11.1%。以信息、新能源、新材料等关键技术融合,数字化制造,新软件、新工艺、机器人和网络服务逐步普及为特征的第四次工业革命不断酝酿和发酵,其中信息产品制造产业担当了衔接工业化和信息化有效融合的"触媒"角色。

上海电子信息产品制造产业发展水平的高低是关系到上海数字经济能否实现突破性发展的决定性问题。当前,新一代信息通信技术与制造业深度融合,不仅正在引发影响深远的产业调整,同时形成新的生活方式、商业模式和经济增长点。"数字经济"是指以使用数字化的知识和信息作为关键生产要素、以现代信息网络作为重要载体、以信息通信技术的有效使用作为效率提升和经济结构优化的重要推动力的一系列经济活动。以电脑、手机等为代表的智能终端,正是数字经济发展的重要推手。事实上,我国信息产品制造产业一直饱受"缺芯少屏"之痛。2016年,中国芯片进口额高达2 271亿美元,连续4年超过2 000亿美元,与原油并列最大进口产品。美国禁止半导体测试设备商Xcerra出售给中国半导体投资基金湖北鑫炎,美国众议院在1月9日提出一项法案,禁止政府购买华为和中兴通讯的设备,不支持华为手机在当地销售,这反映了发展电子信息产品制造产业至关重要。

上海着力提高电子信息产品制造产业发展水平,积极破解"缺芯少屏"的发展困局。促进数字经济的突破性发展是顺应世界经济发展和科技创新大趋势的必然之举,是推进供给侧结构性改革的重要抓手。2018年4月16日,美国商务部发布公告称,在未来7年内禁止中兴通讯向美国企业购买敏感产品,次日,中兴通讯AH股双双停牌。5月中兴通讯公告称,受拒绝令影响,公司主要经营活动已无法进行。必须化解"一芯封喉"的窘境似乎一夜间在我国形成了全民共识。构建信息产品制造产业国际竞争力指标体系的意义就在于,评估信息产品制造产业发展水平,准确把握上海信息产品制造产业国际竞争力的变化情况,为相关部门及时出台相关政策加强上海信息产品制造产业的国际竞争力,维持该产业可持续发展提供实证依据。

二、指数分析

(一) 上海电子信息产品制造行业发展现状

1. 在保持总量相对稳定中结构与效率不断优化

2016年,上海电子信息产品制造业实现工业总产值6 045.08亿元,同比下降2.2%,但全年实现利润总额211.94亿元,同比增长11.1%。就盈利能力来看,除通信设备制造业利润同比下降了20.6%及电子计算机制造业实现扭亏为盈外,其他都实现了两位数的增长。具体而言,电子元器件制造(23.1%)、电子专用设备制造(4.7%)、电子测量仪器制造(3%)和家用视听设备制造(2.7%)等的总产值占比较2015年都有不同程度的提高,而通信设备制造(27.7%)和电子计算机制造(29.3%)的总产值占比都略有下降。

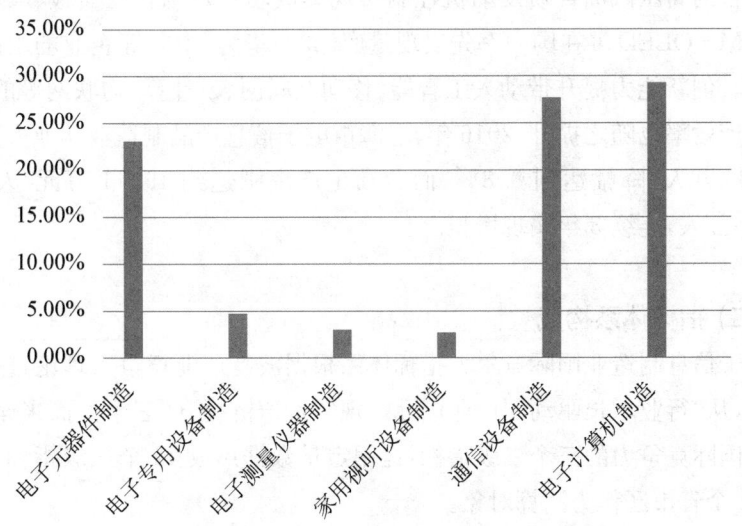

图1 上海电子信息产品制造细分行业占比

2. 行业仍保持高度外向的特点,具有较高技术含量的行业出口增长较快

2016年,上海市电子信息产品制造业出口交货值占销售产值比重的67.5%,实现出口交货值4 078.73亿元,同比下降6.3%。其中,出口占比高达69.5%的组装加工为主的通信设备和电子计算机制造业的出口交货值为2 833.44亿元,下降10.1%。值得注意的是,电子专用设备制造业、家用视听设备制造业、集成电路制造业等技术密集型行业出口交货值都实现了15%以上的增长,由于行业出口占比低,目前难以到达推动通信设备和电子计算机制造业整体出口增长的能级。

3. 行业投资额出现下降趋势,投资效益出现向好趋势,推动产业高端化发展

上海电子信息制造业投资总额整体呈下降趋势,由2011年的244.74亿元下降到2016年的193.1亿元。2016年,产业重心继续向高端消费电子、支撑汽车电子物联网等产业的基础性电子元器件转变,通信设备制造业、集成电路制造业、电子元件制造业等均保持较高水平的正增长。尤其是集成电路制造业,2016年实现工业总产值达420.01亿元,同比增长16.4%,实现利润总额45.98亿元,增长1倍,主营业务收入利润率高达10.8%。

4. 行业研发创新能力增长势头向好,带动劳动生产效率明显上升

上海市电子信息制造业企业研发投入逐年增加,R&D占主营业务收入比重逐年上升,带动了行业创新能力的提升,多项技术在全国处于领先地位。在芯片领域,芯片制造12英寸28纳米工艺已实现量产,14纳米工艺研发正在进行;TD-LTE核心芯片继续领跑,测试仪器研发实现突破;国内首个拥有自主知识产权的高压汽油直喷发动机控制实现集成芯片定制。在面板领域,和辉光电AM-OLED屏在国内率先实现量产,成为华为、中兴等企业的国内唯一供货商。创新能力提升带动人工智能、移动互联网、云计算、物联网等的进步,劳动生产效率也随之提升,2016年,上海市电子信息产品制造业从业人数下降至45.36万人,降幅达到8.8%;而劳动生产率则达到19.11万元/人,提高1.69万元/人,连续3年实现增长。

(二)指标体系构成

电子信息制造业国际竞争力指标体系根据波特产业竞争力理论进行简化和发展,从"行业增长驱动""产业国际表现""价值链提升"三个方面来诠释,形成反映国际竞争力的三个二级指标,运用定量数据形成14个三级指标。选择全国31个省市区作为测算对象。

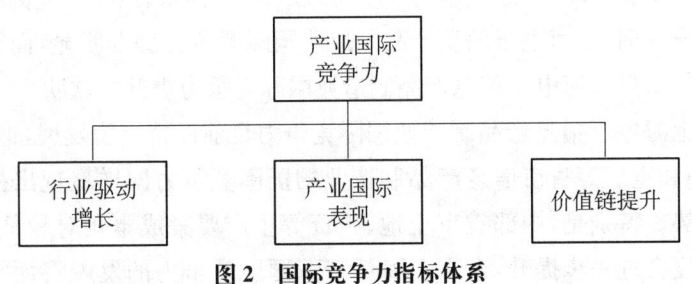

图 2 国际竞争力指标体系

如上图所示,行业驱动增长所衡量的是现阶段我国供给侧改革背景下发展电子信息制造业的能力,其中主要包括电子信息制造业的盈利能力、生产效率、产业集聚以及代表区域产业协同发展情况的区域产业集群水平占比四个指标。

产业国际表现则是代表着现阶段电子信息制造业的产品在国际市场上的竞争力,其主要包括电子信息制造业产品的国际市场占有、显示性比较优势、显示性竞争优势和贸易特化系数的四个指标。

价值链提升则是代表着现阶段电子信息制造业对研发的投入和产出以及核心产品的生产能力,衡量着该产业沿着价值链提升其产业高度和发展的速度,其主要包括地区电子信息制造业的研发强度、新技术转化能力、高端人力资源结构、核心产品出口竞争力、核心产品市场占有率和产业相对成熟度这几个方面的指标。

(三)上海电子信息产品制造行业国际竞争力评估结果

1. 国际竞争力综合指数

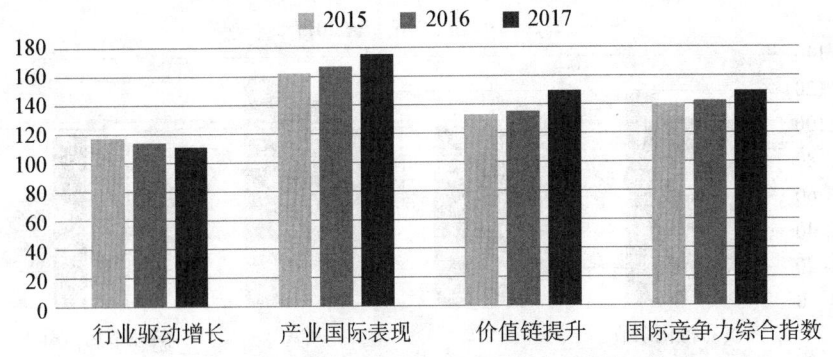

图 3 上海电子信息产品制造行业国际竞争力综合指数

上海电子信息产品制造业国际竞争力继续保持上升趋势。从上图来看,2015年、2016年和2017年[①]上海电子信息产品制造业国际竞争力综合指数分

---

① 评估使用数据为上年数据,广西、海南和新疆的部分数据缺失,未计入评估范围。

别为140、142和149。从国际竞争力评价的二级指标来看,在产业国际表现和价值链提升方面,上海电子信息产品制造业国际竞争力提升明显,而行业驱动增长方面依然是上海电子信息产品制造业国际竞争力提升的软肋。

虽然上海电子信息产品制造业国际竞争力目前保持平稳发展,但是陕西、湖北、湖南和重庆等省市信息产品制造业的国际竞争力同样展现出持续快速增长的态势。特别是,中部省市土地、工资等生产要素成本相对较低,该区域产业集聚度会进一步提升,未来上海该产业国际竞争力的发展将面临更加激烈的外部竞争环境。

2. 产业国际表现

上海电子信息产品制造业的进出口在上海贸易结构中占据重要地位,产业国际表现方面具有极强的比较优势。就产业国际表现而言,2015年、2016年和2017年上海电子信息产品制造业竞争力分别为162、167和175,反映出上海电子信息产品制造业外向型发展模式得到了不断巩固。2017年产业国际表现方面上海信息产品制造业竞争力上升的主要因素是,显示性比较优势和显示性竞争优势出现趋势性上升。以2015年为基数、2016年和2017年上海电子信息产品制造业显示性比较优势指数(RCA)分别为100.8和101.1,说明即便在全球需求趋势性下滑的情况下,上海电子信息产品制造业的出口仍具有极强的比较优势。一般而言,导致显示性比较优势指数(RCA)上升的主要原因在于出口产品的价格优势和品质优势。同样,显示性竞争优势(CA)分别为113.04和130.36,出现趋势性上升表示在考虑到进口替代的情况下,上海电子信息产品制造业整体的贸易竞争力同样呈现出上升趋势。根据同期贸易数据分析来看,导致该指数上升的直接原因是上海电子信息产品进口额降幅相对较大。

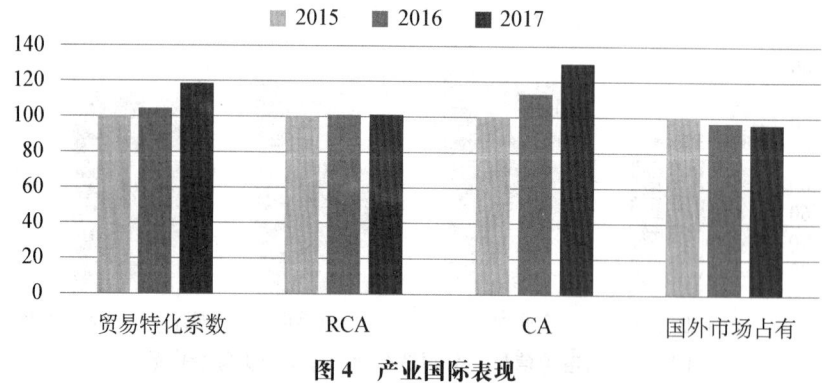

图4 产业国际表现

注:RCA表示显示性比较优势指数,CA表示显示性竞争优势。

从产业国际表现的具体指标来看,除国外市场占有之外,其他三个指标都表现出一定的上升趋势,不仅出口竞争力和贸易竞争力上升,贸易特化系数的上升更为显著。2017年之前,上海的电子信息产品制造业主营业务收入和总出口额经历了一段持续下行的时期,但是期间上海电子信息产品制造业国外市场比重的降幅小于国内市场比重的降幅,直接导致了贸易特化系数出现明显的上升。同时,贸易特化系数的显著上升反映出海外市场的需求是带动电子信息产品制造业发展的重要引擎,上海出口对电子信息产品制造业出口依存度没有出现明显的下滑,产业国际表现越发突出。不过,国外市场占有份额指标的下降也传递出上海部分电子信息产品的国际竞争力在逐渐下滑,例如手持式无线电话机产品的国际竞争力就值得今后持续关注。

3. 价值链提升

上海电子信息产品制造业出口结构与发达经济体出口结构逐步趋同,核心产品出口额占全行业产品出口的比重越来越高。就价值链提升而言,2015年、2016年和2017年上海电子信息产品制造业竞争力分别为133、135和149,反映出上海电子信息产品制造业核心产品出口带动行业整体提升贸易竞争力的能力越来越强。如下图所示,带动价值链提升方面竞争力上升的主要因素是,行业成熟度、核心产品的国际市场份额和显示性比较优势出现趋势性上升。以2015年为基数,2016年和2017年上海电子信息产品制造业成熟度指数分别为117和153;同样,核心产品国际市场份额指数分别为100和114,说明上海电子信息产品制造业出口结构与日本出口结构逐步趋同,核心产品出口额占全行业产品出口的比重越来越高,带动行业整体提升贸易竞争力的能力越来越强,即便在国外经济复苏疲软的情况下,上海信息产品制造业核心产品仍然凭借其一定的国际竞争力,积极成功地开拓着国外市场。例如,处理器及控制器以2014年的出口额为基数,2016年的处理器及控制器出口额指数为116,上升幅度明显。同样,2016年的存储器和硬盘驱动器出口额指数分

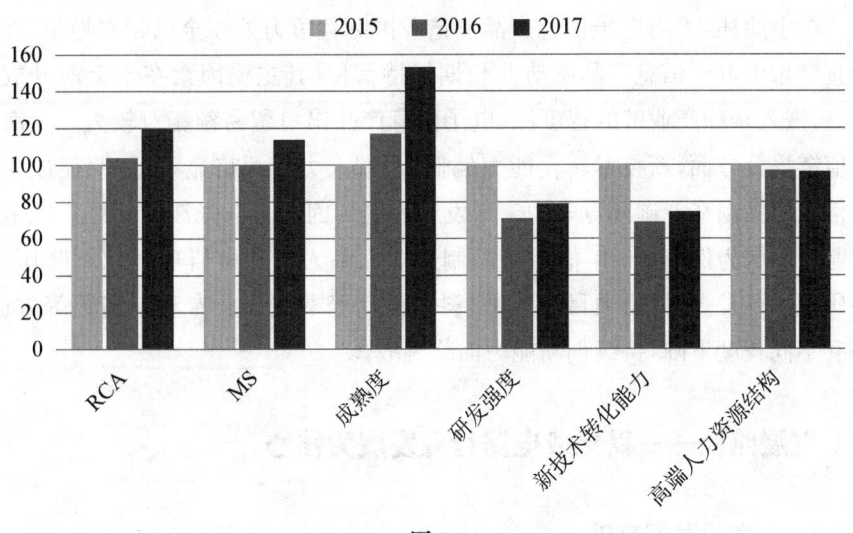

图 5

注:RCA 表示核心产品显示性比较优势指数,MS 表示核心产品国际市场占有率。

别为 128 和 124,上升幅度显著,强力带动了核心产品显示性比较优势指数、成熟度和国际市场占有率指数的上升。

4. 行业驱动增长

营商成本相对较高严重影响了上海电子信息产品制造业的国内产业竞争力。在行业驱动增长方面,2015 年、2016 年和 2017 年上海电子信息产品制造业竞争力分别为 117、114 和 111,出现连续下降的趋势。如下图所示,造成上海电子信息产品制造业行业驱动增长方面竞争力下降的主要原因是,资本收益率和产业集中度相对下滑。以 2015 年为基数、2016 年和 2017 年上海信息产品制造业的资本收益率指数分别为 78 和 75,资本收益率指数和产业集中度呈现出连续下滑的趋势,这清楚地反映了上海营商环境虽然在不断改善,但是与其他省份相比,其营商成本相对较高严重影响了未来上海电子信息产品制造业竞争力的增长潜力。

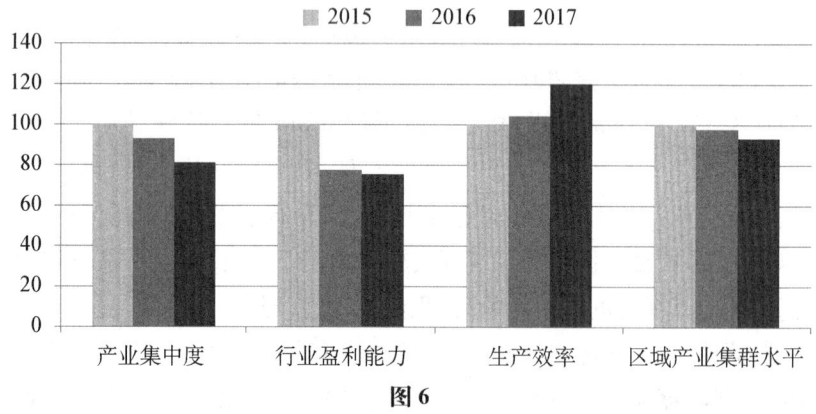

图 6

综上所述,上海电子信息产品制造业国际竞争力处在全国领先地位,在四个直辖市中电子信息产品制造业长期保持首位,其主要因素在于上海开放水平高,嵌入全球产业链的程度深,电子信息产品出口贸易额相对较大。上海在价值链提升方面,新技术转化能力偏低、高端人力资源略显不足,明显成为上海信息产品制造业国际竞争力未来发展的制约因素。以张江高新区集成电路产业核心园为例,2016 年信息产品制造业面临人才和科研项目双下降压力。科研项目开发数、科研项目完成数、科技活动经费支出及专利申请数等方面,都有不同程度下降,持续创新能力面临挑战。

三、发展路径——以集成电路行业发展为核心

(一)产业发展基础

集成电路产业是信息技术产业的核心,其技术水平和产业规模已成为衡

量国家经济发展、科技进步和工业实力的重要标志。据世界半导体贸易统计组织(WSTS)预测,未来五年世界进入第四个硅含量提升周期,预计将突破35%,全球半导体销售产值将首次突破5 000亿美元大关,北美设备产值将达450亿—500亿美元。随着物联网、汽车电子、AI等新市场不断壮大,以及5G商用进程的加快,对芯片需求只会越发强烈。集成电路产业是国家战略性新兴产业,是国民经济和社会信息化的重要基础。当前,我国集成电路行业对外进口依赖巨大,逆差逐年加大,关键集成电路,如通用计算CPU、存储器、通讯芯片、高端显示器件、各类传感器等每年进口超千亿美元。这表明,国内集成电路拥有巨大的需求替代空间。

美国是全球集成电路产业发展起步最早的国家,也是目前全球集成电路产业第一强国,在微处理器、模拟器件、先进制造等产品和技术方面居于全球领先地位。2016年,全球前20大半导体企业中,英特尔、高通、美光科技、德州仪器、苹果、英伟达、格罗方德和安森美等为代表的美国企业共占据了8席。同年,在"鼓励美国本土再工业化,增加在美就业岗位"的推动下,英特尔宣布在美国亚利桑那州投资70亿美元建立芯片生产工厂。最初,美国集成电路主要是服务于国防军事领域,1990年代初,美国军用集成电路市场占集成电路总市场的比例仍高达40%。1990年代末,美国以PC和光纤通信为核心的信息技术产业快速发展。此后,随着美国汽车工业、医疗电子产业、先进制造业的不断发展,美国集成电路市场需求不断扩大,产业综合实力不断增强。与此同时,美国率先将中低端产能和技术向成本更低的亚洲地区转移,进一步提高集成电路产业盈利能力。在企业形态上,美国既培育了产业带动作用大、综合实力强的大型整合器件制造厂商企业,也孵化了一批创新活跃、市场应变快的中小无工厂芯片设计企业,有利于产业长期发展的企业结构。在产业发展推动上,美国国防军事领域的采购一度为其集成电路技术的创新提供重要的资金保障。之后,美国政府组织实施了"微电子计划""15年芯片发展计划"等,并通过实施针对半导体行业的永久性研发优惠政策等方式持续推动美国集成电路产业的发展。

日本早期主要通过从美国大量引进技术,重金购买集成电路专利并加以再创新这一途径实现快速赶超。1980年代,日本半导体产业的生产能力及市场占有率均一度超过美国。在产业发展领域选择,日本依托本国收音机、数字音响、家用电器等消费类电子整机产业的快速发展,带动MUC、模拟器件等集成电路产品市场的发展,存储器产品也曾是日本半导体产业的支柱产品。为避免与美国直接竞争,日本放弃了在个人计算机和网络通信领域的尽早布局,导致CPU、DSP等高端产品研发滞后,这也为日本集成电路产业后续发展埋下隐患。如今,日本电子信息产业虽在全面缩减,但由于其在汽车制造业上的优势地位,完全可以将本土电子信息企业优势扩展到汽车电池和车载系统等领域,汽车电子有望成为日本电子信息企业的新增长点。

(二) 产业发展环境

上海仍然是国内集成电路产业最集中、产业链最完整、综合技术水平最高的产业基地。2016 年,在国内外市场的引导以及政策和资本的双轮带动下,上海市集成电路产业规模首次突破千亿大关,实现销售收入 1 053 亿元,同比增长 10.8%,高于全国平均水平 2.1%。其中,设计规模达到 365.24 亿元,同比增长 20.3%;芯片制造业规模达到 261.99 亿元,同比增长 21.4%;封装测试业达到 312.81 亿元,同比增长 -5.8%;设备材料业达到 112.56 亿元,同比增长 14.2%。设计业规模首次超过封装测试业,真正成为产业龙头。2016 年上海集成电路产业累计投资金额达到 262.78 亿美元,其中 2016 年新增投资额 8.84 亿美元;累计总注册资金额为 128.49 亿美元,其中 2016 年新增注册资金为 13.97 亿美元。从事研究开发、制造生产、推广应用、配套服务和专业教育培训的企事业单位共 474 家,集成电路产业从业人员总数达到 13 万人。

集成电路产业发展平台不断优化,迎来发展的重要机遇期。《关于本市进一步鼓励软件产业和集成电路产业发展的若干政策》发布,在原有政策的基础上,进一步聚焦支持上海集成电路领域重大项目建设、自主创新技术研发、企业培育和专业人才培养及引进等方面。同时,2017 年完成了《软件和集成电路专项资金管理办法》《上海集成电路工程产品首轮流片专项奖励实施细则》等相关配套实施细则的编制并发布,为集成电路产业的发展营造了良好的政策环境。2016 年,加快推动集成电路产业政策修订,积极落实产业优惠政策,全年 47 家单位 2 527 人获得设计人员专项奖励 5 328.8 万元,4 家单位获得首轮流片奖励 1 122 万元。2017 年 7 月,总规模 100 亿元的上海集成电路装备材料基金签约仪式在上海临港举行,这标志着上海 500 亿元集成电路产业基金工作已全面启动,并正式进入运营阶段。2017 年集成电路研发与转化功能性平台入选首批 4 个市级功能性平台,正在加紧建设;同时加快推动国家集成电路制造业创新中心、国家 MEMS 传感器制造业创新中心落地上海,助力上海电子信息产业二次腾飞。2017 年,华力二期项目提前 3 个月实现主厂房结构封顶;和辉二期项目提前 2 个月完成年度投资任务,预计全年可超额完成 30% 以上;中芯南方项目完成地上建筑审批手续,启动主厂房施工。

集成电路产业研发加快推广应用,市场认可度不断提升。2017 年 7 月,台积电宣布将中微半导体纳入其 7 纳米工艺设备商采购名单。同年,中微半导体公司 MOCVD 设备进入大规模产业化,实现销售订单 200 台,设备发货 106 台,年收入 10.6 亿元,同比增长 76.7%。中芯公司提供 0.35 毫米到 28 纳米集成电路制程工艺设计和制造服务,拥有国内最先进和最广泛的集成电路制造技术,成功制造国内最先进的 28 纳米制程技术产品,14 纳米及以下先进技术研发进入冲刺阶段。2016年,该公司总收入达29.14亿美元,比上面增长30.3%;毛利率达8.5亿美元,同比增长24.5%;利润总额达3.77亿美元,同比增长48.6%。在党的十九大会议中,基于上海兆芯CPU的国产整机被使用,主要承担全部38个代表团会议现场办公和民族语言翻译工作。根据会场使用反馈情况,国产整机在会议期间运行稳定,机器性能良好、易用性强,获得了与会代表的一致认可。

(三) 产业发展预期

集成电路产业的核心动力就是技术的创新发展,芯片技术将会向着更快、低耗能的方向发展。2008年"极大规模集成电路制造装备及成套工艺"立项之时,国内集成电路制造最先进的量产工艺为130纳米,研发工艺水平为90纳米。2017年,我国集成电路专项已经在14纳米装备、工艺、封装、材料等方面进行了系统部署,预计到2018年将全面进入产业化。"十三五"还将重点支持7—5纳米工艺和三维存储器等国际先进技术的研发。在深圳举办的第五届中国电子信息博览会(CITE 2017)上,上海华力微电子参加评选的55纳米超低功耗工艺(55 nm ULP)夺得CITE 2017创新产品与应用金奖。其功耗相较传统的55 nm LP,核心工作电压降低约30%,工作功耗降低约20%,通过提供eHvt和eLvt核心器件满足联网应用需求;支持核心工作电压最低调降至0.9 V。该工艺技术已实现量产,未来将结合射频工艺以及嵌入式闪存工艺,提供客户完整的可穿戴式芯片方案。

增强自主研发,实现产品差异化,国内整合将会成为国内集成电路发展主流。2016年中国集成电路产业销售额达到4 335.5亿元,同比增长20.1%,其中封装测试业销售额为1 564.3亿元,占比达到36%,封装测试业作为我国集成电路发展的"排头兵",理应在政策上和资金上得到大力支持。但由于半导体设备行业存在技术难度大,进入门槛高的特点,近几年全球前十厂商并购频繁,国内厂商通过并购取得先进封装技术与市场占有率可能性减少。实际上,集成电路封装属于规模经济产业,当半导体产业进入成熟期,龙头之间竞争加剧,唯有相互整合,才具有经济效益。此外,国内半导体设备厂商低价竞争,势必影响对新产品的研发,厂商难以获得长远发展。因而对于同一个产品、同一项技术,想要在大厂商的严防死堵下实现突围,必须要做到产品差异化。

与新兴领域的融合将是推动全球半导体市场发展的主要驱动因素。以上海嘉定为例,嘉定坚持和完善"自主创新产业化",布局四大新兴产业集群,即新能源汽车和汽车智能化、集成电路和物联网、高端医疗设备和精准医疗、智能制造和机器人,并将之作为打造科创中心重要承载区进程中的关键一环。2017年上半年,全区实现增加值1 024.6亿元,同比增长8.4%;规模以上工业产值达 2 795.7 亿元,位列市郊第一,同比增长 11.4%;战略性新兴产业实现产值 416.1 亿元,同比增长 16.7%;四大新兴产业实现产值 132.9 亿元,同比增长 24.9%。

深化垂直整合,融入电子信息大生态。全行业的垂直整合成为高端产品取得成功的关键。以苹果手机为例,从工业设计、操作系统到核心芯片,都由其独立完成,构建了苹果独特的垂直整合模式,确保了用户体验、销售量和利润,实现了可持续发展。华为旗下公司海思,专门设计手机芯片,2018 年,华为预计有一半以上的手机使用自家的处理器。我国已拥有全球第一大手机产业集群和全球第二大互联网产业集群,垂直整合模式和大生态的构建已初现端倪。以深圳-惠州手机产业集群为例,《南方日报》报道,出货量排名全球前五的智能手机都与该集群有关。华为、OPPO 和 VIVO 等一线国内手机目前均为"东莞制造",其不少屏幕、电池由惠州供应。

四、对策建议

第一,用好国家集成电路产业"大基金"和上海产业基金,加大对核心产品新兴制造企业自主研发的资助力度。打破产业升级发展困局的瓶颈,加速供给侧改革和产业结构转型,既是上海当好"排头兵"的重要使命,也是上海电子信息产品制造业维持国际竞争力可持续发展的唯一途径。集成电路、存储器和传感器等核心产品的研发生产都需要大量资金投入,全线投入资金的可行性不大。目前,虽然集成电路设计企业高端产品主要还是依赖海外代工,而且先进制造工艺、产能规模、IP 数量、服务不足等导致芯片制造企业不具备承接国内先进设计产能的能力,但是上海集成电路设计和芯片制造方面在全国仍然具有明显的比较优势,因此资金投入应该聚焦在集成电路设计和芯片制造研发生产上。同时,在扶持方向上要兼顾龙头企业和新兴企业,理由很简单,高精尖技术创新种子的发芽往往发生在新兴企业中。

第二,促进集成电路产业链协同发展,稳住封装测试业的发展步伐,加快集成电路装备材料行业发展。集成电路产业链漫长,做强集成电路必须打造完善而强大的产业链,把产业生态建设起来。国际龙头企业率先开始追求产业链的整合。苹果内置手机芯片的成功就是顺应这一趋势的重要代表。三星一直采取 IDM 模式。高通对恩智浦半导体的并购,并不仅仅是受智能汽车市场的吸引,看中恩智浦的晶圆厂也是原因之一。上海的封装测试业由于受到营商环境变化的影响,转出上海的迹象十分明显。从集成电路产业链协同发展的角度考量,应重新规划封装测试业在上海的布局,并加快提升装备材料行业在临港发展的集聚效应。

第三,加大对高端人才培养,确保集成电路产业人力资源薪资的竞争力,赋予重要企业推荐高端人才的裁量权。领军人才匮乏，企业技术和管理团队不稳定，是长期以来制约上海集成电路产业发展的主要问题之一。缺乏高端人才，将会极大抑制行业的创新能力，导致产品的单一化。现如今，占据90%以上市场份额的产品是消费电子和手机类芯片。据不完全测算，到2020年人才缺口在30万人左右，一方面极具全球化视野、企业家精神的领军人才可以通过政府层面的人才政策继续予以引进支持，另一方面，企业需要注重培养自己的精锐团队，其中必然包括一些目前人才政策无法涵盖的人才类别。一线城市的高房价和户籍管理制度是目前留住人才最大的壁垒，为此我们建议在推荐高端人才方面，赋予重要企业一定的决策权。经这些企业推荐的人才可以优先享受落户和公租房等优惠政策，从而让企业在留住人才和用好人才上有一个实实在在的抓手。

附件一

科技巨头争相造"芯"，世界电子信息格局迎来重大变局

上周，国内科技巨头阿里巴巴也宣布其正在自主研发AI芯片——Ali-NPU，此前美国科技巨头谷歌、苹果、微软、Facebook也纷纷开始自主研发AI芯片，其中谷歌的TPU已经升级到了第二代，这是否意味着AI芯片战即将开打？科技巨头造芯背后的目的有何不同？

深度学习运算要求高谷歌TPU已升级到第二代。从发布的产品来看，谷歌的AI芯片在各大科技巨头中稍微领先。据雷锋网了解，2011年谷歌开始认真考虑使用深度学习网络，这些网络的运算要求使其计算资源变得紧张。更具体来说，谷歌计算发现，如果每位用户每天使用3分钟谷歌提供的基于深度学习语音识别模型的语音搜索服务，就必须把现有的数据中心扩大两倍。谷歌需要更强大、更高效的处理芯片，但已有的CPU和GPU都不能满足需求，因此谷歌决定自己研发更高效的芯片。

2016年5月的谷歌I/O大会，谷歌首次公布了自主设计的TPU，并称其在谷歌数据中心已使用了一年。发布一年之后，关于谷歌的机器学习定制芯片的神秘面纱才最终揭开，谷歌资深硬件工程师NormanJouppi刊文指出，谷歌TPU处理速度要比GPU和CPU快15—30倍（和TPU对比的是英特尔HaswellCPU以及NvidiaTeslaK80GPU），能效上，TPU更是提升了30到80倍。

外界认为这意味着AI芯片和公有云市场将迎来新的变革。2017年谷歌I/O大会上，谷歌就宣布正式推出第二代TPU处理器，第二代TPU处理器加深了人工智能在学习和推理的能力，据谷歌的内部测试，第二代TPU芯片针对机器学习的训练速度比目前市场上的GPU节省一半时间。

2018年,谷歌传奇芯片工程师JeffDean连发了十条twitter宣布谷歌TPU首次对外全面开放,第三方厂商和开发者可以每小时花费6.5美元来使用它,但需要先行填表申请。

作为当今的手机巨头,苹果的首款人工智能芯片是A11Bionic。在苹果2017年秋季新品发布会上,A11Bionic随iPhoneX一起亮相。A11除了在CPU、GPU、ISP方面的提升,还首次搭载了专用于机器学习的硬件"神经网络引擎"(neuralengine),该神经网络引擎采用双核设计,每秒运算次数最高可达6 000亿次,相当于0.6TFlops,以帮助加速人工智能任务,即专门针对FaceID,Animoji和AR等应用程序的ASIC。有了神经网络引擎,基于ASIC的深度学习实现了高准确率之外,还能比基于通用芯片的方案减少功耗。

微软为下一代HoloLens研发AI芯片。2017年7月,微软在夏威夷举办的CVPR大会上公布他们正在为HoloLens开发新的AI芯片,即下一代HoloLensMR头戴设备研发AI芯片,HoloLens是目前全球第一台能识别环境,在空间中显示3D图像的MR设备,支持简单的3D手势交互,但HoloLens还缺乏对环境的深度理解,AI芯片的加入将提升这一能力,为其提供额外的语音和图像识别等复杂处理功能力,支持更多手势交互无法实现的任务。

亚马逊为Echo定制AI芯片。亚马逊已经在为旗下的Echo音箱以及其他搭载亚马逊旗下的虚拟助手Alexa的硬件产品开发专用的AI芯片。亚马逊的AI芯片开发过程起自于两年前,主要的手段就是招聘和收购,据称已经拥有近450名芯片专业员工。亚马逊研发AI芯片的目的很明确,Echo音箱的智能语音助理需要靠云端完成,AI芯片可以实现部分数据的本地处理,能够一定程度降低设备对云端指令的依赖,从而大幅度加快设备的响应速度。亚马逊希望在智能家居硬件市场和面向消费者的人工智能产品领域保持竞争力。

Facebook正组建AI芯片团队。Facbook自主研发AI芯片的主要目的可能是想降低对NVIDIA、高通、英特尔等芯片厂商的依赖,当然也可能为Facebook的Oculus虚拟现实头戴设备而研发。

阿里自研Ali-NPU提升云计算运算效率。除了美国的科技巨头,上周阿里巴巴也宣布达摩院正在研发一款名为Ali-NPU的神经网络芯片,按照设计,Ali-NPU性能将是现在市面上主流CPU、GPU架构AI芯片的10倍,制造成本和功耗仅为一半,性价比超40倍。据悉,Ali-NPU为解决图像、视频识别、云计算等商业场景的AI推理运算问题,提升运算效率、降低成本。未来,Ali-NPU的能力也可以通过阿里云进行计算能力的输出赋能各行各业。

除了纷纷开始自研AI芯片的科技巨头,英特尔、高通、英伟达、AMD、赛灵思等在各自领域中有绝对优势的传统芯片巨头也都有自家的 AI 芯片，其中英伟达的 GPU 被广泛应用于包括谷歌和 Facbook 在内多家公司的数据中心。

（根据雷锋网、新浪网和凤凰财经等的报告综合整理）

执笔：

徐　赟　上海社会科学院应用经济研究所助理研究员

2017年上海新能源汽车产业国际竞争力报告

一、背景趋势

(一) 全球发展

1. 全球新能源汽车行业竞争加剧期

随着全球汽车产业大变革的到来,以及各个国家宣布自己的战略规划,全球几乎所有车企都在寻求产业的转型。而中国市场作为全球最大且发展最快的汽车市场之一,各大厂商也无一不想在此获得先机与优势。而本国企业为寻求更大发展和弯道超车的路径,也必然对国内市场寸步不让,为此,在可以预见的未来,中国新能源汽车市场上必然会进入一段竞争加剧期,这中间的竞争不仅是国内企业间的竞争,更加是中国车企和全球车企的竞争。

对于传统国内车企而言,未来中国新能源汽车市场的竞争主体主要来自两个方面,一方面是合资品牌在国内市场上新产品的投放,2018年将是外资品牌新能源产品大量上市的一年。

表1　2018年外资品牌新能源汽车上市车型

品牌	型号	类型	纯电续航(km)
大众	e-Golf	BEV	300
奥迪	Q6 e-tron	PHEV	NA
奥迪	X55	BEV	500
奥迪	Q3 e-tron	PHEV	NA
宝马	新X3	BEV	482
宝马	MINI	BEV	NA
宝马	i8 Roaster	PHEV	NA

续表

品牌	型号	类型	纯电续航(km)
奔驰	i8 Spyder	PHEV	NA
	i3S	BEV	195
	EQ	BEV	310
	GLE	PHEV	NA
	DS7 Crossback	PHEV	60
丰田	C-HR	PHEV	NA
日产	Leaf	BEV	300+
	Micra	PHEV	NA
现代	FE Fuel Cell	FCEV	805
	LONIQ PHEV	PHEV	50
	Kona	BEV	390
	首望 SOOe	BEV	160
起亚	K50	BEV	966
	(纯电动小型 SUV)	BEV	450
福特	翼虎 Energi	PHEV	NA
	蒙迪欧 Energi	PHEV	34
捷豹	I-PACE	BEV	310

与此同时,越来越多的企业启动平台化战略,与在传统车平台上开发新能源汽车受到种种限制不同,在全新平台开发的新能源产品将更具竞争力。目前,多数外企已经开始打造纯电动车专属平台,自主品牌需要进一步发力。

此外,电动车行业的明星车企特斯拉更是推出了特斯拉 Model 3。Model 3 是特斯拉最便宜的一款汽车,售价为 35 000 美元(约合人民币 22.77 万元),这款汽车将被外界视为最有可能让电动汽车走向主流的产品,也是未来大规模占领市场的关键。并且特斯拉公司创始人兼 CEO 埃隆·马斯克甚至认为,这款车型很可能会成为特斯拉公司最具意义的产品。

另一方面,中国本土原有的非传统车企大量进入新能源汽车行业,涌现了车和家、威马汽车、小鹏汽车、电咖汽车等二十多家新兴车企。从工信部发布的 12 批次《道路机动车辆生产企业及产品公告》来看,2017 年新增车企数量超过 120 余家,较之前增长了 130%,而这其中新势力车企是主要增长点。

图 1 中国部分新能源汽车品牌

其中,已经上市并预定的蔚来汽车 ES8 最受大众的关注,其对标的产品为特斯拉的智能电动汽车。ES8 的上市更是刷爆了各种社交网络,吸引了包括刘强东、俞敏洪、雷军、马化腾等在内的互联网大佬纷纷站台。

由此可见,未来中国新能源汽车市场必定是群雄共起的时代,上海要想在竞争中胜出,不仅要依靠上海拥有的品牌,培育期竞争力,也需要地方政府对于这些企业的关注与扶持。

2. 车联网、无人驾驶成为产业业态进步的基石

在汽车结合了现代信息技术、互联网和人工智能等技术之后,一辆新能源汽车将不再是一台简单的出行工具,而是一个智能平台。这个平台给予了使用者更多的可能。在这一方面上已经有很多的企业进行了尝试。

近年来,国外以谷歌、苹果为首的互联网企业,国内以百度、阿里巴巴、腾讯等为首的互联网企业纷纷跨界进入汽车智能网联相关领域的研发。传统汽车厂家也不甘落后,以奔驰、宝马、福特、沃尔沃等整车企业为代表,它们在早已产业化的辅助驾驶系统上不断推陈出新,智能升级,从原有的基础上向智能互联汽车发展。另外,非传统汽车企业,如特斯拉已经完成了初步的无人驾驶系统,并安装在了自身旗下的特斯拉 MODEL S 车型上,可以说特斯拉已经在这方面走在了世界的前列。

从国家层面来看,欧、美、日等发达国家已经基本完成了 V2X 通信和控制的大规模道路测试评价,并从国家法国方面提出了 ADAS 系统的强制装配时

间表,即将进入产业化和市场化的部署阶段,智能网联化在电动汽车领域的全面推广已然指日可待。汽车智能化技术的研究与应用可以显著提高车辆控制水平与安全水平,极大的保障车辆行驶安全,提高道路的通行效率。

2018年1月,谷歌母公司旗下的无人驾驶公司Waymo从亚利桑那州交通部门获得了许可,将在该州提供交通网络服务。在国内,北京和上海也已经开辟了无人驾驶测试许可申请和具体要求,这对未来上海新能源汽车产业发展有着极大的助力。

3. 高端产品发展依然落后

在美国、挪威、德国、法国和中国新能源销量前十的车型,我国前十的车型从车型级别、价格和舒适度上都有着全面的落后。这主要是由于国内新能源汽车消费者对于价格非常敏感,所以国内厂家为了快速推广新能源汽车,大多选择了廉价小微车型,这对于新能源汽车的快速推广有着极大的好处,可是这也树立起了自主新能源汽车品牌廉价、低质量的形象。而随着新能源汽车产业的发展,其制造成本也必然不断下降,国内自主品牌汽车如何摆脱原有廉价、低端的新能源汽车产品形象,向中高端进军,实现产品品牌的提升将成为未来自主品牌新能源汽车企业最核心的目标之一。

表2 2017年全球主要国家新能源车型销量排名

排名	美国	挪威	德国	法国	中国
1	特斯拉 Modle S	大众 e-Golf	奥迪 A3 e-Tron	奥迪 A3 e-Tron	北汽-EC系列
2	雪弗兰 Bolt EV	宝马 i3	雷诺 Zoe	雷诺 Zoe	知豆-D2 EV
3	特斯拉 Modle X	特斯拉 Modle X	宝马 i3	宝马 i3	比亚迪-宋 DMPHEV
4	丰田 Prius Prime	三菱欧蓝德 PHEV	宝马 225xe Active Tour	宝马 225xe Active Tour	奇瑞 eQ
5	雪弗兰 Volt	特斯拉 Modle S	大众 e-Golf	大众 e-Golf	江淮 iEV6S/E
6	日产聆风	日产聆风	Smart Fortwo ED	Smart Fortwo ED	比亚迪 e5
7	福特 Fusion Energi	大众帕萨特 GTE	起亚 Soul EV	起亚 Soul EV	吉利帝豪 EV
8	福特 C-Max Energi	奔驰 GLC350e	特斯拉 Modle S	特斯拉 Modle S	比亚迪秦 PHEV
9	宝马 i3	雷诺 Zoe	大众帕萨特 GTE	大众帕萨特 GTE	上汽荣威 eRX5
10	菲亚特 500e	大众高尔夫 GTE	三菱欧蓝德 PHEV	三菱欧蓝德 PHEV	众泰 E200

4. 氢动力车已经成为新能源汽车发展的重要方向

随着锂离子电池的不断发展,行业内逐渐意识到了其材料在储能上的发展瓶颈以及锂电池在后继回收上存在着极大的技术难关,至今还没有比较高效、低价的回收再利用方式。燃料电池动力系统又再次成为新能源汽车产业关注的重点。

早在新能源汽车概念提出之时,我国就曾规划过燃料电池汽车的发展。作为新能源汽车另一个发展方向,燃料电池主要以氢作为能源,氢动力汽车有着其不可忽视的优势。氢动力汽车可以做到真正的零排放,排放出的是干净无污染的纯净水。另外相对于充电时间始终无法缩的太短的纯电动汽车,氢动力汽车能源补充更为快速,与传统汽车相差无几。另外相对于纯电动车,氢动力车的续航里程更长,可以轻松达到500公里左右。

在电池技术与充电技术迟迟无法有革命性突破的当下,传统车企也纷纷押注燃料电池技术,主要有丰田、本田和通用。丰田掌握了大量氢动力汽车专利技术,而本田和通用两家公司在2002年至2015年间共获得超过2 220项燃料电池技术专利。这其中丰田的Mirai更是打进了美国市场,成为了氢动力汽车的批量生产的代表产品。

2017年,中国更是在燃料电池领域实现了产业化的突破,全年生产销售燃料电池客车280辆,而上海就生产了超过一半以上的燃料电池客车,上海已经在燃料电池领域有了一定的先发优势。

5. "双积分"背景下的转型要求

2018年4月1日,《乘用车企业平均燃料消耗量与新能源汽车积分并行管理办法》正式开始实行。2018年的双积分计算仅作为建议运行,并不实施,而2019年开始,国家对各个汽车企业做出强制的积分规定,这将促使各个企业加紧新能源汽车产业的布局。

表3 国内主要汽车厂家2017年双积分情况(万分)[①]

分级	集团	NEV积分	CAFC积分
双积分先发优势明显	比亚迪	16.7	6.5
	吉利汽车	7.9	3.8
	奇瑞汽车	3.4	1.1
NEV为正,但不足以抵偿CAFC负积分	江淮汽车	5.1	6
	众泰汽车	6.6	15.8
	北汽集团	5.6	18.5

---

① 数据来自招商证券。

续表

分级	集团	NEV 积分	CAFC 积分
CAFA 优势但无法抵偿 NEV 负积分	上汽集团	19.6	124.4
	一汽集团	15	128.4
	华晨宝马	2.5	43.8
	广汽集团	7.6	39
	东风汽车	13.2	38.3
双积分均为负	长安汽车	4.8	60.7
	长城汽车	3.4	60.4

根据 2017 年数据，计算国内各主要汽车厂商的双积分情况，结果显示合资企业由于在燃油车上具有较强先发优势，CAFC（油耗积分）积分优势较大，而 NEV（新能源积分）积分则刚相反，由于自主品牌发展电动汽车具备先发优势，NEV 积分比例均较高。但是在双积分制度的积分抵偿方法中，正的 NEV 积分可以抵偿负的 CAFC 负积分，故利好 NEV 积分有优势的企业。

上汽集团虽然凭借着几大合资品牌的技术优势在油耗积分上优势较大，但是在新能源积分上还是较为落后，油耗积分无法全部抵偿新能源积分。若是 2019 年依然保持这一态势，上汽集团则必须从市场上购买。所以说，上海在双积分政策上已经落后，2018 年，在新能源汽车上需要继续加油去弥补这一差距。

在另一方面，2018 年财政部已经发布了《关于调整完善新能源汽车推广应用财政补贴政策的通知》，对 2018 年度的新能源汽车补贴进行了详细的规定。新政正式开始施行的时间为 2018 年 6 月 11 日，在此之前，从 2018 年 2 月 12 日开始至 2018 年 6 月 11 日为过渡期，过渡期内新能源乘用车按照 2017 年新能源补贴政策的 0.7 倍进行补贴。

6. 应对中美"贸易战"的冲击

2018 年开始的中美贸易摩擦中，中国的新能源汽车产业作为 2018 年美国 301 调查报告中的重点行业案例，已经成为了美国攻击中国产业政策和技术扶持的重要工具。美国商务部认为，中国长久以来在汽车产业中实行整车企业强制性股比以及施压美国企业进行技术转让，损害了美国企业的在华利益，在未来可以预见的时间内，中美中间的贸易摩擦可能会继续加大。

中美之间贸易摩擦的加大势必会导致各种贸易制裁和关税的提高，在进口上，中国有可能实行的反制措施会使得部分新能源汽车产业中国内尚未具备生产能力的零部件的进口价格上升，这部分零部件和原材料主要集中在材料和电子设备上。这部分价格的上升最终会加成到整车的价格之中，使得整车的成本上升,但上升的幅度无疑是很小的,这种不利的影响最终将会被新能源汽车产业的不断扩大的规模效应和技术进步效应所抵消。在新能源汽车产业的进口需求中,材料和电子是无法替代的部分,并且作为基础材料和零部件,并不仅是新能源单个产业的需求,更是体现出了我国在新材料和电子工业上的不足。

从长期看,美国的贸易战正是对中国国内新能源汽车的良好发展机遇。一直以来,国有企业通过与国外先发企业创办合资企业受益颇丰,使得国内拥有合资企业的国有企业并不注重自主品牌汽车的建设,而着力于成为外资品牌的代工厂。相比于大力大培植本土自主品牌,发展合资品牌能使得他们在投入更小的情况下得到更大的利益,所以长久以来一直是重合资、轻自主的情况。反观旗下没有合资品牌的自主品牌车企,在近些年无论是在传统汽车产业还是在新能源汽车产业上,都进步颇大。此次301调查对于国内车企正好是一次契机,国外合资企业减少对国内的技术输入恰恰可以倒逼国内企业自身的技术研发。相较于三四十年前改革开放初期,我国产业和技术基础全面薄弱的情况已经发生了改变,一大批的产业人才和技术人才已经培养起来,对国外技术的依赖也已经不是非常之强。所以,对中国汽车产业的长期发展来讲,贸易战正好是中国汽车产业完全摆脱国外技术依赖、实现产业的自我发展的机遇。

(二) 2017 中国新能源车发展现状

2017年全球全年电动汽车的销量超过122.3万辆,与2016年相比增长58%,全球新能源汽车销量在全球汽车销量当中的占比超过1%。而2017年我国新能源汽车产销分别达到79.4万辆和77.7万辆,连续三年居世界首位,同比分别增长53.8%和53.3%,产销量同比增速分别提高了2.1%和0.35%,在整体中占比2.7%。尽管新能源车所占比例仍旧不高,但53%的年增长率,

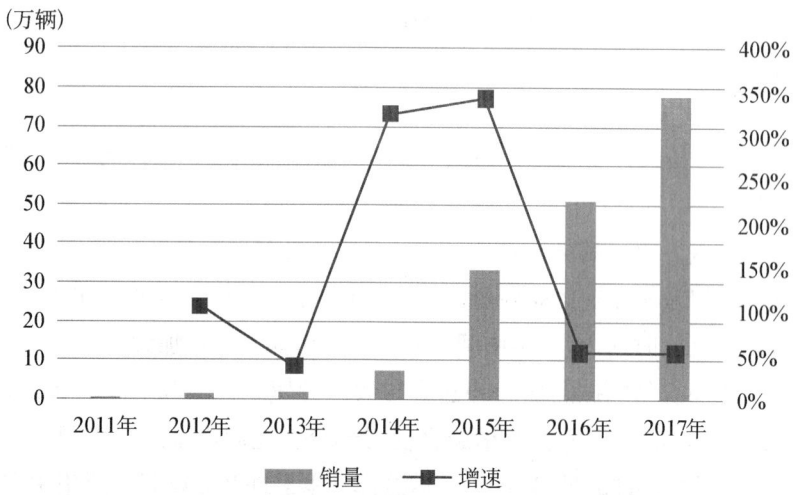

图 2　中国新能源汽车销量数据

却是整体车市增长速度的 14 倍,超出了人们的预期。当然,在为取得的成绩欢呼的时候,我们也不能回避其中的问题。

1. 中国新能源汽车进入稳定较高增长阶段

中国新能源汽车产业经过几年的发展,已经具有了一定的体量,形成了较为稳定的发展模式,从前几年的非正常的爆发增长逐步进入了稳定较高增长阶段。

中国新能源汽车销量虽然占全球总销量的一半以上,且增速也同比有所上升,但与全球相比,其增速相差 4 个百分点以上,而在 2016 年中国则领先于全球 10 个百分点以上,中国新能源汽车产业的相对增长速度有所下降。

分车型来看,新能源乘用车中,2017 年纯电动乘用车产销分别完成 47.8 万辆和 46.8 万辆,同比分别增长 81.7% 和 82.1%;插电式混合动力乘用车产销分别完成 11.4 万辆和 11.1 万辆,同比分别增长 40.3% 和 39.4%。

新能源商用车中,2017 年纯电动商用车产销分别完成 20.2 万辆和 19.8 万辆,同比分别增长 17.4% 和 16.3%;插电式混合动力商用车产销均完成 1.4 万辆,同比分别下降 24.9% 和 26.6%。

表 4 2017 年中国新能源汽车产销量

	产量(万辆)	同比增长(%)	销量(万辆)	同比增长(%)
新能源汽车	79.4	53.8	77.7	53.3
新能源乘用车	59.3	71.9	57.8	72
纯电动	47.8	81.7	46.8	82.1
插电式混合动力	11.4	40.3	11.1	39.4
新能源商用车	20.2	17.4	19.8	16.3
纯电动	18.8	22.2	18.4	21.5
插电式混合动力	1.4	−24.9	1.4	−26.6

2. 在新能源汽车中低端贸易市场具有明显优势

中国在全球市场当中的影响力越来越大,作为全球新能源车的一个重要生产基地,在继 2009 年中国在传统汽车的产销量上超越美国,成为世界第一的汽车产销大国之后,2015 年中国以超过 33.11 万辆的新能源汽车产销量超过美国成为全球最大的新能源汽车制造国与消费国,占据了全球插电式汽车销量 45% 的比例,而在 2014 年,这一数字只有 35%。

虽然在产销上,中国远远领先于世界,但从技术上来看,美国、日本、欧洲依然处于发展的领先态势,把控着新能源汽车高价格、高性能的高端市场,如美国的特斯拉一直是全球新能源汽车的领先企业,至今没有企业超过。而中国则在新能源汽车的中低端市场持续发力,在外资企业进入中国市场之前,已经基本把控了中国的本土市场,并且开拓了一部分海外市场,比亚迪纯电动客车 K9 和轿车 e6 相继出口美国、英国、日本、南非、西班牙、哥伦比亚等国,并且在美国、巴西、匈牙利与当地资本合作,在当地建立组装工厂,服务于对该国的 CKD① 和 SKD② 的出口,2017 年出口总量超过千辆。

表5 2017年全球新能源汽车分车型销量排行

名 次	车 型	销量(辆)
1	北汽-EC 系列	78 079
2	特斯拉-Modle S	54 715
3	丰田-普锐斯	50 830
4	日产-Leaf(聆风)	47 195
5	特斯拉-Modle X	46 535
6	知豆-D2	42 342
7	雷诺-Zoe	31 932
8	宝马-i3	31 410
9	比亚迪-宋 DM(PHEV)	30 920
10	雪弗兰-Bolt	27 982

从 2017 年全球新能源汽车销量的排行榜上可以看出,在前十位的热销车型中,中国品牌车型占了三席,其中北汽-EC 系列和知豆-D3 为纯电动车型,比亚迪-宋 DM 为插电混动车型。虽然从销售数量上占了相当大的一块,但从车型来看,北汽-EC 系列和知豆-D3 为 A 级和 A0 级车型,属于比较低端的车型,而且补贴后的售价也在 10 万以内。反观榜单上的其他外资品牌车型,无论是在车辆的豪华程度、售价还是性能上,都远远高于我国品牌。此外,国产品牌的新能源乘用车的销售市场基本在国内,出口的数量非常少,表现出明显的与全球市场割裂的情况,在国际上的竞争力还不强。而国际汽车企业生产的新能源汽车,如特斯拉、日产、雷诺、宝马等产品的市场则在全球分部更为均衡,其产品受到较多国家消费者的认可。最后,在前十的榜单上仅有比亚迪-宋 DM 一款插电混合动力汽车,剩余九款车都为纯电动轿车,可见目前全球新能源汽车产业的发展依然是以纯电动为主。

3. 纯电动乘用车成为细分领域重点

与传统汽车相比,我国新能源汽车产业还是保持了较高的增速。其中,纯电动乘用车无论是其体量还是其增速,都是新能源汽车细分车型中的重点,占

---

① CKD(Completely Knock Down):指以全散件形式进行汽车的进出口。
② SKD(Semi Knocked Down):在国际贸易中,特别是在国际汽车贸易中,整车出口国的汽车公司把成品予以拆散,而以半成品或零部件的方式出口,再由进口厂商在所在国以自行装配方式完成整车成品并进行销售。

新能源汽车总体产销量的一半以上且带动了整个产业的增长。而曾经是新能源汽车主要增长来源的纯电动商用车则增速最低,拖累了整体产业的增长率。

随着新能源汽车产销量的逐步增大,各品牌的新能源汽车无论是在车型数量、车辆舒适度、平均续航里程、平均百公里耗电量等数据上都有较大的提高,更加重要的是整车终端的增长带动了国内全产业链的增长和业态模式的创新。在关键零部件领域,动力电池、驱动电机、电控系统,无论是产量还是技术上都实现了较大的增长与提高,绝大部分关键零部件都已经全部由国内供给,并且在世界同产品厂家中保持了一定技术的先进性。

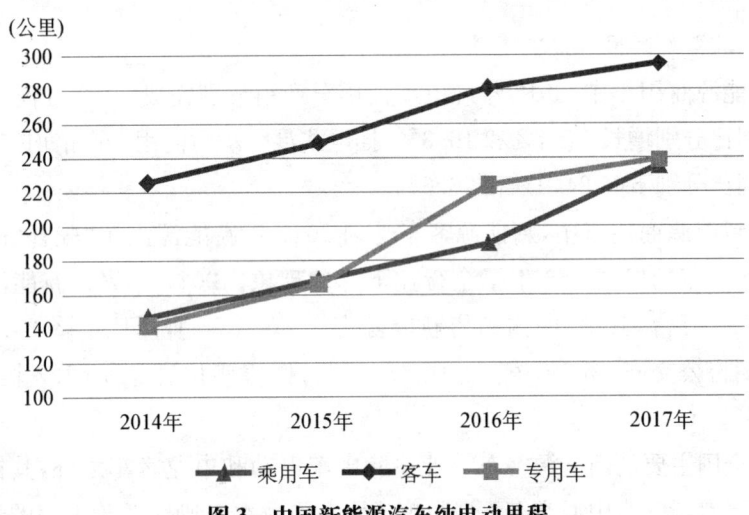

图3 中国新能源汽车纯电动里程

资料来源:根据工信部《免征车辆购置税的新能源汽车车型目录》数据整理

从国内的市场看,新能源汽车的产销主体为国内自主品牌车型,平均市场占比在90%以上。在2017年,北汽新能源、知豆汽车、比亚迪、奇瑞新能源等自主品牌车企保持了领先的态势。

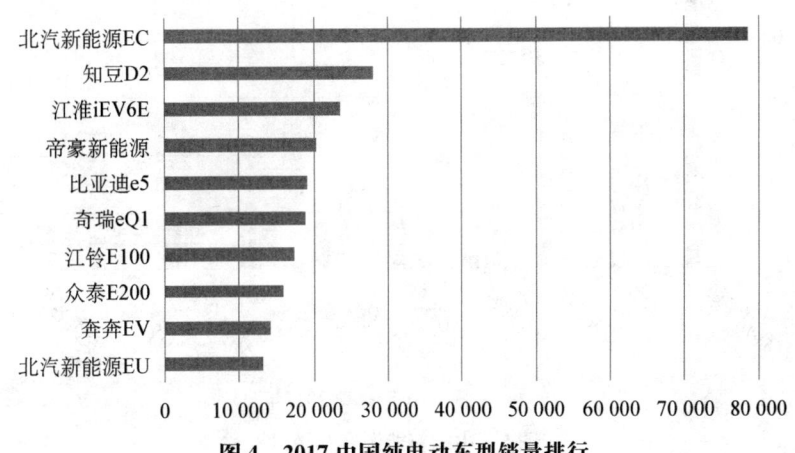

图4 2017中国纯电动车型销量排行

在插电混合动力乘用车市场则呈现了不一样的状况,与2016年的市场相比,各款车型之间的差距在不断缩小,市场的集中度在上升。比亚迪依旧是混合动力乘用车市场中的领头企业,在市场销量前十的排名中包揽了第一、第二和第四名。值得注意的是上汽集团的全面发力,其旗下的荣威品牌车型仅次于比亚迪,包揽了第三、第五、第六和第七名,正在快速地迎头赶上。与上汽不同的是,广汽则是在混合动力乘用车上有较大的下降,无论是数量上还是排名上,都已经掉到了第十位。此外,外资品牌的混合动力乘用车也开始了发力,占据了市场的一部分份额,并且其车型的价格级别等方面都比自主品牌高得多。

4. 新能源商用车出现下滑

新能源商用车中,2017年纯电动商用车产销分别完成20.2万辆和19.8万辆,同比分别增长17.4%和16.3%;插电式混合动力商用车产销均完成1.4万辆,同比分别下降24.9%和26.6%。

在新能源商用车中,新能源客车受到2017年新能源汽车"骗补"的影响最大,在全年的发展中产生了全行业下降的现象。2017年累计新能源客车产量10.5万台,其中,国内销售新能源客车86 767辆,同比下降24.41%。其中,销售公交车75 991辆,占比87.58%;销售座位客车10 722辆,占比12.36%。

在全国主要的新能源客车企业中除中车电动和申龙客车之外,其销量都出现了下滑,其中,中通客车下滑幅度最大。申龙客车则收益于上海的新能源市场和上海地区的新能源汽车产业中产业链的整合,实现了200%以上的增长,挤进了全国新能源客车前五的销量榜单。

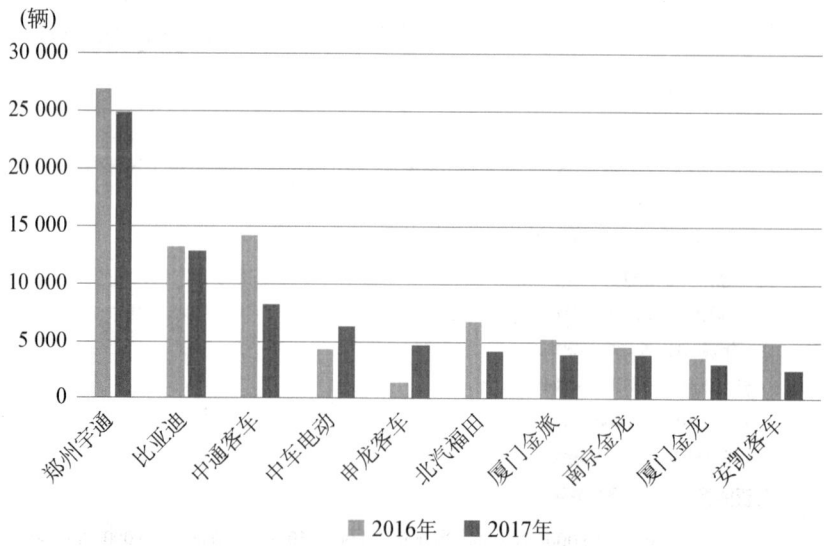

图5 中国新能源客车销量

2017年在新能源客车领域中,燃料电池客车实现了从无到有的突破,全年销售燃料电池客车280辆,主要生产厂家为佛山飞驰、上汽商用车、青年汽车和北汽福田。其中,上汽商用车占一半以上。随着纯电和混动客车补贴大幅退坡(2018年单车最高补贴27万元),燃料电池客车则具备补贴不退坡的政策优势(燃料电池客车单车最高补贴100万元),在可预见的未来,燃料电池客车市场的增长依然可期。

5. 汽车零部件核心产品性能不断提升

在车用驱动电机方面,受益于过去几年新能源汽车市场的快速发展,驱动电机产业也继续保持了快速发展的势头,产业规模不断扩大,产品种类不断增多,产品的主要性能持续提升。主要生产企业,如上海电驱动、上海大郡、精进电动、大洋电机、中车株洲所、天津正松、深圳汇川、上海华域等在驱动电机和电机控制产品上在几年间呈现了几倍的增长。截至2015年末,国内12家主要车用驱动电机企业整体产能为70万台,基本满足国内需求。并且行业内的产业整合也在不断加速,2015年上海电驱并入中山大洋集团。上海大郡与卧龙电机、绍兴澳特彼组建了卧龙大郡电机制造有限公司。此外,国外相关企业为抢占中国驱动电机市场,纷纷以各种形式进入,东芝、西门子等厂商与国内厂商建立合资企业,意图用其较为先进的技术抢占市场。

作为新能源汽车的核心部件和重要成本组成部分,动力电池在中国新能源汽车产业高速发展的带动下也经历着飞速的发展。在2016年全球前十大动力电池出货企业中,中国动力电池供应商占了7个席位。2017年宁德时代(CATL)更是以10.4 GWh的出货量超过比亚迪和松下,成为世界第一大动力电池供应商。而比亚迪、沃特玛、国轩高科、力神、比克等动力电池供应商也经历了快速的增长。而随着中国动力电池产业不断扩张,动力电池的性能更是持续地上升。从整车装机电池的数据来看,乘用车电池的能量密度由2014年的平均88 wh/kg上升至2017年的118.5 wh/kg,专用车从84 wh/kg上升到116 wh/kg,客车则从85 wh/kg上升至116 wh/kg。动力电池性能的提高并没有带来成本的上升,反而由于产业的不断扩大,规模效应不断凸显,产业成本持续降低。2017年底动力电池价格较2017年初下滑20%—25%。磷酸铁锂动力电池组价格从年初的1.8—1.9元/Wh下降到年底的1.45—1.55元/Wh;三元动力电池包价格从年初的1.7—1.8元/Wh下降到年底的1.4—1.5元/Wh。① 与2012年相比,动力电池单体能量密度提高了1.7倍,价格下降了60%。中国动力电池产业已经进入了"量增价跌"的良性发展的趋势。

---

① 数据来自高工产研电动车研究所(GGII)。

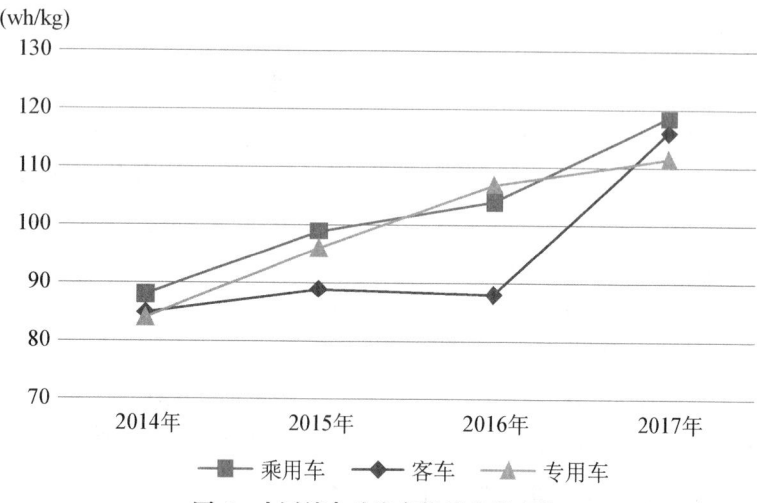

图 6　中国纯电动汽车能量密度变化

资料来源:根据工信部《免征车辆购置税的新能源汽车车型目录》数据整理。

从国内动力电池的市场结构来看,整个市场呈现出了高集中度和高成长的特性,但随着整个产业的发展,其增长速度和集中度都在逐渐下降。自2014年我国动力电池增速达到了368%的最高速后就开始放缓,2015年增速为324%,2016年增速骤降至78%,2017年则进一步下降到29%。随着市场增速下降的还有市场的集中度。2016年我国动力电池单体市场CR3[①]为57.9%、CR10[②]为79%,这两个数字到了2017年则变化为50.3%和72.3%。

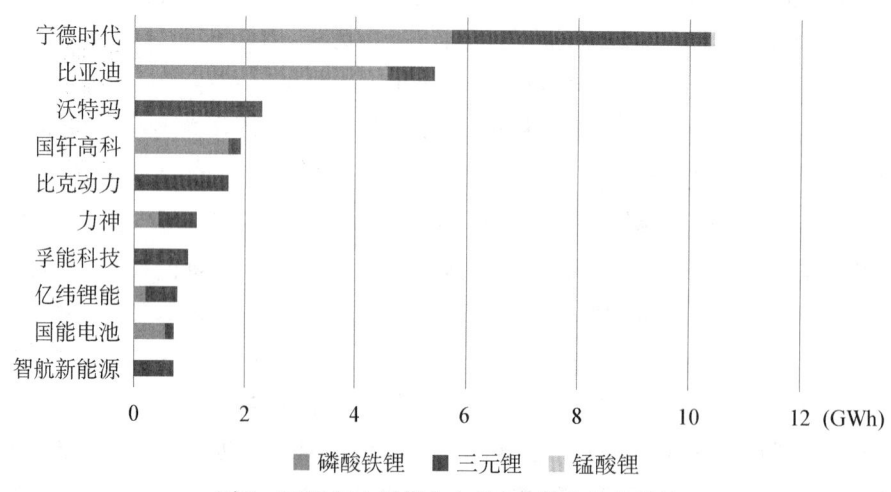

图 7　2017 年中国前十大动力电池企业出货量

[①] CR3:市场前3家企业的市场份额占比。
[②] CR10:市场前10家企业的市场份额占比。

市场结构变化的同时,产品的结构也在变化,2016年磷酸铁锂电池占总体出货量的72%,三元锂电池则仅为23%。到2017年时,磷酸铁锂电池占比已经下降到了50%,三元锂电池占比则上升到了45%。在细分产品上,2017年使用三元锂电池的新能源乘用车占到了总量的76%,使用磷酸铁锂的则只有22%。但在新能源客车上,依然是主要使用磷酸铁锂为主,其占比为90%。三元锂电池相比于磷酸铁锂电池有着更好的性能,其使用占比的扩大也促使着动力电池整体性能的不断提升。

在电池产业和电机产业,中国国内企业在技术上虽然与国外企业有一定的差距,但不是很大,国内企业现阶段依然在国内市场上占据了绝大部分的市场份额。但在新能源汽车电控产业中,国内企业与国外领先企业相差较大。新能源汽车在电控系统的控制单元数量和复杂程度上远高于传统汽车,其要求各个控制单元能够协调运作,对整个控制单元提出了更高的稳定性和安全性的要求。

整个新能源汽车电控系统的主要由芯片和专用元器件、车用MCU、电子控制模块设计和加工制造、功率驱动模块、车用传感器、系统集成、软件开发和匹配、接插件等一系列部件和工作构成,目前大多数的零部件的软硬件和零部件整合都由国外公司或国内的合资公司垄断,而电控产业恰恰是新能源汽车三大零部件中技术难度最大、附加值最高的部分,中国厂商的技术水平与产业能力与国外厂商相差甚远,可以说我国新能源汽车产业最大的不足之处就在于缺乏新能源汽车电控产业的整体研发能力和产业化能力。最能反映电控系统性能的指标之一就是新能源汽车百公里的耗电量。从数据来看,中国新能源汽车在百公里耗电量上,新能源客车进步最大,由原来的2014年的平均74.5 kwh下降至2017年的50.4 kwh,而乘用车次之,由17.8 kwh下降至15 kwh,

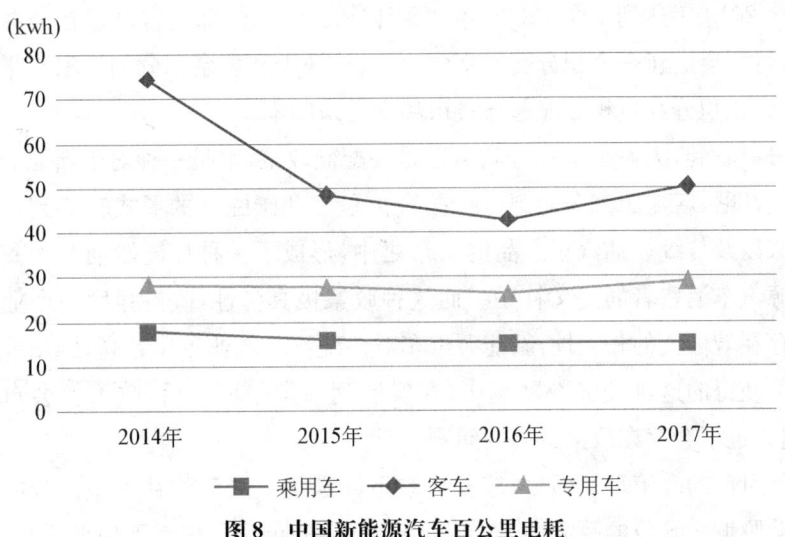

图8 中国新能源汽车百公里电耗

资料来源:根据工信部《免征车辆购置税的新能源汽车车型目录》数据整理。

专用车则几乎没有变化。这表明电控部分的进步,在车辆节能上面更进一步,但无疑在关键零部件中还是最落后的一部分,我国发展的下一个目标就在于将补全这个短板。

6. 国内发展环境进入政策转型期

长久以来,我国新能源汽车产业的发展对政策补贴依赖严重,2016年更是爆出了大量企业假借生产新能源汽车骗取政府补贴的事件。一方面为了让产业发展回归市场,另一方面也是为使政策的退出对产业发展的影响减到最小,2015年4月,在先前一轮新能源补贴政策结束之际,四部委(财政部、科技部、工信部、发改委)公布了全新的2016—2020年补贴政策。新政策为敦促制造商在延长续航里程、掌握关键技术、削减成本方面加大投入力度,在2015年补贴政策基础上,对补贴金额的退坡幅度、支付方法、补贴产品的技术要求等做了调整。

于是,从2016年起,我国的新能源汽车补贴就进入了退坡期,目的就在于逐步实现新能源汽车市场由政府主导向市场指导的转变。就在补贴政策退坡的同时,国家发改委于2016年8月2日发布《新能源汽车碳配额管理办法》,办法规定国内汽车生产企业和进口汽车总代理商可以通过生产、进口新能源汽车生成新能源汽车碳配额。这些碳配额可以在碳排放市场进行交易。如果有些汽车企业生产销售的新能源汽车数量不足,可以通过碳排放权交易市场向有多余碳配额的企业购买碳配额。

此外,工信部又于2017年9月发布《乘用车企业平均燃料消耗量与新能源汽车积分并行管理办法(征求意见稿)》,办法于2018年开始实施,就具体的指标来看,要求各个厂家所生产的新能源汽车占总产出的比例在2018年要达到8%,2019年达到10%,2020年达到12%。而工信部的官员曾在公共场合表示,将来会搭建一个积分交易平台,可以让缺少和多余积分的厂家在平台上交易,让正积分和负积分能够通过市场交易来归零。

可以看到,无论是双积分政策还是碳配额政策,都是一种对于新能源汽车的间接补贴,新能源汽车的部分价格会由积分和碳配额的形式转移到传统汽车厂家以及传统燃油汽车产品的价格之中,形成了一种传统燃油车消费者对新能源汽车消费者的交叉补贴。而这种政策极具弹性,政策强度与产业大小占比存在着极大的相关性,新能源汽车对传统汽车产业占比越高,则新能源汽车所能获得的这种交叉补贴越小,在发展到一定程度之后,政策就会自发失效,因为也不会存在政策退出的问题。

就目前的政策环境而言,双积分政策和碳配额政策弥补了一部分能源汽车补贴脱坡所导致的政策冲击,使得整个产业的市场化进程更加平缓与有序,从一定程度上保障了我国2020年新能源汽车发展目标的实现。

表6　2017年和2018年中国新能源汽车补贴标准

2017年新能源乘用车补贴标准		2018年新能源乘用车补贴标准			
纯电动车（R＝续航里程）	补贴金额	车辆类型	纯电动续航里程R（工况法、公里）	补贴金额（万元）	备注
100 km≤R<150 km	补贴2万元/辆	纯电动乘用车			单车补贴金额＝里程补贴标准×电池系统能量密度调整系数×车辆能耗调整系数。单位电池电量补贴上限不超过1 200元/kWh。
150 km≤R<250 km	补贴3.6万元/辆		150≤R<200	1.5	
R≥250 km	补贴4.4万元/辆		200≤R<250	2.4	
额外补贴	动力电池的质量能量密度高于120 Wh/kg的按1.1倍给予补贴		250≤R<300	3.4	
插电/增程/混合动力车（纯电力R≥50 km）	补贴2.4万元/辆		300≤R<400	4.5	
燃料电池车	直接补贴20万元/辆		R≥400	5	
其他政策	免征购置税（入新能源车型目录车型，截至2017年12月31日）	插电式混合动力乘用车（含增程式）	R≥50	2.2	

　　从具体的补贴变化的方案中可以看到，我国的补贴政策正在由原来简单地按照续航里程的评价标准转变为更加具体细腻的指标上，在原有的里程补偿标准上引入车辆电池系统能量密度调整系数和车辆能耗调整系数。这种调整方案使得技术水平相对较低的车型所能享受的补贴有所减少，而新上市的一些技术领先、能耗更低、更加环保的车型的补贴力度反而有所加强。

　　这种政策的转变一方面是符合新能源汽车补贴政策逐步退坡的总体要求，另一方面防止原有补贴模式中企业可以通过生产大量技术含量较低的产品骗取补贴的行为。而新的补贴政策的最重要的就是对产业发展进行了方向性的导向，对关键零部件的关键指标提出了新的要求，迫使厂家提升电池性能、优化整车电子控制系统。

二、指数分析

（一）总体情况

　　2017年上海汽车工业总产值6 886亿元，同比增长19.1%。上海有着良好的工业基础,在传统汽车领域拥有着绝对领先的地位。上海有着全国品类最齐全、规模最大的汽车零部件工业基地,还有着全国第一大的乘用车生产企业上汽集团,其总部位于上海嘉定的上海国际汽车城。目前,上海已经成为了全国最大的乘用车生产基地,集聚了汽车技术中心33家,其中整车厂研发中心6家、市级技术中心11家、区级技术中心16家,从事汽车研发设计的人员超过15 000人。在上海国际汽车城内,聚集了一大批世界知名汽车整车和零部件企业的技术研发中心,其中包括上汽技术中心、上海大众技术中心、菲亚特动力技术中心、奇瑞汽车技术中心等,上海国际汽车城俨然已经成为了国内一流的汽车设计研发园。

上海不仅在传统汽车产业的发展上在国内名列前茅,在新能源汽车产业的发展上,上海也是国内各大新能源汽车产业的基地的领头羊。在2017年,上海市全市战略性新兴产业制造业总产值10 465.92亿元,比上年增长5.7%,增速同比提高4.2个百分点。其中,新能源汽车实现产值232.38亿元,并且以42.6%的增长速度引领产业发展。在新能源汽车的推广下,2017年上海共推广新能源汽车61 354辆,同比增长35%以上,上海新能源汽车存量也超过16万辆。

在汽车产业的新的技术革命和产业革命的情况下,上海必须抓住时机,大力发展新能源汽车产业。在新能源产品方面,上海也不断推陈出新。早在2009年,上海市战略性新兴产业示范基地之一的上海新能源汽车及关键零部件产业基地正式成立并且由上海市经信委命名授牌。该基地同时也是上海国际汽车城功能和区域上的延伸和拓展,其位于嘉定外冈镇,毗邻汽车城零部件园区和整车制造区。2010年上海世博会期间上汽集团提供的1 300余辆新能源汽车在上海世博会上集中示范使用,这是当时世界上规模最大、种类最多、强度最大、最集中的新能源汽车示范活动。2011年,上汽首款自主品牌新能源

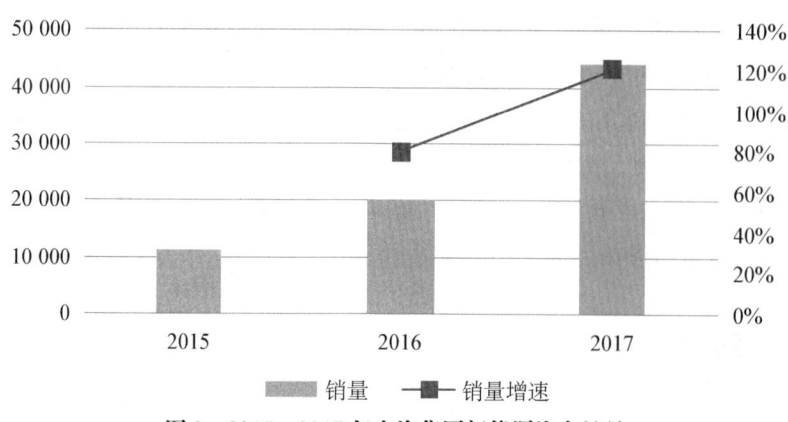

图9 2015—2017年上汽集团新能源汽车销量

乘用车荣威750混动版上市。2012年底,上汽自主研发的我国首款完整意义上的纯电动汽车荣威E50量产上市。而到2013年,上汽再接再厉推出荣威550插电强混动力轿车,比传统车型节油50%以上。上汽集团在发展中不断完善自身在新能源汽车上的产品线,并且对原有车型进行了不定期的升级换代,产品性能和质量也在不断提高。2017年上汽集团更是推出了荣威ei6、荣威ERX5和荣威eRX5三款新能源车型,基本实现了新能源汽车在各级别车型上面的全布局。同时,荣威、比亚迪、特斯拉、北汽和申龙牌新能源汽车占据上海新能源汽车市场前五位。此外上汽商用车更是积极布局燃料电池领域,实现了燃料电池商用车的产业化。

而在新能源汽车的推广方面,上海更是走在全国甚至全球的前列。2016年,上海全年共计上牌新能源汽车45 060辆;2013—2016年已累计推广新能源汽车10.272 6万辆,加上2017年推广的6万多辆,上海目前新能源汽车存量已经超过16万辆,占全国存量的近十分之一。上海也是全球新能源汽车拥有量最大的城市,数量规模与欧洲新能源汽车推广最好的国家——挪威相当。在新能源汽车加速推广的同时,充电桩的建设也在跟上。截至2017年12月底,上海市充电设施管理平台共接入充换电设施129 986个。其中,公共充电桩25 707个,专用充电桩21 332个,私人充电桩82 947个,充电桩的车桩比提升到1.27∶1。

在市场结构上,上海也在不断升级,纯电动和燃料电池占比由2016年的30.87%上升到2017年的36.2%,但不可否认的是,纯电动新能源汽车的占比和全国相比还是存在着一定的差距,这也是上海下一步在推广新能源汽车时要重视的一点。私人领域新能源汽车推广量占比由2016年的51%上升到2017年的62.7%,其中私人购买纯电动汽车的占比超过19%。这也反映出了民众对新能源汽车的接受度在不断提升,新能源汽车在上海地区也在不断地走向市场化。

(二) 综合指数

从指数情况下,上海新能源汽车产业国际竞争力计算结果如下:

表7 上海新能源汽车产业国际竞争力指数

	2014年	2015年	2016年	2017年
行业驱动增长	113.43	118.00	100.93	103.44
产业国际表现	93.62	94.91	95.67	105.68
价值链提升	89.74	115.08	108.70	119.39
国际竞争力综合指数	97.59	107.98	101.54	109.77

对样本地区新能源汽车产业按照构建的指数体系进行数据收集和计算后得到 2014—2017 年的指数,其结果如下图所示:

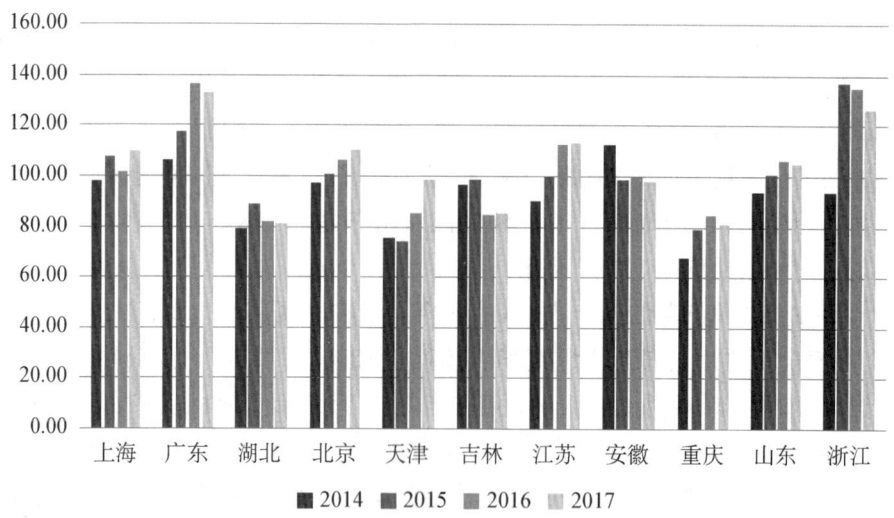

图 10　中国主要地区新能源汽车产业国际竞争力指数

2017 年,上海新能源汽车国际竞争力指数国内排行第五,指数为数值为 109.77,位于广东、浙江、江苏和北京之后。在变化的趋势上,上海的国际竞争力在四年间除了 2016 年以外都保持了稳定的上升态势。由于指数计算中蕴含着相对值的概念,所以这说明了上海这几年间在对新能源汽车产业的发展相对于其他地区具有一定的优势。

广东依然保持了新能源汽车产业迅猛发展的态势,并且连续三年蝉联国内新能源汽车产业第一,这主要归功于以比亚迪为主的新能源汽车先发企业,无论从产品的数量上还是质量上都远远领先于国内同行。

在样本地区中,各地区的新能源汽车产业产生了明显的分化,广东和浙江处于发展的第一梯队,上海、北京、江苏则处于发展的第二梯队,而山东、安徽、天津处于发展的第三梯队。吉林、安徽出现了明显了下降趋势,而上海、广东、北京、江苏等地区产业发展上升趋势明显。

从指数的分布来看,在新能源汽车产业的发展上,目前国内已经形成了京津、长三角和广东三极发展的情况。其中,京津地区的发展以北汽新能源为领导企业,广东地区以深圳比亚迪为新能源发展领导企业,而在长三角地区则有上汽新能源、吉利汽车和众泰汽车三家区域内互相竞争的企业主导。这三大地区的市场结构的差异更加导致了发展情况的不同,在京津和广东地区,新能源汽车的发展由主要核心的一家企业作为地区主导,政府在侧重支持以及企业在市场控制上都有着强大的力量,使得企业能够充分有效地聚集起区域内资源,实现集群发展和配套发展,区域间产业中企业的发展合作大于竞争。而对于长三角地区的新能源汽车产业发展而言,上海、江苏、浙江各自都有自身的新能源汽车产业,呈现出多头竞争的情况,区域内的企业之间相互竞争,争夺产业发展的资源和政策,而地方政府更是偏向于支持本区域内的企业,人为分割了市场,使得区域内的分割和竞争加剧,无法形成有效的合作格局。

从过去四年上海新能源汽车产业国际竞争力指数的变化趋势来看,总体上,上海新能源汽车产业的国际竞争力呈现上升的态势。但是,由于新兴产业的总量小、发展的波动大的特点,在指数上也呈现出了这样的一个特征。

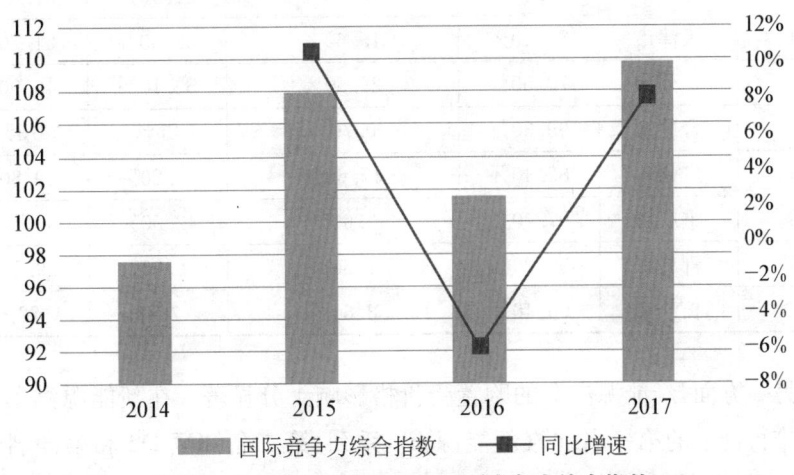

图11 上海新能源汽车产业国际竞争力综合指数

在具体的影响因素上,2016年指数的下降主要是由于行业驱动增长指数的下降所导致。此外,新能源汽车补贴政策的变化和相关税费减免的也对产业发展有着较大的影响。特别是各大地方的新能源汽车扶持政策在过去几年的实践之中逐渐由简单粗犷走向严苛精准,如国家对于新能源汽车的补贴标准从2016年起就以大体上每年50%的比率缩减,而对于补贴产品的性能要求却不断地提高,在2018年的补贴政策中,续航里程在150公里以下的新能源汽车则完全取消了补贴。

长久以来,新能源汽车产业的发展一直由于需要高额补贴而受到诟病,这非常明显地体现在产业国际竞争力的变化中。从最新的政策标准来看,新能源汽车产业的发展依然存在这样的问题。

相较于2016年而言,2017年的新能源补贴政策开始退坡,但对于购买新能源汽车的消费者来说,政策支持力度依然是其选择新能源汽车的核心因素之一。

一方面,在新能源汽车的消费市场上,全国新能源车销量排名前10的城市中,半数以上是限牌城市,其中北京、上海两座城市的新能源车销量遥遥领先,在某种程度上促进了当地车企生产新能源车型的积极性。而购置新能源汽车则可以省去传统汽车复杂费时费力的上牌过程,直接申领新能源汽车专用牌照。

表8 2017年中国新能源汽车销量前10城市市场结构

排名	城市	纯电动	插电式混合动力	单位	个人
1	北京市	98.60%	1.40%	14.30%	85.70%
2	上海市	25.40%	74.60%	27.30%	72.70%
3	深圳市	54.30%	45.70%	32.40%	67.60%
4	天津市	84.40%	15.60%	38.30%	61.70%
5	杭州市	70.50%	29.50%	54.10%	45.90%
6	合肥市	99.30%	0.70%	27%	73%
7	广州市	82.40%	17.60%	70.20%	29.80%
8	重庆市	97.40%	2.60%	42.50%	57.50%
9	青岛市	98.20%	1.80%	70.90%	29.10%
10	长沙市	96.40%	3.60%	78%	22%

另一方面,新能源汽车的购置受价格影响十分显著。在新能源汽车车型销量排行榜上的第一名北汽新能源EC系列、第二名知豆D2和第四名奇瑞eQ,经过政策补贴后价格已经十分便宜,基本在5万至10万元区间,而如果没有政策补贴,这些车型的售价普遍在10万元以上。也正是较大的补贴力度使得新能源汽车的性价有很大提高,使得消费者有动力去选择购买和使用。

(三)产业国际表现

在产业国际表现方面,主要反映了产业的出口能力,用行业RCA、TC等指数进行加权衡量,是产业在国际上竞争力最明确的表现。

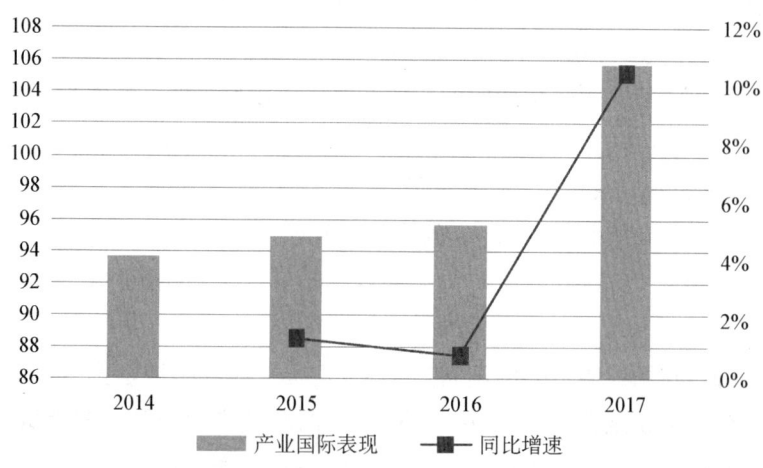

图12 上海新能源汽车产业国际表现指数

上海新能源汽车产业国际表现指数由 2014 年的 93.62 上升至 2017 年的 105.68，上升趋势显著，整体增幅为 12.88%，其中 2017 年提升最大，为 10.46%，上海外向型经济模式得到了不断巩固。

在汽车产业中，无论是传统汽车产业还是新能源汽车产业，国与国之间都存在着严重的产业保护，对整车的进出口基本都存在关税高峰，所以出口产品大部分为零部件。但上海在过去四年间汽车产业的产业国际表现却逐渐向好，由 2014 年的 93.62 上升至 2017 年的 105.68，表明上海在产业的外向能力上得到了较大的提升，一方面是上海本土的汽车产业的出口额在提高，另一方面上海自贸区和国际航运中心的建设取得了较大的进展，江浙地区的汽车零部件企业都将上海作为其出口的贸易口岸。

表 9　上海产业国际表现指数具体指标

年份	国外市场占有	出口竞争力	贸易竞争力
2014	0.02%	0.76	2.55%
2015	0.02%	0.78	5.98%
2016	0.03%	0.76	5.09%
2017	0.03%	0.89	17.78%

从产业国际表现的具体指标来看，三个指标都取得了一定的增长，产业的国外市场占有不断上升。出口竞争力和贸易竞争力上升显著。2017 年在行业出口不断上升的大背景下，出口竞争力指数首次越过 0.8 的分界值，上海汽车产业的出口竞争力也由弱竞争力走向了强竞争力。而 2017 年贸易竞争力的上升则更为显著，上升幅度达到 10%以上。

即便产业国际表现指数有所上升，上海新能源汽车产业的出口方面依然存在着较大的困难。一方面，在低附加值的机械加工零部件中，与传统的出口大省相比，上海并不占优势，还存在着较大的差距，而这部分为中国汽车零部件出口的主体。另一方面，新能源汽车产业关键零部件出口严重落后。新能源汽车产业的关键零部件的国内需求旺盛，现有产能不足也拖累了相关零部件的出口。最后是汽车产业出口模式的转变，汽车产业的出口早已从单纯的货物出口逐渐演变为"投资＋货物"出口的模式，即通过在出口地设立加工工厂，从国内出口关键部分加上出口地采购部分零部件进行加工、生产、销售的模式。① 在中国企业走出去的过程中，外国政府更加愿意接受能给当地带来就业和税收的贸易模式。

在面对纷繁复杂的国际贸易背景下，特别是 2018 年开始的中美之间的贸易摩擦的影响，未来上海性能院汽车产业的产业国际表现可能会受到较大的

---

① 在整车行业这种模式叫做 SKD 和 CKD 模式。

冲击。这也是上海需要及早做准备的,防患于未然,实现产业的稳健发展。

(四) 行业驱动增长

行业驱动增长指数主要基于地区现有产业基础,对新能源汽车产业发展的产业基础进行评价,主要衡量了上海传统汽车产业的发展状态。由于新能源汽车产业是传统汽车产业的转型升级,优质的传统汽车产业基础可以给新能源汽车产业的发展提供良好的配套环境,所以,行业驱动增长指数就是以此为出发点构建的指数。

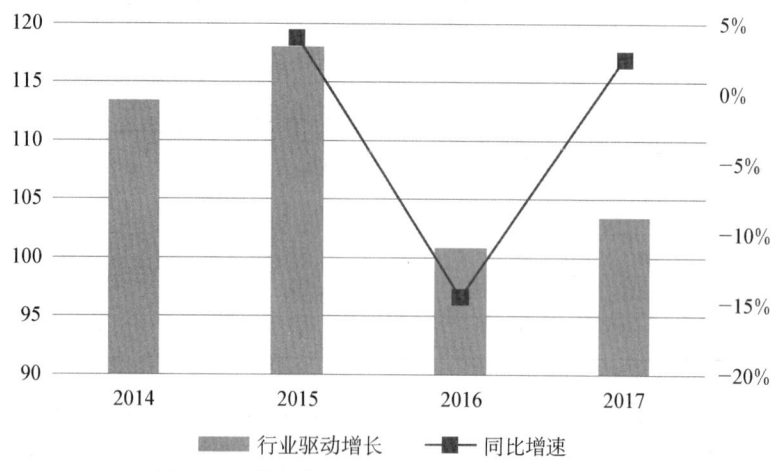

图 13 上海新能源汽车产业行业驱动增长指数

上海在过去四年间,其行业驱动增长指数从 113.43 下降至 103.44,指数上有所下降,这主要是由于 2016 年的大幅下降,降幅达到了 14% 以上。行业驱动增长指数的下降体现出了上海新能源汽车产业的产业发展基础有所减弱。

表 10 上海行业驱动增长指数具体指标情况

年份	产业集中度	区域产业集群水平	行业相对成长速度	行业盈利能力	生产效率（万元）	新能源汽车产量占比	新能源汽车车型数量占比
2014	8.25%	25.39%	68.43%	10.12%	211.38	10.03%	3.51%
2015	8.02%	25.19%	76.60%	19.28%	228.52	8.04%	2.38%
2016	7.41%	25.51%	38.16%	17.87%	227.82	4.20%	0.00%
2017	7.24%	25.68%	81.61%	16.23%	259.41	1.20%	2.62%

结合指数的具体指标来看,上海的产业集中度、新能源汽车产比和新能源车型数量占比有较为明显的下降。值得注意的是,上海的行业增长速度长期低于全国平均水平,在增量上的放缓也就使得相对存量下降,这也就是产业集中度下降的原因。2016 年指数的大幅下降主要是行业成长速度指标的下降所

导致,2015年上海汽车产业出现了整体的负增长使得2016年的行业成长速度指标降至四年的最低水平,而就上海汽车产业目前体量而言也已经发展到了一个比较大的量级,无法继续保持较高的增长,与其他地区相比就稍显落后。此外,之前为了刺激消费而进行的燃油车购置税减免政策的到期,也对全国的汽车消费造成了比较大的冲击。

但是,在产业的生产效率和行业盈利能力的指标上,上海则有着较为明显的增长,并且领先于全国,这也主要是由于上海汽车产业的产品逐渐集中于中高端领域以及生产技术的领先性,使得单个产品的价格和增加值等方面都有了较大的提高。在结合了总体产业增速放缓的情况后,可以说上海汽车产业已经进入了量缓利增的阶段,整体产业的发展速度已经放缓,但是行业的盈利能力正在不断上升。

在上海行业驱动指数下降的背后,更重要的原因是上海新能源产业发展资源约束越发明显。新能源汽车产业作为汽车产业转型的目标,和汽车产业一样显现出资本密集、土地密集、技术密集的一系列特征。而上海一方面受限于土地资源紧缺、劳动力成本上升等原因,在发展新能源汽车投入产出比其他地区低许多。虽然上海优质的营商环境和强大的科研投入对产业的发展有着很好的助力,但在权衡了投入产出之后很多企业还是将企业开办在江浙地区,这也使得在区域表现上江浙地区的新能源汽车产业发展优于上海的原因之一。另一方面,上海近年来严格执行的环保标准,对企业的环评要求也在不断提高,这又进一步加重了企业的扩张和发展成本。上汽集团和宁德时代的动力电池项目由此也并没有落户上海,而是落户在江苏,从而对上海的新能源汽车进行匹配。对上海而言,发展资源的约束不仅体现在新能源汽车产业的发展上,更加影响着所有工业部门的下一阶段发展。

最后,对于上海来说,行业驱动增长指数的下降体现出的更多是上海传统汽车产业竞争力的下降,而上海则逐渐将资源投入到了新能源汽车产业的发展则是这一趋势下的必然结果。上海要寻求汽车产业的进一步发展就是要提前布局下一波行业浪潮。

(五)价值链提升

在价值链提升的主要评价了地区的在价值链上提升的程度,主要用科研投入的能力和核心产品出货量和性能指标进行评价。

在核心产品的选择上,电机电控是新能源汽车的关键,新能源汽车作为传统燃油汽车的替代品,其主要电气系统即为在传统汽车"三小电"(空调、转向、制动)基础上延伸产生的电动动力总成系统"三大电"——电池、电机、电控。其中,电机、电控系统作为传统发动机(变速箱)功能的替代,其性能直接决定了电动汽车的爬坡、加速、最高速度等主要性能指标。

此外,电机的能耗直接决定了固定电池容量情况下的续航里程。因此,电动汽车驱动系统在负载要求、技术性能和工作环境上有特殊要求:第一,驱动电机要有更高的能量密度,实现轻量化、低成本,适应有限的车内空间,同时要具有能量回馈能力,降低整车能耗;第二,驱动电机同时具备高速宽调速和低速大扭矩,以提供高启动速度、爬坡性能和高速加速性能;第三,电控系统要有高控制精度、高动态响应速率,并同时提供高安全性和可靠性。

而电池的储能则决定了电动汽车巡航的极限,所以在核心产品的选取上分别选取了电机、电控和电池的相关技术指标与国际一流的产品作对比,体现了国际差距。

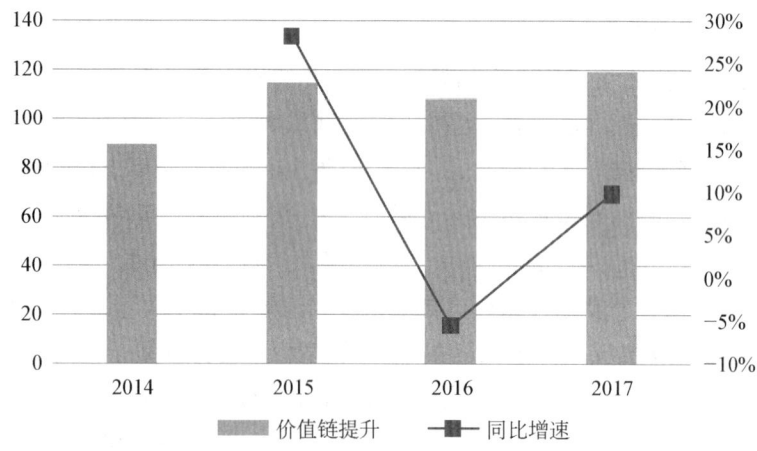

图 14 上海新能源汽车产业价值链提升指数

在三个二级指数中,价值链提升最能反映上海新能源汽车产业的发展潜力以及竞争能力,这也是由新能源汽车产业的产业特征所决定的。上海新能源汽车产业的价值链提升指数在过去四年间得到了较大的提升,从 2014 年的 89.74 上升到 2017 年的 119.3,上升幅度达到 33%。反映了上海在新能源汽车关键零部件领域的大踏步的前进。

表 11 上海价值链提升指数具体指标

年份	技术开发	核心产品市场占有率				核心产品出口竞争力			产业发展相对成熟度
		电机	电池	混合动力发动机	充电设施	电机	电池	电控	
2014	3.00%	1.08%	1.73%	1.08%	0.05%	15.54%	40.06%	57.83%	100.78%
2015	3.00%	16.89%	0.65%	14.46%	0.63%	23.32%	58.80%	59.09%	100.78%
2016	3.11%	12.19%	1.77%	8.57%	0.32%	23.32%	58.80%	54.03%	113.43%
2017	3.09%	11.54%	2.14%	9.97%	6.43%	62.18%	55.79%	128.09%	93.69%

从价值链提升的具体指标中可以看出，上海在产业上长期保持了稳定的技术开发经费，长期持续的投入也给上海新能源汽车产业核心产品的发展打下了良好的基础。上海在电机和混合动力发动机领域的份额长期保持在10％左右，而在电池领域则稍显弱势，这主要是由于电池生产的高污染性对周边环境有较大影响，上海发展电池产业的门槛较高有关，如上汽与全球最大的动力电池供应商宁德时代的合资公司——上汽宁德选址于江苏溧阳而并没有选址上海，就是很好的例子。

上海新能源汽车产业价值链的提升主要有两个方面的原因，一方面是上海不断加大对新能源汽车产业的研发投入，核心产品不断创新，产品性能指标在几年间得到了较大幅度的提升，也就提升了整体产业的竞争力。另一方面，新能源汽车核心产品的性能提高也使得上海的相关核心产品在市场中的份额也不断扩大，在竞争中稳步向上。

但受限于环境和资源约束，上海在发展速度上和产业规模上依旧处于中游水品，目前位于全国第五名，排在广东、江苏、浙江、北京之后。广东、浙江则凭借着其在新能源汽车产业上的先发优势和工业基础远远领先于上海。

除了产业规模和发展速度之外，上海在新能源汽车价值链上的提升上目前最大的问题在于，很多关键零部件的生产和专利技术依然掌握在上海的外资或者合资企业中，如联合电子、博世、飞思卡尔等，相关领域的国有和民营企业占比较小。

此外，作为运载工具，新能源汽车的首要指标是安全，而核心零部件的安全性正是整车安全性的基础。而现阶段来看，新能源汽车的安全性远远没有达到预想的水平。近几年来，随着新能源汽车的不断普及，电动车自然事件频发。电池往往是火灾的重要原因。电池着火主要是由于内部和外部两个方面。内部短路是造成火灾的主要原因，电池单体的不一致性导致局部的升温、电池内部的隔膜变形等都有可能引起火灾。而外部原因主要是机械伤害与高压线路的短路，当电池被刺穿、手挤压，造成内部短路或电解液泄漏时遇火源而起火。就电池的安全性，我国的比亚迪已经走在了世界的前列，比亚迪研发的磷酸铁锂电池虽然性能比三元电池有一段距离，但其优异的安全性能却是其他锂电池所不能相比的。

在安全性问题上，新能源商用车比新能源乘用车的问题更加突出，特别是电动公交车的安全问题。近几年来的新能源汽车火灾事件中，电动公交发生的最多。与乘用车不同，公交车载客多，遇火灾逃生难度大，一旦发生火灾火锅难以设想。这也就对电动客车的整体设计以及零部件的安全性提出了更高的要求。

三、发展路径

(一) 总体方向

就行业的发展来看,新能源汽车是未来汽车产业发展的趋势。未来汽车发展的侧重点在于节能与环保两大方面,传统的汽车无法跳出化石燃料的消耗,在技术上存在着局限性。而新能源汽车则跳出了此一局限。

在产业竞争方面,新能源汽车产业是中国汽车产业实现弯道超车的路径。在传统汽车产业技术的发展上,国外厂商有着几十年甚至上百年的技术积淀,就短期内我国无法突破,而新能源汽车的技术则差距较小,国内外基本处于同一发展阶段,这让中国新能源汽车的赶超提供了可能。

作为一个先导产业,新能源汽车产业的发展带动着相关新技术的研发。新能源汽车产业作为高端装备制造业的一部分,带动着上游化工、新材料、电子电控等一系列产业的发展。

最后,发展新能源汽车是上海装备制造业的升级和保持合理的产业结构手段。在防止产业空心化产生的问题上,上海在"十三五"规划中提出了工业比重不低于25%的目标。新能源汽车产业作为未来高产值、高附加值的工业产业,对防止上海经济过度三产化有着重要的作用。

(二) 提升路径

1. 有针对性、有重点地推进关键技术的自主研发和质量提升

从指数的具体指标上来看,上海新能源汽车产业中关键零部件的性能指标与国际一流还有一定的差距,其性能大约为一流产品的60%左右,这也意味着上海在核心产品的质量上还存在着很大的提升空间,也是上海新能源汽车产业国际竞争力的重要着手点。

首先,根据《中国制造2025》以及《节能与新能源汽车产业发展规划(2012—2020年)》中的相关规划和要求,在上海科创中心的基础上将上海建成新能源汽车技术的研发中心,不仅需要在资金层面上加大投入,更加需要的是制度层面的设计。对新能源汽车产业的研发进行制度上的保障和促进,用上海的优势科技资源吸引全国乃至全世界的科技研发单位和个人来到上海进行新能源汽车相关方面的研究。第二是有针对性地加强关键技术、关键领域(如"大三电"和"小三电")的专项研发,加大技术投入和政策扶持,鼓励企业与企业、企业与高校、企业与科研机构、高校与高校等之间的横向与纵向的联合研发,打通产学研之间的阻碍壁垒,实现在新能源汽车相关技术领域的产学研一体化,争取掌握产业技术的制高点,引领新能源汽车关键技术的发展和走向。

2. 紧握产业融合大趋势,推进新能源汽车的智能物联

借助互联网发展的大趋势以及"互联网+"的国家战略,上海应努力推进新能源汽车产业与互联网产业的深度融合,鼓励企业行业进行试错性的探索,借助互联网以及一系列的前沿技术,推动新能源汽车产业的深化发展。在车网融合上,主要促进三方面的发展。第一,促进汽车制造体系向智能工厂升级,推动生产模式由集中化、中心化、规定配置化向分散、动态配置变化。发展直接联通不同企业之间 B2B,以及直接联通企业和客户的 B2C 模式,努力向大规模定制化生产发展。第二,推动汽车产品形态想智联网升级。作为新的互联网工具与端口,汽车已经成为了重要的移动数据终端,构成了智能化的交通体系,成为现代智能都市中智能交通化的重要组成部分。在这一方面,国外许多国家已经走在了前列,欧、美、日等发达国家已经基本完成了 V2X 通信和控制的大规模道路测试评价,通信协议的推出为智能交通大规模推广断定了基础。我国也应在现有条件基础上建立起自身的智能交通体系,并且将其融入智慧城市的功能与建设中去。第三,推动汽车生态的全面变化。促进产业链由线性链接向网状交融转变,运用大数据技术,构建网状产业链,将汽车的使用、服务等相关产业并入进整个汽车网络,发展新型商业模式,拓展共享经济范围,从整体上促进新能源汽车产业与社会的深度融合。

3. 加强区域经济合作,发挥区域产业竞合优势

在中国新能源汽车的发展上目前已经形成了京津、长三角和广东三极。从指数上看,京津和广东都能较好地整合区域内的资源,不断推进产业的发展和前景。而在长三角地区出现了竞争大于合作的现象,这极大限制着上海产业国际竞争力的提高。长三角地区作为中国经济最具活力和发展最快的地区之一,在工业研发、制造、设计等各个方面有着强大的实力,在上海发展新能源汽车产业的时候,必须立足于上海,辐射长三角,寻求在长三角地区的深度合作和产业链的拓展,充分利用地区资源对上海的产业发展提供助力。

4. 完善产业布局,打通全产业链

打破新能源汽车推广困局,占领新能源制高点,从全局角度来布局新能源产业链,围绕电池、电机、电控,结合上海的优势,结合汽车产业电动化、轻量化、智能化的趋势,将产业链的高端部分牢牢控制在手里。推动新能源产业的全产业链发展,特别是新能源汽车的使用服务产业与回收利用产业,降低新能源汽车的使用成本,拓展产业的空间与产业间的布局。

通过新的商业模式的探索,结合上海车辆使用状况,结合上海节能减排,结合大气污染防控,结合新旧产能转移,结合供给侧改革,将新能源汽车作为上海的支柱产业来进行规划和布局,提升高端制造业在上海经济中的比重。

5. 推动新能源汽车产业由政府主导向市场主导的转变

现阶段新能源汽车产业处于发展的初期,过去几年的新能源汽车产业的

快速发展对于政策的依赖性非常之强。这虽然促进了产业的发展,但同时会产生产业发展对政策的依赖的结果,而一个有竞争力的产业必定是市场化的产业。为此,我国政府也提出了市场主导、创新驱动、重点突破、协调发展的工作方针。这个工作方针的关键变化是由政府主导变成市场主导,新能源汽车的发展要在市场主导下实施创新驱动、重点突破,达到协调发展的目标。

在中国新能源汽车准备和起步阶段都是由政府主导的,到了"十三五"要转变成市场主导,这将给新能源汽车产业带来重大的、多方面的、根本性的变革。"十三五"期间新能源汽车的快速成长,主要依靠的力量将逐渐变为市场,而不是政府。如果在快速成长阶段仍然由政府行政力量占主导,而不是市场力量占主导,新能源汽车产业就不会成为在国民经济发展中起到战略支撑作用的新兴支柱产业。

四、政策建议

长期以来,中国的新能源汽车产业一直是政府政策支持的重点对象,出台了许多中央层面的政策文件,各地方政府也根据自身的情况出台了相关地方扶持政策,在原有政策的基础上,本报告根据上文中产业竞争力提升的路径,对上海发展新能源汽车产业的政策侧重点作出建议。

(一) 以产业发展为根本,集聚研发资源,推动产品升级和价值链提升

在熊彼得的经济发展理论中,创新是经济发展的核心。同样,对于上海新能源汽车产业的发展而言,创新也是产业发展与提升的本质。上海新能源汽车产业国际竞争力的核心就在于核心产品的技术创新来提高价值链中的地位、整车企业的生产创新来提高产业驱动的能力和模式创新来提升国际贸易的表现,可以说,创新是竞争力的根本所在。而政府在产业创新中不同阶段需要扮演不同的角色。

首先,作为市场的管理者,政府应该在宏观层面上健全产业创新体系。创新体系的完善比简单的政策补助重要许多,发展新能源汽车产业需要有一个良好的创新体系以及基础学科科研作为支撑。从实验室中基础学科的研究(如动力电池所需的基础化学研究),到最终的生产产品以及生产技术的研究,仅有几个环节是远远不够的,只有拥有完整的创新体系才能形成技术创新的生态链,完整地将一项技术从实验室变成产品。而对于外部性特别强,而产业化能力弱或者基本不能产业化的基础学科,政府则必须以公共品投资的形式资助,实现技术的有效研发。

其次,政府要推动相关企业的技术创新能力的发展。一方面是吸引增量研发资源,对海内外的人才、资本、技术等方面进行吸引。另一方面,是针对现有

存量资源,将其尽量有效整合,发挥研发的规模优势。围绕电池、电机、电控,结合上海的优势,结合汽车产业电动化、轻量化、智能化的趋势,对产业链中的关键技术和重点领域进行重点投入和补助。政府作为企业的服务者与引导者,在必要的时候可以成立产业基金,对企业不敢投或风险过大的关键技术和产品的研发进行财政上的适当补贴,以便促进前沿技术和高新技术的突破性发展。

最后,创新不应局限于产品技术层面,还应扩展到商业模式层面,积极鼓励社会各个主体参与到商业模式的创新中去。上海现有的新能源汽车产业服务创新在于新能源汽车的分时租赁模式,该模式一方面方便了市民的出行,让普通市民都能够接触和体验到新能源汽车,使其逐步了解新能源汽车的使用;另一方面带动了新能源汽车的需求,或者说是创造出了新能源汽车的新的需求。

(二) 以政府为调节、以市场为导向,逐步完成上海新能源汽车的产业市场化

在上海新能源汽车产业的行业驱动指数较低,有很大一部分原因是上海新能源汽车产业的产品多样性和产品产量的不足,也在另一个侧面暴露出了上海新能源汽车产业的市场化成都不足。在上海新能源汽车产业发展的下一个阶段中,市场化必然是核心。

在国家级政策的保障上,《中国制造 2025》将会在"十三五"期间得到强有力实施。在《中国制造 2025 重点领域技术路线图》中,提出到 2020 年,初步建成以市场为导向、企业为主体、产学研用紧密结合的新能源汽车产业体系,自主新能源汽车年销量突破 100 万辆,市场份额达到 70% 以上;打造明星车型,进入全球销量排名前十;动力电池、驱动电机等关键系统达到国际先进水平,在国内市场占有率达到 80%。到 2025 年,形成自主可控完整的产业链,与国际先进水平同步的新能源汽车年销量 300 万辆,自主新能源汽车市场份额达到 80% 以上。与这些目标相配套的促进产业发展的产业政策也必将会大量出台。虽然一个产业的产业竞争力中包含有政策的促进和支持因素,但更多的是一个产业能够在市场化的条件下自我发展、自我扩大、自我提高的能力。

由于财政支持以及优惠政策的有限性,在短时间内保证产业发展是可行的,但长远来说无论哪个政府都承担不起这种财政负担。所以这就要求政府一方面在政策制度上创新,引导新能源汽车产业由原有的政策导向向市场导向转变,逐渐完成产业的市场化。要建立合理、合适、逐步的政策退出机制,在新能源汽车产业推进市场化的同时实现政策的逐步退出,不对产业的发展产生太大的冲击,达到两种导向的平稳转化。

此外,政府的政策调节更要确保产业面对外来冲击时候的稳定发展,如在面对此次中美贸易战的情况下,政府在新能源汽车产业的政策退出上可以适当减缓,甚至在企业关键高技术零部件的研发投入上给予如补贴或者以研发

支出税收抵扣等方式对行业外来冲击进行应对。

（三）从标准化上着力，努力整合上海研发和生产资源

欧美等发达国家在新能源汽车领域的标准、技术法规和认证等领域已经处于引领和垄断地位，而我国作为相关标准和技术法规"跟随者"的角色，已大大影响我国新能源汽车发展战略，导致我国新能源汽车"走出去"陷入被动局面。我国汽车生产企业应以标准建设为引领，完善汽车技术法规体系，着手做好国外新能源汽车技术性贸易措施的应对工作。

一是进一步完善我国汽车技术法规体系。我国已经是全球最大汽车市场，但是我国在汽车技术法规体系建设方面却严重滞后，相关技术法规依然以借鉴或参考欧美相关标准为主，巨大的汽车市场规模与不健全的汽车技术法规体系极度不相称，导致我国汽车技术体系在国际市场缺乏话语权和影响力。在汽车技术法规方面，我国应汲取发达国家先进经验，进一步完善技术法规体系，在安全配置、人身防护、排量限制、环保要求、召回制度等方面建立科学、规范，且符合中国国情的技术法规体系，增强我国汽车技术法规的国际地位和话语权。

二是加强对国外新能源汽车技术法规的动态研判分析。国外发达国家汽车技术法规的发展，直接影响着我国出口新能源汽车国际市场的开拓。我国政府相关部门应整合企业、高等院校、协会、第三方检测机构等社会力量，加强对欧、美、日、韩等国家新能源汽车技术法规的研究，建立长期研究、跟踪、监测和分析新能源汽车技术性贸易措施体系，了解和掌握对新能源汽车最新要求和动态，并及时发布、分享收集到的信息，积极为企业提供标准法规认证方面的支持，帮助企业制定应对策略。

三是亟待建立中国特色新能源汽车标准体系。新能源汽车作为不断发展的新兴产业，涉及多个前沿科技领域，会不断出现标准真空，结合我国新能源汽车发展特点和世界新能源汽车发展趋势，应抢抓机遇，及时建立中国特色的新能源汽车标准体系。通过研究国外技术法规体系，学习和借鉴国外先进的标准制度，填补我国相关标准或法规的不足，加快完善新能源汽车电磁兼容（EMC）等方面的标准体系，并结合电动车和混合动力车发展特点，尽快建立我国新能源车动力电池、充电系统等核心部件的技术标准体系，及时制定、更新和修订相关标准。同时，充分发挥我国新能源汽车规模优势，积极将我国新能源汽车技术标准推向国际市场，掌握标准制定权，打破欧美等发达国家的技术壁垒，实现我国汽车产业的"弯道超车"。

（四）着眼于可持续为目标，拓展新能源汽车的发展业态

现阶段我国大多数政策目标集中于新能源汽车的研发、生产和制造阶段，

对于其售后维保通常只能由品牌4S店提供服务,而对于车辆的报废回收利用,行业内没有明确的主体来从事。在现阶段,新能源汽车发展的初期由于市场有限并没有受到太大的关注,但随着新能源汽车产业如此快速的发展,必将产生庞大的售后服务需求以及报废回收需求。所以,上海要紧抓机遇,提前布局新能源汽车全产业链,推动新能源汽车全产业链的协同发展,占据产业发展的先发优势。

其中以新能源汽车动力电池的回收利用最为主要。一方面,利用我国广大的光伏、风电等新能源发电的储能需求,建立以动力电池回收利用为主体的储能站,充分阶梯利用动力电池性能。另一方面,探索高效低价的动力电池电极分解、回收再利用技术方案,突破技术瓶颈。为此,需要对动力电池的回收利用制度进行顶层设计。动力电池回收利用的初期,需要对再利用业务进行补贴扶持以弥补目前回收的高成本,而补贴资金可以来自于传统汽车销售的消费税或者燃油中的燃油税的一部分。

(五)立足长三角、强强联合,充分利用江浙产业优势推进区域产业一体化

上海新能源汽车的发展不仅是上海单个地区的发展,更加是区域产业的合作发展。在新能源汽车产业国际竞争力上,浙江和江苏的产业国际竞争力均强于上海,一方面是由于这两个地区是中国经济最活跃的地区,也是新能源汽车产业的先发地区。另一方面,江苏与浙江在资本、土地和研发资源的体量上都位列全国一流,这些都支撑这江浙地区新能源汽车产业的发展。

而上海则受制于环境和资源约束,必然在未来的发展上存在较大的局限性,所以上海在产业发展上要立足于产业链,向价值链的两端延伸,布局长三角,利用长三角的资源发展自身。为此,政府应该依靠中央推动长三角一体化的政策大背景下,努力与江浙地区政府和监管机构互动,化解行政层面上的市场割裂和限制进入与合作的情况,如对于非本地区企业的非明文的歧视等。另一方面,依靠上海本地企业去江浙地区设立分公司或者培养供应商,充分利用当地资源优势,在工业中间产品的流动上获得收益,从产业层面实现长三角地区区域产业的一体化。

附件一

上海新能源汽车重点企业上汽集团发展战略

上海地区新能源汽车产业的供给端主要是上汽集团。随着中国新能源产业的高速发展,作为中国汽车领头羊的上汽集团自然不甘落后,上汽新能源连

续两年实现了翻倍式增长,2017年上汽也依靠新上市的优质车型的销量爆发挤进了中国新能源整车企业的前三强,比2016年的第6位上升了3位,正式进入中国新能源产业的第一梯队。2017年12月,上汽新能源销量达6 256辆,创单月销量纪录,2017年全年销量44 235辆,同比增长121.1%,远远领先于全国50%的增速。

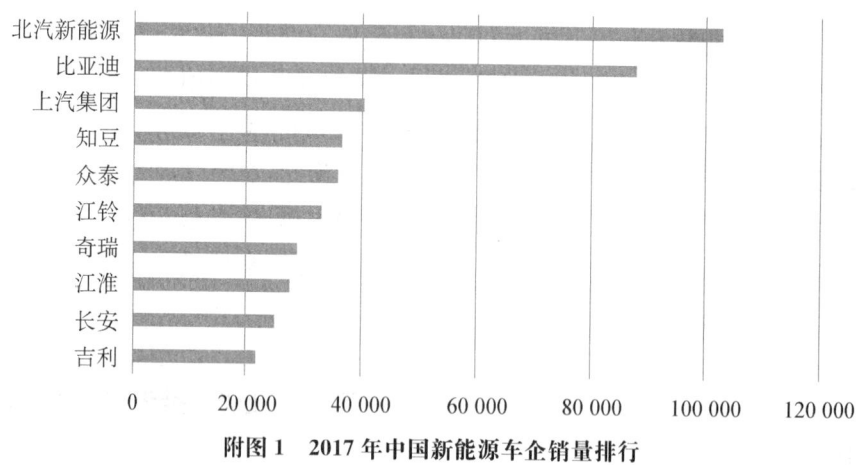

附图1 2017年中国新能源车企销量排行

上汽集团对于新能源汽车的发展最早可以追溯到2010年上海世博会为世博园区中提供的新能源公交车,但在随后的几年里上汽集团并没有对新能源汽车产业详细的发展规划和战略定位。直到在2016年,上汽为顺应国内外汽车产业的发展趋势,提出"十三五"要抓住"新四化"趋势机遇,在不断做大自主品牌规模的同时,高度重视培育互联网、新能源、智能驾驶等核心技术创新

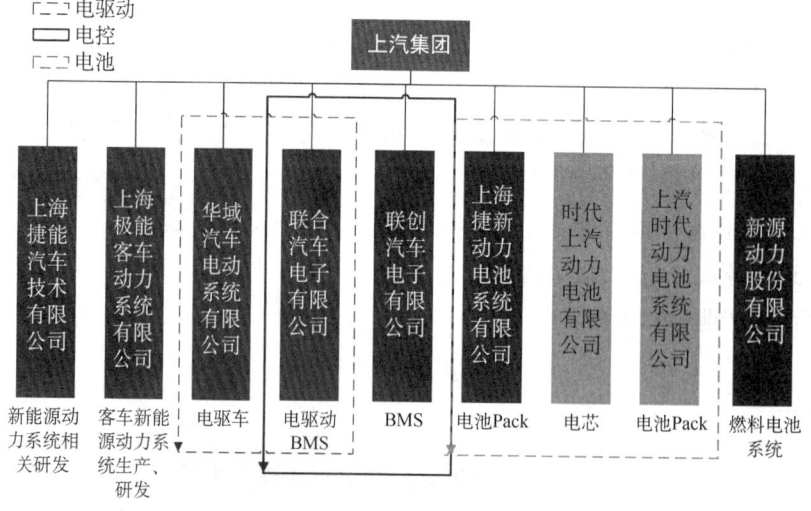

附图2 上汽集团新能源汽车产业布局

能力。上汽集团倡导的"新四化",包括电动化、网联化、智能化、共享化四个方面:电动化,即十三五期间,新能源研发总投入200亿,2020年自主和合资新能源车年销量超过60万辆;网联化方面,携手阿里打造"自我进化"的互联网汽车,形成汽车产品和服务融合的生态圈;智能化,实现单车智能4级技术,亚洲唯一5GAA白金会员车企,携手华为、中移动开发V2X技术,打造智慧交通体系;共享化方面,至2020年,覆盖全国超过100个城市,运营车辆30万辆,打造全球最大的新能源车分时租赁运营服务平台。

上汽集团在新能源汽车产业的布局中已经涵盖了整车和几乎所有关键零部件,从电池部分、到电驱部分,再到电控部分,充分整合了上海原有的资源和企业,基本控制了全产业链的研发和生产。

2017年,荣威e550以在过去四年间累计销售31 046辆的成绩正式停产,并且随着荣威ei6的上市,荣威e550圆满完成新老交替的任务。目前,上汽集团在新能源汽车领域已经完成了初步的全面布局。在新能源轿车领域中,中高端产品有插电式混合动力荣威e950,紧凑型的有荣威ei6;SUV方面,插电式荣威eRX5和纯电ERX5更是在细分市场上鲜有对手。

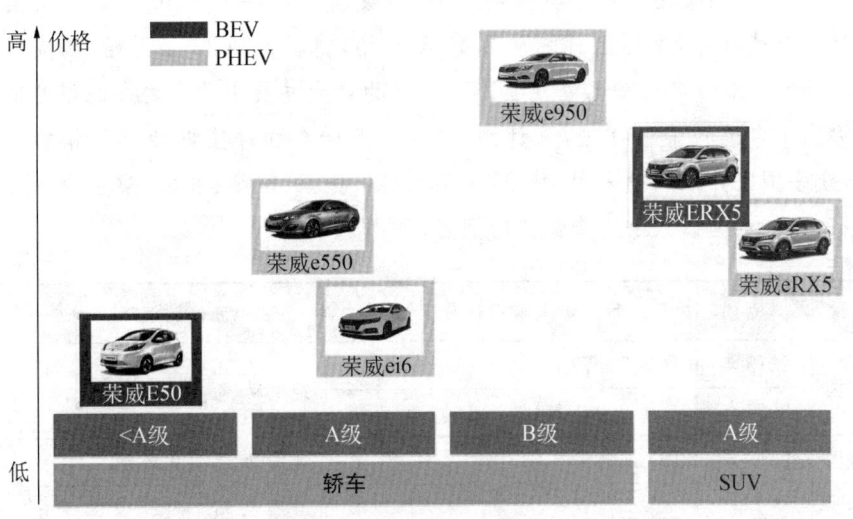

附图3　2017年上汽集团新歌能源汽车产品分布图

而在2018年,从现有的规划来看,上海新能源汽车产业将会继续发力,一方面是广州车展上发布的MG品牌首款插电式混合动力车eMG6以及MG ZS,另一方面是上汽首款纯电旅行车Ei5和MG ZS的纯电版本也将上市,上海在新能源汽车产品中的布局将不断继续丰富,这也将继续助力上海新能源汽车产业的不断发展和其国际竞争力的不断提升。

除了对于对新能源汽车零部件和整车产业的布局和开发,上汽集团更是深入出行服务市场。2016年在原本自有的分时租赁品牌"e享天开"的基础上,与上海国际汽车城(集团)有限公司旗下的"EVCARD"分时租赁业务整合,成立了环球车享汽车租赁有限公司,成为国内规模最大的新能源汽车分时租赁运营企业。目前,"EVCARD"的新能源汽车专用分时租赁停车位和充电桩已经遍布全上海市。环球车享也计划未来四年运营规模覆盖全国超过100个城市,形成长三角、珠三角、京津冀、成渝、中原等城市群交通圈,运营车辆达到30万辆,力争到2020年成为全球领先的新能源汽车分时租赁运营服务平台。

附件二

新能源汽车产业全球市场六大变局

一、部分国家公布燃油车禁售时间表

就全球的行业主要发展趋势来看,西方发达国家纷纷抛出了自身的燃油车禁售时间表。而事实上,早在2015年的联合国气候变化大会上,新能源汽车的主要生产国和推广国,包括德国、英国、荷兰、挪威等在内的国家,就组成了"零排放车辆同盟",共同承诺了到2050年不再销售燃油车。而到了2017年,部分国家则提出了更加具体的时间表,英国宣布将于2040年起全面禁售汽油车与柴油车,法国则计划从2040年开始,德国为2030年开始,挪威则更早,预计在2025年开始禁售燃油车。而作为最大发展中国家之一的印度也同样抛出了自己的禁售计划,预计到2030年开始全面停止燃油车的销售。但是,众多国家并未明确采用"禁用"一词,挪威、德国、印度、法国,暂且为"计划"状态,只有英国以法令宣布最终时间点。

国家	规划期	新能源汽车产销量目标	新能源汽车类型
中国	2015年	累计50万辆	纯电动、插电式混动
	2020年	产能200万辆,累计产销500万辆	
美国	2015年	100万辆保有量	纯电动、插电式混动
日本	2020年	200万销量	电动车80万辆、混合动力120万辆
	2030年	年销量的70%	电动车、混合动力车
德国	2020年	100万辆保有量	电动车
	2030年	500万辆保有量	电动车
法国	2020年	200万辆累计产量	电动车
韩国	2015年	120万辆产量,全球10%份额的电动车市场	电动车
	2020年	小型电动车普及率10%	电动车

中国虽然没有明确公布自身的燃油车禁售计划,但是其对新能源汽车产业的支持政策是全球最强的之一,也是全球最大的新能源汽车生产国和消费国,并且,中国政府在 2017 年表态"已启动传统燃油车停产停售时间表研究"。

在对于燃油车的禁售时间规划上,许多国家明显已经领先于中国,但在传统汽车的油耗标准和环保标准上,中国则与西方国家相差无几甚至更加严苛。

在百公里平均油耗上,大多数国家要求在自身国家生产销售的汽车百公里油耗在 2015 年至 2020 年下降四分之一以上。从数据上来看,这是比较大的降幅,这也不断迫使汽车厂商使用更加先进的节油技术,或者直接开发新能源汽车。

世界主要国家和地区指定的油耗标准

	美国轿车	中国乘用车	欧盟汽油乘用车(折算)
2015 年油耗标准	7.4 L/百公里	6.9 L/百公里	5.6 L/百公里
2020 年油耗标准	5.5 L/百公里	5.0 L/百公里	4.1 L/百公里
降幅	26%	28%	27%

而在汽车排放标准上,我国曾经一直是个跟随者。欧洲自 1992 年开始推出了欧 1 的排放标准之后,每 4 年至 5 年便提升一个排放标准级别,现行的排放标准为 2013 年开始执行的欧 6 排放标准,据以往的规律推算,欧 7 排放标准也即将推出。而我国排放标准长期以来都是以欧洲的排放标准为蓝本而制定的,但在 2016 年 12 月公布的国 6 排放标准上,我国对排放的环保要求远远高于欧 6 标准,这意味着我国排放标准的制定基本摆脱了国外的影响,开始根据自身的国情制定。但这也对我国汽车整车与零部件厂商施加了更大的压力,也为我国汽车产业向"零"排放转型提供了压力与动力。

二、国际汽车企业抓紧时机转型

为了应对汽车产业"零排放"的世界趋势,全球主流的汽车生产厂商也纷纷公布自己的产品转型战略和计划。本田、斯巴鲁、奔驰、捷豹路虎、玛莎拉蒂、福特林肯、沃尔沃等厂家要么打算将原有的所有燃油版本的车型基础上同步推出电动版本,要么彻底全面地不再生产燃油车,转而只生产电动汽车。而在国内,长安汽车于 2017 年率先公布了要与 2025 年全面停售燃油汽车。

汽车企业	时间	发展目标
本田	2025 年前	将纯电动汽车等车型在欧洲的销售比例提高到三分之二,目前为 5%。
斯巴鲁	2020 年前	退出柴油车业务

续表

汽车企业	时间	发展目标
奔驰	2022年	所有车型提供电动版本
捷豹路虎	2020年	所有车型提供电动版本
玛莎拉蒂	2019年	从2019年起只生产电动汽车
林肯	2022年	拟从2022年不再推广燃油车
沃尔沃	2019年	2019年起所有车型电动化
长安	2025年	停售燃油汽车

三、传统相关配套企业抓紧转型

目前,汽车产业未来的电器化发展已经成为了行业的共识,在整车企业纷纷忙不迭地研发转型时,传统汽车产业中的零部件供应商和维护保养服务提供商等都已经开始了对新能源汽车产业的积极布局。

目前在传统汽车零部件行业已经掀起了由原有汽车零部件向电动汽车零部件生产研发的转变。如日本特殊陶业公司(NGK)和佛吉亚(FAURECIA)正在进行对电动汽车的动力来源,也就是电池的大力研发,他们将电池作为未来新能源汽车行业的立身之本。

日本特殊陶业公司(NGK)是全球最大的火花塞制造商之一,现阶段已经将研发的重点放在固态电池技术上。与目前电动汽车上使用的锂离子电池不同,固态电池的电解液是固态的,而锂离子电池的电解液是液态的,所以被称为固态电池。也正是没有液体电解液的这一特性,固态电池装备在电动车上时不需要额外增加冷却管、电子控件等,这一方面能够使电池包的成本进一步下降,更加能够有效减轻重量。此外固态电池循环性能强,让电池使用寿命变长,安全性也更高,发生交通事故时不易爆炸或起火。NGK目前已经进行了五年的研发,在技术上预计能在2020年使得电池技术与锂离子电池性能相当。

而原本主营汽车座椅、排放控制技术系统、汽车内饰和外饰的佛吉亚(FAURECIA)则钟情于燃料电池技术在氢燃料电池技术上投入甚多,更是及早布局中国,与比亚迪正式成为合作伙伴,共同开发燃料电池技术。

此外,德国大陆集团(Continental AG)则盯上了无线充电、双向充电等技术,寻找着未来能够让新能源汽车充电更加多元化的道路。

四、世界厂商加速中国布局

基于中国政府对新能源汽车的政策偏爱、对新能源汽车的生产的以法规的手段硬性规定,各大国外厂商纷纷对自身的中国战略做出了调整。一部分厂商加大了中国市场中新能源企汽车的研发和投入,或者直接将国外的新能源车型引进中国来满足即将实行的双积分政策。如上汽通用别克已经推出了5款新能源车型,并且每年还在以1—2款车型的速度增加。

另一方面,还有一部分国外厂商直接寻找国内具有一定新能源汽车市场和生产经验的自主品牌整车企业建立合资公司,专注于新能源汽车的生产。大众看中了江淮在国内新能源市场上份额和生产经验以及技术经验,于2017年正式成立江淮大众汽车有限公司。无独有偶,同样是在2017年,百年汽车品牌福特和众泰也正式成立合资公司,而就在2017年4月福特公布的中国电气化战略中,宣布至2025年,70%的福特品牌在华销售车型将提供电动车版本选择。

无论是哪种形式,国外厂商都已经开始对中国的新能源汽车市场跑步前进,进行提前的布局和规划。

五、外国企业已经率先探索新能源汽车循环利用产业

随着产业的推进,最早的一批新能源汽车将逐渐开始报废,而对于新能源汽车的关键零部件的回收体系和标准还没有建立,但各个国家和企业也逐渐看到了这个资环收回利用的趋势。

2018年初,由汽车电池制造商、回收商、零售商组成的"负责电池联盟"(Responsible Battery Coalition,简称RBC)将启动一项200万块铅酸电池的回收计划,旨在解决如今废旧电池处理困难的情况。该联盟成员主要包括福特汽车、本田北美公司、美国联邦快递、美国前进汽车零部件公司、汽车地带、江森自控等。

该项目全名为"2Million Battery Challenge",主要是为了让消费者在新能源汽车动力电池使用完毕后有一个正确处理方式,鼓励消费者将使用过的汽车电池送到附近参与该项目的汽车零部件门店,进行正确的回收。

而与此同时,国内企业也不甘落后,2018年中国铁塔公司在京与长安、比亚迪、沃特玛、国轩高科等16家新能源企业,签订了新能源汽车动力蓄电池回收利用战略合作伙伴协议,对新能源汽车电池进行合理化处理。

六、全球新能源汽车补贴政策进入退坡期

各国政府都意识到,长期的补贴政策必然不利于新能源汽车产业的发展,外国政府也正在逐渐减弱新能源汽车的补贴。

美国原本计划于2016年年底停止的部分新能源车型税收抵免政策,延长到2017年年底。补贴范围为燃料电池车、电动摩托车和安装了电动汽车充电基础设施的车主,因此可以看出,2018年以后购买上述车型的车主无法获得税收抵免。

而凡在美国市场2017年购买了燃料电池车的车主,可享受4 000美元税收抵免,电动摩托车(两轮/三轮)的车主可获得最高2 500美元税收抵免,安装了电动汽车充电基础设施的车主可获得最高1 000美元的税收抵免,购买电动车的 7 500 美元税收抵免政策保留不变,但也会在接下来的一年半时间内逐步停止。除此之外,在申领补贴前,需要在其 2017 年的纳税申请单上进行申报,系统通过后可享有税收抵免。

在全球市场新能源补贴退坡的大环境下,目前购买新能源汽车所获补贴将会越来越少,美国新能源补贴在不远的将来或将全面取消。

执笔:

蒋程虹　上海社会科学院应用经济研究所博士研究生

2017年上海生物医药产业国际竞争力报告

一、背景趋势

根据国家发改委公布的2016版《战略性新兴产业重点产品和服务指导目录》,生物医药产业包括新型疫苗、生物技术药物、化学药品与原料药制造、现代中药与民族药、生物医药关键装备与原辅料,以及生物医药服务。生物医药产业是永不衰落的朝阳企业,发展生物医药产业,有利于其发挥对上海经济的支柱作用,是建立全球科创中心的重要环节。

2016年全球医药相关开支达到1.2万亿美元,复合年增长率达接近6%。同时,医药新兴市场国家人口及收入快速增长,政府政策力度加强,医药新兴市场国家的医药相关开支增速将超过发达国家。医药新兴市场的医药开支占全球比重将继续上升,2016年占比上升至30%左右。

就国家层面而言,2017年国家医药医疗政策与改革全面加速推进。医药方面,从新药研发专利保护、临床机构扩容、药品上市许可持有人制度,到进口新药开绿色通道,再到仿制药一致性评价推进、参比制剂确定,药品医疗器械研发、审评审批进一步与国际接轨。"两票制"将重塑医药流通格局。医保与公立医院改革广泛推进,改革付费方式,按病种付费、按人头付费等支付方式改革有序推进。

我国生物医药市场总量大且增速快,带来可观的存量及增量需求。目前我国年人均医药支出水平较低,仅为121美元。而美国为892美元,日本644美元,韩国323美元,我国年人均医药支出增长潜力较大。加之我国人口基数较高,经济增长较快,人口老龄化日趋严重,医药市场的规模和增量均非常可观。我国生物医药市场已超过日本,成为仅次于美国的全球第二大生物医药市场,医药相关支出规模约在1550亿到1650亿美元之间。而且相关支出增长率在15%到18%之间,也是主要经济体增速最快的国家。随着人均收入的增长和医保改革的逐渐深入,在城镇化、人口老龄化等多重因素的影响下,国内医疗和药物需求已经进入了快速增长期。尽管我国生物技术药物仍处于起步阶段,仅占全球市场总额的2%,但是,它在我国已经形成了产业集群。相信随着政府对创新药物支持力度的不断加大,我国生物技术的药物创新能力将会进一步提高。

上海在药品市场方面具有潜力最大的增长空间。上海医药行业持续增长的重要动力有二:一是未来上海人口老龄化加深;二是居民可支配收入的增长。由于当前上海用药水平还偏低,所以未来的医药市场将会是不断扩大的。可以判断未来影响医药行业的主要政策因素将会是医疗体制改革和行业结构调整。由此可见,医药行业未来具有非常良好的发展契机。

二、上海生物医药产业国际竞争力的基本评价

上海生物医药产业国际竞争力在全国排名第二,长三角地区是全国生物医药国际竞争力最强地区,上海引领着长三角的生物医药发展。上海生物医药产业科技竞争力与核心产品竞争力领先全国,研发创新能力强,核心产品比较优势明显。产业竞争力和贸易竞争力较强。专业化水平与产业链地位高。上海以不断加大创新投入和优化产业结构的创新和高端制造路线提升生物医药产业的国际地位。

(一)产业国际竞争力指标体系构建

本研究将产业国际竞争力分为三部分,分别是产业增长表现,产业国际表现和产业创新表现,构成生物医药产业国际竞争力综合指数(一级指标)的三个二级指标(指标体系详情见表1)。

产业增长表现二级指标主要用于衡量地区产业发展前景。地区产业发展的潜力主要来源于该地区产业集群发展以及产业效益水平,对于产业集群发展情况,我们使用该地区的行业引领能力、产业集中程度和其所处大区域集群水平三个三级指标来反映。产业效益水平主要体现在三方面——增速、盈利和效率,分别以三个三级指标反映。

产业国际表现二级指标主要用于衡量地区产业的贸易竞争力与其所处全球产业链中的位置。为了既能体现产业总体的国际表现,又能体现处于产业链和价值链关键位置的核心产品的国际竞争力,三级指标中分别包括出口总体情况和核心产品情况。地区出口总体竞争力包括出口市场占有和出口比较优势两个三级指标。核心产品出口竞争力包括核心产品市场占有和核心产品比较优势两个三级指标。

更重要的是,本研究将生物医药产业决定性的创新能力作为一个二级指

标,即产业创新二级指标。我们将产业创新分为三阶段:第一阶段是研发投入,由于研发投入的绝对规模和相对水平均非常重要,因此通过研发投入规模和研发投入强度两个三级指标反映;第二阶段是临床研究与新药开发,分别通过临床研究水平和新药研发能力两个三级指标反映;第三阶段是创新的产业化,通过新技术生产力这个三级指标反映。

指标体系对全国31个省(直辖市)的2015年、2016年和2017年产业国际竞争力进行评价。数据来源包括各级统计局、海关、第三方数据库等。为与统计局数据统一,当年的评价指标使用上年的统计数据进行计算,如2017年竞争力使用2016年数据进行计算。指标均采用相应方法进行标准化和指数化,通过变异系数法和主观赋权法计算权重后发现与平均权重差异不大,赋权方法基本不影响地区排名,为便于分析解释,最终采用平均权重法赋权。各级指标加权构成上级指标和综合指数,指数将2015年至2017年三年的全国平均水平定为100。

表1 生物医药产业国际竞争力指标体系

一级指标	二级指标	三级指标	指标说明	计算方法
产业国际竞争力	产业增长表现	行业引领能力	地区引领行业的企业数量	地区医药上市公司个数占全国比重
		产业集中程度	地区产业的集聚程度	地区规上企业产值占全国比重
		区域集群水平	经济区域的产业集聚程度	所处经济区域的规上企业产值占全国比重
		行业成长速度	地区行业增速的表现	地区行业销售产值增速
		行业盈利能力	地区行业的盈利水平	地区规上企业总资产收益率
		行业生产效率	地区行业的劳动生产效率	地区规上企业单位从业人员产值
	产业国际表现	出口市场占有	地区产业出口市场占有率	地区规上企业出口占全国比重
		出口比较优势	地区产业的出口比较优势	地区行业的RCA指数
		核心产品市场占有	地区产业核心产品的出口市场占有率	地区核心产品出口占全国比重
		核心产品比较优势	地区产业核心产品的出口比较优势	地区核心产品RCA指数

续表

一级指标	二级指标	三级指标	指标说明	计算方法
产业创新表现		研发投入规模	地区行业研发投入的规模	地区规上企业研发费用内部支出
		研发投入强度	地区行业研发投入的强度	地区规上企业研发费用内部支出占主营业务收入比重
		临床研究水平	地区临床医学研究水平	国家批准的地区临床医学研究中心个数占全国比重
		新药研发能力	地区获批生产创新药物数量	地区获批生产创新药物数量占全国比重
		新技术生产力	地区产业新技术使用情况	地区规上企业新产品销售额占主营业务收入比重

(二) 产业国际竞争力综合指数

1. 2017年上海生物医药产业国际竞争力稳步攀升,排名全国第一

上海2017年综合指数为148.6,排名全国第一。上海综合竞争力近年来稳步攀升,2017年综合指数较上年增长4.8,自2016年以来排名稳定在全国榜首。

表2　生物医药产业国际竞争力综合指数(2017年综合指数排名前十省市)

		北京	天津	上海	江苏	浙江	山东	湖北	湖南	广东	四川
2015	排名	5	7	3	1	4	2	6	9	8	12
2016	变化	-0.9	4.9	8.7	-3.2	-1.4	2.2	1.9	-2.3	5.8	-4.2
	排名	5	7	1	3	4	2	6	10	8	17
2017	变化	0.9	-2.5	4.8	-3.6	5.6	-0.7	5.2	1.1	-7.5	7.6
	排名	6	7	1	4	3	2	5	9	8	10

注:仅包括2017年综合指数全国排名前十省市,三年全国平均水平为100。

2. 长三角地区形成了全国最大的生物医药产业集群,最强的产、学、研链和最优质的创新生态

2017年全国排名第二到第四的分别是山东省、浙江省和江苏省。上海、浙江和江苏生物医药产业在全国排名靠前,一方面反映了长三角地区形成了全国最大的生物医药产业集群,最强的产、学、研链和最优质的创新生态。

另一方面也反映了上海对区域生物医药产业发展的龙头带领作用和创新溢出效应。山东、北京和天津形成了全国第二个主要的生物医药区域集群。湖北、湖南和四川2017年均进入前十，近年来上升较快，长江中上游正在形成我国另一个重要的生物医药产业发展区域，具备与长三角地区联动的潜力。

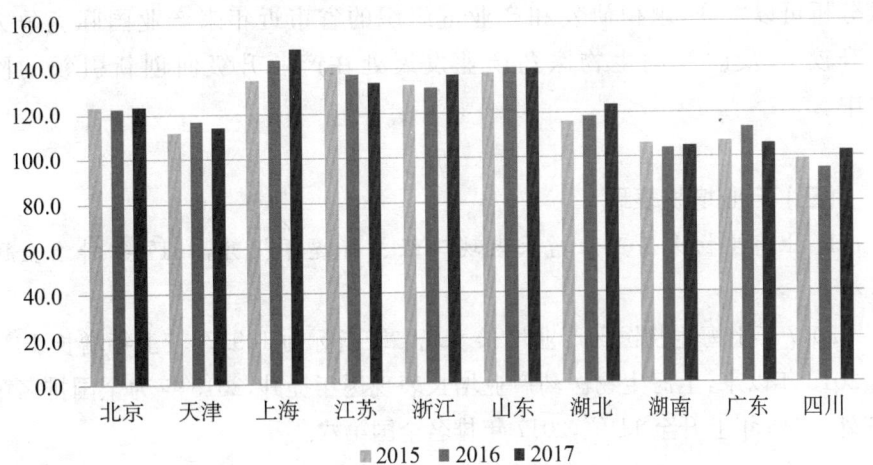

图1 生物医药产业国际竞争力综合指数(2017综合指数排名前十省市)

注：仅包括2017年综合指数全国排名前十省市，三年全国平均水平为100。

3. 各地区产业集群分工较为合理，主要承担研发和产业链组织的省市产业国际竞争力上升较快

进一步将综合指数分解到各二级指标，我们可以将2017年综合指数排名

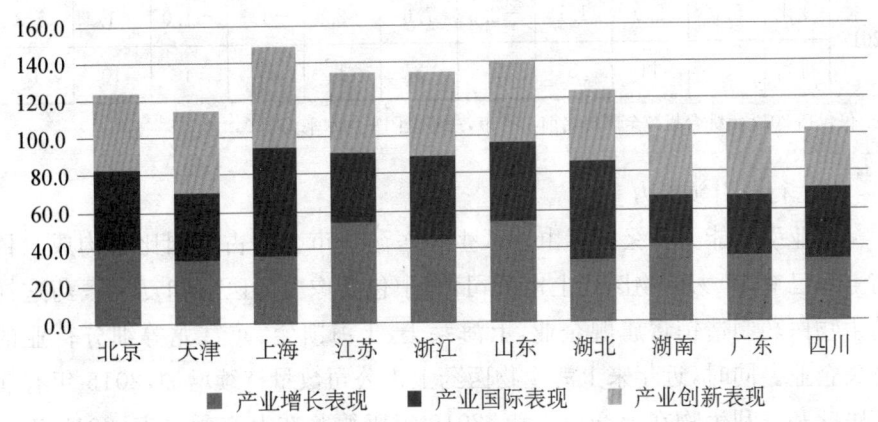

图2 2017年生物医药产业国际竞争力综合指数构成(2017年综合指数排名前十省市)

注：仅包括2017年综合指数全国排名前十省市，三年全国平均水平为100。数字反映的是综合指数和各二级指标在综合指数中所占份额。

前十的省市分为两类,一类是承担研发和产业链组织的省市,其产业国际表现和产业创新表现超过产业增长表现,包括长三角的上海和浙江,华北的北京和天津,以及湖北、广东和四川。另一类地区是主要功能是产业化,表现为其产业增长表现占综合指数较大部分,包括长三角的江苏、华北的山东和长江中上游的湖南。总体而言,我国生物医药发展的各个区域集群均包含分别承担贸易、研发和产业化的省市地区,同时综合纵向比较分析可以发现,承担研发和产业链组织的省市近年来产业国际竞争力上升较快,反映我国生物医药产业发展处在产业升级向创新引领的阶段中。

(三) 产业增长表现

1. 上海生物医药产业增长表现二级指标逐年提升,2017年排名全国第八

2017年上海生物医药产业增长表现二级指标为109.7,较上年增长1.1。自2015年以来,上海生物医药产业增长表现逐年提升,2015年为全国排名第13外,2016年上升至11位,2017年排名全国第八。

表3 生物医药产业增长表现二级指标(2017年综合指数排名前十省市)

		北京	天津	上海	江苏	浙江	山东	湖北	湖南	广东	四川
2015	排名	9	15	13	2	3	1	16	6	10	17
2016	变化	1.8	−0.9	5.9	1.6	−4.4	−4.0	−0.3	5.6	−0.7	−5.3
	排名	8	16	11	2	3	1	15	5	12	20
2017	变化	5.0	2.0	1.1	−2.6	7.6	−2.8	−1.3	−1.0	−1.4	5.3
	排名	5	14	8	2	3	1	17	4	10	18

注:仅包括2017年综合指数全国排名前十省市,三年全国平均水平为100。

(1) 行业引领能力

行业引领能力三级指标由地区生物医药上市公司占全国比重构成。目前上海已有17家生物医药上市公司,其中包括像上海医药和复星医药这样的生物医药制造销售旗舰企业,上海莱士、上海凯宝、东富龙等细分行业的龙头企业。同时,近年来上海生物医药上市公司数量持续增加,2015年有润达医疗和海利生物在上交所上市,2016年康德莱在上交所上市,2017年透景生命在创业板上市,一批医药新兴龙头企业迅速成长提升上海医药产业引领力。

表4 在中国大陆上市的上海生物医药企业营业收入(2017年)

	上市公司	2017年营业收入(亿元)	上市时间
1	上海医药	1 308.47	1994
2	复星医药	185.34	1998
3	现代制药	85.18	2004
4	润达医疗	43.19	2015
5	上海莱士	19.28	2008
6	神奇制药	17.36	1992
7	东富龙	17.25	2011
8	科华生物	15.94	2004
9	上海凯宝	15.70	2010
10	第一医药	15.56	1994
11	康德莱	12.56	2016
12	海欣股份	10.00	1994
13	开开实业	9.62	2001
14	凯利泰	8.02	2012
15	海利生物	3.04	2015
16	透景生命	3.03	2017
17	交大昂立	2.70	2001

注：数据来源中商产业研究院大数据库，仅包括在中国大陆上市的上海生物医药企业。

(2) 产业集中程度

上海医药制造业规模近年来保持稳定增长，但由于增速小于全国医药制造业整体增速，产业集中度有所下降。2017年上海医药制造业销售产值达到672.43亿元，从工业总产值口径来看，2017年已超过1 000亿大关，达到1 067.32亿元。

表5 上海医药制造业销售产值情况(2014—2017年)

	2014	2015	2016	2017
上海医药制造业销售产值(亿元)	555.24	584.83	623.80	672.43
增速(%)	13.0	5.3	6.7	7.8
全国医药制造业销售产值(亿元)	16 935.68	23 200.28	25 738.22	28 417.72
上海医药制造业销售产值占全国比重(%)	3.28	2.52	2.42	2.37

(3) 区域集群程度

尽管产业集中度有所下降，但上海生物医药产业对周边地区产业辐射引领作用有所加强。体现在长三角地区医药制造业工业销售产值占全国比重从 2015 年的 23.09% 上升至 2017 年的 23.38%。

表6　长三角地区医药制造业工业销售产值占全国比重（2015—2017 年）

	2015	2016	2017
长三角地区医药制造业工业销售产值占全国比重（%）	23.09	23.12	23.38

（4）行业成长速度

进入新常态以来，行业规模持续增长，增速有所加快。2017 年上海医药制造业工业销售产值较上年增加 7.8%，自 2015 年以来增速一直在扩大。2017 年生物医药工业总产值较上年增长 6.9%，增速提高 1 个百分点。

（5）行业盈利能力

行业盈利能力维持在较高水平。2017 年上海生物医药制造业总资产回报率达到 9.76%，自 2015 年以来一直保持在 8% 的水平以上，产业效益水平较高。

表7　上海生物医药制造业总资产回报率（ROA）（2015—2017 年）

	2015	2016	2017
上海生物医药制造业总资产回报率（ROA）	8.86	10.46	9.76

（6）行业生产效率

行业生产效率持续提升，单位从业人员销售产值已从 2015 年的 93.57 万元上升至 2017 年的 108.3 万元。这也印证了行业效益在持续提升。

表8　上海生物医药制造业行业生产效率（2015—2017 年）

	2015	2016	2017
医药制造业工业销售产值（亿元）	584.83	623.8	623.8
平均用工人数（万人）	6.25	6.1	5.76
单位从业人员销售产值（万元/人）	93.57	102.26	108.3

2. 近年来全国生物医药产业规模增速有所下滑，上海仍保持一定增速

传统医药制造大省持续增长面临一定的挑战，山东和江苏的产业增长表现 2017 年较上年出现小幅下降。相反，研发和国际产业链整合能力较强的北京、上海和浙江等地 2017 年产业增长表现二级指标呈现增长。尤其是北京和上海，一度面临制造业退化的大趋势，但在新常态下，产业增长要求进一步提升创新和产业化的结合，拥有创新引领作用的地区成为产业的新增长极。

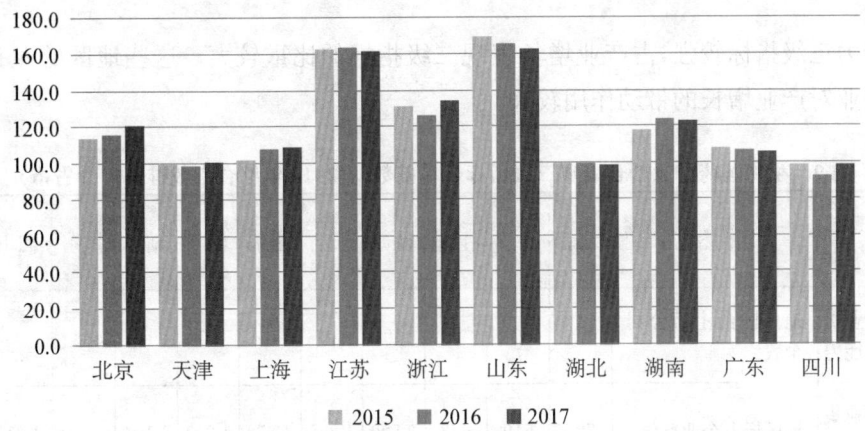

图 3　生物医药产业增长表现二级指标（2017 综合指数排名前十省市）

注：仅包括 2017 年综合指数全国排名前十省市，三年全国平均水平为 100。

3. 上海生物医药产业发展较为均衡

通过生物医药产业增长表现二级指标的构成（图 4）可以总结出三类增长模式。一是规模型增长，主要为江苏、山东和湖南，其表现为较高的产业集中度和较高的生产效率，原因是该地区产值较高，无论是与其他地区相比（产业集中度）或者相较人员投入（生产效率）来看，指标均较高。

二是均衡型增长，各三级指标在产业增长表现中的比例较平均，产业化发展的各方面较为均衡，这类地区包括天津、上海、湖北和四川。

三是引领型增长，这类地区有北京、浙江和广东，其主要特征是行业引领

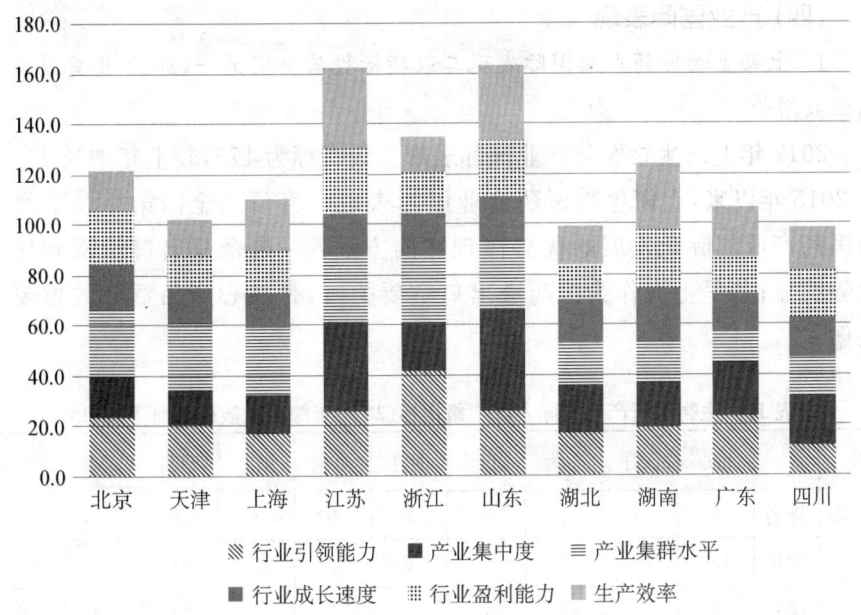

图 4　2017 生物医药产业增长表现二级指标构成（2017 年综合指数排名前十省市）

注：仅包括 2017 年综合指数全国排名前十省市，三年全国平均水平为 100。

能力三级指标较强,占产业增长表现二级指标的比重较大。这些地区的龙头企业对产业增长的带动作用较大。

表9 生物医药产业增长表现三级指标及基础数据(2017年综合指数排名前十省市)

三级指标	基础数据	北京	天津	上海	江苏	浙江	山东	湖北	湖南	广东	四川
行业引领能力	地区医药上市公司个数	17	9	17	19	36	16	10	12	38	1
产业集中程度	地区规上企业产值	785	519	672	3 839	1 298	4 674	1 203	1 104	1 548	1 316
区域集群程度	经济区域规上企业产值	6 794	6 794	6 645	6 645	6 645	6 794	3 538	3 538	1 995	3 066
行业成长速度	地区行业销售产值增速	13.9	6.8	7.8	11.3	11.6	11.8	12.6	17.5	9.6	10.2
行业盈利能力	地区规上企业总资产收益率	11.9	7.7	9.8	14.8	9.6	13.0	8.1	13.3	8.7	11.1
行业生产效率	地区规上企业单位从业人员产值	92	84	108	153	84	146	90	131	106	96

注:仅包括2017年综合指数全国排名前十省市。

(四) 产业国际表现

1. 上海生物医药产业国际表现二级指标稳居全国第一,2017年更是实现两位数增长

2017年上海生物医药产业国际表现二级指标为173,较上年增长11.2。自2015年以来,上海生物医药产业国际表现一直位居全国第一。上海生物医药产业国际化发展的优势体现在两方面:一是企业出口份额和比较优势明显;二是上海作为医药进出口重要关口,是核心产品贸易的重要桥头堡。

表10 生物医药产业国际表现二级指标(2017年综合指数排名前十省市)

		北京	天津	上海	江苏	浙江	山东	湖北	湖南	广东	四川
2015	排名	4	5	1	7	2	6	3	25	13	8
2016	变化	1.9	4.3	−2.6	−1.3	−6.3	2.4	2.5	−0.8	−0.8	−2.6
	排名	4	5	1	7	3	6	2	24	14	9

续表

2017		北京	天津	上海	江苏	浙江	山东	湖北	湖南	广东	四川
	变化	−2.2	−16.0	11.2	−2.3	−3.4	2.2	19.3	−0.6	−2.5	6.1
	排名	4	8	1	7	3	5	2	26	13	6

注：仅包括 2017 年综合指数全国排名前十省市，三年全国平均水平为 100。

(1) 出口市场占有

上海医药制造业出口交货值年均增长约 3 亿元。出口份额占全国比重近年来有所增长，2015 年为 3.53%，2017 年达到 3.66%。

表 11　上海医药制造业出口情况(2015—2017)

	2015	2016	2017
上海医药制造业出口交货值(亿元)	46.3	50.56	53.45
全国医药制造业出口交货值(亿元)	1 312.32	1 341.98	1 460.41
上海占全国比重(%)	3.53	3.77	3.66

(2) 出口比较优势

RCA(显示性比较优势指数)[①]能够反映上海医药制造业比较优势的指标。近年来上海医药制造业 RCA 指数均超过 1.5，虽然指数有所下降，但得益于医药制造业出口占上海总出口比重较大，总体比较优势仍然较强。

表 12　上海医药制造业 RCA 指数(2015—2017)

	2015	2016	2017
上海医药制造业 RCA 指数	4.31	2.07	1.66

(3) 核心产品市场占有

上海生物医药产业核心产品[②]出口较为突出，并且近年来有进一步加强趋势。核心产品出口额 2017 年达到 8.71 亿美元，占全国比重一半以上，达到 51.37%。

表 13　上海生物医药核心产品出口情况(2015—2017)

	2015	2016	2017
上海生物医药核心产品出口额(美元)	6.14	7.11	8.71

---

① $RCA_{ij} = (X_{ij}/X_{tj})/(X_{iW}/X_{tW})$。其中，$X_{ij}$ 表示地区 j 出口产品 i 的出口值，X_{tj} 表示地区总出口值，X_{iW} 表示出口产品 i 的总出口值，X_{tW} 表示总出口值。

② 核心产品的认定方法与清单请见附录。

续表

	2015	2016	2017
全国生物医药核心产品出口额（美元）	13.46	15.57	16.96
上海占全国比重（%）	45.60	45.66	51.37

（4）核心产品比较优势

与上海医药制造业 RCA 指数不同的是，核心产品 RCA 指数自 2015 年以来呈现增长，反映行业核心竞争力与增长质量的提升。核心产品 RCA 从 2015 年的 2.07 上升至 2017 年的 2.66，已达到具备非常强比较优势的水平。

表 14 上海生物医药产业核心产品 RCA 指数（2015—2017）

	2015	2016	2017
上海生物医药产业核心产品 RCA 指数	2.07	2.13	2.66

2. 综合来看上海贸易竞争力增长体现在规模提升的同时，质效具有较明显优势

全国生物医药产业三大区域中，长三角地区承担产业国际化任务的主要是上海，受益于自贸区建设以及上海在生物医药支柱产业发展的长期支持，长三角的产业国际表现增长主要在上海，江苏和浙江的国际表现指数均有不同程度下降。

华北地区则相反，北京与天津的国际表现下降，尤其是天津 2017 年二级指标下降 16，产业国际表现排名从第五降至第七。山东在承担主要产业化提升的过程中，国际表现得以提升。

湖北则在长江中上游生物医药产业集群地区中脱颖而出，成为国际表现

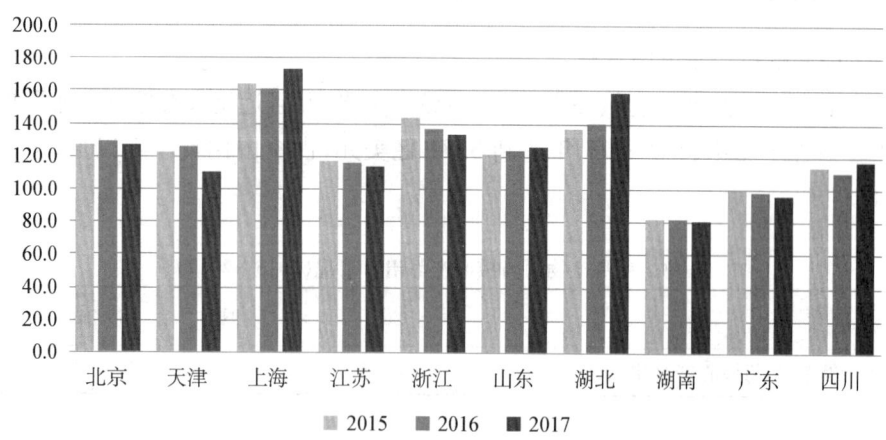

图 5 生物医药产业国际表现二级指标（2017 年综合指数排名前十省市）

注：仅包括 2017 年综合指数全国排名前十省市，三年全国平均水平为 100。

突出的地区。2017年国际表现二级指标达到159.1,排名全国第二。

3. 上海生物医药产业国际表现的优势主要来源于核心产品份额和比较优势,体现上海自贸区建设带来的开放优势与科创中心建设带来的创新优势的叠加

上海2017年生物医药产业国际表现二级指标为173,其中核心产品市场占有三级指标为81.2,核心产品出口竞争三级指标为43.4,两项指标综合远超全国其他地区。

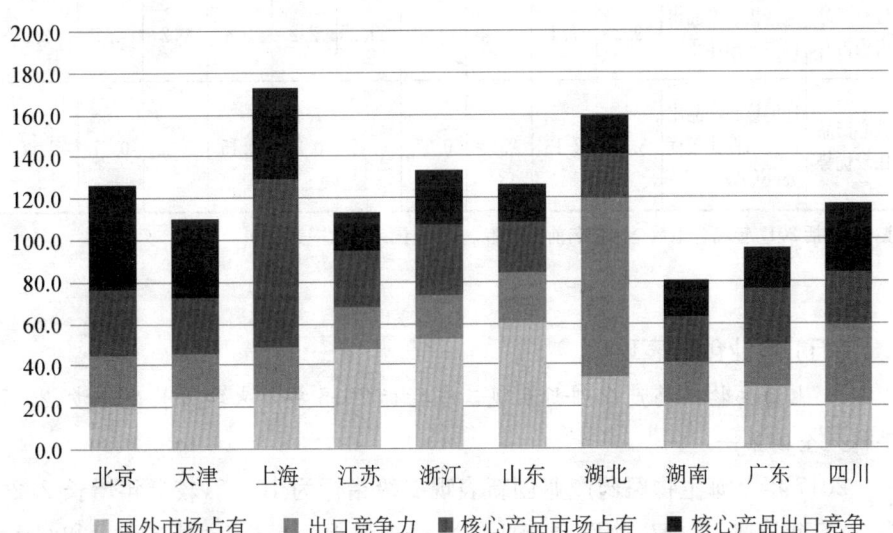

图6　2017生物医药产业国际表现二级指标构成(2017年综合指数排名前十省市)

注:仅包括2017年综合指数全国排名前十省市,三年全国平均水平为100。

4. 上海生物医药产业核心产品出口竞争力优势较大,生物医药在上海重点发展战略性新兴产业中的作用明显

根据海关数据统计,2017年上海口岸生物医药产业核心产品出口占到全国51.4%,主要由于上海在两方面的优势,一是自贸区的开放优势为生物医药产品进出口业务发展带来效率,二是科创中心建设成果在生物医药产业得以重点显现,由创新引领的生物医药产业价值链的控制,主要在集中了外企、国企、民企、高校和医院的上海。

同时生物医药产业作为上海重点发展的战略性新兴产业,其在上海整体产业结构中的重要性得以体现。无论是根据企业出口计算的出口比较优势(1.66),还是核心产品数据计算的核心产品比较优势(2.66),均显示上海生物医药产业的国际竞争优势。

表15 生物医药产业国际表现三级指标及基础数据(2017年综合指数排名前十省市)

三级指标	基础数据	北京	天津	上海	江苏	浙江	山东	湖北	湖南	广东	四川
出口市场占有	地区医药制造业出口交货值	13.2	44.7	53.5	217.2	251.1	311.4	116.9	15.3	77.5	17.9
出口比较优势	地区医药制造业出口显示性比较优势(RCA)	2.34	0.52	1.66	0.44	0.84	2.67	39.35	0.24	0.37	11.03
核心产品市场占有	地区核心产品出口占全国比重	9.2	5.1	51.4	4.5	11.3	2.2	0.8	0.2	4.5	2.8
核心产品比较优势	地区核心产品出口显示性比较优势(RCA)	3.36	2.13	2.66	0.27	0.95	0.22	0.15	0.22	0.37	1.66

注：仅包括2017年综合指数全国排名前十省市，三年全国平均水平为100。

(五) 产业创新表现

1. 上海生物医药产业创新表现二级指标2015年以来取得长足进步，2017年位列全国第一

2017年上海生物医药产业创新表现二级指标为163.2，较上年增长2.2。自2015年以来，上海生物医药产业创新表现取得长足进步，指数从138.4增长到163.2，累计增幅达24.8，排名从全国第二上升至全国第一。创新上领先全国其他地区优势明显。

表16 生物医药产业创新表现二级指标(2017年综合指数排名前十省市)

		北京	天津	上海	江苏	浙江	山东	湖北	湖南	广东	四川
2015	排名	3	10	2	1	5	6	11	8	9	22
2016	变化	−6.5	11.4	22.6	−9.8	6.5	8.2	3.6	−11.7	19.0	−4.7
	排名	9	8	1	4	5	6	10	12	3	23
2017	变化	−0.1	6.4	2.2	−5.8	12.5	−1.5	−2.4	4.9	−18.8	11.3
	排名	7	3	1	5	2	6	11	12	9	16

注：仅包括2017年综合指数全国排名前十省市，三年全国平均水平为100。

(1) 研发投入规模

从研发投入来看，上海医药制造业研发投入持续增长，2017年达到22.39亿元，上海医药制造业研发投入占全国比重维持在4.58%，在全国保持了较高水平。

表17 上海医药制造业研发投入情况(2015—2017)

	2015	2016	2017
上海医药制造业研发投入(亿元)	18.04	19.98	22.39
全国医药制造业研发投入(亿元)	390.32	441.46	488.48
上海占全国比重	4.62	4.53	4.58

(2) 研发投入强度

上海医药制造业研发强度近年来持续加强,研发投入占营业收入比重从2015年的2.74%增长到2017年的3.13。研发规模增长超过营收,企业创新投入得到很大加强。

表18 上海医药制造业研发投入占主营业务收入比重(2015—2017)

	2015	2016	2017
上海医药制造业研发投入占主营业务收入比重(%)	2.74	3.03	3.13

(3) 临床研究水平

从临床研究水平分析,目前全国大部分临床医学中心集中在北京。截至2017年底,上海共有4家临床医学中心,其中2家为2017年第三批获批。上海是除北京外全国临床医学中心最为集中的地区。

表19 国家临床医学研究中心建设情况

第一批	心血管疾病	中国医学科学院阜外心血管病医院 首都医科大学附属北京安贞医院	北京 北京
	神经系统疾病	首都医科大学附属北京天坛医院	北京
	慢性肾病	中国人民解放军南京军区南京总医院 中国人民解放军总医院 南方医科大学南方医院	南京 北京 广东
	恶性肿瘤	中国医学科学院肿瘤医院 天津医科大学附属肿瘤医院	北京 天津
	呼吸系统疾病	广州医学院第一附属医院 卫生部北京医院 首都医科大学附属北京儿童医院	广东 北京 北京
	代谢性疾病	中南大学湘雅二医院 上海交通大学医学院附属瑞金医院	湖南 上海

续表

第二批	精神心理疾病	北京大学第六医院 中南大学湘雅二医院 首都医科大学附属北京安定医院	北京 湖南 北京
	妇产疾病	中国医学科学院北京协和医院 华中科技大学同济医学院附属同济医院 北京大学第三医院	北京 湖北 北京
	消化系统疾病	第四军医大学西京医院 首都医科大学附属北京友谊医院 第二军医大学长海医院	西安 北京 上海
第三批	口腔疾病	上海交通大学医学院附属第九人民医院 四川大学华西口腔医院 北京大学口腔医院 第四军医大学口腔医院	上海 四川 北京 西安
	老年疾病	中国人民解放军总医院 中南大学湘雅医院 四川大学华西医院 北京医院 复旦大学附属华山医院 首都医科大学宣武医院	北京 湖南 四川 北京 上海 北京

(4) 新药研发能力

上海在生物医药创新研发方面具有很强的实力和优势。2017年,国家药监局共批准药品生产批件3 272件,上海共获得128件,占全国的3.91%。2017年上海获批进入临床的创新药物50多个,正在开展临床研究的新药176件,仅次于江苏,排列第二。2017年国家药监局共批准Ⅲ医疗器械750件,其中,上海共获得79件,占全国的10.53%。创新医疗器械特别审批数27件,仅次于北京和广东。

(5) 新技术生产力

上海新技术转化能力逐渐加强。新产品销售占主营业务收入比重进一步提升,从2015年的23.87%上升至2017年的29.93%。

表20 上海医药制造业新产品销售占主营业务收入比重(2015—2017)

	2015	2016	2017
上海医药制造业新产品销售占主营业务收入比重(%)	23.87	28.47	29.93

2. 上海是生物医药产业创新领先全国的地区,也是近两年创新表现上升较快的地区

在长三角地区内,生物医药产业布局越来越清晰,上海成为国际化、创新

的龙头,浙江是创新与产业结合发展,而江苏则在产业化承载上进一步专化。

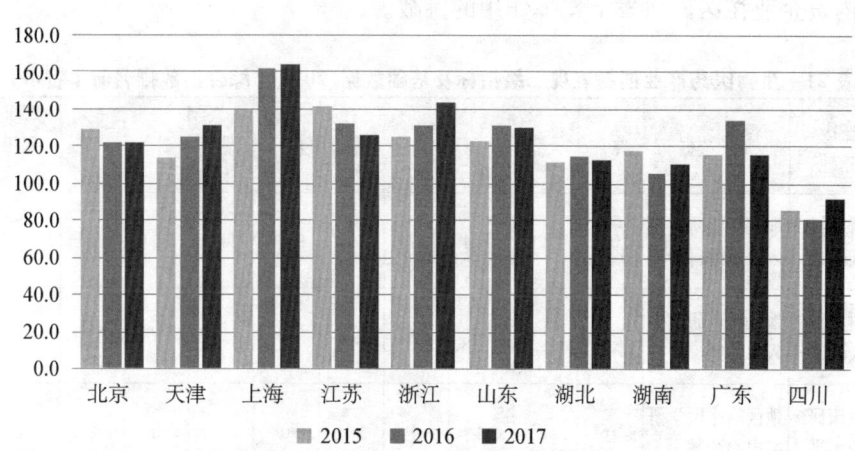

图7 生物医药产业创新表现二级指标(2017综合指数排名前十省市)

注:仅包括2017年综合指数全国排名前十省市,三年全国平均水平为100。

3. 企业研发强度和新药研发是上海重要优势,但与发达国家生物医药产业水平比仍需要进一步加大研发投入

上海生物医药产业创新表现的优势主要来源于研发强度较高,获批新药较多。从产业创新表现指标构成来看,上海的研发强度三级指标达到34.2,是各地区中最高的。但从绝对规模上看,研发投入的金额步入江苏和山东两个医药制造大省,也低于浙江、广东等省份。

获批新药数量上海远领先于其他地区,新药研发水平三级指标在创新表现二级指标中的份额达到59.9。这其中有很重要一块是跨国企业在国内的投

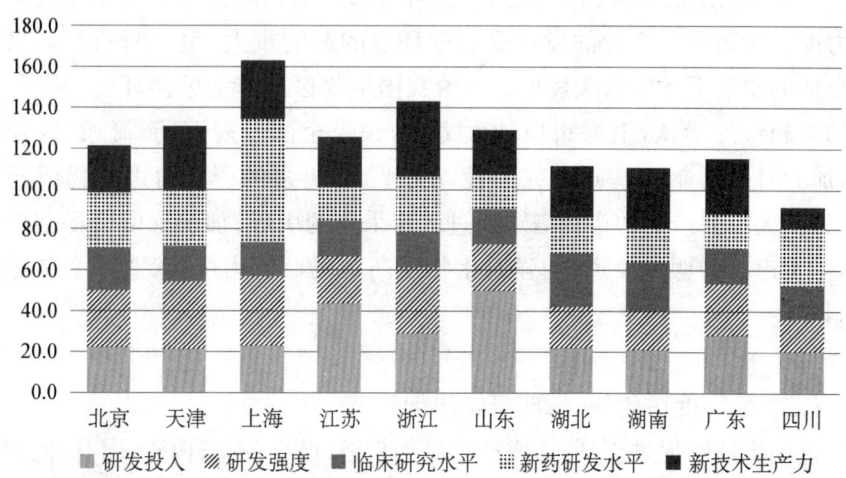

图8 2017生物医药产业创新表现二级指标构成(2017综合指数排名前十省市)

注:仅包括2017年综合指数全国排名前十省市,三年全国平均水平为100。

入和研发,反映上海生物医药产业领先全国的总部优势,但也提出了进一步鼓励内资企业在医药研发上发挥作用的挑战。

表21 生物医药产业创新表现三级指标及基础数据(2017年综合指数排名前十省市)

三级指标	基础数据	北京	天津	上海	江苏	浙江	山东	湖北	湖南	广东	四川
研发投入规模	地区行业研发投入的规模(亿元)	20.6	17.6	22.4	76.1	37.2	91.0	20.6	18.0	35.5	16.6
研发投入强度	地区行业研发投入的强度	2.55	3.10	3.13	1.97	2.98	2.00	1.72	1.67	2.29	1.27
临床研究水平	地区临床医学研究中心个数	16	1	4	0	0	0	1	3	2	2
新药研发能力	地区获批生产创新药物数量	1	1	4	0	1	0	0	0	0	1
新技术生产力	地区规上企业新产品占主营收入比重	21.5	32.3	29.9	23.4	40.8	19.8	25.3	30.0	27.2	4.5

注:仅包括2017年综合指数全国排名前十省市,三年全国平均水平为100。

三、促进上海生物医药产业国际竞争力提升的政策建议

(一) 加大生物医药产业改革与政策支持力度

以自贸区建设和科创中心建设为契机,加大生物医药产业改革与政策支持力度。生物医药产业的发展受制度环境的影响重大,生物制药产业只有在合适的制度下才能繁荣发展。随着我国生物医药产业整体环境国际化接轨的大趋势的确认,上海市应加大力度,领先全国开展医药、流通、医疗改革,加大对生物制药基础研究的投资力度,将更多的资金引进生物医药产业;为扩大相关产品的市场需求通过政府采购的引导;加快融资市场制度创新,拓宽市场的融资渠道;加强对生物制药市场监管力度,营造一个良好的法制环境。

(二) 鼓励促进创新,形成产学研创新链

进一步鼓励促进创新,形成产学研创新链,鼓励外企、内资,国有、民营全面参与生物医药产业创新。创新是生物医药产业竞争力的最主要来源,上海通过多年发展,已经积累了一定的创新优势。但近年来受到浙江、深圳等地挑战。促进产业创新,一需要加强企业的引领作用,鼓励符合条件企业上市,培

育一批具有创新优势的潜力型企业,支持医药企业进一步加大研发投入。二是加强相关平台建设,促进产学研医贯通,鼓励企业与临床医学研究中心合作。三是重点打造 CRO 行业,促进 CRO 企业与药企合作,鼓励 CRO 行业具备一定规模、创新优势的企业进一步发展壮大。

(三)进一步完善产业链

通过产业集群的模式来发展生物医药,完善生物制药产业的产业链,对于生物医药产业的招商引资是具有非常意义的。作为典型的知识与技术密集型产业,生物医药产业具有专业性强、技术要求高,信息需求量大等特点,因此,生物医药的发展趋势将会使得一系列企业在空间上集聚,相互合作,形成产业集群,政府可以对产业集聚加以引导,建设一批具有国际先进水平的共用实验室、中试车间,重点建立一批具有技术服务、咨询和研发孵化功能的技术支撑平台,达到资源优化、设备共享、成本降低的目的,形成包括基础研究和新药发现、中试和临床试验、生产和销售的全过程的完整生物医药产业链。

(四)建立健全投融资体系

生物医药产品具有研发投入高、风险大、周期长等特点,所以很少有企业可以完全依靠自身的力量实现目标,大多数企业需要引进外部资本。此时具有一个公开的、多样化的投融资平台是必要的,政府需要建立相应的风险投资管理公司和担保公司、科技银行等机构来保证该投融资平台;新创生物医药企业一般需申请中小贷款,政府可以针对此设立助转贷平台,为其申请贷款提供服务;一定的信贷投放力度对于新创生物医药企业具有十分重要的意义,政府可以鼓励银行等金融机构加大针对于此的信贷投放力度。

附录 1

生物医药产业核心产品认定方法

核心产品挑选本着进口替代的原则,寻找我国生物医药产业进口量最大的产品。根据 HS 海关代码 1211 及 30 下的所有八位代码的产品分类中,2016 年进口量超过 1 亿美元的产品分类共 16 种。其中有两个海关八位代码分类是归总未列明产品的,其进口量大主要是由于其中包含了大量未列明的产品,因此去除这两种分类。其与 14 类产品构成我国生物医药产业的核心产品。其中大部分产品进口量远超出口量,显示我国进一步升级生物医药产业,向价值链高端发展的重要性(核心产品详情见附表 1)。

附表1 生物医药产业核心产品清单

海关代码及介绍		2016年出口	2016年进口
30021000	抗血清、其他血分及免疫制品,不论是否修饰或通过生物	540 762 440	4 867 541 865
30022000	人用疫苗	63 936 338	239 058 312
30023000	兽用疫苗	12 431 396	272 394 759
30029030	细菌及病毒	4 842 018	138 045 843
30042016	头孢呋辛制剂	10 336 419	114 721 319
30043110	含有重组人胰岛素的药品	25 320 149	236 800 172
30043190	含有其他胰岛素的药品	133 644 869	388 306 427
30043200	含有皮质甾类激素及其衍生物或结构类似物	28 284 004	1 105 284 970
30043900	其他含有激素或品目2937的药品	31 079 030	1 010 947 584
30044090	其他含有生物碱及其衍生物的药品	5 414 432	223 408 366
30045000	含有维生素或2936所列产品的其他药品	58 430 947	258 628 284
30049059	其他中式成药	150 913 698	321 042 655
30061000	无菌外科肠线,昆布,止血材料,阻隔材料	4 880 455	179 602 328
30063000	X光检查造影剂;用于病人的诊断试剂	626 090 109	160 313 191

附录2

国家及上海产业政策

(一)国家产业政策

具体政策如下:

1. 2017年3月,食药监发布《关于调整进口药品注册管理有关事项的决定(征求意见稿)》

国外未上市新药可在国内进行国际多中心临床试验,完成实验之后可直接提出药品上市注册申请;对于申请进口的化学药品新药以及治疗用生物制品创新药,取消应当获得境外制药厂商所在生产国家或者地区的上市许可的要求。目的是"鼓励境外未上市新药经批准后在境内外同步开展临床试验,缩短境内外上市时间间隔,满足公众对新药的临床需求"。

2. 2017年5月31日至6月1日,CFDA正式成为ICH成员

国际人用药品注册技术协调会(ICH)2017年第一次会议在加拿大蒙特利尔召开。会议通过了中国国家食品药品监督管理总局的申请。加入ICH,意味着我国医药市场全面开放,至少有两方面直接影响,一是国外创新药物在中

国上市的流程大大简化,二是国内新药研发门槛进一步提高。

国内医药市场长期以为仿制药为主,企业在新药研发上投入意愿和能力不足。而加入ICH后,将逐步要求中国在药品注册方面与欧美等创新能力强的国家进行标准对接,药品注册相关法规将修改,对跨国药企向中国引入新产品有促进效果。国外新药向国内引入的加速,将改变国内药品市场竞争格局,引入新的竞争者将起到鼓励市场竞争的作用,推动我国医药工业在监管体系和产品体系上站在国际赛道上。

3. 公立医院综合改革,2017年4月24日,卫计委等七部委联合发布《关于全面推开公立医院综合改革的通知》

"通知"要求深化医疗、医保、医药三医联动,增强改革的系统性、整体性和协同性。"通知"指出,2017年全国公立医院医疗费用平均增长幅度要控制在10%以下;全面推开城市公立医院综合改革,要求在7月31日前,所有地市出台城市公立医院综合改革实施方案;9月30日前,全面推开公立医院综合改革,所有公立医院全部取消药品加成(中药饮片除外)。

4. 2017年5月11日,CFDA连发四项关于鼓励药品医疗器械创新的相关政策

附表2　药品医疗器械创新的相关政策汇总

名　称	主　要　内　容
总局关于征求《关于鼓励药品医疗器械创新,保护创新者权益的相关政策(征求意见稿)》意见的公告(2017年第55号)	建立药品专利链机制 完善药品实验数据保护制度 落实国家工作人员保密责任 建立上市药品目录集
总局关于征求《关于鼓励药品医疗器械创新,实施药品医疗器械全生命周期管理的相关政策》(征求意见稿)意见的供稿(2017年第54号)	完善药品医疗器械不良反应/事件报告制度 开展上市注册剂再评价 完善医疗器械再评价制度 严肃查处临床试验数据造假行为 规范学术推广行为 加强审评检查能力建设 改革药品临床试验样品检验制度 落实从研发到使用全过程检查责任 建设职业化检查员队伍 加强国际合作
总局关于征求《关于鼓励药品医疗器械创新,改革临床试验管理的相关政策》(征求意见稿)的公告(2017年第53号)	临床试验机构资格认定改为备案管理 支持研究者和临床试验机构开展临床试验 完善伦理委员会机制 优化临床试验审查程序 接受境外临床试验数据

续表

名　称	主　要　内　容
总局关于征求《关于鼓励药品医疗器械创新,加快新药医疗器械上市审评审批的相关政策》(征求意见稿)意见的公告(2017年第52号)	加快临床急需药品医疗器械审评审批 支持罕见病治疗药物和医疗器械研发 严格注射剂审评审批 调整药用辅料及包装材料管理模式 支持新药临床应用 支持中药传承和创新 建立基于专利强制许可的优先审评审批制度

鼓励药品医疗器械创新系列组合拳从新药研发、临床试验、所有者权益及上市审批等方向出发,鼓励创新,引导建立完整的研发上市路径,对行业影响深远。药审中心通过加强审评项目管理、细化审评序列、强化时限管理、成立专项小组等方式,不断提高审评效率和质量。

5. 2017年6月,国务院发布《关于进一步深化基本医疗保险支付方式改革的指导意见》

"意见"指出,2017年起,将进一步加强医保基金预算管理,全面推行以按病种付费为主的多元复合式医保支付方式。

各地要选择一定数量的病种实施按病种付费,国家选择部分地区开展按疾病诊断相关分组(DRGs)付费试点,鼓励各地完善按人头、按床日等多种付费方式。

到2020年,医保支付方式改革覆盖所有医疗机构及医疗服务,全国范围内普遍实施适应不同疾病、不同服务特点的多元复合式医保支付方式,按项目付费占比明显下降。

6. 2017年10月8日,中共中央办公厅、国务院办公厅再发布《关于深化审评审批制度改革鼓励药品医疗器械创新的意见》

"意见"是产业创新发展的"里程碑式"的改革,涉及六大方面的改革内容:

(1) 改革临床试验管理,确保临床试验科学、规范、真实;

(2) 加快临床急需药品和医疗器械的上市审评速度,解决公众用药需求;

(3) 鼓励创新,推动中国医药产业健康发展;

(4) 全面实施上市许可持有人制度,加强药械全生命周期管理;

(5) 提升技术支撑能力,全力为创新服务;

(6) 加强组织领导,以法治思维和法治方式推动改革真正落地。

7. 仿制药质量和疗效一致性评价的细化规定和配套政策陆续颁布

包括人体生物等效性实验豁免指导原则、改规格药品(口服固体制剂)评价技术指南、现场核查指导原则等,以及参比制剂的确定和临床试验机构扩容。这两项政策坚定了企业推进一致性评价的信心,使落实的确定性和可操作性更高。

(二)上海产业政策

1. 2018年5月10日,上海市卫生计生委、市中医药发展办公室制定的《上海市进一步加快中医药事业发展三年行动计划(2018—2020年)》

《三年行动计划》提出了经过三年建设,促使上海的中医药医疗、保健、教育、科研、产业、文化更加协调发展,中医医疗、预防保健服务体系更加完善,特色优势更加突出,服务能力更加提高,人才队伍结构更加合理,海派中医传承成效更加明显,科技创新和转化能力更加提升,中医药国际化、标准化优势更加领先,中医药文化引领作用更加增强,全行业监管体系更加完备,中医药对健康服务发展和提高居民健康水平中的贡献度更加凸显,持续打造与"健康上海"相适应的国内领先、国际有重要影响力的中医药高地,全面完成《上海市中医药事业发展"十三五"规划》建设目标。

2. 2017年8月23日,市卫生计生委印发《上海市医疗机构药事管理与药物治疗学委员会管理规定》

《规定》共分为五章16条,是对药事会各项工作进行了规范和管理,主要内容包括:

(1)是明确组织架构,由具有高级职称的药学、临床医学、护理和医院感染管理、医疗行政管理等人员组成,不少于7人,主任委员应当由医疗机构主要领导或分管领导轮流担任。

(2)是完善主要职能和工作制度,强化药事会药品遴选、采购、使用的集中统一监管职能。药事会全体成员会议每年不少于3次,至少每半年向医院党政领导班子汇报1次。

(3)是规范药品遴选操作流程,新申请药品由临床科室讨论、评估,药学部门进行专业性初审,并对新申请药品与现有同类、同种品种做比较分析,药事会会议研究进药以无记名投票方式进行表决。

(4)是细化监督责任,对未按要求建立健全组织架构、工作制度,未定期召开会议,未按规定流程开展药品遴选的医疗机构,责令改正、通报批评;对责任人员给予警告或记过处分甚至降级、撤职、开除处分。

3. 2017年8月,市政府办公厅发布《关于促进本市生物医药产业健康发展的实施意见》

《意见》明确主要任务包括:加强生物医药创新体系;优先发展生物制品,重点发展医疗器械,促进发展现代中医药;推动第三方研发和生产服务,加强精准医疗与智慧医疗服务;建立高效、安全、可及、便利的现代药品流通体系;加强生产配套和强化产品质量,引导产业集聚和转型升级。

"意见"明确了相关保障措施,包括:强化财政金融支持,支持创新产品应用,促进创新成果转化,释放产业发展空间,加快人才队伍建设。

4. 2017年8月发布《上海市医药代表登记管理试行办法(征求意见稿)》。

"办法"明确指出,凡是在上海市医疗机构开展工作的医药代表,都应当进行登记备案。对于存在不良记录的医药代表,应注销其登记号;药品生产企业存在不良记录或医药代表所属企业一年内有5人及以上存在不良记录的,应注销该企业所有医药代表的信息。

5. 2017年10月11日上海市食品药品监督管理局关于进一步加强医疗器械经营企业监督管理的通知

上海市食品药品监督管理局为进一步加强我市医疗器械经营环节的监管,采取以下措施:

(1) 进一步加强医疗器械经营企业全程监管;

(2) 进一步加强产品信息追溯申报督查工作;

(3) 进一步加强问题产品召回监管工作;

(4) 进一步加强进口产品标签说明书监管工作。

6. 2017年12月7日,上海市食品药品监督管理局关于实施《中国(上海)自由贸易试验区内医疗器械注册人制度试点工作实施方案》的通知

《方案》明确,自贸区内的医疗器械注册申请人取得医疗器械注册证的,作为医疗器械注册人。

申请人可以委托上海市行政区域内具备相应生产条件的企业生产样品。注册人具备相应生产资质和能力的,可以自行生产,也可以委托上海市医疗器械生产企业生产产品;注册人不具备相应生产资质与能力的,可以直接委托上海市医疗器械生产企业生产产品。受托生产企业不具备相应生产资质的,可提交注册人的医疗器械注册证申请生产许可。注册人可以同时委托多家上海市医疗器械生产企业生产产品。

7. 2017年12月12日上海市卫生和计划委员会发布《上海市加强药品使用信息系统规范管理规定》

《规定》明确指出医疗卫生机构针对药品使用信息系统应当有哪些具体的管理措施:

(1) 医疗卫生机构应当建立健全信息系统的使用制度,确定药品(耗材)统计、批量查询工作的关键岗位和工作人员,加强监督管理;

(2) 医疗卫生机构对信息系统药品(耗材)的统计、批量查询权限应当严格管理,根据最小够用原则按人进行授权和登记;应当审查信息系统用户的权限配置,关闭工作人员非工作岗位必需的操作权限。

(3) 医疗卫生机构应当按最小够用原则审核信息系统设置的运维人员操作权限,操作权限应当与具体运维人员绑定;应当采用双因素认证管理运维人员登录系统。

（4）医疗卫生机构应当应用"防统方"软件（含自行开发），不断完善软件功能。应当保留药品（耗材）统计和批量查询操作的痕迹、信息系统运维操作的痕迹，建立操作日志并至少保留一年，定期开展日志分析，及时发现和处置异常情况。

（5）医疗卫生机构应当加强涉药信息系统的网络（有线、无线）接入管理，建立允许接入设备白名单，记录终端接入日志，采取有效手段阻止和提示非法接入。

执笔：

施　楠　上海社会科学院信息研究所助理研究员、"一带一路"信息研究中心副主任

服务支撑领域

2017年上海软件和信息技术服务业国际竞争力报告

一、背景趋势

(一) 全球发展

全球软件和信息技术市场规模平稳扩大,发达国家仍是软件和信息技术的出口主体。Gartner数据显示,2016年全球软件产品支出和软件服务支出分别为3 260亿美元和9 400亿美元,较2015年分别提高5.3%和3.1%。联合国贸易和发展会议数据显示,包括通讯、计算机服务和信息服务在内的全球软件贸易持续稳定增长[①],从2005年到2016年,全球软件出口总额由2 026.9亿美元增长至4 930.5亿美元,增长1倍多;发达经济体仍是最主要软件出口国,2016年的出口达到3 496.4亿美元,占比高达70%,而发展中经济体只占27%。从发展中经济体的区域构成来看,2016年,亚洲国家仍是其中最主要的出口国,出口额达到1 197亿美元,其中南亚和东亚是出口占比最高的区域,印度和中国贡献最大,而美洲和非洲的发展中经济体的出口额分别为78亿美元和60亿美元。

软件外包成为全球软件服务市场分工主要形式,离岸发包仍由发达经济体主导,接包主体多集中在新兴经济体。在新技术、新应用和新模式以及外包服务供应链全球化的不断深入推动下,全球软件与信息服务外包产业持续增长。美国是全球最主要的软件发包国家,2015年发包规模占全球市场的55.3%,欧洲和日本分别占据第二位和第三位,市场份额分别为25.5%和10.2%。2016年全球软件外包市场总额为3 415亿美元,增速约为5.84%。管理咨询公司A. T. Kearney发布的2016全球离岸服务外包目的地指数排名

---

① 计算机服务包括了软件和硬件两部分。

中,前 10 名分别是印度、中国、马来西亚、巴西、印尼、泰国、菲律宾、墨西哥、智利和波兰。

大数据和物联网的硬件需求带动相关细分软件行业快速发展。根据相关研究报告指出,目前全球有 200 多个智慧城市项目,由于其对大数据、物联网技术的高度依赖性,迅速带动相关软件产品的爆发式增长。美国市场研究机构 Wikibon 数据显示,2016 年全球大数据硬件、软件和服务整体市场规模为 281 亿美元,同比增长 22%。IDC 数据显示,2017 年吸引投资最多的是物联网领域,其中对硬件的投资最多,而软件和服务支出增长最快,尤其是应用软件将占所有物联网软件投资的 50% 以上(生产制造 13.1%,货运监控 7.4%,生产管理 6.7%,智能电网 5.6%,智能建筑 5.1%,其他 63.2%)。

网络安全问题日渐突出,安全软件市场发展空间巨大。世界经济论坛《2017 年全球风险报告》指出,网络攻击是全球最大的安全问题。Gartner 数据显示,2016 年全球信息安全产品与服务开支规模达到 816 亿美元,同比增长 7.9%,2016 年、2017 年全球安全支出分别达到 822 亿美元和 891 亿美元,预计 2018 年开支将增长至 930 亿美元。在区域分布上,北美、西欧、亚太维持三足鼎立态势,合计份额超过 90%。其中,以美国、加拿大为主的北美地区市场规模全球占比 41.67%,占比最大;日本、澳大利亚、中国、印度等 10 个亚洲国家 2016 年占全球比例为 22.19%,相比于发达国家,中国还有很大的提升空间。

(二) 技术趋势

软件和信息技术服务业步入加速创新、快速迭代、群体突破的爆发期,加快向网络化、平台化、服务化、智能化、生态化演进,其中网络化、平台化、服务化趋势尤为明显。

网络化是技术发展的基础。5G 商用近在咫尺,信息勾连更加便捷,网络化成为软件开发、部署、运行和服务的主流是大势所趋。软件产品基于网络平台开发和运行、内容基于网络发布和传播、应用基于网络构架和部署、服务基于网络创新和发展成为大趋势,网络化操作系统、网络软件开发工具、网络运行管理平台、智能终端平台、远程运维等基于网络的技术、产品和服务应运而生,基于云计算、物联网、移动互联网、下一代互联网等的新兴服务将推动服务模式、商业模式不断创新。区块链技术的不断成熟,对企业降低成本大有裨益。应对网络化带来的网络安全环境的挑战,搭载先进算法的威胁检测工具将获得更大发展空间。

平台化是技术集成的主流。操作系统、数据库、中间件和应用软件相互渗透,软件向更加综合、广泛的一体化软件平台的新体系演变,硬件与软件、内容与终端、应用与服务的一体化整合速度加快。物联网平台支撑物联网系统,支持数字孪生和边缘设备、网关和中央系统之间的分布式处理等,以云服务的方式实施,有助于企业迅速降低成本,为企业商业再造注入活力。软件即服务(SaaS)、平台即服务(PaaS)和基础设施即服务(IaaS)等基于平台的服务模式日趋成熟,移动互联网、移动智能终端、数字电视等综合平台不断涌现,基于产品、信息、客户的资源整合平台及其商业模式创新成为产业核心竞争力。

服务化是技术应用的根本。软件服务化进程不断加快,原有软件产品开发、部署、运行和服务模式正在改变,软件技术架构、企业组织结构和商业模式将面临重大调整。以软件应用商店等为代表,服务导向的业务创新、商业模式创新推动了产业的转型升级。以用户为中心,按照用户需求动态提供计算资源、存储资源、数据资源、软件应用等服务成为软件服务的主要模式。计算机视觉技术将被更广泛应用,如虚拟现实技术和沉浸式现实技术在图片、视频等上的应用为人们在工作生活中获取更好的视觉体验提供数字服务。

(三) 2017中国软件和信息技术服务业现状

我国软件和信息技术服务业运行平稳,盈利状况良好。工信部数据显示,2017年全国软件和信息技术服务业实现软件业务收入5.5万亿元,同比增长13.9%。其中软件产品收入1.7万亿元,同比增长11.9%;信息技术服务收入2.9万亿元,同比增长16.8%;嵌入式系统软件收入0.8万亿元,同比增长8.9%。全行业实现利润总额7 020亿元,同比增长15.8%。

软件和信息技术服务业出口进一步改善,高质量和国际化发展水平显著提高。2017年,我国软件业实现出口538亿美元,同比增长3.4%,较2016年提高2.4个百分点。其中,外包服务出口增长5.1%,比上年提高4.4个百分点;嵌入式系统软件出口增长2.3%。从业务范围看,我国软件业从外包出口业逐步向产业链上游延伸,低端业务逐渐被云计算、人工智能等先进技术替代。从国际布局看,百度、中软国际、中国通服、南京南瑞企业,通过建设海外研发中心、并购等方式,积极推进全球化步伐。从国际影响力看,阿里巴巴跨境电商平台覆盖230个国家和地区,微信、支付宝等移动支付业务遍布国外商场,全球225个国家和地区参与"双十一"购物节,丰富了中国制造、中国品牌走向世界的途径。

龙头软件企业的支撑地位更加凸显,成为引领我国软件和信息服务业突破创新的主要力量。2017年综合竞争力百强企业软件业务收入合计10 587亿元,同比增长21.4%,高于全行业平均增速7.5个百分点;其中软件业务收入规模超过100亿元的企业有17家,比上届增加3家;百强企业实现利润总额2 830亿元,同比增长30.8%,高于全行业平均增速15个百分点。

2017年综合竞争力百强企业研发投入合计2 320亿元,比上年增长19%,平均研发投入强度超过10%。百强企业研发人员达到65万人,占全部从业人员的 57%。百强企业计算机软件著作权登记数量累计 83 951 件,较上届增长 94%,高于全行业平均增速 9 个百分点,占全行业登记总量 11.5%。推动我国软件和信息技术服务业创新发展。

软件和信息技术服务业与其他行业加速融合,国内软件市场中内资企业的存在感逐渐增强。百度和海尔在 AI、大数据、IoT 领域进行全方位、多层次的深度合作,探索智慧家庭商业新模式。在达索、西门子等外资企业占有技术和市场优势的研发设计类软件中,国内企业如神舟航天软件、金航数码等在军工航天领域占据较大市场份额,而数码大方、英特仿真等企业在研发投入占比方面领先其他企业。总体来看,在汽车研发、建筑 CAD 等领域,未来竞争仍会十分激烈。但是,不容忽视的是,基础领域创新能力欠佳,核心基础软件、核心工业软件与国外先进水平差距明显,软件与各行业融合广度深度不够,创新性领军人才极为稀缺,知识产权保护力度仍显不足。

云计算、大数据、人工智能、虚拟现实等先进技术催生软件和信息技术服务业新模式。"新零售"将线上服务、线下体验以及现代物流进行深度融合,如星巴克上海全感官体验店、天猫"情绪体验"无人超市,深刻改变了消费环境。阿里设计的 2022 年北京冬奥会的交通控制系统——"奥运大脑",推动了我国交通控制系统智能化的发展。2018 年教育部明确将虚拟现实技术列入教育信息化的年度重点工作任务,推动大数据、虚拟现实、人工智能等技术与教育教学深入融合,革新我国基础教育模式。

(四) 上海软件和信息技术服务业发展趋势

软件和信息技术服务业在上海的经济地位愈发稳固。2015 年到 2017 年,上海软件和信息服务业营业收入从 6 010.86 亿元增长到超过 7 600 亿元,三年时间里,增长超过 26 个百分点。在世界经济竞争更多地集中在以科技创新为主的竞争的今天,软件和信息技术服务业作为引领科技创新、驱动经济社会向数字化转型发展,推动各产业结构不断优化升级的核心力量,其在国民经济中的地位将会越来越重要。

着力加强软件和信息技术服务业集聚效应,行业分工加速细化,逐步向产业链高端移动。截至 2016 年底,上海规模以上软件和信息服务产业基地超过 50 个,其中经认定的市级信息服务产业基地累计达到 36 个,集聚全市软件和信息服务业 60% 的经营收入和 70% 的企业。《上海市软件和信息服务业园区建设指引(2017 年版)》文件要求,软件和信息服务业园区的软件和信息服务产业集聚度一般不低于 50%,园区内部具有相对完善的功能配套,并且鼓励本市新建的软件园区规划面积不少于 300 亩。园区的建立有利于降低信息交换成本,有利于企业发挥各自比较优势进行专业化生产经营,传统外包业务将被物联网、大数据、人工智能等新兴技术取代,高附加值产品研发将吸引更多投入。

吸收培养更多高质量人才,不断提升软件和信息技术服务业发展能级。《上海促进软件和信息服务业发展"十三五"规划》指出要致力于创造良好的人才发展环境,建立符合软件和信息服务业发展需求的人才培养和实训体系,以此吸引人才集聚和提升自主培养人才能力,目标在2020年吸纳软件和信息技术服务业从业人员80万人以上;在发展软件和信息技术服务业的过程中,着重加强工业软件支撑能力,提升行业软件核心竞争能力,推动互联网跨界融合能力。

软件和信息技术服务业向传统行业渗透,加速传统行业优化升级。软件和信息技术不断向研发设计、生产制造、经营管理、营销服务等传统产业各环节渗透,与传统产业的技术融合、产品融合、网络融合和应用融合进程不断加快。ERP系统在企业管理中的应用,第三方支付在金融领域的应用,机器人在仪器仪表、汽车、食品、制药等工业领域中的应用,提高了这些行业的工作效率和工作质量。上海智造中心临港基地于2018年6月正式启用,对提升上海制造软实力意义非凡,旨在更高层次、更大范围、更深领域来探索创新链与产业链互融互通新道路。这一切都表明了软件和信息技术服务业向传统产业的渗透,有利于生产组织优化和运营模式变革,促进传统产业向智能化、绿色化、服务化的高级阶段演进。

二、指数分析

(一) 上海软件和信息技术服务业发展现状

上海软件和信息技术服务业规模持续增长,是上海经济增长的重要支撑点。2017年上海软件和信息技术服务业营业收入超过7 600亿元,同比增长约13%,远高于上海GDP同年6.9%的增速。2003年到2016年,上海年营业收入超亿元的软件企业从27家增长至444家,软件产业从业人员从5.1万人增加到50.2万人。2016年,上海软件和信息技术服务业收入(产值的替代指标)的全国占比,即软件和信息技术服务业在上海的产业集中度为8.1%,较上年略有提升。

出口贸易持续向好,出口市场向多元化发展。2016年上海软件业出口额达到36.86亿美元,同比增长4.9%,自2015年软件出口触底回升后,继续保持向好势头。出口方式仍以信息技术外包(ITO)为主。随着国家"一带一路"倡议落实,软件出口也从原来的以美日为主逐步向多元国家出口过渡。例如宝信MES软件出口印度、蓝色星球BIM软件出口以色列。

上海软件和信息技术服务业结构不断优化,行业集聚效应显现。2016年软件产业和信息技术服务业中,信息技术服务业收入占比达到63.9%,与2015年相比占比进一步上升,收入额在全国排名保持第四。值得注意的是,在我市信息技术服务业发展的同时,兄弟省市的发展速度明显提升。例如,我市集成电路设计收入额虽然呈现增长,但是其在全国排名从2015年第一下降到第三,江苏省和陕西省集成电路设计行业的快速发展,值得我们关注与学习。截至2016年底,经认定的市级信息服务产业基地有41个,全市信息服务产业基地聚集了本市70%以上的软件和信息服务企业,60%以上的经营收入也来自这里,产业基地产出水平达到130亿元/平方公里。

人力、土地等生产要素的成本高企依然是行业投资收益率增长的瓶颈。从软件产业平均资产收益率(利润总额/资产总额)来看,上海略低于全国平均水平,好于前期产业基础相对较好的北京。一般而言,若上海软件业的劳动生产率(业务收入/从业人员数)出现下滑,可能会导致利润出现下降,然而上海软件业的劳动生产率呈现出上升趋势,这说明上海软件业仍然处在发展阶段,未来增长潜力巨大。2016年实现利润总额434.64亿元,行业利润率达到11.39%,较2015年下降0.4个百分点,我们可以判断,人力、土地等要素投入成本的上升影响了利润的快速增长。

(二) 指标体系构成

软件和信息技术服务业国际竞争力指标体系根据波特产业竞争力理论进行简化和发展,从贸易竞争力、产业竞争力、科技竞争力和发展环境竞争力这四个方面来诠释,形成反映国际竞争力的四个二级指标,运用定量数据形成十三个三级指标。选择全国31个省市区作为测算对象。

如图1所示,产业竞争力所衡量的是现阶段我国供给侧改革背景下发展软件和信息技术服务业的能力,其中主要包括软件和信息技术服务业的盈利能力、生产效率、产业集聚以及国内市场占有力四个指标。

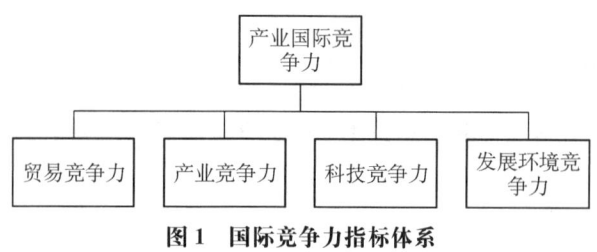

图1 国际竞争力指标体系

贸易竞争力代表着现阶段软件产品和信息技术服务在国际市场上的竞争力,其主要包括软件产品和信息技术服务的出口市场占有和显示性比较优势的两个指标。

科技竞争力则是代表着现阶段软件和信息技术服务业对研发的投入和产出,衡量着该产业沿着价值链提升其产业高度和发展的潜力,其主要包括地区软件和信息技术服务业的研发强度、高端人力资源结构和研发人员生产率这三个方面的指标。

发展环境竞争力是衡量促进软件和信息技术服务业竞争力增长的外部应用环境的发达水平,其主要包括地区企业自有网站保有水平、企业使用电子商务的活跃度、电子商务的销售水平以及网页数等五个方面的指标。

(三) 上海软件和信息技术服务业国际竞争力评估结果

1. 国际竞争力综合指数

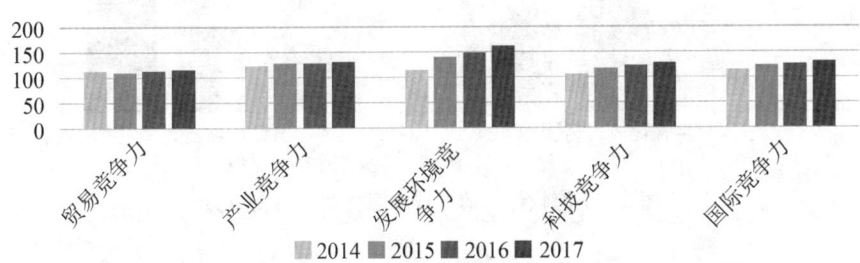

图 2　上海软件和信息技术服务业国际竞争力综合指数

上海软件和信息技术服务业国际竞争力指数逐年上升,国际竞争力比较优势愈发明显。从图 2 来看,2014 年、2015 年、2016 年和 2017 年上海软件和信息技术服务业国际竞争力指数分别为 115、123、127 和 132,上海市软件和信息技术服务业国际竞争力持续增强。从国际竞争力评价的二级指标来看,贸易竞争力、产业竞争力、科技竞争力和发展环境竞争力都对上海信息技术服务业国际竞争力指数提升做出了明显的贡献。值得注意的是,同期浙江省同产业的国际竞争力增强速度更快,从全国的省级层面来看,似乎逐渐形成强者愈强的分布格局。

2. 贸易竞争力

上海对外贸易体量相对比较大,软件和信息技术服务业对外出口增长速度相对平缓,贸易额在贸易结构中尚未形成核心地位。就贸易竞争力而言,上海软件和信息技术服务业贸易竞争力在 2014 年、2015 年、2016 年和 2017 年分别为 113、109、113 和 114,并没表现出强劲的增长势头。其主要原因,一是上海与其他省市相比,对外贸易体量相对比较大,软件和信息技术服务业贸易额在上海的贸易结构中尚未形成核心地位,所以在显示性比较优势指数上不占据优势。以 2015 年为基数,2016 年和 2017 年上海软件和信息技术服务业显示性比较优势指数分别为 105 和 106,说明上海软件和信息技术服务业的出口竞争力方面并没有明显的增长。一般而言,影响软件和信息技术服务业显示性比较优势指数(RCA)上升的主要原因在于出口软件和技术服务的价格优势不明显。二是与其他省市相比,对外出口份额未出现趋势性的上升,换言之,上海软件和信息技术服务业的对外出口增长速度相对平缓。2014 年、2015

年、2016 年和 2017 年上海软件和信息技术服务业对外出口份额分别是 7.3%、6.3%、7.1%和 7.2%。出口市场占有份额的增长势头低迷传递出驱动未来上海软件和信息技术服务业国际竞争力提升的动力不足。

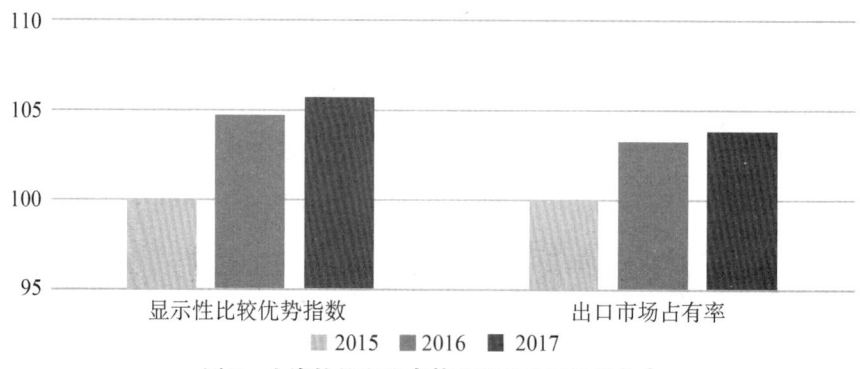

图 3　上海软件和信息技术服务业贸易竞争力

3. 产业竞争力

营商成本相对较高是未来上海软件和信息技术服务业国内产业竞争力提升的最大潜在瓶颈。在产业竞争力方面，2014 年、2015 年、2016 年和 2017 年上海软件和信息技术服务业国内产业竞争力分别为 123、130、128 和 132，造成 2017 年上海该产业国内产业竞争力增长动力不足的主要原因是，盈利能力方面的竞争力下滑趋势明显。不难发现，上海软件和信息技术服务业的生产效率指标明显向好，以 2015 年为基数，2016 年和 2017 年生产效率指数分别为 108 和 133，并且产业集聚和国内市场占有力等指标表现稳定，但是结合其盈利能力指标综合判断，可以看出其营商成本，特别是人力资源成本相对较高影响了上海软件和信息技术服务业的国内产业竞争力的快速提升。

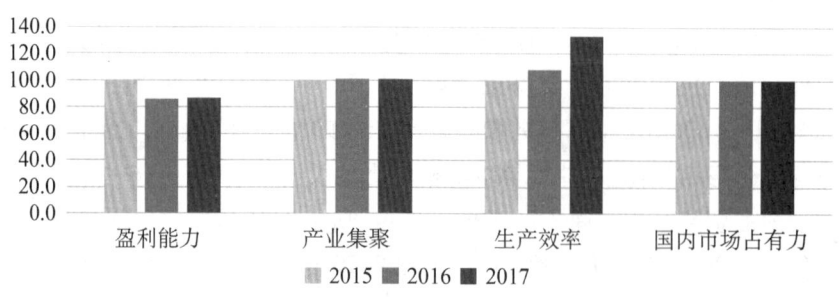

图 4　上海软件和信息技术服务业产业竞争力

4. 发展环境竞争力

上海软件和信息技术服务业的发展环境进一步优化，对提升上海软件和信息技术服务业国际竞争力起到了重要作用。在发展环境竞争力方面，2014

年、2015年、2016年和2017年上海信息技术服务业发展环境竞争力分别为116、140、148和163。带动上海信息技术服务业发展环境竞争力持续上升的主要原因,一是有电子商务交易活动企业大幅增加,以2015年为基数,2016年和2017年企业使用电子商务的活跃度指数分别为134和129;二是电子商务销售额大幅上升,2016年和2017年上海电子商务销售水平指数分别为102和119;同时,网站、网页的发展水平和互联网宽带利用水平指标向好趋势明显,这些都清楚地反映了随着"数字经济"逐步走向成熟,上海软件和信息技术服务业的发展环境变得越来越好,对提升上海信息技术服务业国际竞争力起到了重要作用。

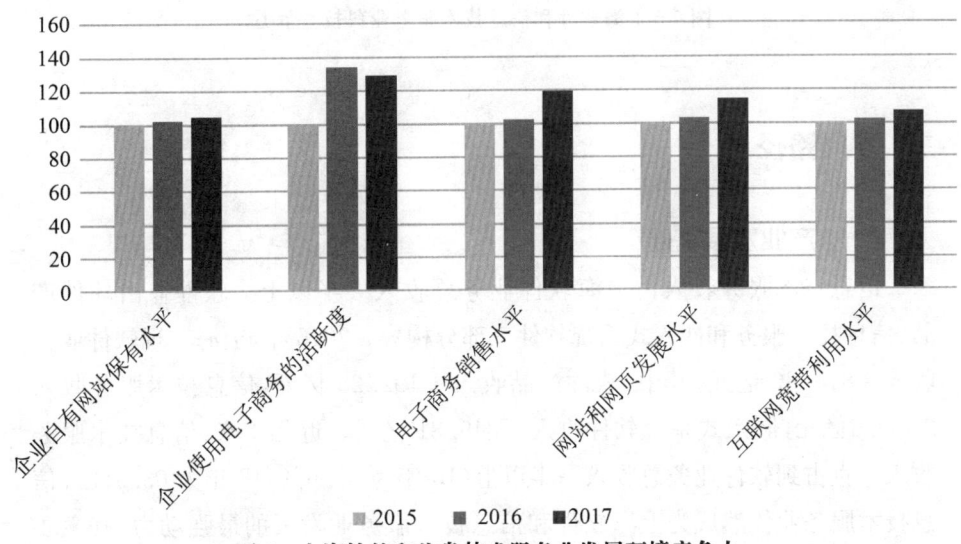

图5 上海软件和信息技术服务业发展环境竞争力

5. 科技竞争力

优质创新型专业人才集聚夯实上海信息技术服务业的发展潜力,研发资源投入后劲需要进一步加强。在科技竞争力方面,2014年、2015年、2016年和2017年上海软件和信息技术服务业科技竞争力分别为108、117、125和129。可以看出,2014—2017年上海信息技术服务业科技竞争力相对增长较快,对提升该产业的国际竞争力起到了关键作用。带动上海信息技术服务业科技竞争力持续上升的主要原因,一是上海软件和信息技术服务业高质量的软件研发人员资源相对充沛,研发人员生产效率指标大幅提升,以2015年为基数,2016年和2017年研发人员生产效率指数分别为105和141;二是与其他省市相比研发强度水平相对较高,但是增长速度仍然有待进一步提高,以2015年为基数,2016年和2017年研发强度指数分别为110和97。在全球科创中心的建设过程中,随着上海信息技术服务业科技研发强度不断增强,优质的创新型专业人才也会相应在上海集聚。这将为提升软件和上海信息技术服务业国际竞争力,进一步夯实未来上海信息技术服务业的发展潜力。

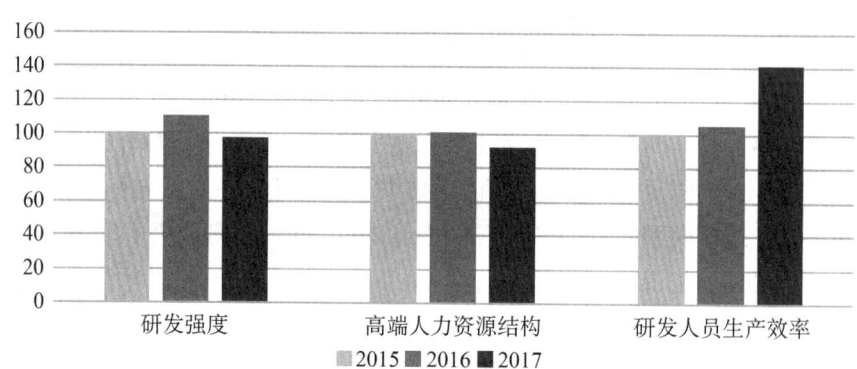

图6 上海软件和信息技术服务业科技竞争力

三、发展路径

(一) 产业发展基础

信息技术服务收入占上海软件业务总收入一半以上。软件业由软件产品、信息技术服务和嵌入式系统软件三部分构成。2016年,上海实现软件业务收入3 815.86亿元,其中,软件产品收入1 192.28亿元,信息技术服务收入2 438.6亿元,嵌入式系统软件收入1 849.81亿元。近几年来,信息技术服务收入一直占到软件业务总收入一半以上(15年为59.6%,16年为63.9%),信息技术服务业俨然成为上海软件和信息技术服务业发展的最强动力,其主要是由运营服务(包括在线软件运营服务、平台运营服务、基础设施运营服务等在内的信息技术服务)和集成电路设计组成的。2016年两者收入分别实现增长17.7%和12.7%。

上海软件和信息技术服务业对其支柱产业渗透程度在全国位居前列。阿里云发布的《2017中国SaaS用户研究报告》显示,SaaS的热点区域市场上海位居全国第一,从服务业来看,上海银行业、北京教育培训、广东制造业、江苏制造业、浙江电商是热门中的热门;工业互联网"SaaS企业区域排行榜"中,上海位居第二,仅次于广东。云计算、大数据、人工智能等相关产业与汽车、电子信息、装备与航空航天等多个重点领域融合加深。《2017胡润大中华区独角兽指数》报告显示,大中华区的120家独角兽企业中,上海占28家,仅次于北京。其中,电子商务企业有8家,如拼多多、返利网;互联网金融企业有3家,分别是点融网、陆金所和银联商务,陆金所进入独角兽企业排名前十位;互联网服务企业有2家,分别是饿了么和沪江网,饿了么进入独角兽企业排名前十位;汽车交通企业2家,分别是威马汽车和蔚来汽车;软件企业有2家,分别是触宝科技和万能钥匙；人工智能企业有依图科技1家。

上海软件企业实力不断增强，自主创新能力不断提升。2016年上海软件企业经营收入过亿元的有444家，较上年增加35家，同比增长8.56%；考虑经营收入过10亿软件企业，达到58家，较上年增加14家，同比增长达到31.82%，上海高量级软件企业数增速迅猛。2017年工信部发布的中国软件业务收入百强企业，进入该排名的上海软件企业有以下8家（见表1）。

表1　进入中国软件业务收入百强企业排名的上海企业（2017年）

序号	排名	企业名称	软件业务收入（万元）
1	7	中国银联股份有限公司	1 120 881
2	26	上海华东电脑股份有限公司	559 629
3	37	上海华讯网络系统有限公司	401 233
4	39	上海宝信软件股份有限公司	395 057
5	58	携程旅游网络技术（上海）有限公司	254 201
6	59	卡斯柯信号有限公司	250 630
7	73	万达信息股份有限公司	207 504
8	99	上海贝尔软件有限公司	145 224

除此以外，上海浪潮云计算服务有限公司、上海晶赞科技发展有限公司入选年度中国大数据企业50强；大唐移动、卡斯柯和中信信息等在国家科技进步奖上也都有所斩获；星环科技发布的一系列新产品组件，进一步降低了大数据技术从概念到落地的复杂度；中标软件首批入驻微软Azure镜像市场，中标麒麟Linux产品是国内唯一能够在微软Azure公有云上运行的国产操作系统。

另外，2016年全国共登记软件著作权407 800项，登记量较上年度增长39.48%。上海以37 668项位列全国第三，同比大幅增长44%，占全国软件著作权登记量的9.24%。

（二）产业发展环境

扶持力度加大，重视产业集聚效应。2017年上海市政府发布了《关于本市进一步鼓励软件产业和集成电路产业发展的若干政策》，同时编制并发布了《软件和集成电路专项资金管理办法》《上海集成电路工程产品首轮流片专项奖励实施细则》等相关配套实施细则，为软件产业的发展营造了良好的政策环境。2017年6月，上海与华为携手建设华为青浦研发中心，在软件和信息技术服务业、物联网、车联网、工业互联网、智慧城市等领域展开合作，并且在青浦区投资建设新的研发中心及配套人才公寓,以吸引投资和顶尖人才。2018年年初,海云轮大数据科技有限公司"新建研发总部基地"暨《上海2025科创园》项目正式破土动工,该项目致力于推动大数据和实体经济深度融合发展,打造产、学、研、商、办、住于一体的现代化产业园。

电子商务总量持续快速增长,跨境电子商务融合创新发展。2016年,全市电子商务发展紧紧围绕"四个中心"和"科创中心"建设,落实国务院《关于大力发展电子商务培育经济动力的意见》《关于深入实施"互联网+流通"行动计划的意见》等文件精神,取得了较大进展。2016年,全市实现电子商务交易额20 049.3亿元,同比增长21.9%。其中,B2B占比高达72%,交易额14 445.6亿元,同比增长17.3%,B2B中,钢铁交易占比达47%,石油化工类交易占比达31.7%,有色金属类交易占比达13.7%,汽车交易占比达1.37%,这意味着上海几大优势制造行业已跨入电子商务时代,钢铁、石化、有色金属、汽车等"上海制造"、"上海服务"交易市场已实现转型升级。网络购物(B2C/C2C)交易额5 603.7亿元,同比增长35.4%(其中,商品类网络购物交易额2 991.9亿元,同比增长32.9%,服务类网络购物交易额2 611.8亿元,同比增长38.4%)。另外,上海市加强跨境电商与传统商贸业态交融创新发展,推进外高桥"前店后库"模式与日韩国别商业馆联动运营,推动百联集团、绿地集团、城市超市、经纬集团等各类型传统商业主体探索跨境电商实体店、社区店和O2O联动模式发展。

智慧城市建设持续升温,电子政务体系不断优化。截至2016年底,全市光纤覆盖量达到941万户,3G/4G用户总数达到2 390.09万户,下一代广播电视网(NGB)覆盖总量达744万户。上海教育网全面覆盖,教育资源中心整合2.7万个资源697门课程,上海健康云注册用户已超110万户,"上海交通"APP实现1 074条公交路线和1.4万辆公交车的实时到站信息发布。2017年,依托市民云建设,面向市民的一站式"互联网+"公共服务平台,初步形成了汇聚全市智慧城市建设成果的"总入口"。2016年,政务外网市级骨干网接入1 400多家市级单位,接入终端超过17 500台,《上海市电子政务云建设工作方案》出台,稳步推进上海电子政务云建设。

领军互联网企业逐步融入上海消费市场。2017年5月,阿里巴巴投资"饿了么"10亿美元,18年初又试图将其收购。2017年年末,天猫"汽车自动贩卖机"在上海落地,同期,阿里云和上海地铁合作共同研发的语音购票、刷脸进站、智能客流监测等多项"黑科技"惊艳亮相,2018年1月20日,支付宝全面接入上海地铁,实现扫码入闸。2018年1月19日,苏宁"社区O2O"领域重点项目"苏宁小店"采取"便利店+APP""一小时闪送"的新模式,提高了社区居民购物便利度。

(三) 产业发展预期

提升软件和信息技术服务业核心竞争力的关键在于准确把握行业未来发展趋势。从需求变化的把握、产业链模式的更新、安全保障能力的升级以及人力资源的开发四个方面来看，行业未来发展有以下几个特点：

第一，面向行业个性化需求的软件定制服务。基于人工智能的个性化推送、定制等服务。以构建模块化为个性化定制基础，提高企业资金使用率、工作效率、降低运行维护成本。房地产SaaS充分发挥专业分工的优势，能够有效提高客户的运营管理效率，降低客户信息化建设的成本。名爵MGZS借助阿里自主研发的系统YunOS，提供智能化驾车体验。华为推出OpenLife智能家居开放生态平台，实现手机一站式管理控制家用电器设备。中国汽车后市场在线服务发展，优化和重塑传统的服务体系，有利于提升行业整体服务效率和质量。

第二，自主可控的信息安全保障能力。强化对"中国制造2025""互联网＋"等国家重大战略实施的服务支撑和对国家信息安全的保障作用。支持面向云计算、大数据环境下的信息安全技术产品研发和应用，发展安全测评与认证、咨询、预警响应等专业化服务，增强自主可控的信息安全保障支撑能力。奇虎科技推出的360终端安全响应系统是我国首款针对高级别威胁进行快速检测和响应的新一代终端安全产品，阿里推出企业安全产品"阿里聚安全"，面向企业和开发者提供互联网业务安全解决方案。

第三，基于群体智能的软件协同开发，生态体系建设。开源、众包等群体智能化研发模式成为技术创新主流方向，产业竞争由单一技术、单一产品、单一模式加快向多技术、集成化、融合化、平台系统、生态系统的竞争转变，生态体系竞争成为产业发展制高点。利用大规模信息的实时融合与反馈技术，建立支持群智化软件开发的综合支撑平台将成为未来的发展趋势。在互联网环境下，软件服务业将呈现出大规模群体协同、智力汇聚、信誉追踪、持续演化为特征的新型软件开发模式。微软搭建的Win10 UWP平台，实现了让用户在不同平台使用一次开发的应用的设想，谷歌正在开发的Google Fuchsia系统，也正着眼于移动端与桌面端系统的共通。

第四，基于开放学习的人才培养新模式。构建基于大数据的信息检索平台，基于人工智能的个性化定制培养模式，使得学习不再受时空限制，搭建起终身学习服务平台，让软件和信息技术服务业从业人员在充分享受该行业的资源的同时更深入地进行专业学习，切实解决好我国软件服务业相关人才培养滞后问题。

四、对策建议

从贸易入手，全面挖掘数字贸易潜力、加快推进"互联网＋"和服务贸易融合发展,积极发展基于互联网技术的数字贸易。综上所述,尽管近年来上海市软件和信息技术服务业国际竞争力相对增长较快,但是浙江和山东等兄弟省市同行业的国际竞争力也迅速增强。上海的软件和信息技术服务业在贸易竞争力、产业竞争力、科技竞争力和发展环境竞争力都对上海软件和信息技术服务业国际竞争力指数提升做出了明显的贡献,特别是,在上海着力打造全球科创中心品牌、积极推进工业化与信息化"两化"融合发展、深化"数字经济"全面发展的过程中,一方面,企业利用电子商务交易活动的参与度大幅上升、电子商务销售额不断扩大。另一方面,上海信息技术服务业大幅增加了研发强度,高质量的软件研发人员不断集聚,科技竞争力和发展环境竞争力显著提高,从而大大提升了上海市软件和信息技术服务业国际竞争力。另外,可以从以下几个方面加强政策指导作用:

第一,转变电子政务基础设施的建设方式。一是整合构建统一的国家电子政务网络体系,厘清网络边界和承载关系。未来十年,我国电子政务网络发展应紧紧围绕"网络整合、互联互通"做文章。一方面,要抓紧做强国家政务内网和外网,尽快建成全地域、全天候、全业务、全功能的统一网络平台,确保其能够支撑党政部门各类业务应用,能够达到技术先进、性能强大的国际先进水平。另一方面,在充分发挥统一网络平台整合政务信息和公共服务的优势基础上,做好专网向统一网络平台的迁移工作,对现有各级各类业务专网进行较为深入调研,理清承载边界和业务支撑需求,逐步实现与统一内网或外网平台实现对接和业务融合。二是推广基于云计算的电子政务基础设施建设模式。未来几年,应进一步加大统筹协调力度,发挥云计算的优势,根据不同地区、部门特点,充分利用现有基础,建设集中统一的行业性、区域性电子政务公共云平台,实现各领域政务信息系统整体部署和共建共用,大幅减少政府自建数据中心的数量,充分利用云计算遏制分散建设和重复投资现象。

第二,加快扶持跨系统互联框架平台的构建。智慧城市是我国城市建设发展的必然。现阶段,在智慧城市建设全面铺开的情况下,跨系统互联成为下一个急需解决的技术问题。跨系统互联的技术可以分为系统级、服务级、组建级、数据级和硬件级五个层次。加大扶持跨系统互联框架平台构建的力度,实质上可以加强数据安全和个人隐私保护,打造网络空间安全生态环境,一是建立可控的个人信息保护机制,防范个人隐私泄露。建立覆盖数据采集、数据共享和发布、数据分析处理、数据使用、数据销毁等整个数据生命周期的隐私保护机制,提高公民个人隐私保护的意识。二是掌握网络信息安全核心技术,确保大数据安全。重点攻关密码算法、加密传输、可信计算、身份识别、云安全等网络信息安全关键技术,布局具有自主知识产权的核心器件、高端芯片、基础软件、安全操作系统等网络信息安全产业链关键技术,研制高性能的计算机、存储设备、网络设备、移动智能安全终端。三是打造网络安全生态环境,共享共治保障大数据安全。加强国家网络空间安全顶层设计,健全产业链协同的大数据安全防范机制,系统化地从建立网络空间安全法律法规、健全完善的大数据安全体系、推动网络信息安全产业发展。

第三,成立电子商务监管机构,加快电子商务相关立法,完善移动电子商务的技术标准和行业规范。我国移动电子商务相关法律不全,在电子支付、网络平台管理、网络知识产权等方面法律缺失,应当加快立法,做到有法可依,对一些灰色地带进行清晰界定。加强对移动电子商务主体合法性的认证,通过技术手段,强化溯源能力,严厉打击假冒伪劣、诈骗等行为,通过立法加强惩罚力度,鼓励主动维权与举报。

第四,加快制定和实施"数字经济"人才战略,提升我国人才国际竞争力。一是加强大数据教育培训体系建设,培养"数字经济"时代的主力军。高等学校是人才培养的主要力量,国家应尽快加强大数据相关科学、专业建设,加强对大数据理论基础研究,加强国家在信息技术学科政策方面的支持,确保教育科研经费投入,以提高大学对专业人才的培养能力。二是大力推进数字信息人才队伍建设,提高专业人才质量。培养造就世界水平的科学家,加强领军人才队伍建设,鼓励他们引领网络信息科技的发展方向,在重点领域取得重大突破;加强优秀信息技术人才和管理人才的培养,培养出卓越的工程师,建设出高水平的创新团队,使他们满足数字经济发展和应用各个领域的需求;加强高校、科研机构和企业之间对专业人才的联合培养,加强大数据开发技术和应用方法的职业培训,提高全社会运用大数据的能力。三是为高精尖人才发展全力打造一个良好的环境,推动数字经济创新发展。国家应加大关键领域科研经费支持,建立开放、流动、竞争的人才配置机制,吸引高端人才到中国来,并为他们创造一切可能的保障条件,优化人才激励机制,充分调动人才积极性。

执笔:

徐　赟　上海社会科学院应用经济研究所助理研究员

2017年上海航运服务业国际竞争力报告

一、背景趋势

(一) 发展意义

现代航运服务业作为国民经济基础产业之一,其兴衰与国际国内经济、贸易的发展态势密切相关,是一国由海运大国走向海运强国的保证。上海航运服务业是上海提升城市竞争力和集聚辐射能力的重要途径。上海位于长江的入海口,并处在东部沿海的中间位置,通过长江的内河运输,上海经济可辐射到长江三角洲甚至到整个长江流域。得天独厚的地理区位优势,再加上不断增大的港口建设资金投入和国际先进管理经验的引入,使上海航运业快速发展起来。

随着上海国际航运中心建设向纵深推进,现代航运服务体系不断完善,航运要素加速在上海集聚。上海加快发展现代航运服务业,促进现代航运服务业向绿色化和智慧化方向发展,进一步整合集聚和延伸航运产业链,可以为综合资源配置性国际航运中心的发展创造有利条件。因而集聚航运服务要素,完善航运现代服务业体系,率先建成现代航运服务体系具有重要意义。

1. 促进上海国际航运中心竞争力提升

国家的"十三五"规划以及交通部的《关于加快现代航运服务业发展的意见》提出,到2020年,基本形成功能齐备、服务优质、高效便捷、竞争有序的现代航运服务业体系。现代航运服务业发展与我国航运业转型升级相适应,航运中心的航运服务功能进一步完善,现代航运服务业综合竞争力和服务经济社会发展的能力进一步提升。其中,明确提出我国将加快推进国际航运中心建设,打造服务全国、面向国际的上海国际航运中心。上海航运服务业的发展必将促进上海国际航运中心竞争力的提升。

2. 促进长三角腹地经济发展

上海航运服务业拥有航运交易服务能力、航运金融保险服务能力、航运法律服务能力、航运信息服务能力、运价指数服务功能、船舶技术服务能力等，依托上海港口发展，是上海国际航运中心建设的基础。上海港是长三角综合运输系统的交汇点，其航运服务业与周围区域的经济发展水平密切相关，促进了长三角地区走向世界、发展国际经贸关系，促进了腹地流域商品经济的繁荣。

上海港对腹地城市经济的发展有着重要作用。一是港口是城市最重要的基础设施，关系着腹地城市利用和配置国内外资源的水平。上海港越发达，腹地城市联系的地域范围就越广，越能推动经济的发展。二是上海港是腹地城市联系外界的纽带，在促进人际交往、科学技术交流等方面发挥着重要作用。

3. 促进上海"四个中心"及科创中心的联动发展

上海"四个中心"分别是上海国际经济中心、上海国际金融中心、上海国际航运中心、上海国际贸易中心。国家"十三五"规划中提到，提升长三角、长江中游、成渝三大城市群功能，发挥上海"四个中心"引领作用，将上海"四个中心"建设提升到国家战略，是推动建设长江经济带国家战略的重要内容。

2017年，上海航运服务业的发展促进了上海国际航运中心与上海国际经济中心、上海国际金融中心、上海国际贸易中心、全球科技创新中心的联动发展。四个中心及科创中心的建设密不可分，相辅相成，上海航运业既得益于上海经济快速发展，也有力推动上海经济进一步发展，与上海"四个中心"和科创中心建设密切相关，对上海经济转型发展有着重要意义。

(二) 全球趋势

自2008年金融危机爆发以来，国际航运业一直处于低迷状态，而2017年，国际航运市场走出谷底，出现复苏迹象。

1. 全球航运市场总体回暖

在周期性和结构性因素的共同影响下，2017年全球航运市场总体回暖，需求增速超过供给，运力过剩得到缓解，市场从2016年底部复苏。其中周期性因素包括全球经济在2017年同步复苏，同时船队扩张速度在2017年有所放缓；结构性因素包括世界能源市场基本面及需求国分布的调整、集运行业结构改善和全球基础设施建设加快背景下干散货市场需求加速增长等。2017年全球海运量达116.8亿吨，同比增长5.0%，供给增长达3.1%，需求增速比供给高1.9个百分点。2018年预计需求将增长3.2%，供给将增长3.1%，市场总体向好，实现温和复苏。

2. 全球航运港口建设向集群化、深水化发展

全球经济一体化发展,促进了国际航运业的激烈竞争,推动了航运港口集群化以多种形式的发展。目前,世界上较出名的航运港口群有纽约—新泽西港口群、西欧港口群、东京湾港口群、长江三角洲港口群等,航运港口集群化运作已成为应对未来发展趋势的重要选择。各国对港口泊位、航道、场地建设和内陆集疏运系统规模的扩张,也均有更高提升,客观上推动了航运港口建设向深水化发展。各国都在积极开展深水港建设,提高航运国际竞争力。

3. 全球航运服务向高端化、专业化方向发展

随着航运港口向第三、四代演变,运输、仓储、装卸等传统服务已经不能满足经济活动、物流需求日益多样化的需要,航运金融、海事法律、保险、信息服务等高端服务业快速发展,成为衡量航运港口服务质量、国际航运中心地位的重要标准和吸引货源的关键因素。

4. 全球航运竞争向智慧化、自动化方向发展

目前国际航运港口大量应用智能化技术和电子数据交换系统,实现电子单证在货主、承运人、航运港口、海关间快速传播,航运港口散货堆存管理和汽运疏港、铁路疏港等流程与互联网成功对接,极大地提高了航运港口作业效率。与此同时,航运港口自动化趋势势不可挡,应用物联网技术加强,以实现航运港口低碳化发展。

5. 全球航运企业经营向规模化方向发展

为应对国际航运港口集群化竞争局面,世界各地航运港口企业普遍采用整合、联盟理念,实现企业经营规模化,将规模效应转化为竞争能力。一是航运港口企业通过兼并重组或组成联盟,形成有效的规模优势。二是船舶大型化,无论是集装箱船还是干散货船,都进入了大船舶时代,以此降低运营成本,如目前全球最大的"中海环球"号19100TEU集装箱船,油耗降低约20%。实现船舶发展大型化和节能减排低碳化,提升了港口的运营效率和发展质量,成为航运港口企业提高竞争能力的重要举措。

6. 全球航运服务管理向绿色环保、节能低碳方向发展

世界各国航运港口越来越强调绿色化管理,采取航运港口国监督等国际通行做法,将绿色化理念落到实处。如欧盟率先推进二氧化碳排放监测、报告、核查(MRV)机制,将从2018年起对停靠欧盟航运港口的5 000吨级以上船舶进行碳排放监测,对不符合要求的船舶,采取惩罚措施,超过1个以上报告期不执行该规则的船舶将被驱逐出欧盟航运港口或被拒绝挂靠。

(三)国内概况

2017年是实施"十三五"规划的重要一年,是供给侧结构性改革的深化之年。2017年我国发布《"一带一路"建设海上合作设想》,鼓励长三角、环渤海、海峡西岸、珠三角等经济区和沿海港口城市发挥地方特色,加大开放力度,深化与沿线国的务实合作。2017年长江经济带航运联盟成立,由上港集团、宁波舟山港集团、南京港集团、武汉港集团、重庆港务物流集团等9家港口集团,以及长航集团、长江港口物流、泛亚航运、民生轮船等5家航运企业共同发起成立。

2017年,随着国际航运服务业的发展,总体上看我国航运服务业也在回暖复苏中。2017年1—11月,中国规模以上港口完成货物吞吐量1 161 620万吨,同比增长7.0%。外贸货物吞吐量累计完成368 482万吨,同比增长6.3%。集装箱吞吐量累计完成21 726万TEU,同比增长8.7%。以上数据2016年同期增速分别为3.2%、3.1%、3.3%、4.4%及3.9%,除外贸吞吐量外,其他增速均是2016年的2倍多。其中,宁波舟山港完成货物吞吐量突破10亿吨,创全球纪录。秦皇岛港货物吞吐量快速增长,年底吞吐量将超2亿吨。至此,中国内地前20大港口全年吞吐量都超过2亿吨。此外,厦门港在2017年成为千万标箱港口,中国内地千万标箱港口增加到7个。

二、指数分析

2017年,国际航运市场走出谷底,出现复苏迹象。与之对应,上海航运服务业也较之前有稳定增长。2017年,上海完成了货物运输总量97 257.26万吨,比去年同期增长9.7%,港口货物吞吐量达75 050.79万吨,比去年同期增长6.9%,国际标准集装箱吞吐量达4 023.31万TEU,比去年同期增长8.3%,货物周转量扭转了上年下降态势,增长了29.3%。制度建设方面,2017年上海航运服务业积极探索深化自贸区制度建设、试水全自动化码头、完善航运高端服务产业链、基本完成绿色港口建设、加强与"一带一路"和长江经济带联动等。

(一)上海航运服务业发展现状

上海航运服务业运行平稳,行业发展势头良好,成为上海经济增长的重要支撑点。2017年,上海港的集装箱年吞吐量突破4 000万TEU,连续八年位列世界第一,刷新世界港口纪录的同时,也意味着上海航运服务业发展迈上了新的台阶。2017年,上海吴淞口国际邮轮港累计接靠邮轮466艘次,接待出入境游客292万人次,稳居亚洲第一、世界第四。2017年,上海两机场旅客总吞吐量达到近1.12亿人次,在国内持续领跑,年航空货量突破400万吨,成为继中国香港、美国孟菲斯后,全球第3个年航空货量达到400万吨以上的城市。2017年,上海国际航运中心跃升为世界第五,伴随着科技创新不断深入与自贸区开放合作政策快速推进,上海航运服务业对国际航运业态将产生颠覆性影响。

(二) 上海航运服务业国际竞争力评估

经过近二十年的努力,上海已成为全球性的国际航运中心,集疏运体系世界一流,货物和集装箱吞吐量连续多年世界第一,现代航运服务体系逐步形成。

1. 上海航运服务业国际竞争力评价指标体系

以产业国际竞争力评价指标为基础,构建了航运服务业的国际竞争力评价指标体系,具体如表1所示,指标体系中有行业驱动增长、产业国际表现、产业价值链提升三个二级指标,由20个具体指标构成。指标数据主要来源相关省市统计年鉴、港口企业年度报告、地区海关统计、部分企业公开发行股票招股说明书等。

表1 航运服务业国际竞争力评价指标体系

一级指标	二级指标	三级指标	指标说明	数据来源
航运服务业国际竞争力评价指标体系	行业驱动增长	集装箱吞吐量增长率	本年集装箱吞吐量增长额与上年的比率	统计年鉴
		货物吞吐量增长率	本年货物吞吐量增长额与上年的比率	统计年鉴
		外贸货物吞吐量增长率	本年外贸货物吞吐量增长额与上年的比率	统计年鉴
		港口净利润增长率	本年航运港口企业净利润与上年的比率	年度报告
		行业盈利能力	航运港口企业净利润/净资产	年度报告
		生产效率	航运港口企业营业收入/从业人员数量	年度报告
	产业国际表现	集装箱吞吐量	航运港口年度集装箱吞吐量	统计年鉴
		货物吞吐量	航运港口年度货物吞吐量	统计年鉴
		外贸货物吞吐量	航运港口年度外贸货物吞吐量	统计年鉴
		贸易升级水平	外贸货物吞吐量/货物吞吐量	统计年鉴
		万吨级泊位数	航运港口万吨级泊位数	统计年鉴
		邮轮靠泊次数	邮轮母港年度靠泊次数	统计年鉴
		关区进出口总额	关区进出口总额	统计年鉴
		特殊监管区数量	特殊监管区数量	海关统计

续表

一级指标	二级指标	三级指标	指标说明	数据来源
航运服务业国际竞争力评价指标体系	产业价值链提升	腹地经济 GDP	腹地城市年度 GDP 之和	统计年鉴
		核心城市 GDP	核心合成年度 GDP	统计年鉴
		特殊关税制度宽松度	特殊关税制度宽松度	海关统计
		交通物流资产投资	交通运输与仓储年度固定资产投资额	统计年鉴
		货物周转量	年度货物周转量	统计年鉴
		中远洋货物周转量	年度中远洋货物周转量	统计年鉴

2. 上海航运服务业国际竞争力评估结果分析

总体上，2017 年上海航运服务业国际竞争力有明显提升，如图 1 所示，2015 年、2016 年、2017 年的国际竞争力指数分别为 135.33、135.38、146.17。2017 年的竞争力指数与去年相比增长了 8%。相较于国内其他省市而言，上海航运服务业国际竞争力遥遥领先，排名第一。

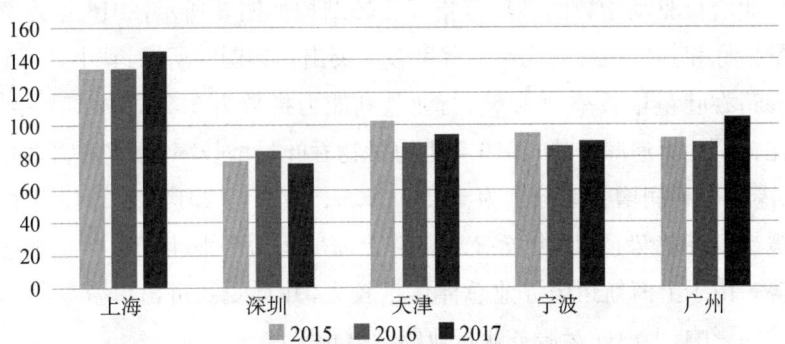

图 1　2015—2017 年主要省市航运服务业国际竞争力指数

从指数构成结构看，2017 年上海航运服务业竞争力发展除行业驱动增长排名在广州、天津之后，其产业国际表现处于绝对领先地位其，产业价值链提升业业稳居第一位，如图 2 所示。

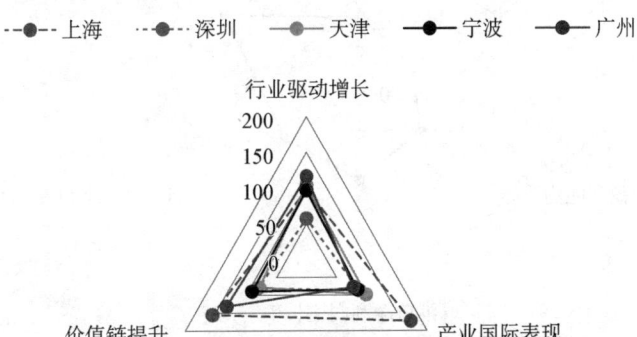

图 2　2017 年主要省市航运服务业国际竞争力指数

2017年上海航运服务业行业增长驱动影响了其国际竞争力的进一步提升。如图3所示,上海航运服务业行业增长一直在中游水平,一方面是由于上海航运服务业处于先发位置,行业基数大,行业增长趋向稳定,其他省市如天津行业基数相对较小,增长快速;另一方面,上海航运服务业正在结构性调整,这在一定程度上影响了行业增长驱动。

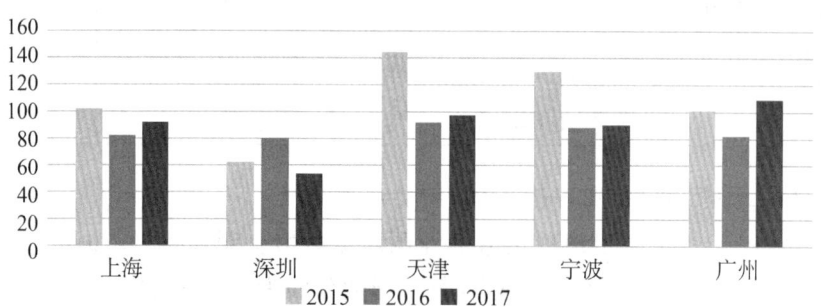

图3　2015—2017年主要省市航运服务业行业增长驱动指数

行业增长驱动指数的各项分指标比较结构如图3所示,2016年外贸货物吞吐量指标和其他指标相比影响程度较为突出。如图4所示,其中,2016年上海集装箱吞吐量增长率为1.63,行业盈利能力指数为5.94,与2014年、2015年相比较呈逐年递减趋势;2016年上海货物吞吐量增长率、外贸货物吞吐量增长率、港口净利润增长率分别为-2.09、0.6、5.74,与2014年、2015年相比较呈现缓慢复苏趋势;2014年至2016年,上海航运服务业生产效率呈现逐年递增趋势。由于上海航运服务业总体体量较大,并且受到进出口贸易与国际货物运输的影响,上海航运服务业行业驱动增长平缓。

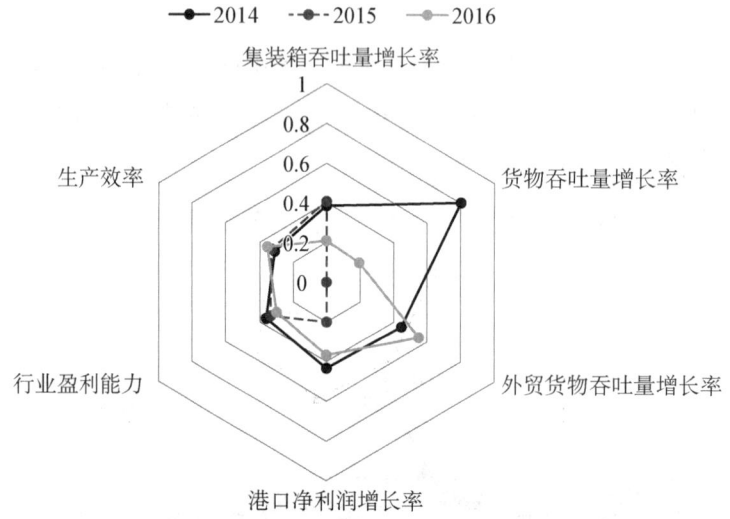

图4　2015—2017年上海市航运服务业行业增长驱动指数

2017年上海市航运服务业的产业国际表现对其国际竞争力是一个重要支撑,如图5所示,相比较天津、宁波、广州、深圳,近三年上海产业国际表现一直遥遥领先,2015年至2017年的产业国际表现指数分别为149.94、159.16、173.25,呈现逐年递增趋势。

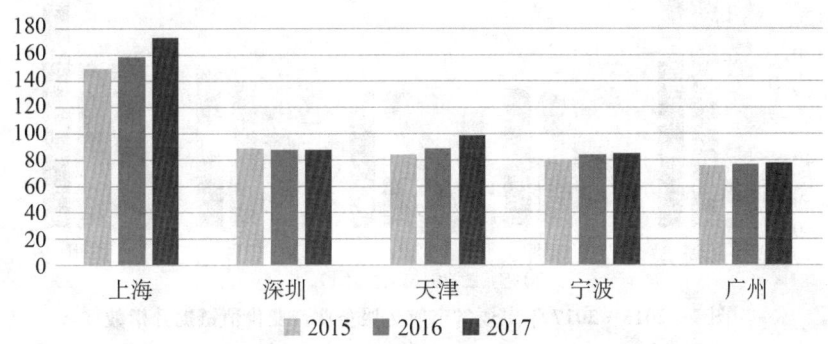

图5 2015—2017年主要省市航运服务业产业国际表现指数

2016年上海集装箱吞吐量为3 713.30万TEU,货物吞吐量为70 176.56万吨,外贸货物吞吐量为34 795万吨,港口泊位(万吨级泊位数)达到1 152(172)个,除货物吞吐量外,总体呈递增趋势,也体现了上海航运服务业不仅仅追求吞吐量的绝对值,还在不断优化货物的类型与价值等。

产业国际表现的具体结构中,其中特殊监管区建设表现比前两年有明显增长,凸显了上海自由贸易区等建设带来的航运服务业的发展;邮轮经济发展尤为突出,上海邮轮经济发展已经成为亚洲第一,提升了上海在国际中影响力定位,如图6所示。

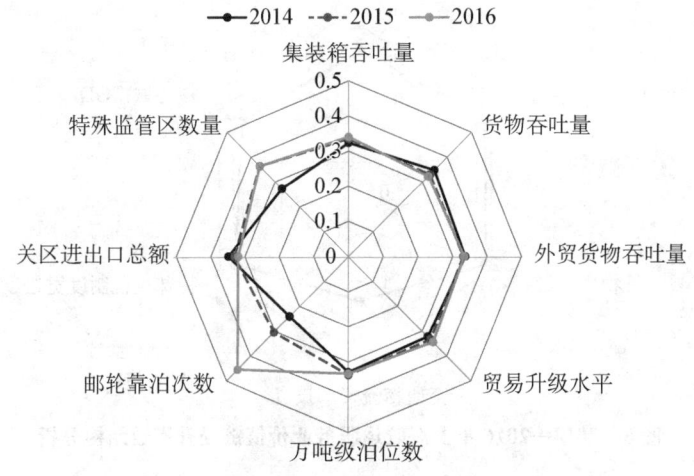

图6 上海航运服务业产业国际表现指数结构分析

| 281 |

上海航运服务业产业价值链提升也远高于深圳、天津、宁波与广州,如图7所示,2015年至2017年也呈现逐年稳步递增趋势。

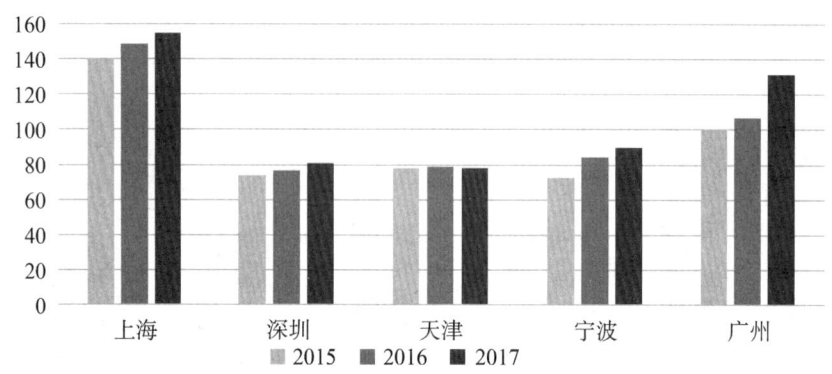

图7 2015—2017年主要省市航运服务业产业价值链提升指数

从具体价值链提升指数的结构分析,上海航运服务业在核心城市经济、腹地经济、货物周转量、关税制度等方面都平稳有序增长,各指标影响程度较为平衡,如图8所示。区域航运服务业与腹地经济是相互影响、相互依存、互促发展的关系:一方面,上海航运服务业的价值链提升体现在长三角地区经济的发展,长三角地区经济的发展也离不开上海航运服务业的发展;另一方面,供应链在我国的快速发展,也促进了上海航运服务业的价值链的提升。

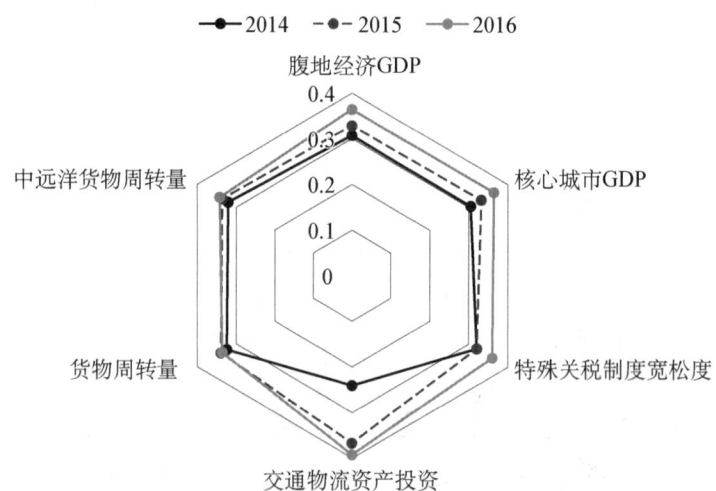

图8 2014—2016年上海航运服务业价值链提升指数结构分析

三、发展路径

(一) 上海航运产业发展的基础

上海航运产业整体处于较高层次的发展水平,上海国际航运中心建设目前已经取得举世瞩目的成就,根据2018年7月最新发布的"2018新华·波罗的海国际航运中心发展指数",新加坡、香港、伦敦位列全球国际航运中心三甲,上海较2017年排名相比跃升一位,提升至全球第四。上海国际航运中心的高水平建设成就是促进上海航运服务产业整体竞争力进一步提升的坚实基础。

1. 航运产业核心指标稳居全球最前列

一般认为,集装箱吞吐量、国际邮轮靠港艘次是表征港口城市国际航运发展水平的核心参数,2017年上海港的集装箱吞吐量突破了4 000万TEU(20英尺标准集装箱单位),连续8年排名世界第一。2017年上海国际邮轮靠泊466艘次,位居亚洲第一、世界第四。

2. 航运产业集聚态势初步形成

随着经济全球化进一步加速,上海的航运服务业呈现初步集聚的态势。目前,形成了以上海航交所为集聚地的物流货代产业集聚、以陆家嘴为集聚地的航运金融产业集聚态势。

大约上千家航运物流企业集聚在上海航运交易所周围,形成航运物流产业集群;集群内不仅有中远海运集团等垄断大型央企,同时还积聚了上千家中小规模的物流货运代理企业。另外,陆家嘴航运金融服务产业集聚态势也出现端倪——陆家嘴CBD是上海高端服务业的标志性集聚地,航运金融服务业也同样在此集聚。目前中远海运集装箱、地中海航运等国际知名航运企业总部在此进驻,上海海事法院、中国船级社上海分社、德国劳氏船级社上海分社等航运管理与认证机构集聚于此。另外一批学术研究机构如上海海事大学、上海船舶运输科学研究所、上海航道勘察设计研究院等集聚于此,航运产业集聚态势初步形成。

3. 物流集疏运体系较为完善丰富

上海枢纽港具备较为完善丰富的物流集疏运系统。上海地处长三角经济核心,不但可以通过稠密的高速公路网及快速铁路系统与长三角腹地城市紧密融合,还可以通过较为发达的长江内河运输系统连接长江中上游港口;另外,上海虹桥、浦东两大国际机场软硬件设施完备,年航空货运量位居全球前列。借助较为优越的集疏运系统,以国际航运业为支撑,可以形成海铁、海空、海陆等多种不同形态的国际多式联运物流体系。

4. 邮轮经济迅速崛起

伴随上海经济转型发展需要,邮轮旅游成为上海提升现代高端服务业的又一重要载体。2016年上海接待邮轮旅客数量超过130万人次,约占全国65%。2017年上海邮轮经济指标继续领跑全国,邮轮经济成为上海国际航运服务产业发展的重要增长极。

(二)上海航运服务业发展的环境

"十三五"期间,上海将围绕提升航运枢纽功能,全力推进上海国际航运中心建设,推进以枢纽港地位和功能提升为依托的国际航运中心建设,增强配置全球航运资源能力。优化现代集疏运体系,推进江海直达,发展多式联运。深化探索国际航运发展综合试验区,完善现代航运服务体系,完善支持现代航运发展的金融、财税和人才等配套政策。推进邮轮母港建设,发展海洋事业和海洋产业。探索航运制度和航运交易平台改革创新,营造国际化的航运市场环境。总体目标是到2020年,上海国际航运中心进入世界航运中心最前列,基本建成航运资源高度集聚、航运服务功能健全、航运市场环境优良、现代物流服务高效,具有全球航运资源配置能力的国际航运中心。

2017年是上海国际航运中心正式启动的第21年,也是上海要在2020年完成基本建成国际航运中心的关键年。上海航运业发展面临前所未有的机遇与挑战。

1. 上海航运服务业发展面临的机遇

(1)上海自贸区改革开放方案将全面深化

自2013年以来,上海自贸区建设不断向纵深推进。2013年9月上海自贸区挂牌,为1.0版;2015年中央批准深化自贸试验区方案,是2.0版;2017年5月,中央深改组正式批准全面深化上海自贸试验区改革开放方案,是3.0版。2017年上海自贸区建设在贸易便利化、国际航运、金融开放创新进一步进行制度创新,进一步降低货物通关成本,提高物流运营效率,提升上海航运产业的整体国际竞争力。

(2)全国通关一体化改革全面启动

为降低制度性交易成本,规范海关执法,建立一体化的管理体系,切实转变海关职能,海关总署在长三角地区开展区域通关一体化改革,自2016年6月开始,海关进一步将上海关区作为试点,进行全国通关一体化改革。

全国通关一体化主要目的是建立"两个中心""三个制度",即风险防控中心、税收征管中心及"一次分报,分步处置"、税收征管与协同监管制度。其目标是实现全国集中统一的风险防控与税收作业,使得不同关区归类结果不同,进而征收税额不同的情况不再发生,同一家企业即使面对不同海关也能享受到一致的海关监管政策。

全国通关一体化将进一步压缩国际物流供应链运营的通关时间,降低口岸运营成本,提升货物进出口通关效率,这将极大提升上海航运服务产业的整体国际竞争力,进一步促进上海国际航运中心的建设。

(3) "一带一路"倡议向纵深推进

2013年习近平主席提出"一带一路"合作倡议,近5年来,"一带一路"倡议持续向纵深推进。沿线国家加强监管互认海关合作,不断深入开展检验检疫多边合作,推动世贸组织《贸易便利化协定》生效实施。"一带一路"倡议从顶层设计角度加快口岸"单一窗口"建设,提升通关能力,加强供应链安全与便利化合作,推进跨境监管程序协调,开展AEO(经认证的经营者)互认,降低非关税壁垒,提高贸易便利化水平。上海是"一带一路"倡议中的重要枢纽港口,"一带一路"倡议的持续推进,必将为上海航运服务业的发展创造良好的外部条件。

2. 上海航运业面临的挑战

毫无疑问,上海航运业发展也面临巨大挑战。从近几年上海国际航运产业竞争力指标评价可以看出,行业增长驱动指数未能保持全国前列,尽管客观上可能是由于上海具备先发优势,本身发展水平处于高位运行的态势,和其他国际航运发展水平稍低的港口城市相比,保持高的产业增长率要更难。但我们依然不能够回避上海航运业所面临的挑战。

(1) 高端航运服务软实力欠缺

虽然上海航运中心建设速度较快,但与中国香港、伦敦等国际航运中心横向比较,上海仍存在不小的差距。尤其是在航运服务、船舶注册、航运金融和海事仲裁等代表航运"软实力"的相关指标方面存在明显差距,主要表现在高端航运服务业规模相对较小,航运金融业政策法规不健全,金融机构知名度和专业化水平不高,缺少足够数量的国际性航运组织机构等方面。

上海、伦敦和中国香港的数据横向对比可以看出,上海的港口货物吞吐量指标遥遥领先,但是其他软指标还处于起步阶段。在航运经纪业务方面,全球二手船交易额伦敦排名世界第一,上海的二手船交易额仅是伦敦的零头;在海事仲裁方面,上海海事仲裁案件数不足伦敦的10%,不足中国香港的15%;航运金融方面,上海船舶融资金额不足伦敦的15%,海上保险保费收入不足伦敦的5%;入驻上海的国际航运组织数量凤毛麟角,而中国香港为10多家,伦敦为50多家。目前,上海国际航运中心仍处于全球航运价值链的底端。

(2) 港口集群效应不明显

上海国际航运中心建设目前未能体现港口集群效应,缺乏与腹地内河港口的紧密合作机制。长三角区域有7个主要海港和约20个内河港口,众多港口带来的不是集群效应,而是相互间的激烈竞争甚至是恶性竞争。不少地方政府热情高涨,投资兴建港口,大力发展港口经济,但是由于各自为政,在港口建设上多追求自身经济、政治利益,港口建设没有形成有效的集群效应,区域内重复投资建设现象严重,港口功能趋于雷同。

长三角区域的长江内河港口建设不协调发展,在一定程度上阻碍了上海为龙头的长三角港口群的整体竞争力,削弱了上海国际航运中心向周边腹地进行辐射带动的能力。

(3) 航运业与金融保险业缺乏联动发展机制

航运业与金融业联动发展尚未有成效。研究显示,上海港口货物吞吐量与上海银行贷款之间没有显著关系;在一定的关联度中,金融业对航运业发展影响作用比航运业对金融业的发展更大,但证券融资等非银行贷款融资渠道为航运融资作用不大;上海金融保险业主要是通过给航运业提供供给而发生关联的,仅为前向关联关系。上海航运业与金融保险业缺乏有效联动发展机制。

(4) 中美贸易摩擦将在一定程度上影响上海航运产业发展

本轮贸易摩擦主要针对的是我国高端制造业,通常高端制造业中货值虽然较高,但总运量较小。上海港是全球集装箱吞吐量最大的港口,出口集装箱量中美航线占比较高。目前对美集运出口货物以较低附加值产品为主,高附加值产品相对较少,所以短期看中美贸易摩擦对上海港集装箱航运影响微弱。但如果随着贸易战进一步激化,美国政府将贸易制裁清单向低附加值产品延伸,则将给集装箱航运业带来一定程度影响。

针对本轮贸易制裁,我国采取了一系列的贸易反制措施。大豆等农产品进口被列入反制裁清单,随着贸易摩擦进一步加剧,干散货航运将遭受一定程度的冲击。美国是中国第二大大豆进口国,如果中国对美大豆实施制裁,干散货航运风险明显加剧。

(三) 2018年上海航运服务业发展方向

上海航运服务业所依托的上海国际航运中心建设是国家既定战略,要力争"十三五"基本建成具有全球航运资源配置能力的国际航运中心。在深入研究世界贸易和航运业发展趋势的基础上,前瞻布局航运业基础设施建设,聚焦薄弱环节补短板。要切实用好上海自贸试验区的制度创新优势,积极运用新技术、新模式,加大改革创新力度,及时深入谋划上海航运业发展新格局。

1. 绿色化

世界各国航运港口越来越强调绿色化管理。上海航运服务业将迈向可持续发展,采用新技术、新能源打造绿色航运港口,完成绿色航运港口建设的总体目标、主要任务和保障措施,全面落实实施长三角船舶排放控制区方案。以越来越严密的碳排放管理以及相关市场减排措施,促使航运业向绿色化发展。

2. 智能化

2017年12月,上海洋山深水港四期工程开港试生产,洋山四期是全球最大的集装箱全自动化码头，成为全球最大规模、自动化程度最高的港区，港口的集装箱从港区装卸到码头运输、仓储都将实现自动化运作，生产作业实现零排放，代表着港口科技的新突破。上海洋山四期码头所用的设备控制及生产调度系统的核心技术全部实现了国产化，这将为航运业智能化发展奠定基础。

3. 信息化

上海航运服务业通过信息技术提升服务水平。未来将进一步通过信息技术，在港口、承运人、货主、口岸部门间建立统一服务平台，改革传统业务流程体系，降低物流成本。建设一站式服务网站——"港航纵横"，加强长江经济带船、港、货、箱各种物流资源的协同。打造"e卡纵横"集卡服务平台，对集卡和货物运输需求进行配对，有效减少由于信息不对称造成的集卡空驶和货物滞留问题，通过信息化进一步提高港口航运物流效率。

4. 国际化

上海航运服务业还要进一步探索国际化路径，提升国际竞争力。可以在境外港口投资、服务"一带一路"战略等方面进行积极探索。2017年，中远海运集团先后与西班牙最大码头运营商、马士基集团签署协议收购相关码头资产。上海航运交易所发布"一带一路"航贸指数，全面、及时反映"一带一路"倡议在贸易畅通和交通运输方面的发展成效。港口航运业的深入国际化可以助推"一带一路"沿线基础设施的互联互通。

四、对策建议

（一）对标国际传统自由港，进一步提升港口开放度

港口开放度是衡量港口城市国际航运竞争力的重要因素，上海自由港的建设可以对标新加坡和中国香港，通过制度创新最大程度提升港口开放度。自由港和自贸区的监管实质都是"一线放开，二线管住"，但自由港比自贸区相比，"一线放开"得更加彻底，自由度更大，更能够有效促进上海国际航运业的深度开放。

1. 落实第二船籍登记制度

第二船籍制度是指已经在其他国际注册的船仍然可以在另外一个国家注册。相当一段时期，我国远洋船队超过一半以上在境外登记注册，使得中国政府在航运安全、税收、管辖等管理方面存在盲点。在上海自由港引入这一国际通行的国际船舶特殊登记制度，将有效提高上海国际航运中心的航运服务功能，需要结合上海港的实际进一步创新第二船舶登记制度。

2. 进一步创新启运港制度

启运港制度是指国内货物只要确认开始发往洋山港，即被视同出口并办

理退税。这一政策将极大缩短出口退税过程所需要的时间,很大程度上方便了企业,有利于外贸企业的资金运转,将大幅度提高上游喂给港输送到上海港的货物中转量。需要进一步结合我国航运产业发展实际,进一步创新完善起运港制度。

(二)加快航运产业尤其是高端航运服务业集聚

上海应该进一步促进航运物流产业的集聚发展,包括航运金融、供应链运营、跨境电商、国际货运代理、国际班轮公司、船舶制造等的空间集聚。航运产业集聚尤其是高端航运服务业集聚需要政府有效政策刺激,如给予税收优惠,或者在空间上给予商务成本的优惠。

临港新城已经被定位为航运物流业综合试验区物流集聚区,将和航交所航运物流集聚区、陆家嘴航运金融集聚区形成三足鼎立的态势。高端航运服务产业集聚尤其要注重借力陆家嘴金融区的增长极效应,引导更多的航运经纪、海事仲裁、船舶保险、船舶注册等高端航运服务产业集聚发展。

(三)进一步发挥上海自贸区建设的国家战略优势

目前,自贸区内开放创新的制度框架体系已基本形成,航运金融创新业务在有序开展,航运金融机构逐步集聚发展。航运金融服务成为上海自贸区的重要产业。紧随金融管理部门最新的金融支持政策和举措,金融机构充分利用政策平台、紧紧围绕航运发展开展业务创新。创新主体不仅包括商业银行,还有金融租赁公司、股权投资企业、第三方支付等非银行类金融机构和类金融机构,充分体现了自贸区金融创新的丰富性。

(四)与长江内河港口构建组合港,形成港口集群效应

上海需要创新联动在长三角区域的航运集聚能力,一方面加强中转能力的提升,提升上海港服务长三角能力;另一方面也依靠长三角经济腹地,集聚航运资源、提升服务能力。

上海可以进一步创新航运港口投资机制,适度与长江中下游的内河港口构建组合港体系,形成港口集群效应,通过组合港协同机制,进一步提升腹地经济对上海国际航运业的支撑作用,形成上海与腹地区域之间的经济双向促进。

(五)发挥国际航运巨头总部经济优势

上海航运产业的发展应该充分发挥国际大型船公司总部经济优势。世界大型船东基本都在上海都设有分部,如马士基、地中海航运、达飞轮船等世界航运巨头,均在上海设有分部甚至亚太总部。中远海运集团等国内超级航运

巨头总部都设在上海，上海可以充分发挥航运巨头总部经济的优势，采取金融、税收、商务等政策措施，进一步增加对国际航运巨头的投资吸引力，进而增强航运产业的核心竞争力。国际上，像中国香港、新加坡、伦敦等全球性国际航运中心，都具有航运总部经济优势，备受世界航运巨头青睐。

附件：自由贸易港国际经验借鉴

附件1：(本部分根据中山大学自贸区综合研究院官网《深度解析自由贸易港》相关资料整理)

一、自由贸易港的发展历程

1936年，美国在纽约建立了第一个专门从事转口贸易的对外贸易区即纽约3号，这时期的城市港口多数以单一的转口贸易为主，港口只是对外贸易中转码头，因此第二次世界大战前的港口城市可以称为自由港1.0。

在第二次世界大战后，大量的国家和地区为了吸引外资、引入先进技术，依托廉价的劳动力在沿海地区兴办出口加工区，这时候的港口不仅是转口贸易，还承担了加工、制造等职能，逐渐由单一的转口贸易扩大到了加工贸易，且在出口加工区内实行"境内关外"的政策，给予园区内企业减少关税等优惠，较早的如爱尔兰香农加工区、中国台湾高雄加工出口区等。二十世纪八、九十年代我国沿海也出现许多出口加工区。这时期的自由港被认为是自由港2.0。

自由港3.0主要是以自由贸易园区的形式出现，相当一部分的自由贸易园区是在出口加工区的基础上发展而来，随着在港口城市贸易的发展，其功能趋向综合化和多样化，为了刺激贸易，许多城市允许货物自由(免税)输入和输出，并免受一定海关监管，特别是给予进口区内供转口的货物以及因区内生产需要而进口的设备和原料等，免税收关税，但免税的范围较小，存在许多的限制和约束条件，如海关监管、缴纳所得税增值税、不许人员留居等，所享受优惠的区域也较为有限，通常也只是港口及其周边的区域。

自由贸易港是自由贸易园区发展到一定程度的产物，可以视为自由贸易园区的升级版，其在货物、资金、人员的流通上更为自由，对绝大多数的进出口货物豁免关税，准许进口货物在港内装卸、加工、改装、整理、长期贮存、买卖等，供转口或供本地居民消费的货物进口一律免税。与自由贸易区比，自由贸易港的范围更大，可以是整个城市，自由港内的全部居民和游客等都能享受免税的优惠。区内的企业可设立国际银行账户，享有汇率结算自由，所获得的利润可全部自由汇入，是当今全球开放水平最高的特殊经济功能区。

属于自由贸易港的城市主要有香港、新加坡、迪拜的杰贝阿里港、美国纽约港以及荷兰鹿特丹港、哥本哈根等。

二、我国首个自由港：海南自由贸易港

我国自由贸易试验的设立源于美国抛弃WTO，另起炉灶构建美欧日三大经济体(TPP、TTIP和PSA)围猎中国制造,为消除美国的贸易围堵,提高对外贸易水平,2013年9月上海自由贸易试验区挂牌成立,随后在全国逐渐设立了11个自由贸易试验区。在十九大报告提出要"赋予自由贸易试验区更大改革自主权,探索建设自由贸易港"。自由贸易港对标的是国际上水平最高的贸易标准,是未来对外开放最高的平台,因此包括11个自由贸易试验区在内的各大城市纷纷加入自由贸易港的争夺战。

由于海南基础设施水平低,制造业基础薄弱以及高新技术人才匮乏,在自由贸易港的争夺中并不占据较大的优势,在国内的媒体和学者的预测中,也并不被看好,但海南却在毫无自由贸易试验区的基础上脱颖而出,其缘由大致可归结为以下几点:

一是绝佳的地缘战略区位。临近东南亚各国,是350万平方千米的南海门户,是解决南海问题、串联印度洋和南太平洋的桥头堡,通过自由贸易港建设可以增强与东盟的经济贸易,其地缘战略优势是绝大多数国内城市难以匹敌的。

二是面积较大的相对独立地理单元。海南与大陆隔离,被誉为是天然开放试验区,容易满足"一线开放、二线管住、区内自由"自由港贸易监管规则,而且具有多个天然的港湾和优良的海运条件,面积达3.5万平方公里,是香港自由贸易港的30多倍,有望成为世界上最大的自由贸易港。

三是随着我国新一轮的产业转型和消费转型,在国际贸易中传统制造业的发展模式越来越不占优势,我国的产业发展模式需向高科技和服务等附加值较高的产业模式转型升级,而海南在第三产业上具备后发优势,依托良好的生态环境,稀缺的资源禀赋等,在发展第三产业后劲十足。

四是在近三十年的经济特区建设中,海南虽然进行了多次探索,但仍然无法寻到一条有效的发展道路,依旧徘徊在全国末位,而比海南面积稍大的台湾在各个方面的发展水平均已远超过海南。由于缺少制造工业,以旅游为单一主导的产业发展方式,明显带动力不足,反而对房地产开发的依赖越来越强,海南的发展亟需一次重大的变革调整。在建省30周年和愈演愈烈的中美贸易摩擦背景下,海南被赋予了新一轮我国改革开放的历史重任。

三、全球知名自由贸易港介绍

(一)中国香港:国际最高标准的自由港

香港最早从转口港起家,以贸易为支点,逐渐支撑起金融、航运两大板块,其主要特点在于港市合一,港内要素齐全,商品、服务、资金、信息、人员流动较为自由,货物进来后,给予企业"国民待遇"。实施典型的零关税政策(除了烟草、酒类、甲醇酒精、汽车用汽油和柴油等极少数商品外);外来资本可投资大多数行业,均可实现100%的控股,在贸易中可以大多数国际货币结算,外来投资者将股息或资金调回本国都无限制,境外所得利润不纳税;在税收政策上也给予较大的优惠政策,不设增值税或消费税,企业所得税税率也只有16.5%,是世界上税率最低的地区之一。

香港模式在金融、贸易上较为开放,在自由港建设中,值得我国借鉴还有其对生态环境执行高标准保护,严格控制土地出让。虽然香港土地面积1 078平方公里,人口600多万,是世界上人口密度最高的地区。但有超过三分之一的土地被划为郊野公园和自然保护区,有将近2/3的土地至今还未开发。但另一方面,香港房地产市场受政府和房地产商垄断,为了获得持续的利润,二者进行合谋,严格限制土地供给,导致房价一直维持在高位运行,缺少对市民基本居住条件的考虑。

(二) 新加坡:世界上最大规模的中转港

1969年,新加坡在裕廊工业区内划设了第一个自由贸易园区,随后发展形成了7个自贸区,其中1个以空运货物为主,其余6个自贸区均以海运货物为主。新加坡自由港实施公私合作的管理体制,如由裕廊管理公司、新加坡国际港务集团等负责运营,行政体系尤为高效,企业注册简便,通过"一站式"通关系统连接海关、检疫等多部门,报关较为便利。公司税税率为17%,除酒类、烟草(含卷烟)石油、机动车以外,对所有进口商品免征关税,企业利润汇出无限制、无税费。其主要特点在于吸引外资的力度较大:设立经济发展局,利用"总部优惠"等超国民待遇(如免税外,还有减少饮用水消费等项目投资补贴等),吸引全球知名企业在新加坡设立总部,侧重引入先高精尖制造业,据了解,三分之一的世界500强公司选择在新加坡设立亚洲总部,其亚洲科创中心初具规模。

新加坡模式值得借鉴还有其合理的保障房供应体系,新加坡保障性住房由组屋和少量廉租房构成,目前主要针对月总收入不超过8 000元的家庭,首次购买组屋时政府还提供3万元的补贴,组屋大约覆盖了80%的新加坡人口,通过大批量的建设组屋,使新加坡居民在购买住房时较为轻松。

(三) 杰贝阿里港:最大的人工港

杰贝阿里港周边布局有机场自贸区、多种商品交易中心、国际金融中心、媒体城、互联网城等自贸区,是个工贸型的自由港。其设立源于海湾阿拉伯国家"保人"制度,保人制度对外国投资者限制较多,必须有当地人"保人"合作才能开设公司,而且保人需要持有51%以上股份。而在杰贝阿里自由港,外资企业也可拥有100%的所有权,可免缴公司所得税和个人所得税,企业的进口原材料、设备及货物转口免关税,50年内免交所得税,区内外国企业利润和资本汇回母国不受限制、无外汇管制,企业雇佣外国劳动力无任何限制,无最低工资标准和雇用本地员工要求,并且允许在港区内建立休闲娱乐场所和设施,以满足人们工作之余的休闲活动等,因此杰贝阿里自由港成为阿拉伯地区最为著名的贸易港口。

杰贝阿里港的特色还体现在对土地利用方面实行出租不出售政策,出租的土地可由企业自主使用,企业对土地的开发建设有较大自由权,是建厂房还是建仓库皆由企业自主决定。另外,区内的厂房设备长期租用,可与投资人签订最长25年的厂房设备租用合同。

四、借鉴国际自由港建设的经验

结合海南当前的基础条件和资源禀赋,可借鉴国外自由港的相关经验,注重体现在以下几个方面:

(一)以进出口贸易带动产业,形成多层次产业结构

以自由贸易为基础带动其他相关联产业的发展,一是借鉴香港的经验,通过免关税和低赋税等优势,以进口最终消费品为主,打造升级"消费品免税区",满足国内日益增长的高端消费需求,建设国际消费新高地。二是借鉴新加坡的引资模式,利用"总部优惠"等超国民待遇,促进发展"总部经济""楼宇经济"等,现在海南的总部经济已经在布局谋划,海口和三亚的总部经济将会是海南经济的重要增长点,不仅能带来巨额的税收、就业和人才等,还会形成良好"溢出效应"。三是借鉴香港和迪拜经验,在自由港内发展休闲、娱乐、康体等业态,打造具有世界影响力的国际旅游消费中心,通过59国免签、豪华邮轮母港、博彩业等政策优势,带动国际旅游消费。

在发展进出口贸易的侧重点应通过贸易来带动多个其他产业的发展,改变以往依托房地产单一的发展模式。

(二)严格调控土地开发,大力推进保障性住房建设

一方面海南自由港在土地管制方面应向香港学习,严格划定土地开发边界,采用最节约的用地策略,但过于严格的控制土地供应会导致商品房市场价格走高,因此应借鉴新加坡的保障性住房政策,大力推进保障性住房建设,控制房价,增加保障性住房的覆盖面,保障居民的基本居住需求,统筹协调土地管制与住房保障两者关系。目前海口已出台公共租赁住房、经济适用住房及限价商品住房保障标准,全省已经摸底保障性住房的未来需求,估计不久的将来会出台大批的保障性住房建设计划。除此之外,还可借鉴迪拜的土地使用权长租的策略,多方面进行土地供给,减少一刀割的土地出让方式,以保证国有土地开发利用的持续性。

(三)高效的行政管理体系,营造良好的营商环境

在管理模式上可参考国外自由贸易园区的经验,克服各政府部门"多头管理"的局面,构建"政府主导,服务企业"的新管理模式,可考虑成立一个政府机构或政府控股的机构或企业进行统一规划和协调管理,重点突出社会主义自由港的优势。简化出口报关手续,提高通关便利,减少企业注册手续,在监管上执行"负面清单+非违规不干预"策略,多途径营造良好的营商环境。

（四）注重生态环境保护，执行高标准的生态保护规定

生态环境是海南建设自由贸易港的重要依托和基本条件，海南的生态环境优势是其得以赶超国内大城市的最大优势，与以往发展港口加工出口的发展模式不同，海南自由港以发展旅游业、现代服务业和高新科技产业为主，这些产业对生态环境都有极高要求，借鉴香港和新加坡经验，实施严格的生态环境保护策略，建设领先全国的生态文明保护示范区。

五、海南自由港为岛民带来的福利

一是收入方面。如果对标新加坡和迪拜等标准，可能会免除或减少区内岛民的个人所得税，领到手的钱会增多，由于自由港对境外收入不予追索，通过国外投资所得利润也将免税，除此之外，其他途径如买彩票等所得收入也会仅有少量的赋税。

二是享受高水平的教育。目前国内外各大高校已有将近百所高校在海南设立分机构，以后海南考生进入国内名校就读的比例将增多。教育是海南的一大短板，要吸引高素质人才落户海南，必须要弥补教育这一短板，可见当局对教育发展给予极大重视，这也会为岛民带来丰厚的福利。

三是就业方面。当前海南已对总部经济进行全面的谋划布局，相信不久的将来海南会成为世界总部经济的重要聚集区，通过总部经济的溢出效应，会为当地提供大量的工作机会，带动当地居民就业。另外为了保障当地就业，相信还会出台鼓励企业雇佣本地人的优惠政策，岛民也将会从收益。

四是住房保障方面。从当前出台的土地管制和住房政策来看，海南政府极有可能参照新加坡的保障性住房政策，未来将与商品房市场决裂，大力发展保障性住房，如果能真正执行，相信绝大多数的刚需都会得到满足，但能否顺利推行还是个问号。

五是日常用品方面。享受全球免税商品优惠，新能源汽车、品牌服装、医疗药品、正版游戏、名鞋箱包等都会有关税优惠。

附件2：
（本部分根据凤凰网2018年5月8日《全球三大自由贸易港经验说》相关资料整理）

党中央决定支持海南全岛建设自由贸易试验区，支持海南逐步探索、稳步推进中国特色自由贸易港建设，分步骤、分阶段建立自由贸易港政策和制度体系。香港、新加坡和迪拜是国际公认较为成功的自由贸易港，通过对三地建设自贸港的成功经验进行深入调研，可为中国内地自贸港建设提供借鉴。

一、香港：打造"全要素"自由贸易港

中国香港是一个闻名世界的自由港。从1842年至今的176年里，香港逐步从单一的转口贸易港发展为国际贸易中心、国际金融中心乃至世界最开放

的自由港之一。当前香港自由港的国际地位之所以广受肯定,不仅因为优越的地理位置,还得益于政府的诸多努力,包括实行自由贸易政策和简单低税制,打造便利营商环境和推进贸易服务全球化,等等。

(一) 政策着眼于"便商利贸"

自由贸易港通常是指设在国家与地区境内、海关管理关卡之外的允许境外货物、资金自由进出的港口区,外方船只、飞机等交通运输工具也可自由往来。整个香港特区都是自由港。

除了位置优越外,作为外向型开放经济体,香港长期奉行自由贸易政策,不设置任何贸易壁垒,进出口程序简便。一般而言,除了四个税号(酒类、烟草与香烟、碳氢油类、甲醇)以外的所有货物的进出都可以享受零关税。美国传统基金会已连续23年评选香港为全球最自由经济体。

香港的税务优胜之处在于简单低额,只设三种直接税,包括利得税、薪俸税、物业税,并设有免税额制度。由世界银行与IFC国际金融企业组织发布的《2016赋税环境报告》认定,香港的赋税环境是全球最佳地区之一。

香港致力于营造方便营商的环境,专门组建了"方便营商咨询委员会",旨在优化本地的规管制度,提供有效的跨部门、跨界别沟通平台,让业界就规管事宜向政府表达意见。十年来,香港在世界银行《营商环境报告》的排名一直处于全球前五。

香港政府在加强通关便利方面也不遗余力。香港作为自由港,对货物进出口只实施最低限度的发证管制,通过多项措施减轻贸易管制带给业界的负担,并加快清关。举例而言,香港与内地紧密合作,推进并展开"自由贸易协定中转货物便利计划",便利贸易商使用关税优惠,从而吸引货物经香港转运;还通过"跨境一锁计划",利用电子设备为转运货物提供无缝清关服务。此外,政府正推进发展"贸易单一窗口"计划,让业界通过一站式电子平台向政府提交出入口贸易文件。根据世界经济论坛最新发布的全球竞争力报告,香港在通关便利方面的排名继续保持全球第一。

(二) 降低"交易成本"最重要

香港贸易发展局大中华区首席经济师黄醒彪认为,要想成为成功的贸易中心,"交易成本"是最重要的考虑因素。交易成本主要受两方面影响:一是"便捷",二是"风险"。"便捷"代表着效率。贸易中心主要是一个交易平台,交易便会涉及风险。法律体制的保障是所有现代交易的重要基础。

香港贸发局研究总监关家明说,香港作为自由港要素齐全,商品、服务、资金、信息、人员流动相对自由,货物进来后,给予"国民待遇",几乎一视同仁,这些经验都值得内地借鉴。

二、迪拜:自由港战略驱动经济转型

阿拉伯联合酋长国(阿联酋)是中东乃至全球经济最有活力的国家之一。

迪拜作为阿联酋乃至海湾地区的贸易、航运、金融、物流和科技中心,近年来越来越受到世人瞩目。在迪拜经济多元化战略中,有一项开创性的重要举措,为实现经济转型提供了强劲动力,这就是成立自贸区。

从迪拜国际机场驱车驶入谢赫扎伊德大道,一路向南,会经过迪拜机场自贸区、迪拜多种商品交易中心、迪拜国际金融中心、媒体城、互联网城等自贸区,最后抵达拥有世界最大人工港的杰贝阿里自贸区。截至2017年年底,阿联酋共有45个各种类型的自贸区(包括在建的10个),其中30多个在迪拜。

迪拜自贸区的产生缘于海湾阿拉伯国家普遍实施的"保人"制度。外国投资人要在这些国家做生意,都必须和当地人合伙设立公司,这个合伙人也就是通常所说的"保人"。设立公司的费用全部由外国投资人承担,但是当地"保人"至少占公司51%的股份。随着时代发展,外来投资者对于"保人"制度的不满越来越多,这一制度变成吸引外资的障碍。在此背景下,自贸区的概念应运而生,即各酋长国在境内划定一块区域作为自贸区,外来投资人可享受100%控股,但其货物和服务只能在区内流转,不能进入酋长国本土市场。1985年,迪拜政府设立了阿联酋第一个自由贸易港区——杰贝阿里自贸区。迪拜自贸区相对传统"保人"制度的核心优势是外资企业可以100%控股。

迪拜自贸区的其他激励政策包括:资本与利润可自由汇出,不受任何限制,这充分保障了外来投资者在资金方面的安全与自由;自贸区内企业可享受免收公司税(有时间限制)、个人所得税、进出口关税的优惠;厂房设备长期租用,一些自贸区可与投资人签订最长25年的厂房设备租用合同,有效保障了投资人的经营稳定性;无最低工资标准和雇用本地员工要求,这使自贸区内的企业能进一步降低劳工成本,在对外贸易中获取更大的竞争优势;从设立到运营的一站式综合服务,这使得投资人可在自贸区内以更快的速度完成所有手续。

迪拜多种商品交易中心连续三年被英国《金融时报》旗下的《外国直接投资杂志》评为"年度全球最佳自贸区"。该中心执行董事克丽丝塔·福克斯在接受采访时表示,迪拜的自贸区具有多样性,有些专注于某些特定领域,比如教育、传媒、科技,而多种商品交易中心是一个综合性自贸区,"平台、标准和沟通"这三个关键词是值得其他自贸区借鉴的地方。

福克斯说,自贸区应该搭建业务、数据和贸易平台,向入驻自贸区的商户提供高效服务,在制定自贸区的规则和标准时,应确保良好稳定的趋势和框架,引导商户确立未来的工作方向,最后,自贸区还应当创造机会加强区内企业间的联系,帮助商户聚集起来分享经验和灵感。

三、新加坡:优质软硬件环境带来活力

1969年,新加坡在裕廊工业区的裕廊码头内划设了第一个自由贸易区,如今新加坡已经逐渐发展成为一个高度开放的贸易自由港。自贸区在促进该国

贸易方面发挥了重要作用。

新加坡境内目前共有7个自由贸易区,其中1个以空运货物为主;另外6个以海运货物为主。

新加坡国立大学商学院商业分析与运营管理系的高级访问研究员亚力克斯·卡普里建议,中国可以学习新加坡,从软硬件建设和法律法规实施两方面入手,设法在自贸区内部形成有活力的商业生态系统集群。

(一)信息通畅打造活力平台

卡普里认为,新加坡在本地区只是一个小岛,这种情况下,新加坡政府明智地指定自贸区来聚集生产设施和基础设施,从而将商业生态系统连接在一起,吸引了大量世界级跨国企业和当地企业进驻。

他举例说,樟宜机场附近的自贸区同时具有包括无线与宽带接入、智能电网、数字应用、金融网络等在内的高科技"软基础设施"和包括道路、跑道和仓库在内的"硬基础设施",把新加坡当地、东南亚地区和全球的所有重要利益相关者联系在一起。

为了满足自贸区日益庞大的信息处理需求,新加坡政府以电子化促进贸易便利化,开通了中立、安全的贸易平台等一系列电子窗口与平台为自贸区发展服务。目前,新加坡正在建设"国家贸易平台",将替代贸易网作为许可申报的国家单一窗口。

(二)高效企业负责经营管理

新加坡在自由贸易区的经营与管理上采取的做法是将港务管理工作委托给更具效率与活力并且更能够顺应全球化趋势的企业来负责。

卡普里说,对于自贸区来说,新加坡政府不需要低效的、自上而下的微观管理,而能够通过良好的技术能力和数据获取能力,监控自贸区经营者的运营情况。经营者们被随机审计,一旦出现违规行为就会被处以高额罚款。这套制度遵循"知情服从"原则,各方必须"尽职尽责"地遵守法律。同时,新加坡高度透明的数据和优秀的数据分析能力几乎清除了与政府相关的腐败和权力寻租行为。

(三)金融法律服务非常完善

新加坡完善的商业生态系统还涵盖金融服务、外汇交易、保险、法律仲裁、人才等方面。由于新加坡的金融成本较低,很多贸易公司都将金融和资产保管中心设在了新加坡。新加坡在涉外贸易纠纷的法律仲裁方面也有独到之处。根据瑞士洛桑国际管理发展学院2011年发布的《世界竞争力年鉴》,新加坡在通过司法保护企业竞争方面排名第一。卡普里说,新加坡的法律明晰,法律执行层面也做到了统一和公平,使其能够吸引更多的世界级企业驻扎。

卡普里还提示,新加坡在其国家贸易平台上取得的成功,很大程度上因为它遵守了数据隐私和安全规则,这使其自贸区非常有吸引力。

执笔：
  罗 军 上海海关学院副教授、海关管理系物流教研室主任
  徐 旭 上海电机学院副教授

2017年上海会展业国际竞争力报告

一、背景趋势

2017年世界经济继续保持温和复苏的态势,全球会展业呈现出全方位、多元化、稳定的发展趋势。中国经济进入了"新常态",结构调整成效显著。在国内外经贸形势和市场格局变化背景下,中国会展业加快实施市场多元化,不断拓展国际经贸市场新空间。我国会展业发展的宏观政策环境持续呈现良好态势。自2015年首次进入宏观经济顶层设计,国务院颁发了《关于进一步促进展览业改革发展的若干意见》后,不仅商务部建立了促进展览业改革发展部级联席会议制度,全国各省市的会展业也迎来了一个新的发展阶段。

上海市已经明确了"到2020年基本建成'国际会展之都'"的目标,上海会展业发展步入了快速增长通道。上海"十三五"期间将紧紧围绕加快国际会展之都的建设,抓住中国国际进口博览会的契机,把握住国际会展业的新格局与新趋势,进一步明确当前上海会展业发展的整体水平,分析上海会展业提升产业国际竞争力的必要性和迫切性,从上海本身的优势和差距出发,探讨上海会展业提升国际竞争力的发展方向及对策,从而更好地发挥会展业作为上海经济发展和产业升级的重要的载体、平台和窗口作用。

(一)"国际会展之都"推动上海的全球城市建设

2017年中国会展业行业建设在各个方面仍处于一个稳定增长的业绩。这样的成绩得益于从中央到地方各级政府对会展业更多的重视和更多的投入,得益于会展业体制改革的深化和模式的创新,得益于新科技、会展教育和研究等为会展业注入的新的发展动力。

首先,党的十九大精神的贯彻落实成为我国会展业发展的重要推动力和重要的发展趋势。十九大推动了各地区各领域各行业的事业发展,为会展业发展提供了新的物质基础和精神动力,新的经济正在为会展业发展带来新的动能。各地区、各行业一系列新的发展理念、新的发展战略、新的发展模式都为会展业带来新的展会资源、新的策划灵感和项目主题、新的科技手段及资本投入和新的运作模式。这些都将为我国会展业从速度增长转换到高质量发展赋能,新时代中国会展业发展又有了新的动能。

其次,会展业在治国理政中的新定位不断增强。中国举办了举世瞩目的"一带一路"峰会、金砖峰会等重要的主场外交活动和重要会展活动。2018年,我国会展业的重要活动还将继续举办。党中央做出的重要决策,如中国国际进口博览会、中非合作论坛峰会、上合组织峰会、博鳌亚洲论坛等一系列重要的主场外交和会展活动都发出了中国声音,提出了中国方案,展示了中国形象。在这样的形势下,各个省市、地区都将把相应的会展活动作为落实"十九大"工作的部署、重要的抓手推进,这些都明确提升了会展业在经济社会发展以及在治国理政实践中的新定位。

上海是中国会展业中的领头城市,这一定位给上海带来了巨大的经济效益和社会影响。"十二五"以来,上海展会数量和展会面积保持了较快的增长规模,质量和效益同步提升,会展业保持了全国领先地位。展会质量稳步提升,组展实力显著增强,会展业的新产业、新业态、新技术和新模式在会展业得到了发展。会、商、旅、文、体联动效应显现,会展业的发展环境不断优化。上海近年来会展业的发展,有力地提升了上海的国际知名度,加快了上海现代化国际大都市的建设。

上海致力于建设"国际会展之都"的目标,进一步明确了会展业对上海的产业升级和建设国际经济、金融、贸易和航运中心以及具有全球影响力的科技创新中心的全球城市的推动作用。目前,上海对于会展产业的推动支持以及会展产业链条的不断完善,都为会展业的健康可持续发展提供了保障。近年来,上海城市品牌与国际影响力借助上海会展业的发展不断得以提升和扩大。同时,一次成功的展会不仅能带来可观的经济效益,还能带来无法估价的社会效益。品牌展会不仅可以迅速地扩大一座城市的影响,还能有效地提高城市发展的软实力。会展产业成了展示上海经济发展和产业升级的窗口和平台,成为上海产业转型升级和国际贸易中心的重要载体。

(二)中国会展业正积极融入全球会展产业"大东进"趋势

回顾2017年,中国会展业继续保持了稳定增长的势头,与中国经济的回稳升温相辅相成。展会的平均规模持续提升,积极支撑实体经济的发展和消费的进一步升级。全国的会展城市继续增加,会展场馆数量差持续增加,呈现出大型化和向中小城市扩散的趋势。同时,市场竞争也激发了产业的活力,中国机构境外自办展有所增加,"一带一路"沿线国的分量正在加大。会展人才培养数量和教育规模扩大。会展行业管理也在逐步规范,多地又陆续出台了政府扶持会展业发展的政策。

近年来随着经济全球化趋势的深入发展,会展业作为现代服务业的重要支柱之一,其全球市场的规模正在逐步扩大。全球会展行业的复合增长率增长及市场规模将处于增长态势。据 UFI 统计报告及 Technavio 的行业研究报指出,伴随着亚太、中东非、中南美等新兴市场国家经济发展的提速,国际会展产业出现了重心由发达国家向发展中国家转移的趋势。欧美国家在保持行业主导地位的同时,市场增速放缓,而亚太、中东非地区因人均可支配收入和生活水准的提升,其会展行业市场正以较高的年复合增长率快速增长。

纵观中国会展业的发展,步入经济"新常态"的中国,更加渴望有更多、更大的国际平台来促进中国经济的新一轮发展。同时,一系列国际会展的成功举办,也为我国的会展行业带来了难得的历史发展机遇。作为全球第二大经济体的展览市场,正越来越令世界会展业所重视。过去几年里,米兰、汉诺威等国际展览业巨头纷纷在中国移植或者举办新的展览会。展望未来,中国经济的进一步转型将为国际市场带来更加巨大的机会,国际市场和中国市场的双向需求,将进一步带动世界会展业加速"东移"。与此同时,为了展现中国制造,我国也将充分利用出国展览的平台,将中国企业的形象输出到国外,国内的出国展览行业也将迎来历史性机遇。

(三) 中国国际进口博览会助推上海会展业的品牌建设

1. 中国国际进口博览会是一个开放型国际合作平台

2018 年 11 月将在上海举办的首届中国国际进口博览会,是一个打造世界各国展示国家形象、开展国际贸易合作的开放型国际合作平台。当前,中国经济已由高速增长阶段转向了高质量发展阶段。通过举办中国国际进口博览会,可以开放、共享中国市场,打造世界各国展示国家形象、开展国际贸易合作的开放型国际合作平台,可以促进各国开展贸易和开放市场,推动经济全球化深入发展和构建开放型世界经济,为构建人类命运共同体创造条件。此届中国国际进口博览会,是中国主动开放市场的重大政策宣示和行动,彰显了中国对推进全球贸易自由化的信心和决心,也是对中国将有力推进新一轮对外开放做出的庄严承诺,是我们主动向世界开放市场的重大举措。办好国际进口博览会,既是我们对全球发展的重大贡献,也是贯彻新发展理念、建设现代化经济体系的内在需要。

2. 全力打响"上海服务"品牌

2017年底,上海已经发布了要全力打响"上海服务""上海制造""上海购物""上海文化"四大品牌。这既是上海贯彻党的十九大精神的重要举措,也是上海未来重要的发展战略。上海已于2018年4月27日正式发布了《全力打响"上海服务"品牌 加快构筑新时代上海发展战略优势三年行动计划(2018—2020年)》其中,服务功能是上海的核心功能,是经济中心城市的使命所在。"上海服务"内涵丰富,包括增强经济中心城市服务功能、提升服务经济能级、提高服务国家战略能力、努力建设服务型政府等方面。新出台首批专项行动涉及金融、航运、科创、专业服务、会展、设计、教育、医疗、养老、旅游、体育赛事、城市精细化管理、志愿服务十三个领域,每个专项行动都将争取做到对标国际、争当样板、聚焦重点、精准施策。其中,在建设"国际会展之都"行动计划中,明确提出了要以办好中国国际进口博览会引领"国际会展之都"建设,举办一批提升城市影响力的重大会展和节庆活动,聚集和培育一批具有国际竞争力和市场活力的会展业主体。首批十三个专项行动将由各牵头负责单位制定具体相关行动的实施方案,2018年上半年陆续出台实施。

二、指数分析

(一) 总体水平

行业指数总体分析的评价指标体系:本文所采用的会展业国际竞争力指标体系由课题组专家通过共同决策,运用AHP方法选择、筛选、修改指标,然后根据各个专家判断矩阵加权几何平均而形成。这个指标体系主要包括三级指标:一级指标由行业增长驱动、产业国际表现、价值链提升组成,每个一级指标下面又包含了一定的二级指标和三级指标。文章重点分析上海与其他城市在会展行业中的竞争力水平,这一数据主要通过对相关城市指标进行对比,最后分析图表得出结论。

(二) 二级指数

1. 二级指数构成

本指标体系为各大城市间会展业国际竞争力研究与比较提供了参照标准与评价体系。具体的评价上海会展业国际竞争力的指标体系设置如图1:

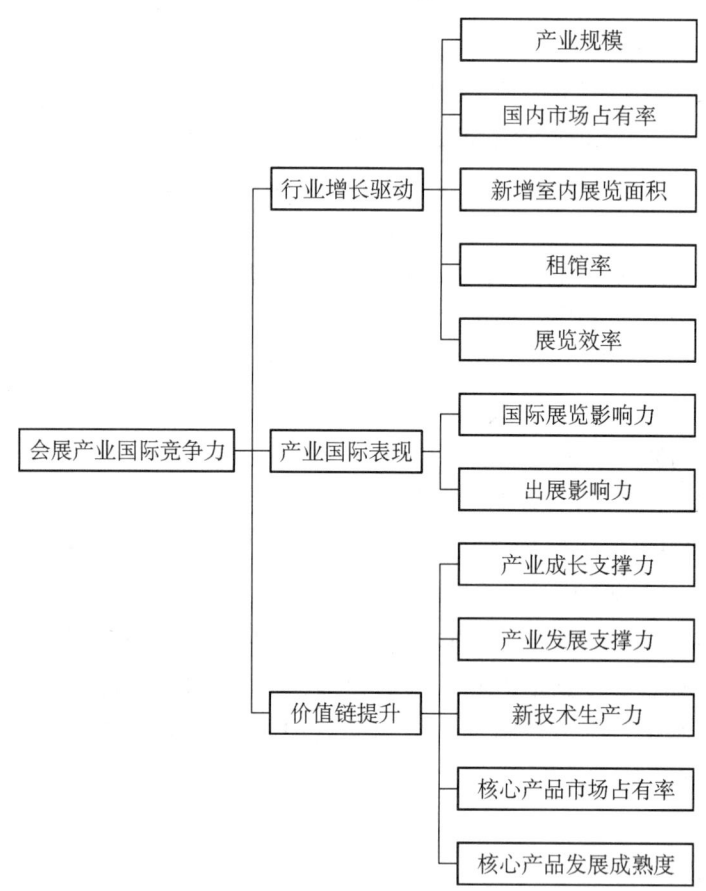

图1 评价上海会展业国际竞争力的指标体系

2. 上海会展业整体国际竞争力表现

经过指数测算，2017年上海会展业的整体国际竞争力的表现如下：

(1) 2017年上海会展业整体国际竞争力表现

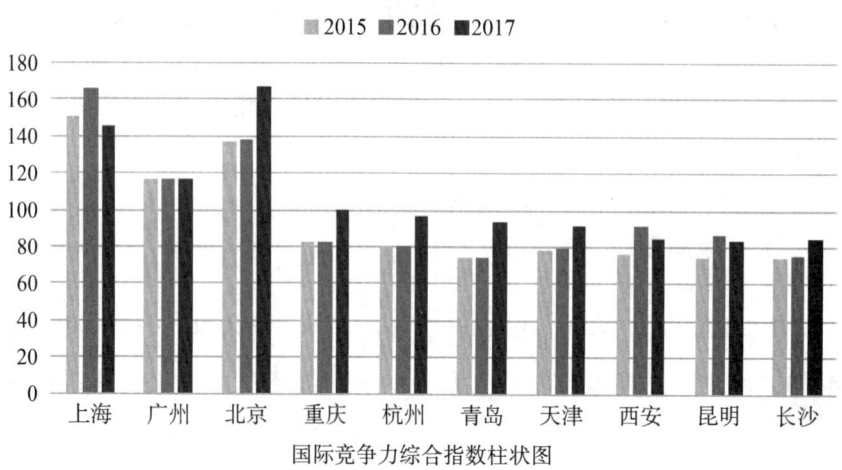

国际竞争力综合指数柱状图

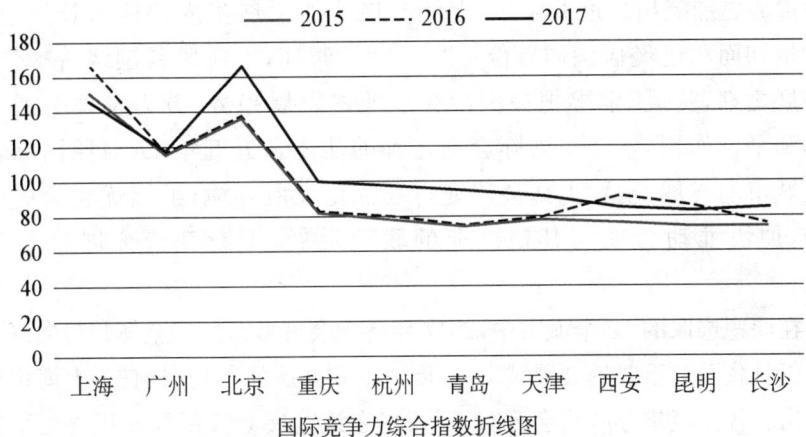

国际竞争力综合指数折线图

图 2　会展业整体国际竞争力表现

会展整体国际竞争力表现指数主要是由三个一级指数相加之后得出。如图 2 所示,会展行业整体国际竞争力表现上,上海居于首位,北京第二、广州第三,其余的 7 座城市虽然差异度不大,但也都表现不俗,体现了我国会展业发展整体向好的态势。但就总的领先优势而言,上海比较明显。因此,在争取建成"国际会展中心"这一问题上,上海无疑具有绝对优势,上海会展业在未来应注意发挥自己地域优势、科技优势及金融中心的优势条件,努力找出会展业发展的短板,早日建成世界著名的会展之都。

(2) 2017 年上海会展业区域指数分析

本课题共选取了 10 个城市来进行上海会展业的竞争力对比分析。这 10 个城市选取的标准主要是根据《中国展览经济发展报告(2016)》(以下简称《报告》),对我国展览行业基本状况进行的回顾评析。《报告》提出:中国展览业已初步形成了"京津冀""长三角""珠三角"和"川陕渝"四个热点板块,以及中国-东盟博览会、中国-亚欧博览会、中国-东北亚博览会等为代表的周边板块,以及其他松散分布的热点城市。同时,本课题也根据一些其他的地区会展业的发展,将因政策、场馆、市场等因素而不断调整将会打破区域不平衡格局等因素综合考虑,在《中国展览统计数据报告(2011—2016)》中各项统计指标综合排名比较靠前的城市中,选取了上海、广州、北京、重庆、杭州、青岛、天津、西安、昆明、长沙 10 座城市一起进行了城市竞争力的对比分析。

3. 上海会展业的国际竞争力优势突出

根据本研究的结果可以看出:

上海会展业的国际竞争力优势比较突出。从上海会展业的纵向发展来看,不仅延续了2016年的竞争力的优势,而且2017年上海会展业的国际竞争力优势更加突出。近五年来,上海会展业的发展步入快速增长通道,展会数量和面积已经居国内首位。"十三五"时期,上海紧紧围绕着加快"国际会展之都"建设,牢牢把握国际会展业的发展趋势,着力发挥会展业的载体和平台作用,增强了国际会展之都的功能。近五年来,对照国际著名会展城市的发展经验,上海会展业持续优化发展环境,继续优化会展产业布局,加快推动会展与其他产业的联动发展,不断完善会展公共服务体系。

在课题选取的10个城市中,2017年各大会展城市发展整体趋势向好。北上广仍是我国最重要的会展城市,办展数量和办展面积均居前三,上海优势尤为突出。各区域举办展览会分布不均,华东地区展会数量和面积均处于领先地位,中国国内展览业呈现数量稳步提高、规模快速增长的良好态势。2017年,全国共有九个省和直辖市举办展览会总数超过100个。排名前三的分别是:上海、广东、北京。办展面积上海、广东和山东位居前三,上海占比最高,增加显著。2017年上海市办展总面积为2568万平方米,占全国展览会总面积的21%,居全国首位;广州市展览会总面积约为1487万平方米,约占全国展览会总面积的12%,与去年持平,居全国第二;北京市展览总面积约为990万平方米,约占全国展览会总面积的8%。2017年,全国共有两个省市办展面积超过了2000万平方米。分别是上海和广东;其次是山东,其办展面积为1082万平方米;除了上述三个省市,其他省市自治区办展面积均未超过1000万平方米,各省市间办展面积差距较大。

总体上,会展业国际竞争力上海居于首位,仅产业的"国际表现"中的"境外办展主体个数"竞争优势明显弱于北京。不仅是UFI项目认证数量少于北京,组展单位实施出国展览项目也明显少于北京和广州,原因固然有需要向中国贸促会会展展览审批管理系统提交申请及商务部会签的因素,但上海自身的差距也不容忽视。在这种背景下,上海要了解不同区域会展业的发展现状,根据自身的区域特点寻找会展业发展新机遇,这些对上海的会展业的未来发展具有重要意义。

上海场馆建设保持持续增势,整体租馆率提升。2017年国内会展市场的持续升温。带动展览场馆建设掀起一波热潮。而新建场馆的健康运行也推动了展览市场的蓬勃发展,形成了良性循环。据统计,我国共有100家展览馆租馆率提高,占比达到65%。上海新国际博览中心租馆率最高,达到62.57%,比2016年增加8.16个百分点,展览专业化水平大幅提升。展览业市场注重品牌发展模式创新,市场结构不断优化经济和社会效益持续向好。品牌展建设扎实推进,推动了我国与"一带一路"沿线国家的经贸和产能合作。虽然出国展览整体增长放缓,但整体规模依然保持增长态势,参展数量不断增多,展览面积稳步增长,参展企业数逐步提升。

(三) 三级指标

1. 三级指标的计算

(1) 行业增长驱动

产业规模＝场馆面积占国内总展出面积的比重×权重＋场馆数占国内总场馆数的比重×权重

国内市场占有率＝总展出面积占国内总展出面积的比重×权重＋展览数量占国内总展览数量的比重×权重

新增室内展览面积指标＝新增室内展览面积占国内总新增室内展览面积的比重×权重＋新增展览馆室内可租面积20万平方米以上占总新增室内展览面积的比重×权重＋新增展览馆室内可租面积10万平方米以上20万平方米以下占总新增室内展览面积的比重×权重

租馆率＝∑(展览会面积×实际租用天数)/(展览馆室内可租面积×365天)

展览效率指标＝实际展出展览总面积/场馆面积

(2) 产业国际表现

国际展览竞争力＝UFI会员数量×权重

出展影响力＝中国展会获得UFI认证项目数量×权重

(3) 价值链提升

产业成长支撑力指标＝人均GDP及第三产业占比

新技术生产力指标＝展会独立官方网站建设×权重

产业支撑力指标＝会展专业人才在校数量占总体数量的比重×权重＋星级酒店数量占总体数量的比重×权重＋航班起降数占总航班数量的比重×权重

核心产品市场占有率指标＝UFI认证数量占国内总UFI认证数量比重×权重＋Top100数量占Top100数量比重×权重＋Top3数量占Top3数量比重×权重

核心产品发育成熟度指标＝由UFI认证会员数量决定

本课题共选取了10个城市来进行上海会展业的竞争力对比分析。所有比重由APH层次分析法获得,所有初始指标都是该城市该项指标在十个城市之和的百分比,所有原始数据均通过减均值除以标准差进行标准化处理,为了画图的便捷,并统一加2使之均为正数。

2. 2017年上海会展业国际竞争力水平的二级指数分析如下：

(1) 行业增长驱动指标

行业增长驱动主要体现在产业规模、国内市场占有率、新增室内展览面

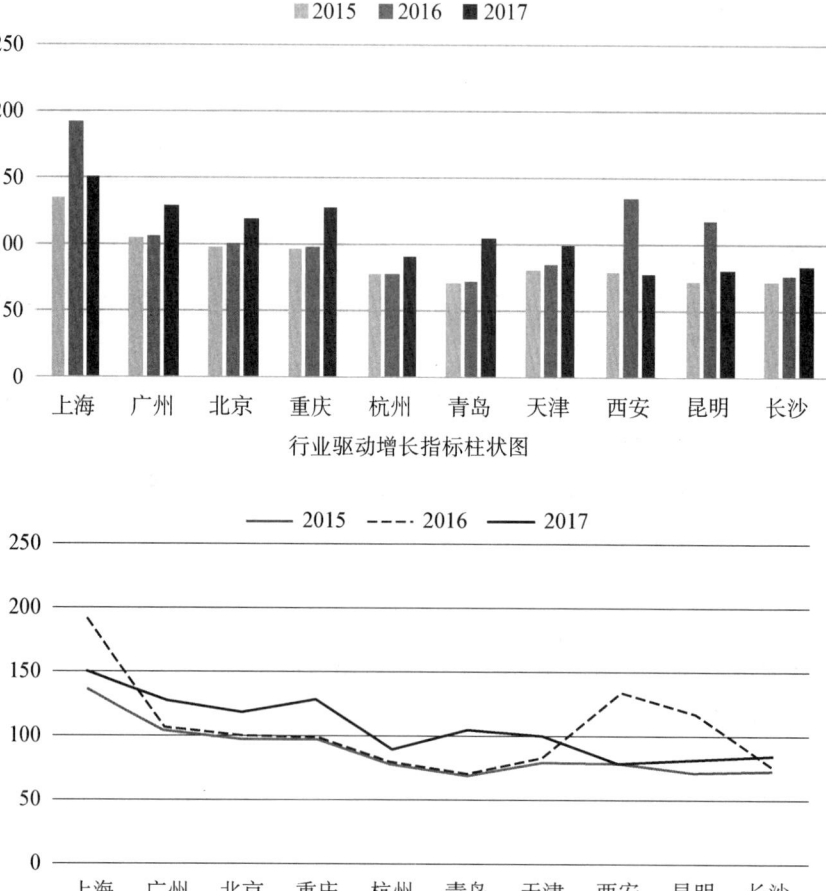

图 3 会展业行业增长驱动

积、租馆率、展览效率①方面。指标分别反映了地区产业成长速度、地区所处的经济区域的产业集群水平、地区规模以上大型展馆面积的增加、展览馆的经营状况、地区会展产业效率。

由图 3 可以看出：上海的会展业行业增长驱动能力最强，与位居第二、第三的广州和北京相比，其行业增长驱动能力居于绝对的领先地位。其中，重庆、天津连续三年的行业增长趋势整体较好，青岛 2017 年的行业增长驱动能力显著增强，杭州和长沙连续三年的表现处于增长态势。虽然上海的会展业行业虽然增长驱动能力最强，但 2017 年出现了增速放缓态势，需要引起注意。

上海的会展业行业增长驱动能力之所以最强，从具体指标分析来看，其中，2017 年展览馆的数量从城市分布上来看，上海市拥有 9 个展览馆，是展览

---

① 目前尚缺乏会展业的营业收入、固定资产等相关的全国统计数据。

馆数量最多的城市——从上海浦东新国际博览中心到国家会展中心，这得益于上海近年来对于会展场馆的持续建设。北京市拥有7个展览馆，居于第二位；广州市、重庆市等七个城市拥有4个展览馆并列第三位；北京由于京津冀一体化协调发展的整体部署，以及疏解非首都功能等因素的影响，展馆总数量退居到全国第七位；而重庆等地展馆建设成效显著，首次进入全国十强。从展览馆的面积来看，上海市展览馆室内可租用总面积约为81万平方米，约占全国总量的9%，居于首位；广州市展览馆室内可租用总面积约为63万平方米，约占全国总量的7%，居于次席；昆明展览馆室内可租用总面积约为36万平方米，约占全国总量的4%，居于第三位；北京、深圳、成都分居第四至第六位。

场馆建设只反映各地展览基础设施的建设水平，场馆运营效益则直接反映出场馆建设对于当地展览经济的促进效应。近年来，上海的会展场馆运营效益始终位居前列：上海新国际博览中心2017年共举办175个展览会，比2016年增加40个，位居全国第一；中国国际展览中心（老馆）2017年共举办98个展览会，比2016年增加16个，位居全国第二；上海世博展览馆举办了97个展览会，比2016年增加11个展会，延续了自2015年以来的快速增长趋势，位列第三；中国进出口商品交易会展馆2017年共举办92个展览会，比2016年增加8个展会，首次突破90个展会，位居全国第五；国家会议中心（北京）2017年共举办79个展览会，比2016年增加8个，位居全国第六。

从展览会面积来说，上海新国际博览中心2017年展览会总面积约为848万平方米，比2016年增加约119万平方米，增长率达到16%，位居全国第一；中国进出口商品交易会展馆2017年展览会总面积约为798万平方米，比2010年增长约148万平方米，增长率达到23%，居全国第二；国家会展中心（上海）2017年展览会总面积约为548万平方米，比2016年增长约104万平方米，增长率达到23%，居全国第三；深圳会展中心位居全国第四；广州保利世贸博览馆和上海世博展览馆2017年展览会总面积取得较快增长，首次突破250万平方米大关，位居第五位和第六位。

从租馆率来说，2017年上海新国际博览中心租馆率最高，达到62.57%①，比2016年增加8.16个百分点；国家会展中心位居其次，达到59.50%，2016年增加11.44个百分点；中国国际展览中心（老馆）租馆率约为54.27%，排名第三；广州保利世贸博览馆租馆率约为53.94%，位居第四；西安绿地笔克国际会展中心和西安曲江国际会展中心租馆率也均超过50%，位列2017年最热门的七大展览中心。

---

① 由于展览行业的特点，展馆不可能100%满负荷运行，到60%—70%已经是很高的利用效率了。

(2) 国际产业表现指标

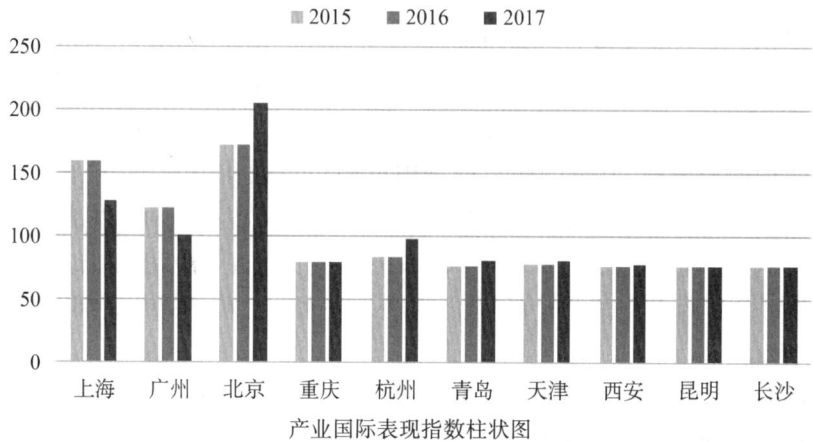

产业国际表现指数柱状图

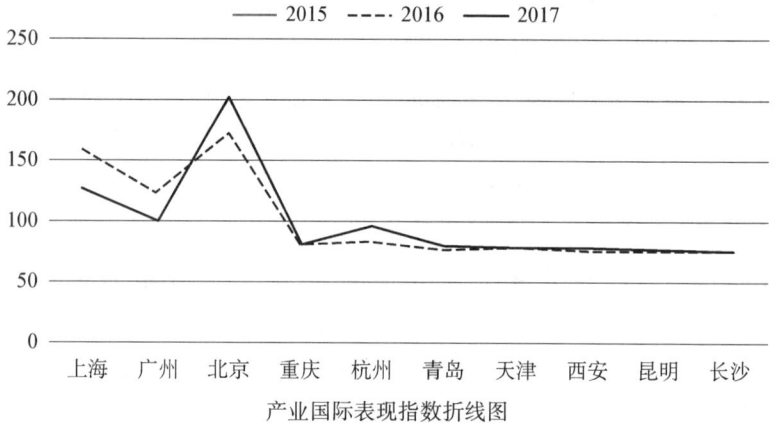

产业国际表现指数折线图

图 4 会展业国际产业表现

会展业的产业国际表现指数是由两个指标组成的,分别是:

第一个指标:国际展览竞争力＝UFI 会员数量×权重

第二个指标:出展影响力＝中国展会获得 UFI 认证项目数量×权重

指标之所以这样设计,是因为在目前 10 座城市均可获得数据才能进行横向比较的前提下,会展业的国际产业表现指标主要体现在获得国际认证和国际影响力指标上。获得国际认证主要体现在 UFI 会员数量和中国展会获得认证项目数量上,国际影响力则主要看中国境外办展数量、展出面积与增幅指标。在 UFI 会员数量方面,北京连年来一直占有较大的优势,而中国境外办展数量、展出面积与增幅指标在现有的会展数据统计上,一直在境外参展和境外办展的区分上不够严格。

就第一个指标来说,在全球政治经济背景下,获取具有权威性国际展览组织的相关认证是中国展会增强品牌竞争力的首选且必要条件。对于国际买家尤其是经常参观国际展览的主流国际买家来说,展会是否取得国际性认证是他们选择展会的一个重要依据。从世界范围看,对展览会评估和资质认可最权威的国际组织是UFI。国内主办机构对UFI认证的认可度最高。从纵向发展上来看,越来越多的中国展览会获得了UFI认证。从2013年的84家会员单位发展到2017年11月的116家。同时UFI认证的项目也由2013年的65个增长到了2017年的84个。其中一线展览城市的会员占了近70%的份额,其中北京有29家,上海有24家,广州有9家,重庆、杭州、青岛各有2家,西安有1家。

申请国际认证往往也为主办方提升展会项目管理服务水平提供了一个绝好的机会。一般来说,颁发国际认证的展览组织对申请认证的展会项目有着严格的要求和详细的审查程序。整套认证体系严谨而科学。审计的过程就是对展览会项目的多维度的"体检",也是一次发现项目不足的机会。主办方往往能在这一过程中获取许多有价值的国际经验。

就第二个指标来说,出国举办展览(博)会是助力会展企业"走出去"、提升会展企业品牌国际知名度、完善现代会展市场体系和开放型会展经济体系的重要平台。本课题数据分别以中国贸促会展览审批管理系统截至2017年11月13日组展单位已实施的出国展览项目为基础,对出国展览的总体规模、区域分布、组展单位等情况进行的统计分析。

目前我国实施的是经贸促会审批(会签商务部)组展单位才能实施出国展览项目的政策,即组展单位实施出国展览项目时需要向中国贸促会会展展览审批管理系统提交申请。2017年中国境外办展主办机构共36家。在36家机构中,办公地点位于北京的23家,占78场占境外自主办展总数的63.41%;展览总面积53.72万平方米,占境外自主办展展览总面积的64.26%。[①]

从近几年的统计数据来看,中国境外办展数量、展出面积与增幅指标如下:2014年、2015年、2016年中国境外办展城市排名第一的是北京,办展数量分别为40个、37个、87个;杭州排名第二,办展数量分别为9个、17个、21个;排名第三的是广州,办展数量分别为4个、2个、5个;上海排名第四,办展数量分别为4个、2个、3个;其余6座城市均无境外办展记录。从境外办展面积来说,排名第一的北京,增幅为231%;杭州第二,增幅36%;广州第三,增幅为244%;上海第六,增幅为-37%。无论从境外办展数量还是展出面积与增幅指标上看,上海境外办展的情况相比于北京、杭州来说,其增长速度均有一定差距。因此,与北京相比,上海在这一指标上不占优势。与杭州与广州相比,上海在中国境外办展数量上均排在其后。

由图4可以看出,2015年和2016年在会展业国际产业表现上,10个城市的年度数值都处于非常接近的状态,因此,反应在折线图上,2015年和2016年

---

① 中国会展经济研究会,2017年度展览数据统计报告2.0。

的两根线基本重合。从图4还可以看出,在会展业国际产业表现上,北京居第一、上海第二、广州第三,其余7座城市除了杭州以外,均无可圈可点之处。上海会展业的国际产业表现2016年、2015年水平基本持平,2017年略低。广州的会展业国际产业表现与上海的趋势相同,但绝对值比上海明显要小。北京的会展业国际产业表现则出现了2017年略增的趋势。

(3) 价值链提升指标

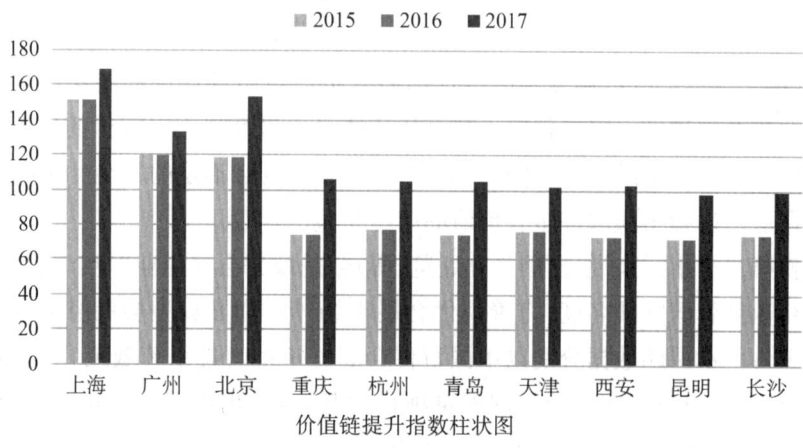

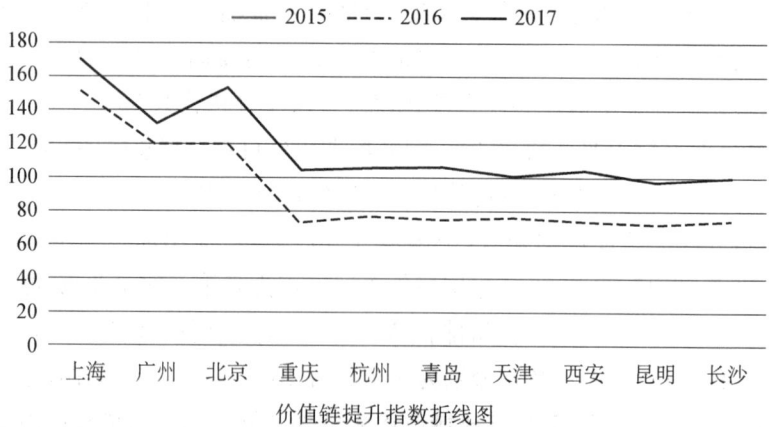

图5 会展业价值链提升

会展业价值链提升指数主要体现在产业成长支撑力指标、新技术生产力指标、产业支撑力指标、核心产品市场占有率指标、核心产品发育成熟度指标上。分别由人均GDP及第三产业占比、展会独立官方网站建设、会展专业人才在校数量、星级酒店数量、航班起降数、UFI认证数量、Top100[①] 数量、

---

① Top100 指的是将所有展览按面积排,在总展览面积排名前100 的展览。

Top3① 数量、UFI 认证会员数量来体现。

由图 5 可得,2015 年和 2016 年在会展业价值链提升表现上,10 个城市的数值都处于非常接近的状态,在折线图上 2015 年和 2016 年的两根线基本重合。而 10 座城市在 2017 年的价值链提升表现上都出现了增长,且拉开的差距不大,说明了各个城市对于会展业的支撑力度都在不断加大。

从整体上来看,上海、北京、广州的价值链提升指数居于三强,且明显高于其他城市。其中,上海的价值链提升能力在所有城市中三年的数据都居于第一位,且价值链提升能力在 2017 年有所增长,排在第二名和第三名的分别是北京和广州,北京的价值链提升指数 2017 年的增速比杭州大。余下的 7 座城市中,杭州略微比其他城市价值链提升能力强一些,但仍无法与上海、北京和广州相提并论。

三、战略机遇

(一)产业发展的基础

1. 服务业比重上升与上海会展业的发展相互促进

目前,上海服务业所占比重一直在 70% 左右,已经基本上形成了以服务经济为主导的产业结构。会展属于现代服务业范畴,一方面,会展的发展扩大了服务业总量;另一方面,举办会展活动也带动了其他服务业的发展增量。会展是直接服务于实体经济的现代服务业的重要组成部分,而且是最活跃的一部分。国务院在国发〔2015〕15 号文件中提出了进一步促进展览业改革发展的若干意见,商务部发布的《关于推进商务基本业务改革发展的意见》也提出要落实打造"中国服务"国家品牌工作方案和提升居民生活服务品质工作方案,推进服务贸易、服务外包和居民生活服务业 3 个专项工作在"十三五"期间规划实施。会展业就是其中一个要实现新发展、新提高、新突破的重点领域。在上海近两年的品牌展会中,服务新业态、新模式的崛起与产业融合的趋势极为突出,充分体现了会展的促进作用。上海不断加大会展业发展力度,用会展硬件设施先行倒逼上海服务业软实力提升,而服务业比重的上升,将为上海会展提供更好的发展环境。

2. 继续优化会展产业布局,不断完善会展公共服务体系

上海会展业的有效拓展,关键之一在于城市服务业的发展环境。近几年来,上海对照国际著名会展城市的发展经验,持续提高会展公共服务便利化水平,引导培育展览重点企业成为海关高信用企业,用好国际贸易单一窗口等手

---

① Top3 指的是将所收集到的展览项目,划分为 120 个类别,并对各单类别展览分布进行排序,就有了各行业细分 Top3 表格。此表格清晰地反映出我国各个细分行业专业展览的发展情况。

段,整合项目审核、信息报送等渠道,不断提高行政服务效率。2017年以来,上海持续强调要进一步优化营商环境,这也为上海会展业未来的发展提供了强有力的保障。目前,上海会展业的发展已经步入了快速增长通道,展会数量和面积已经居全国首位。上海已经拥有了百万平方米的展馆,办展瓶颈已经突破。充分发挥展馆优势,积极打造本市会展业重点发展区,扶持浦东、青浦等区推进展馆配套建设和产业集聚,形成全市"两翼引领、多点互动"展览布局。发挥国家会展中心、新国际博览中心大型品牌展馆的行业引领作用,鼓励中等规模展馆向专业化发展,引导小型展馆开展特色经营、转型发展。同时,鼓励场馆管理运营机制创新,通过输出品牌、管理和资本等形式,提高运营效率增强产业链上下协作关系,形成以展览企业为龙头的行业配套体系,打造完整的会展产业链,带动上海社会经济发展。

上海会展业需继续提高会展公共福利便利化水平。同时鼓励行业协会和促进机构发挥充分的作用,促进政策的健全,会展产业数据的统计,参与和组织行业标准制定,协助主管部门开展展会评估,构建互动平台,提供法律咨询、政策研究等服务提升行业自律水平。鼓励上海市高校培养适应上海会展业发展需要的应用型、技能型复合型专门人才,鼓励上海行业协会等中介组织与相关院校联合培养人才,全面提升会展业从业人员整体水平。

(二) 产业发展的环境

1. 政府高度重视,政策发展环境持续优化

为了加快构筑新时代上海发展的战略优势,上海已经全力打响"上海服务"这一品牌,在坚持对标国际、争当样板、加快实施十三个专项行动中,明确提出围绕提升服务经济能级,加快实施提升专业服务能级、建设"国际会展之都"、建设"国际设计之都"等三个专项行动。围绕服务民生,提出了建设"世界著名旅游城市"、建设"国际体育赛事之都"、提升城市精细化管理服务能级、深化"青春上海"志愿服务等七个专项行动。

除此之外,会展业是引导和促进投资贸易发展的重要载体,是提升国际贸易中心集聚辐射能力和资源配置功能的重要平台。早在2015年,为贯彻落实《国务院关于进一步促进展览业改革发展的若干意见》(国发〔2015〕15号),就提出了加快"国际会展之都"建设的要求。结合实际,就促进上海市展览业改革发展,上海市人民政府2017年底还印发了《关于促进本市展览业改革发展的实施意见》的通知。其中第15条提出上海要建设"国际会展之都"。保持本市会展规模世界领先水平,继续提高会展业市场化、专业化程度,吸引一批行业影响力强、带动效应显著的国际知名品牌展会落户,努力打造一批具有国际影响力的上海展会自主品牌,办好中国国际进口博览会,大力提升在沪举办的国家级展会的能级和水平。积极吸引国际会展相关组织在沪设立机构,吸引

国际知名会展企业落户，提高本市经国际组织认证的展会和机构数量。鼓励本市展馆通过输出品牌、管理和资本等形式，完善运营机制，加强品牌管理，提高运营效率，发挥国家会展中心辐射带动作用。

2. 上海会展业保持全国领先地位，组展实力显著增强，会展业发展空间不断优化

上海会展业有许多"全球第一"[①]。2018年4月10日，时任市商务委主任尚玉英在市政府新闻发布会上公布了上海会展业的最新"家底"：2017年上海展览业直接带动相关产业收入超过1 200亿元，会展经济"领跑"全国。国际展览业协会调查显示，全亚洲一半以上的B2B展会净面积在中国，其中上海展览数量和展览面积等多项指标均居国内首位、跻身世界前列。到2020年，本市年展览面积预期将达到2 000万平方米，年举办规模在10万平方米以上的展会50个，进入国际展览业协会的机构数量达到35家以上，国际展面积占比达到80%。

上海会展业保持了"十二五"期间的展会数量和展览面积的较快增长，规模和效益同步提升，会展业国际化、市场化、专业化程度稳步提高，大中型展览数量快速提升。UFI会员认证和展会项目都不断增加，国际展览公司加快了对国内部分品牌展会的收购，产业链整合趋势日益增强。上海会展的软环境建设也得到了加强，除了工作效率的提高、服务标准的完善、管理水平的加强，正致力于尽快建立一个公开公平、开放透明的会展市场规则，形成平等参与、竞争有序的市场环境；在充分发挥市场决定性作用的前提下，更好地发挥政府的作用。进一步优化上海的会展业发展的法制环境，积极发挥，由相关政府部门联合组成展览业改革发展联席会议制度作用，协调各部门有关公共政策，引导有序竞争。抓紧制定与国际接轨、符合会展业发展实际的行业标准，加快建立覆盖展览场馆、办展机构和参展企业的信用体系。

3. 积极应对中美贸易战对会展业的影响及应对策略

目前美国和中国之间的贸易冲突是WTO成立23年以来最艰难的时刻。美国和中国都在各自寻找盟友帮兵助阵，不管这场贸易战会不会演变成一场持久战，都会对会展业产生一定的影响。

(1) 涉及到对中国计划加征附加关税的行业领域的展会，都会受到较大的影响，这是当前我国会展业面临的重要问题。

目前我国会展业占最大比例的展会类型就是贸易展。从美国总统特朗普签署的备忘录来看，此次美国贸易保护的潜在领域或将聚焦在中国优势出口产业，尤其是美国进行"反倾销和反补贴"调查的行业。机电产品、家具、玩具、纺织品、金属制品、塑料和橡胶制品等中国对美国的优势出口产业，如果中美

[①] 张钰芸：《上海距离"国际会展之都"还有多远？》，《新民晚报》2018年4月30日。

之间爆发贸易战,上述产业或将成为美国限制进口的重点领域。此次中美贸易战受影响最大的是对中国计划加征附加关税的行业,尤其是航空航天、信息及通信技术、机械领域;此外,中国出口美国占比较大的行业也可能受到影响,例如家电、电子、杂项制品、纺织品、金属制品等。涉及上述领域的展会都会受到较大的影响。

(2) 中美贸易战对我国会展业引发的问题,其原因可归结为:中国会展业的迅速崛起,远超美国预期的速度。

我国加入 WTO 后,会展行业迎来了全新的发展契机。中国经济的快速崛起和不断开放的对外贸易活动,都极大地激发了中国会展业的活力。近年来,中国会展业不断加大"走出去"和"请进来"的步伐,国外会展业纷纷以各种方式进入中国市场:外资直接投资参与中国会展场馆的建设;国外知名会展机构在中国纷纷设立办事处,建立合资或独资会展公司;国外品牌展会纷纷主动移植到中国市场。2016 年 11 月国际展览业协会(UFI)第 83 届年会在上海国家会展中心开幕,并举行了国际展览业协会在上海设立常设机构的合作备忘录签字仪式。中国会展业的迅速崛起,远远超过了美国预期的速度,美国不得不承认中国在会展业的影响力越来越大,中国会展业的壮大也使得美国政府开始重新审视中国的优势。

就后续发展而言,目前中美会展业目前合作密切,中美贸易战会使中美会展业共同受损。近些年来,我国会展业进一步加快了与国际会展市场融合的力度。2006 年中美首次会展业对话后,在科技、制造、旅游、医药等 40 个行业中,中美会展业都有着密切的互惠互利的深度合作。2018 年美国的国际消费电子展(CES 展,世界最大的消费类电子产品展会)中,有 1 551 家企业来自中国,占比超过 30%,美媒体戏称 CES 已经成为"中国消费电子科技展"。由美国 PennWell 公司每年举办一次的新能源展览会等一系列国际展也开始在中国举办。"中国创新"已经在"中国速度""中国制造"后,逐步成为世界的主题。同时,中美会展业联系的联系也已经密不可分。

此次中美贸易战对中美会展业带来的损害,看似中国会展业受害更大,但事实上美国本土会展业也将同样蒙受巨大的损失。除了 CES 美国电子消费展以外,在一年一届全美地区最大的零售业展的美国国际商场用品及全球零售业展览会 Global Shop 等大型展会上,中国企业参展的比例都在不断地扩大。如果美国坚持要打中美贸易战,会使中国对美出口贸易被强行压制,中国企业参加美国展会的意愿将会受到严重打击。美国会展业也会因自己建成的壁垒而大幅减少了中国企业的参与,使得美国会展业行业受到影响、遭受打击。

(3) 中美贸易战对我国会展业影响的对策

积极应对中美贸易战给中国会展业带来的挑战。中国会展业作为促进国际间交流合作的重要组成部分,已经成为构建现代市场体系和开放型经济体系的重要平台,在我国经济社会发展中的作用日益凸显。但我国目前是会展大国,还不是会展强国。目前中国会展业发展还是以量取胜,不如美国以质量优先,但我国的会展业从来没有停下积极谋求突破和发展的步伐。此次中美贸易战中,中国会展业该何去何从?

一是中国会展业要加快实施市场多元化战略,并以"一带一路"倡议为契机,不断拓展国际经贸市场与空间。2017年我国赴"一带一路"沿线国家参展稳步提升。全国88个组展单位共赴33个"一带一路"沿线国家组织参展628项,占出国展览参展项目总数的40.5%,较2016年同比增长4.3%;展出面积38.8万平方米,占出国展览参展总面积的45.7%,同比增长28.5%;参展企业2.6万家,占出国展览企业总数的44.1%,同比增长30%。在2017年的基础上,进一步拓展"一带一路"沿线国家的国际经贸市场与空间。

二是中国会展业积极谋求新的出路,做大做强国内会展市场,并更多地转投欧洲等其他国际市场。当前形势下,中国会展业要进一步加大力度,积极参与到德国、英国、法国等地区的展会上去。欧洲一直是世界会展业的最重要的组成部分,相比美国的会展业,欧洲会展业更具有政府统筹性强、贸易辐射面广、主题更专业的特点。中国会展业要发挥业界合力,将中国展览业从粗放经营向集约化发展转化,不断整合资源,形成较强的抗风险能力。中国会展业一定有能力、有气魄打好这场贸易战,有信心、有能力应对这次挑战,并通过这次中美贸易战,进一步加快我国会展业转型升级的步伐,以进一步推动中国会展业的健康发展。

(三)产业发展预期

上海作为中国会展业发展的领头城市,将会在2018年11月在上海举办的首届中国国际进口博览会工作中获得进一步快速发展和不断优化的契机。

首届中国国际进口博览会被作为今年我国四场主场外交之一,我国政府对这次进口博览会十分重视。中国国际进口博览会是中国坚定支持贸易自由化和经济全球化、主动向世界开放市场的重大举措,有利于促进世界各国加强经贸交流合作、促进全球贸易和世界经济增长、推动开放型世界经济发展。目前,已有超过250家企业与中国国际进口博览局签订参展意向书(简称签约),在后续更多企业签约的同时,按参展流程,企业将陆续签订正式参展合同。

上海在承办这次首届中国国际进口博览会中,必将成为国际舆论关注的焦点,通过举办进口博览会,上海可以助推服务贸易的发展,促进开放型经济体制的建立。同时这也对上海会展行业的管理理念、管理方法和管理手段提出了新的挑战。筹备如此大规模的国际性展会,需要对商务、口岸、海关等众多方面的管理进行改革和升级,区域间的人员往来也对交通、金融、通信等城市服务提出了更加精细化的要求。中国国际进口博览会的举办,将成为上海会展业管理迈向国际化、专业化、品牌化、信息化的重要加速器。借2018年11月举办中国国际进口博览会的契机,上海将在加快会展业地方立法、深化会展业审批制度改革、加快培育和集聚国际知名展览企业、加大力度引进和培育一批能代表国际领先水平的知名品牌展会、加快高端会展人才的成长速度等方面获得快速驱动。

四、对策建议

(一) 结合四大品牌建设,会展业发展加快与其他产业深度融合

2018年4月20日,中共上海市委、上海市人民政府发布了《关于全力打响上海"四大品牌"率先推动高质量发展的若干意见》。全力打响"上海服务""上海制造""上海购物""上海文化"四大品牌,是上海更好落实和服务国家战略、加快建设现代化经济体系的重要载体,是推动高质量发展、创造高品质生活的重要举措,也是上海当好新时代全国改革开放排头兵、创新发展先行者的重要行动。上海会展业的发展,可以作为平台充分服务于上海这四大品牌的打造,充分利用会展业的营销功能,加速与上海一般产业的融合发展。龙头企业、行业协会可以通过举办专业产品展览,实现产业融合。政府可通过举办上海地方性的产业展,推动产业集聚,提升上海城市及产业知名度。积极推动展示技术发展,借助技术融合途径,实现线上线下会展协调发展。发挥会展的体验路径优势,增强与上海优势产业的融合发展,挖掘会展业的创意路径。加快与文化创意产业的融合发展。推动创意文化与会展融合发展,加快创意园、创意展、创意会等会展文化产业的发展,是未来上海会展业融合发展的重要方向之一。

(二) 进一步提升国际化水平,从规模化发展向质量效益提升转变

会展业已成为上海经济保持平稳发展的重要支撑,作为未来最重要的产业之一,上海大力支持会展业发展,已明确把打造"国际会展之都"列入发展目标。上海会展业要从规模化发展向质量效益提升转变,就要利用好国内国际两个市场,上海会展业的高速发展已引起国际展览界的广泛关注和积极参与。世界排名前20的展览企业均已落户上海。经济全球化提高了上海会展业的国际化程度,在国际展览业"请进来"的同时,上海会展业也要加快"走出去"的步伐,实现双向互利、内外交融,上海会展业的国际化是创新驱动、转型升级的国际化,中国展览业将提升展会专业化、品牌化的水平。

根据《2016年中国展览数据报告2.0》的统计数据,上海无论在在外办展的数量排名还是面积排名上,都显示出了力度和增幅不大的局面(见表1和表2)。

表1　2016年在外办展数量的城市排序

序号	办展城市	2014年办展数量	2015年办展数量	2016年办展数量	幅度
1	北京	40	37	87	135%
2	杭州	9	17	21	24%
3	广州	4	2	5	150%
4	上海	4	2	3	50%
5	南宁	3	1	2	100%
6	南京	1	—	—	—
7	福州	3	1	1	0%
8	乌鲁木齐	7	2	4	100%
9	呼和浩特	—	—	4	—
10	宁波	—	—	1	—

表2　2016年在外办展面积的城市排序

序号	办展城市	2014年办展面积	2015年办展面积	2016年办展面积	幅度
1	北京	114 430	159 440	527 953.2	231%
2	杭州	1 940	113 000	153 770	36%
3	广州	30 800	9 670	33 220	244%
4	呼和浩特	—	—	20 900	—
5	乌鲁木齐	27 000	8 900	11 000	24%
6	上海	74 414	15 870	10 023.2	−37%
7	南宁	10 000	6 800	9 310.4	—
8	南昌	3 500	—	8 800	—
9	宁波	—	—	5 500	0%
10	沈阳	—	5 000	5 000	—

2016年在外自主办展面积增幅最大的城市是为广州市，增幅达244%，其次是北京市，增幅达231%。

根据《2017年中国展览数据报告2.0》的统计数据，上海在2015—2017中国出境自主办展项目按地域分布情况，也处于和打造"国际著名会展之都"不太相称的地位，因此，上海应该在进一步加大会展业"走出去"的步伐(见表3)。

表3　2015—2017年中国出境自主办展项目按地域分布情况(单位：场)

序号	城市	2015	2016	2017
1	北京	37	87	78
2	杭州	17	21	30

续表

序号	城市	2015	2016	2017
3	广州	2	5	4
4	南宁	1	2	4
5	上海	2	3	2
6	乌鲁木齐	2	4	1
7	呼和浩特	—	4	1
8	宁波	—	1	1
9	沈阳	1	—	1
10	昆明	—	—	1

从 UFI 中国会员情况来看,截至 2017 年底,UFI 中国会员达到了 116 个,较 2016 年增加 16 个,增幅 16%。从城市的分布上来看,北京 29 个,上海 24 个,广州和深圳同为 11 个,杭州 4 个,济南、青岛、郑州各 3 个,成都、贵阳、金华、重庆各 2 个。上海还可以进一步加大 UFI 中国会员的认证力度(见表 4)。

表4 2017年中国UFI会员的城市分布

城市	会员数量(个)	占比(%)	城市	会员数量(个)	占比(%)
北京	29	25.00	南京	1	0.86
上海	24	20.69	宁波	1	0.86
广州	11	9.48	厦门	1	0.86
深圳	11	9.48	沈阳	1	0.86
杭州	4	3.45	苏州	1	0.86
济南	3	2.59	佛山	1	0.86
青岛	3	2.59	唐山	1	0.86
郑州	3	2.59	潍坊	1	0.86
成都	2	1.72	乌鲁木齐	1	0.86
贵阳	2	1.72	武汉	1	0.86
金华	2	1.72	西安	1	0.86

除了欧美市场外,上海会展业还有很多选择,如"一带一路"沿线国家,如非洲、东南亚,非洲已被业界公认为会展业巨大的机遇区域。在"走出去"的时候,上海能使用的方式也很多,比如以合资、合并、收购的方式来使品牌延伸,或创建品牌。上海会展业可以借"走出去"培育自己的品牌、提升自己的水平,以及确立新的全球合作伙伴关系。虽然进入新市场是艰难的,要面临一些风险,比如和本地企业的竞争,上海会展企业"走出去"需要更深入地了解当地市

场趋势,满足当地市场"未满足的需求",以创新和具有优势的竞争力为当地带去全新的价值。

(三) 主动缩小与"国际会展之都"的差距,需要加快打造上海的自主品牌展会

与世界其他著名会展城市相比,上海的会展业虽然起步晚,但发展很快,尤其是硬件的优势已经比较突出,办展的数量比较多。2017年,全国按展览面积排名的前十个城市为:上海、广州、重庆、北京、南京、沈阳、成都、青岛、深圳、东莞。其中,上海以767场展览、1689万平方米展览总面积蝉联全国第一,分别占全国展览总量和展览总面积的7.4%和11.82%,是展览总面积唯一超千万平方米的城市。

国家会展中心的建成为上海办大型展会提供了有力的保障,但是"会展大市"还不等于"会展强市"。上海要想成为著名的"国际会展之都",除了要有超大面积的设施先进的硬件条件以外,还要有被世界会展业认可自主品牌展会。当下在上海举办的一些国际著名的品牌展会,很大一部分的展览公司是外资企业,这些品牌展会大多是从国外引进的,是一些全球性展会的亚洲部分的展会和中国地区的展会。因此,上海的展会项目目前虽然比较多,但需要加快打造上海的自主品牌展会。

(四) 积极集聚和培育一批具有国际竞争力和市场的会展业主体,进一步改善营商环境

上海的会展公司要积极培育国际竞争力,主动加大打造成自身成为富有活力的市场会展业主体,在国际会展市场上争做王牌展会和顶级展商,上海的会展公司要改变很少走出去办展的现状,随着我国"一带一路"倡议的不断深化,上海的会展公司下一步应该把"走出去"作为自己的重要的企业发展战略,积极输出自主品牌展。

无论是做大做强国内的会展市场,还是积极地实施"走出去"战略,上海的会展业都要在会展统计、会展项目、会展教育、会展企业、专业人才、管理体制与法规、会展技术、知识产权保护力度、展览业信用体系等方面达到世界一流水平,做到国际知名品牌展和上海自主品牌展并驾齐驱,才能享有全球市场重要话语权。此外,上海应同时发挥上海市服务业发展引导资金等专项资金作用,积极落实国家各项税收优惠政策,在财税政策上扶持产业发展。在金融服务方面,鼓励会展产业基金发展,重点扶持创新性强、符合上海产业发展方向的展会。因此,上海要成为全球城市中的会展著名城市,关键还在于上海的城市服务功能,上海的服务能级、服务平台、服务产业、服务环境都要达到一定的水平,从而营造上海会展业快速、优质发展的营商环境。

(五) 保障办好中国国际进口博览会引领"国际会展之都"建设，积极扮演好上海排头兵和领军者的角色

上海要抓住办好首届中国进口博览会的机遇，为中国会展业的市场化、国际化、专业化发展，以及提升上海会展业的国际形象和影响力创造新的机遇。要积极改革管理体制、推动创新发展、优化市场环境、强化政策引导。建设"国际会展之都"，意味着上海在世界会展界里具有更重要的话语权，意味着我国会展业在从"展览大国"走向"展览强国"的道路上，上海将扮演排头兵和领军者的角色。具体来说，到2020年，上海要积极地打造一流的会展项目、培育一流的会展企业、培养一流的专业人才、完善一流的硬件设施、提升一流的服务能力、理顺一流的管理体制、健全一流的法规体系和运用一流的会展技术。在预计有百余个国家、几千家企业、十余万采购商、数以十万乃至百万种商品和服务齐聚"家门口"的2018年中国国际进口博览会上，要提升上海会展服务的能力，辐射带动长三角、服务全国。

执笔：

刘德艳　上海师范大学旅游学院副教授、会展经济与管理本科专业负责人

孙　刚　上海社会科学院经济研究所硕士研究生

致　谢

感谢上海市商务委员会对本项目的资助,特别感谢上海市商务委员会申卫华副主任、公平贸易处孙嘉荣处长和夏勇征同志在报告起草期间给予课题组的指导和支持。希望本书起到服务企业提升、服务上海发展、服务国家战略的作用。

编者
2018 年 10 月

图书在版编目(CIP)数据

上海重点产业国际竞争力报告：2017—2018 / 汤蕴懿等编著. —上海：上海社会科学院出版社，2018
 ISBN 978 - 7 - 5520 - 2489 - 0

Ⅰ.①上… Ⅱ.①汤… Ⅲ.①产业发展－国际竞争力－研究报告－上海－2017 - 2018 Ⅳ.①F127.51

中国版本图书馆 CIP 数据核字(2018)第 237258 号

上海重点产业国际竞争力报告(2017—2018)

编　　者：	汤蕴懿
责任编辑：	应韶荃　袁钰超
封面设计：	夏艺堂
出版发行：	上海社会科学院出版社
	上海顺昌路 622 号　邮编 200025
	电话总机 021 - 63315900　销售热线 021 - 53063735
	http://www.sassp.org.cn　E-mail：sassp@sass.org.cn
照　　排：	南京前锦排版服务有限公司
印　　刷：	上海颛辉印刷厂
开　　本：	787×1092 毫米　1/16 开
印　　张：	22.5
插　　页：	1
字　　数：	425 千字
版　　次：	2018 年 10 月第 1 版　2018 年 10 月第 1 次印刷

ISBN 978 - 7 - 5520 - 2489 - 0/F・554　　　定价：108.00 元

版权所有　翻印必究